Kapitelanfang

Jedes Kapitel beginnt mit einer solchen Seite. Das Foto und die dazugehörige Frage machen deutlich, worum es in diesem Kapitel geht.

Exkurs-Seiten

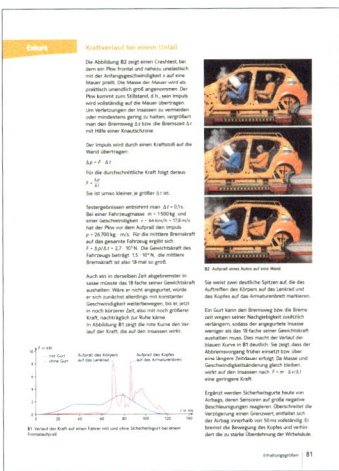

Diese Seiten bieten Ihnen Materialien, mit deren Hilfe Sie das Gelernte anwenden und vertiefen können.

Methoden-Seiten

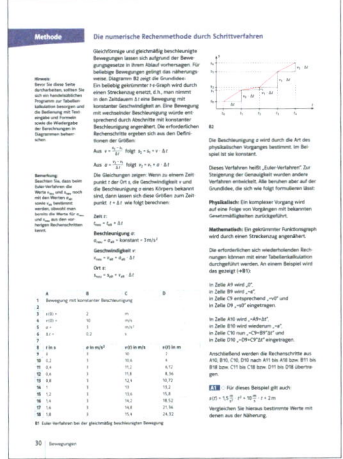

Auf diesen Seiten werden Ihnen grundlegende Methoden Schritt für Schritt demonstriert.

Seiten, die die Durchführung und Auswertung grundlegender Versuche vorstellen, sind durch die Bezeichnung „Experimente" extra gekennzeichnet.

Training-Seiten

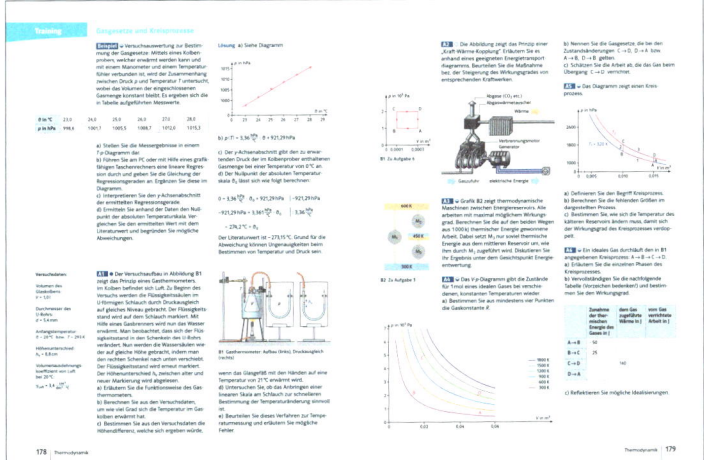

Beispiele

Aufgaben mit Lösungen zeigen Ihnen hier, wie Sie bei verschiedenen Fragestellungen vorgehen.

Trainingsaufgaben

Auf den Training-Seiten finden Sie weitere Aufgaben zum Üben.
Die **Lösungen** zu diesen Aufgaben finden Sie in den Online-Materialien.

Rückblick-Seiten

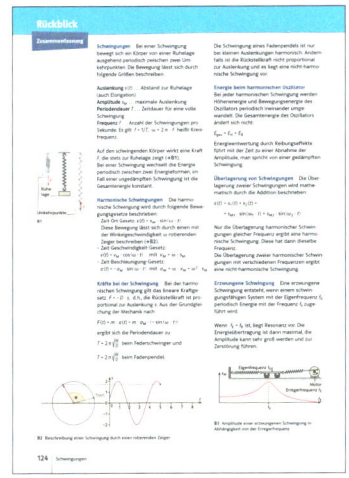

Zusammenfassung

Auf diesen Seiten finden Sie die Inhalte des Kapitels nochmals zusammengefasst.

Impulse Physik
Einführungsphase

für die Gymnasien

Neubearbeitung
unter Mitwirkung von
Lars Blüggel
Markus Ketter
Maria Lenk

Ernst Klett Verlag
Stuttgart · Leipzig

Das Unterrichtswerk **Impulse Physik Einführungsphase** wurde auf der Grundlage der bisherigen Ausgaben **Impulse Physik 11–13 Oberstufe Niedersachsen** und **Impulse Physik Oberstufe** (Autoren: Lars Blüggel, Wilhelm Bredthauer, Klaus Gerd Bruns, Dr. Oliver Burmeister, Hans Jerg Dorn, Manfred Grote, Dr. Ludger Hannibal, Annelie Hegemann, Dr. Thilo Höfer, Florian Karsten, Harald Köhncke, Michael Renner, Michael Rode, Norbert Schell, Martin Schmidt, Dr. Helmut Schmöger, Horst Welker, Peter Wojke, Dr. Frank Zimmerschied) von Lars Blüggel, Markus Ketter und Maria Lenk erstellt.

Hinweise zu den Versuchen   Vor der Durchführung eines Versuchs müssen mögliche Gefahrenquellen besprochen werden. Die geltenden Richtlinien zur Vermeidung von Unfällen beim Experimentieren sind zu beachten.

Da Experimentieren grundsätzlich umsichtig erfolgen muss, wird auf die üblichen Verhaltensregeln und die Regeln für Sicherheit und Gesundheitsschutz nicht bei jedem Versuch gesondert hingewiesen.

1. Auflage

1 ⁵ 4 3 2 1 | 2025 24 23 22 21

Alle Drucke dieser Auflage sind unverändert und können im Unterricht nebeneinander verwendet werden. Die letzte Zahl bezeichnet das Jahr des Druckes.

Entstanden in Zusammenarbeit mit dem Projektteam des Verlages.

Gestaltung: normaldesign GbR, Maria und Jens-Peter Becker, Schwäbisch Gmünd.
DTP/Satz: B2 Büro für Gestaltung, Andreas Staiger, Stuttgart.
Druck: PASSAVIA Druckservice GmbH & Co. KG, Passau.

Printed in Germany.
ISBN: 978-3-12-773047-0

Inhaltsverzeichnis

3 Erhaltungsgrößen 63

4 Gravitationsfeld 87

5 Schwingungen 105

6 Wellen 125

7 Wellenmodell des Lichtes 145

8 Thermodynamik 163

MK Dieses Symbol kennzeichnet Aufgaben und
Seiten zum Thema Medienkompetenz

SI-Einheiten

B1 Urmeter

B2 Urkilogramm

SI-Einheiten

Die Physik befasst sich mit den messbaren Eigenschaften der Natur. Dazu muss man für physikalische Größen jeweils eine Maßeinheit ("Maßstab") festlegen und erläutern, wann eine Gleichheit oder eine Vielfachheit des Maßstabs vorliegt.

Diese Einheit ist nicht eindeutig und so gab es früher verschiedene Maßeinheiten für dieselbe physikalische Größe. Die Elle als Maßeinheit der Weglänge ging beispielsweise vom Ellenbogen bis zur Mittelfingerspitze. Dies war natürlich personenabhängig.

Um eine Vereinheitlichung zu bekommen, wurde um 1790 jeweils ein Prototyp für das Meter und das Kilogramm hergestellt, das sogenannte Urmeter (→B1) und Urkilogramm (→B2). Diese sind im französischen Nationalarchiv gelagert. Weitere Kopien besitzen die Länder, die sich dieser Konvention angeschlossen haben.

Als erstes **Basissystem** wurde das Meter-Kilogramm-Sekunde-System (kurz: mks-System) beziehungsweise das cgs-System (Zentimeter, Gramm, Sekunde) verwendet. Diese Basissysteme wurden um vier weitere Basisgrößen erweitert und mündeten 1954 im Internationalen Einheitensystem (Système Internationale d'Unités; kurz: **SI-System**).

Das traditionelle SI-System hat sieben **Grund-** oder **Basisgrößen**: Zeit, Länge, Masse, elektrische Stromstärke, Temperatur, Stoffmenge und Lichtstärke. Die zugehörigen Einheiten, die per Definition festgelegt sind, heißen **Basiseinheiten** (→B3).

Alle anderen physikalischen Einheiten sind abgeleitete Einheiten. Die zugehörigen Größen heißen abgeleitete Größen. Beispiele: Volumen, Frequenz, elektrische Ladung ...

Beispiele für abgeleitete Größen		
Größe	Definition	SI-Einheit
Volumen V	$1\,m^3$	m
Frequenz f	$1\,Hz = 1\,^1/s$	s
Ladung Q	$1\,As = 1\,C$	A, s

Die Definition des Meters mit Hilfe des Urmeters ist überholt. Heute wird das Urmeter mit Hilfe der Lichtgeschwindigkeit definiert. Man ist daher im Herbst 2018 übereingekommen, auch alle anderen Einheiten über sieben festgelegte Naturkonstanten zu definieren. Je genauer man die Naturkonstanten messen kann, umso genauer werden die Einheiten.

Die Definition des Kilogramms mit Hilfe des Urkilogramms in Paris war beispielsweise problematisch, da dieses jedes Jahr um etwa $0{,}5\,\mu g$ an Masse verliert. Heute nutzt man die Möglichkeit, die Anzahl der Siliciumatome zu bestimmen, die dem heutigen Kilogramm entsprechen. Dies sind etwa $2{,}1 \cdot 10^{24}$. Dazu war es aber nötig, dass man die Anzahl auf 10^{18} genau bestimmen kann.

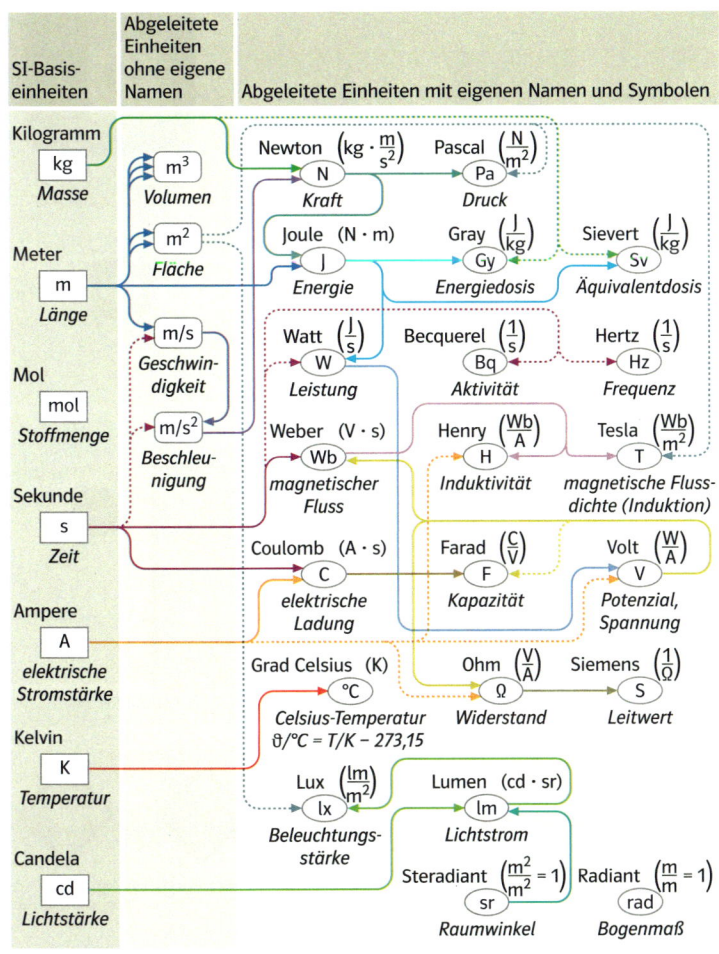

B3 SI-System

Grundregeln für das Experimentieren

Beim Experimentieren muss man besonders sorgfältig und vorsichtig sein. Lesen Sie zuerst die Versuchsbeschreibung durch. Beginnen Sie mit dem Experimentieren erst, wenn Ihnen die auszuführenden Tätigkeiten klar sind. Führen Sie die einzelnen Schritte eines Experiments immer in der richtigen Reihenfolge aus.

Melden Sie es sofort dem Lehrer, wenn etwas unklar ist oder etwas Unerwartetes geschieht. Achten Sie darauf, dass Ihre Versuchsaufbauten nicht umkippen können. Tragen Sie stets die notwendige Schutzkleidung. Informieren Sie sich, wo der Erste-Hilfe-Kasten und der Feuerlöscher stehen. Sie sollten mit diesen Hilfsmitteln auch umgehen können.

Schutz vor Verbrennungen:
Versuch beendet – Brenner aus!

Schutz vor elektrischen Schlägen:
Nur Spannungen bis 24 V verwenden!

Schutz vor Verletzungen:
Versuch sorgfältig und überlegt aufbauen!

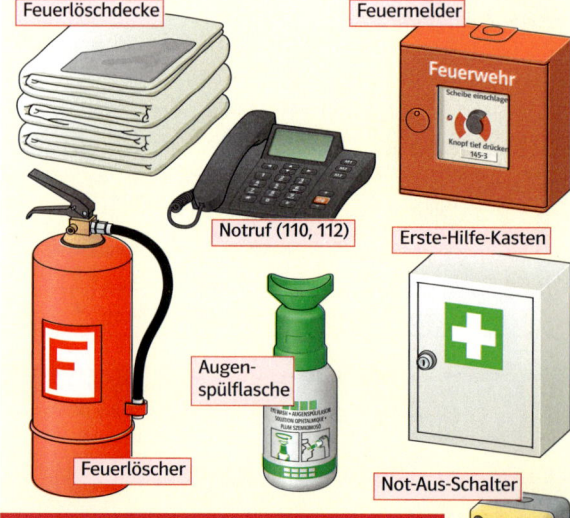

Feuerlöschdecke

Feuermelder

Notruf (110, 112)

Erste-Hilfe-Kasten

Augen-spülflasche

Feuerlöscher

Not-Aus-Schalter

Schutz vor Vergiftung und Verätzung:
Chemikalien richtig aufbewahren und vorsichtig benutzen!

Und wenn doch etwas passiert ...

- Ruhe bewahren!
- Sofort Lehrerin oder Lehrer informieren!
- Hauptschalter bzw. Haupthahn sofort abdrehen!
- Bei größeren Unfällen sofort Notruf wählen:
  Feuerwehr 112
  Polizei 110
- Erste Hilfe leisten!

Bedeutung der Gefahrensymbole für die Hauptgefahren eines Stoffes (Gefahrstoffklassen, vereinfacht):

| explosiv, selbst-zersetzlich | entzündbar, selbst-erhitzungsfähig | entzündend wirkend | unter Druck stehend(e Gase) | metallkorrosiv, hautätzend, augenschädigend | akut toxisch | Gesundheits-gefahren | krebserzeugend, erbgut-verändernd | gewässer-gefährdend |

1 Bewegungen

In Ruhe oder in Bewegung – für wen gilt was?

1.1 Beschreiben von Bewegungen

Ein Blatt Papier sinkt auf komplizierter Bahn zu Boden. Zu einer Kugel zusammengeknüllt fällt es dagegen nahezu geradlinig hinab, seine Bahn lässt sich einfacher beschreiben. Bewegungen sind an der Veränderung des Ortes eines Körpers mit der Zeit zu erkennen. Allerdings benötigt man einen Standpunkt, auf den sich die Veränderungen in Raum und Zeit beziehen.

Spuren der Bewegung

Skifahrer hinterlassen Spuren im Neuschnee. Die Kondensstreifen eines Flugzeuges zeigen seine Bahn am Himmel, auch wenn es selbst kaum noch zu sehen ist.
Die Aufnahme der Stabhochspringerin (→B4) zeigt verschiedene Phasen ihrer Bewegung in ihrer zeitlichen Abfolge. Verschiedene Körperteile bewegen sich dabei auf unterschiedlichen Bahnen. Ebenso bewegt sich jeder Teil eines fallenden Blattes ein wenig anders (→B1).

Jeder Punkt des Körpers beschreibt bei der Bewegung seine eigene Bahn. Für jeden Punkt ergibt sich auf diese Weise eine Kurve, die **Bahnkurve**, die aus allen Orten besteht, die der Punkt nacheinander durchläuft. Ruht ein Punkt des sich bewegenden Körpers, so reduziert sich seine Bahnkurve auf einen Punkt.

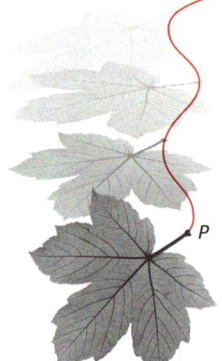

B1 Bahnkurve des Stielendes beim fallenden Blatt

B4 Bahnkurven verschiedener Körperteile beim Stabhochsprung

Ereignisse in Raum und Zeit

Um die Bewegung eines fallenden Blattes zu beschreiben, sind für jeden einzelnen Punkt des Blattes drei Koordinaten zur Angabe seines Ortes im Raum nötig. **B3** zeigt Aufnahmen der Sonne, die im Laufe eines Sommertages am nördlichen Polarkreis entstanden sind. Die Sonne kann als Punkt dargestellt werden und die zeitliche Abfolge ergibt die Bahnkurve.
Sind Form und Größe des Körpers für die untersuchte Bewegung ohne Bedeutung, lässt sich die Masse des betrachteten Körpers gedanklich in einem einzigen Punkt konzentrieren. Diese Idealisierung bezeichnet man als das **Modell des Massenpunktes**. Sie gilt, wenn sich der betrachtete Körper nicht dreht oder verformt.

In diesem Fall reicht die Angabe der Koordinaten genau eines Punktes aus, um den Ort des Körpers eindeutig zu beschreiben. Die Fallbewegung einer Kugel lässt sich demnach vereinfacht durch die Bahnkurve ihres Mittelpunktes erfassen. Bei der Stabhochspringerin müssen dagegen die Bahnkurven verschiedener Punkte verfolgt werden.
Im Folgenden setzen wir Bewegungen von Körpern voraus, die sich als Massenpunkt beschreiben lassen.

Zur vollständigen Beschreibung der Bewegung eines Körpers reicht die Kenntnis seines Ortes allein nicht aus. Man muss auch den Zeitpunkt kennen, an dem ein Körper einen Ort erreicht.

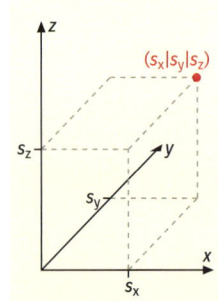

B2 Drei Raumkoordinaten zur Kennzeichnung des Ortes s eines Körpers

B3 Bahn der Sonne im Laufe eines Tages

Auf den Standpunkt kommt es an

Ein Autofahrer, der mit seinem Wagen auf eine Wand geprallt ist, sagt nach dem Unfall aus: „Ich sah nur noch die Wand auf mich zukommen." Ein Fußgänger auf der Straße wird dagegen bezeugen, dass das Auto auf die Wand zugefahren ist.

Verschiedene Bezugssysteme

Wenn man sich mit Bewegungen beschäftigt, ist zu berücksichtigen, aus wessen Sicht sie beschrieben werden: Fahrer und Fußgänger beschreiben denselben Vorgang unterschiedlich. Sie haben unterschiedliche Sichtweisen, weil sie den Vorgang aus verschiedenen **Bezugssystemen** wahrnehmen.
Als Bezugssystem bezeichnet man das mit einem Bezugskörper verbundene Koordinatensystem, in dem eine Bewegung beschrieben wird. Der Bezugskörper kann der betrachtete Körper selbst oder ein anderer, z. B. die Straße, sein.

Unterschiede ergeben sich, weil der Körper in dem einen Koordinatensystem ruht, während er sich in dem anderen bewegt: Der Fahrer erlebt den Unfall im „Bezugssystem Auto". In diesem Bezugssystem ruht der Fahrer, aber die Umgebung bewegt sich. Der Fußgänger schildert die Bewegung aus dem „Bezugssystem Straße". Hier ruhen Straße und Wand, jedoch bewegt sich das Auto.

Unterschiedliche Geschwindigkeiten

Wir betrachten einen ruhenden Körper auf der Erdoberfläche im Freien: Im Bezugssystem Erde hat der Körper die Geschwindigkeit $v = 0\,\text{m/s}$.

Es gibt jedoch ein anderes Bezugssystem, in dem der Körper eine Geschwindigkeit besitzt. Könnte man den Körper vom All aus beobachten, würde man feststellen, dass sich der Körper aufgrund der Erddrehung bewegt. Im Bezugssystem All besitzt der Körper eine Geschwindigkeit $v \neq 0\,\text{m/s}$.

B2 Für die Schüler im Bezugssystem Fahrrad bewegt sich die Umgebung.

Unterschiedliche Bahnkurven

Eine Person fährt in einem Zug, der sich mit der konstanten Geschwindigkeit $v = 60\,\text{km/h}$ bewegt. Die Person wirft einen Ball gerade nach oben. Der Ball fällt wieder gerade hinunter in die Hand des Werfers. Im Bezugssystem Zug besitzt dieser Ball nur eine Geschwindigkeitskomponente v_y. Die Geschwindigkeit in x-Richtung ist null, $v_x = 0\,\text{m/s}$. Ein Mitreisender im Zug beobachtet einen Wurf senkrecht nach oben (→**B1**).

Für einen Beobachter außerhalb des Zuges, der den Vorgang durch ein Fenster sieht, beschreibt der Ball einen Bogen. Sowohl der Werfer als auch der Ball haben für den Beobachter im Bezugssystem Straße die gleiche Geschwindigkeit wie der Zug: $v_x = 60\,\text{km/h}$. Da sich der Ball gleichzeitig mit der Geschwindigkeit v_y nach oben bewegt, ergibt sich eine gebogene Bahnkurve (→**B1**).

Man erkennt, dass eine Bewegung grundsätzlich vom Bezugssystem abhängig ist, aus dem man sie betrachtet.

Die Bewegung eines Körpers lässt sich durch die Angabe seiner Orte zu bestimmten Zeitpunkten beschreiben. Zur eindeutigen Beschreibung muss das Bezugssystem angegeben werden.

A1 ◒ Die Person aus dem Beispiel in **B1** wirft den Ball waagerecht entgegen der Fahrtrichtung.
a) Beschreiben Sie die Bewegung aus Sicht des Mitreisenden und aus Sicht eines Außenstehenden.
b) Geben Sie an, unter welchen Bedingungen der Außenstehende beobachtet, dass der Ball gerade nach unten fällt.

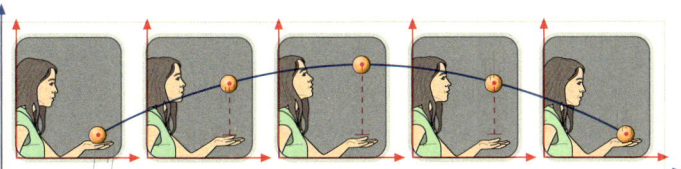

B1 Eine Bewegung – in zwei Bezugssystemen beschrieben.

Umgang mit Messunsicherheiten

Problemstellung Umfang und Volumen einer CD-Hülle sollen durch Messungen mit einem Lineal (→B2) bestimmt werden.

B2

Der Mittelwert Um den Wert einer Größe möglichst genau zu ermitteln, wird eine Messreihe aufgenommen. Dabei geht man davon aus, dass die zu messende Größe unverändert bleibt. Trotz aller Sorgfalt und auch mit den besten Messgeräten sind Abweichungen in den Messergebnissen unvermeidlich. Keine Messung ist ohne Fehler, der wahre Wert s_{wahr} einer Größe kann durch Messung nicht bestimmt werden.

Aus den Messwerten s_i einer Messreihe lässt sich aber ein Mittelwert berechnen:

$$\bar{s} = \frac{\text{Summe aller Werte } s_i}{\text{Anzahl } n \text{ aller Werte}}$$

Nimmt man an, dass das Messgerät fehlerfrei war, so ist $\bar{s}$ ein brauchbarer Ersatz für den wahren Wert s_{wahr}. Die zufälligen Abweichungen der einzelnen Messwerte von $\bar{s}$ heißen **statistische Fehler**. Ein Beispiel zeigt **B3**: Mehrere Schülerinnen und Schüler haben a gemessen und alle Werte in das Diagramm eingetragen. Offenbar treten drei verschiedene Messwerte mit unterschiedlicher Häufigkeit auf. Solche Fehler lassen sich nicht grundsätzlich beseitigen, ihre Auswirkungen sind aber umso kleiner, je größer die Anzahl von Messungen ist.

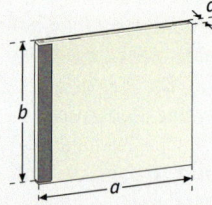

B1 Bezeichnungen

Wurde vor der Messung nicht abgesprochen, ob die hervorstehenden Ränder der CD-Hülle mitgemessen werden sollen, können **systematische Fehler** auftreten. Sie lassen sich beheben, wenn ihre Ursache bekannt ist.

Messfehler und ihre Folgen Die Verteilung der Messwerte um ihren Mittelwert herum sagt etwas über die Qualität der Messung aus. Wird von den Abweichungen $\Delta s_i = |\bar{s} - s_i|$ ein Mittelwert u gebildet, so erhält man ein Maß für die Bewertung der Verteilung. Dieser Wert

$$u = \frac{\text{Summe aller Abweichungen } \Delta s_i}{\text{Anzahl } n \text{ aller Werte}}$$

heißt **Messunsicherheit**. Der wahre Wert der Größe s_{wahr} liegt mit hoher Wahrscheinlichkeit im Intervall $[\bar{s} - u \,|\, \bar{s} + u]$.

Gibt es bei einer Messung nur einen einzigen Messwert, dann wird für diesen eine **absolute Messunsicherheit** angegeben. Die Messunsicherheit hängt von der Genauigkeit des verwendeten Messgerätes ab. Auf einem Lineal sind im Abstand von 1 mm Markierungen angebracht. Wenn die Markierung auf dem Lineal nicht mit der Kante des zu messenden Gegenstandes zusammenfällt, kann man noch gut schätzen, auf welcher Seite der Mitte zwischen zwei Markierungen sie sich befindet. Für die Messung mit einem Lineal legt man dazu eine Messunsicherheit von $u = 0,5$ mm fest. Oft gibt auch der Hersteller eines Messgerätes eine Messunsicherheit an.

Beispiel: Ein Thermometer besitzt eine Skala, auf der zwischen jedem Celsius-Strich ein kleiner Zwischenstrich ist. Die Messunsicherheit beträgt somit $u = 0,25\,°C$.

Die gleiche Messunsicherheit kann bei verschiedenen Messungen ganz unterschiedlich beurteilt werden: In der Landvermessung würde die Messunsicherheit $u = 1$ mm eine kaum erreichbare Präzision bedeuten, die Bestimmung der Dicke eines Haares wäre mit dieser Messunsicherheit dagegen wertlos. Um dies zu berücksichtigen, betrachtet man die **relative Messunsicherheit** $u/\bar{s}$. Sie wird oft in % von $\bar{s}$ angegeben.

A1 ○ Berechnen Sie die absolute sowie die relative Messunsicherheit für die Messwerte im Diagramm **B3**.

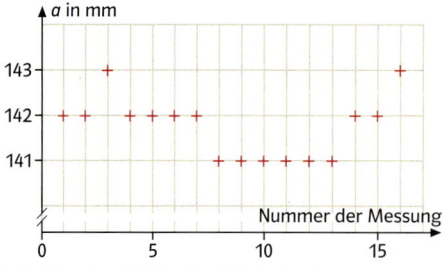

B3 Ergebnis der Messungen der Seite a

Fehlerfortpflanzung bei Addition und Subtraktion ... Besteht ein Versuchsergebnis aus den Messungen mehrerer Größen, so wird es von allen Messunsicherheiten beeinflusst. So berechnet sich der Umfang U_1 der CD-Hülle aus zwei Längen: $U_1 = 2a + 2b$. Mit den Messwerten $a = 142\,mm$ und $b = 124\,mm$ ergibt sich $U_1 = 532\,mm$. Die Messunsicherheit für die Werte a und b beträgt jeweils $\pm 0,5\,mm$. Im ungünstigsten Fall erhält man:
$U_1 = (2 \cdot 141,5 + 2 \cdot 123,5)\,mm = 530\,mm$ bzw.
$U_1 = (2 \cdot 142,5 + 2 \cdot 124,5)\,mm = 534\,mm$
Für den Umfang U_1 lautet das Ergebnis demnach: $U_1 = 532,0\,mm \pm 2,0\,mm$.
Das bedeutet, dass sich bei der Addition mehrerer Größen die Messunsicherheiten addieren.

... bei Multiplikation und Division Für das Volumen der CD-Hülle gilt $V = a \cdot b \cdot c$. Mit $a = 142\,mm$, $b = 124\,mm$ und $c = 10\,mm$ ergibt sich $V = 176\,080\,mm^3$. Das im Rahmen der Messunsicherheit kleinst- und größtmögliche Volumen beträgt:

$V_{min} = 166\,014,875\,mm^3$, $V_{max} = 186\,283,125\,mm^3$

sodass $V = 176\,080\,mm^3\,{}^{+10\,203,125\,mm^3}_{-10\,065,125\,mm^3}$

Diese Werte ergeben sich nicht durch Addition und Subtraktion der Messunsicherheiten. Eine Regel zeigt sich, wenn man die **relativen Messunsicherheiten** in Prozent betrachtet.

Messunsicherheit	
absolut	**relativ**
$a = 142\,mm \pm 0,5\,mm$	$\frac{\Delta a}{a} = \frac{0,5\,mm}{142\,mm} = 0,4\,\%$
$b = 124\,mm \pm 0,5\,mm$	$\frac{\Delta b}{b} = \frac{0,5\,mm}{124\,mm} = 0,4\,\%$
$c = 10\,mm \pm 0,5\,mm$	$\frac{\Delta c}{c} = \frac{0,5\,mm}{10\,mm} = 5,0\,\%$

Damit ergibt sich für die relative Messunsicherheit des Volumens (gerundet):

$\frac{\Delta V_{min}}{V} = +\frac{10\,203,125\,mm^3}{176\,080\,mm^3} = +5,8\,\%$

$\frac{\Delta V_{max}}{V} = -\frac{10\,065,125\,mm^3}{176\,080\,mm^3} = -5,7\,\%$

Bei Multiplikation und Division mehrerer Größen addieren sich deren relative Messunsicherheiten.

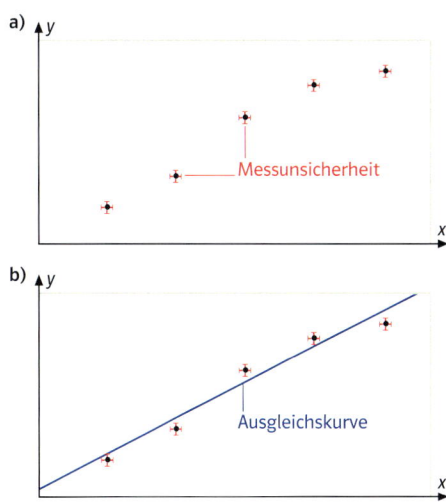

B1 Messwerte mit Intervallen der Messunsicherheiten

Grafische Auswertung von Messungen Ziel von Messungen ist häufig die Bestätigung bzw. Entdeckung eines funktionalen Zusammenhangs zwischen Messgrößen. Die Messunsicherheiten dieser Größen werden grafisch als Intervalle dargestellt (→**B1**). Im Rahmen der Messunsicherheit sind verschiedene Kurven zulässig, wobei die mit der geringsten Abweichung gesucht ist.

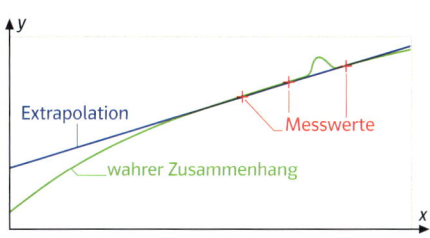

B2 Abweichung der gefundenen gegenüber der tatsächlichen Funktion durch falsch gewählte Messwerte.

Meist liefern Messungen nur einzelne Werte. Dabei besteht die Gefahr, dass wesentliche Teile des Zusammenhangs nicht erfasst oder falsch extrapoliert werden (→**B2**).

A1 ⊖ Berechnen Sie die Deckelfläche A der CD-Hülle und geben Sie die Messunsicherheiten an.

1.2 Geradlinige Bewegungen mit konstanter Geschwindigkeit

Bericht von einer Bahnreise 1950: „In der Dämmerung huschte die Landschaft schemenhaft vorbei, das gleichförmige Ta-tamm der Schienenstöße schläferte ein."

B1 Bewegung einer Radfahrerin; die Bilder zeigen ihre Position s_x zu verschiedenen Zeitpunkten t.

Erfassen von Bewegungen

Die Bewegung einer Radfahrerin (→**B1**) soll untersucht werden. Dazu markiert man entlang einer geraden Strecke in gleichen Abständen mehrere Orte und misst den Zeitpunkt, zu dem die Radfahrerin diese Orte erreicht. Anschließend trägt man die Messwerte in eine Tabelle ein:

Zeitpunkt t in s	0	0,4	0,9	1,3	1,8	2,2
Ort s_x in m	0	2,0	4,0	6,0	8,0	10,0

Es ist zu erkennen, dass die Radfahrerin für jeden Streckenabschnitt von 2 m etwa die gleiche Zeit benötigt hat.

Darstellung von Bewegungen

Werden die Orte eines bewegten Körpers mit den zugehörigen Zeitpunkten t in ein Koordinatensystem eingetragen, so entsteht ein **Zeit-Ort-Diagramm** (t-s-Diagramm) der Bewegung. Bei geradlinigen Bewegungen in eine Richtung steigen mit wachsenden Werten von t auch die Werte von s an (→**B2a**).

Messungen liefern nur einzelne Punkte im t-s-Diagramm. Sie werden zu einem sinnvollen zusammenhängenden Graphen ergänzt.

Bei der Beschreibung geradliniger Bewegungen wählt man das Koordinatensystem so, dass sich der Körper parallel zur x-Achse bewegt. Der Ort des Körpers ist dann eindeutig durch die Koordinate $s = s_x$ beschrieben.

Ist der Graph im t-s-Diagramm eine Gerade wie in Abbildung **B2b**, so gehören zu beliebig gewählten, aber gleich großen Differenzen $\Delta t = t_2 - t_1$ der Zeitpunkte t_1 und t_2 stets gleich große Differenzen $\Delta s = s_2 - s_1$ der Ortskoordinaten s_1 und s_2. (Δt wird „Delta-t" gelesen und bezeichnet eine Zeitdauer, Δs eine Weglänge.) Eine solche Bewegung heißt dann **gleichförmige Bewegung**.

Unterschiedliche gleichförmige Bewegungen führen im t-s-Diagramm zu Geraden mit unterschiedlichen Steigungen. Je größer die Steigung ist, desto größer ist die in gleichen Zeitdauern Δt zurückgelegte Weglänge Δs (→**B2c**). Die zugehörige Bewegung läuft schneller ab.

Der Graph im Zeit-Ort-Diagramm beschreibt den zeitlichen Ablauf einer Bewegung. Bewegungen mit konstanter Geschwindigkeit ergeben im t-s-Diagramm Geraden.

A1 ○ Bei einem Sessellift benötigt jeder Sessel für eine Weglänge von 1500 m eine Zeitdauer von 3 min. Erstellen Sie das t-s-Diagramm für die Bewegung eines Sessels.

A2 ○ Eine Schülerin geht von einer Wand weg. Ein Sensor registriert zu jedem Zeitpunkt ihren Abstand zur Wand. Interpretieren Sie das in **B3** gezeigte t-s-Diagramm dieser Bewegung.

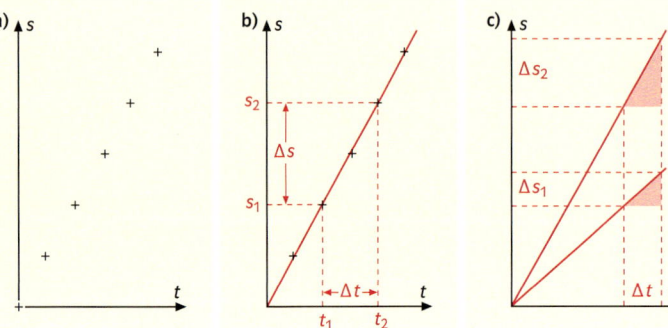

B2 Vom Messwert zum Graph im Zeit-Ort-Diagramm

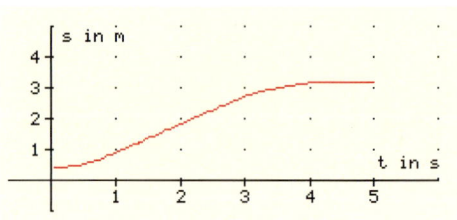

B3 Diagramm zu Aufgabe 2

Die Geschwindigkeit

Die Darstellung einer gleichförmigen Bewegung im t-s-Diagramm ergibt eine Gerade. Die Weglängen Δs und die zugehörigen Zeitdauern Δt sind zueinander proportional. Der Quotient $\Delta s / \Delta t$ ist die Steigung der Geraden.

Man definiert: Die Geschwindigkeit v einer gleichförmigen Bewegung ist der konstante Quotient aus Weglänge Δs und zugehöriger Zeitdauer Δt:

$v = \dfrac{\Delta s}{\Delta t} = \dfrac{s_2 - s_1}{t_2 - t_1}$. Die gesetzliche Einheit ist $1 \frac{m}{s}$.

Zur Geschwindigkeitsangabe wird häufig die Einheit $1\,km/h$ verwendet. Für die Umrechnung der Einheiten gilt:

$1 \frac{m}{s} = 3\,600 \frac{m}{h} = 3{,}6 \frac{km}{h}$

Das Diagramm **B2** beschreibt die gleichförmige Bewegung zweier Fahrzeuge, die sich zwischen den Orten A und B in entgegengesetzter Richtung bewegen. Es ergibt sich:

$v_{A \to B} = \dfrac{\Delta s}{\Delta t} = \dfrac{40\,km}{0{,}5\,h} = 80 \frac{km}{h}$

$v_{B \to A} = \dfrac{\Delta s}{\Delta t} = \dfrac{-60\,km}{1{,}0\,h} = -60 \frac{km}{h}$

Die Definition der Geschwindigkeit als Steigung des Graphen führt im zweiten Fall zu einem negativen Vorzeichen. Abbildung **B3** zeigt das zugehörige t-v-Diagramm.

Eine andere Sichtweise

Bei der Untersuchung von Bewegungen fallen der Beginn der Bewegung und der Beginn der Messung nicht immer zusammen. Man sagt, die Anfangsbedingungen sind verschieden. **B1** zeigt drei t-s-Diagramme desselben Bewegungsvorganges, die durch unterschiedliche Anfangsbedingungen entstanden sind.

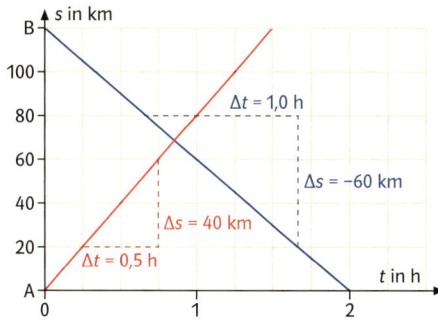

B2 Zwei entgegengesetzt gerichtete Bewegungen

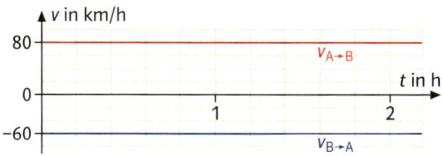

B3 t-v-Diagramme mit positiver und negativer Geschwindigkeit

Die Beobachtung beginnt jeweils zum Zeitpunkt $t_0 = 0$, wobei die Orte s_0 in den unterschiedlichen Koordinatensystemen verschieden sind. Alle Geraden haben dieselbe Steigung, sodass sich die t-v-Diagramme a), b) und c) nicht unterscheiden (→**B1** rechts).

Alle diese Geraden werden durch die Gleichung $s(t) = v \cdot t + s_0$ beschrieben. Sie heißt **Zeit-Ort-Gesetz** der Bewegung und ordnet der Bewegung für jeden Zeitpunkt t einen Ort s zu und erfasst auch den Fall der Ruhe mit $v = 0\,m/s$.

Geradlinige Bewegungen mit konstanter Geschwindigkeit bezeichnet man als geradlinig gleichförmige Bewegungen. Sie werden beschrieben durch das Zeit-Ort-Gesetz

$s(t) = v \cdot t + s_0$

Dabei ist die Geschwindigkeit v der konstante Quotient aus zurückgelegter Weglänge und benötigter Zeitdauer:

$v = \dfrac{\Delta s}{\Delta t}$

A1 ⊖ Beschreiben Sie ein Verfahren zur Überprüfung der Geschwindigkeitsanzeige eines Autotachos.

A2 ○ Ein Radfahrer fährt eine Strecke von $5\,km$ mit näherungsweise konstanter Geschwindigkeit $v = 15\,km/h$. Zeichnen Sie ein t-s-Diagramm dieser Bewegung.

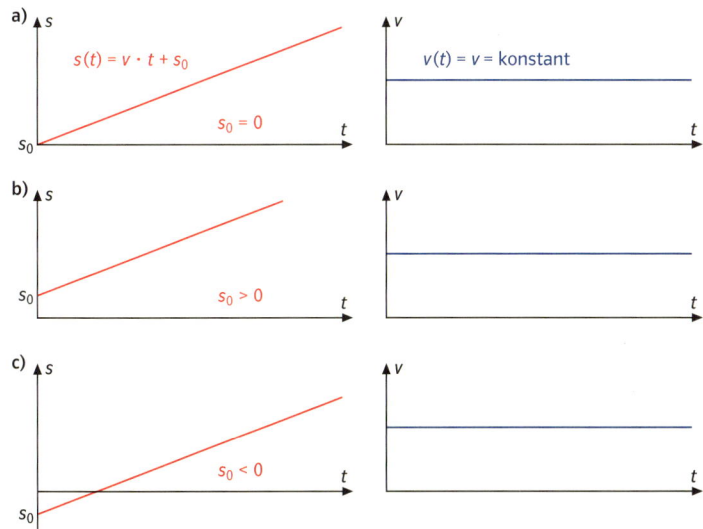

B1 Unterschiedliche Anfangsbedingungen bei der Beobachtung einer Bewegung

Koordinatentransformation beim Wechsel des Bezugssystems

B1 Überholvorgang

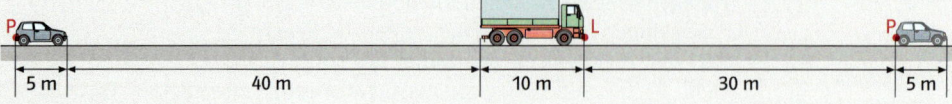

B2 Abstände zu Beginn bzw. am Ende des Überholvorganges

Überholen? ... Im Zweifel nie! Eine Fahrschulregel lautet: „Mindestabstand zum vorausfahrenden Fahrzeug gleich halbe Tacho-Anzeige in Metern".
Ein Pkw, der mit v_P = 80,0 km/h = 22,2 m/s einen mit v_L = 60,0 km/h = 16,7 m/s vor ihm fahrenden Lkw überholen will, sollte spätestens 40 m hinter dem Lkw aus- und frühestens 30 m vor diesem wieder einscheren (→**B2**). Nun soll ermittelt werden, wie lange der Überholvorgang dauert und welche Strecke er erfordert. Es wird angenommen, dass sich die Fahrzeuge ausschließlich gleichförmig bewegen.

Grafische Lösung Ersetzt man ausgedehnte Körper durch einen Punkt, so werden gleichförmige Bewegungen im t-s-Diagramm durch Geraden beschrieben. Im vorliegenden Fall ist es günstig, am Lkw einen Punkt L auf der vorderen und am Pkw einen Punkt P auf der hinteren Stoßstange zu wählen (→**B2**).

Zunächst soll der Vorgang im Bezugssystem Straße betrachtet werden: Als Beginn der Beobachtung mit t = 0 wird der Zeitpunkt gewählt, an dem sich P bei s = 0 und L bei s = 5 m + 40 m + 10 m = 55 m befinden (→**B2, B3**). Die Geraden haben aufgrund der unterschiedlichen Geschwindigkeiten verschiedene Steigungen (→**B3**). Der 30 m große Sicherheitsabstand des Lkw wird durch eine gestrichelte Parallele zum Graphen des Lkw angezeigt. Im Diagramm **B3** ergeben sich Schnittpunkte, die folgende Ereignisse markieren:

A Hintere Stoßstange des Pkw und vordere Stoßstange des Lkw befinden sich zur gleichen Zeit am gleichen Ort, d.h., der Pkw ist gerade am Lkw vorbeigefahren.

B Die hintere Stoßstange des Pkw hat den Sicherheitsabstand vor dem Lkw erreicht, der Überholvorgang ist beendet. Die Koordinaten von **B** liefern somit die Werte für Länge und Dauer des Überholvorgangs:

t_0 = 15,5 s und s_0 = 344 m

Der Pkw benötigt 15,5 s und eine Weglänge von 344 m, um den Lkw zu überholen.

Betrachtet man den Vorgang im Bezugssystem Pkw ergibt sich das Diagramm **B4**. Da der Pkw in diesem Bezugssystem ruht, liegt sein Graph s_P = 0 auf der t-Achse. Die Geschwindigkeit des sich zunächst nähernden Lkw ist negativ, die Graphen verlaufen daher nach unten. Die Werte für Überholdauer und -strecke ergeben sich wiederum aus dem Schnittpunkt der Geraden zu t_0 = 15,5 s und $s_P(t_0)$ = 85 m.

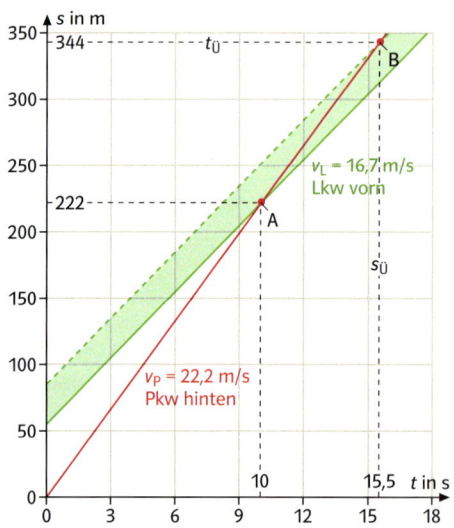

B3 Überholvorgang im Bezugssystem Straße

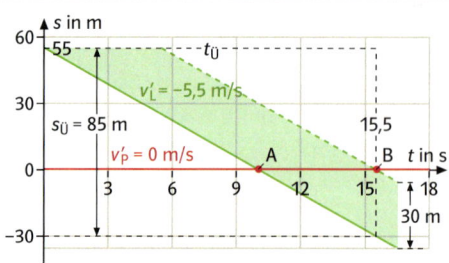

B4 Überholvorgang im Bezugssystem Pkw

Rechnerische Lösung Für diesen Lösungsweg werden die Bewegungsgleichungen der Fahrzeuge zunächst im Bezugssystem Straße erstellt. Unter der Bedingung, dass sich Punkt P zum Zeitpunkt t = 0 bei s = 0 und Punkt L bei s = 55 m befinden (→**B2**), ergeben sich die folgenden Bewegungsgleichungen für Pkw und Lkw:

$$s_P(t) = v_P \cdot t = 22{,}2\,\frac{m}{s} \cdot t$$

$$s_L(t) = v_L \cdot t + 55\,m = 16{,}7\,\frac{m}{s} \cdot t + 55\,m$$

Der Überholvorgang ist abgeschlossen, wenn der Abstand zwischen Lkw und Pkw 30 m beträgt. Es gilt also:

$$s_P(t_{\ddot{U}}) = s_L(t_{\ddot{U}}) + 30\,m$$

$$22{,}2\,\frac{m}{s} \cdot t_{\ddot{U}} = 16{,}7\,\frac{m}{s} \cdot t_{\ddot{U}} + 55\,m + 30\,m$$

Daraus folgt: $t_{\ddot{U}} = 15{,}5\,s$ und

$$s_P(t_{\ddot{U}}) = s_{\ddot{U}} = 22{,}2\,\frac{m}{s} \cdot 15{,}5\,s = 344\,m.$$

Die Überholdauer berechnet sich zu 15,5 s, der vom Pkw zurückgelegte Weg zu 344 m.

Wechsel des Bezugssystems Nun soll der Überholvorgang im Bezugssystem Pkw betrachtet werden (→**B4**). In diesem ruht der Pkw, während sich Lkw und Umgebung bewegen. Da der Pkw seinen Ort nicht ändert, lautet seine Bewegungsgleichung $s'_P(t') = 0$.
Der Lkw bewegt sich mit der Geschwindigkeit

$$v'_L = v_L - v_P = 16{,}7\,\frac{m}{s} - 22{,}2\,\frac{m}{s} = -5{,}5\,\frac{m}{s}$$

auf den Pkw zu. Da sich der Punkt L zum Zeitpunkt $t' = 0$ am Ort $s'_L(t'=0) = 55\,m$ befindet, lautet die Bewegungsgleichung für den Lkw:

$$s'_L(t') = v'_L \cdot t' + 55\,m = -5{,}5\,\frac{m}{s} \cdot t' + 55\,m$$

Am Ende des Überholmanövers beträgt der Fahrzeugabstand 30 m, im Bezugssystem Pkw ist der Punkt L dann am Ort $s'_L(t'_{\ddot{U}}) = -30\,m$.

Die Überholdauer ergibt sich nach

$$s'_L(t'_{\ddot{U}}) = -5{,}5\,\frac{m}{s} \cdot t'_{\ddot{U}} + 55\,m = -30\,m$$

zu $t'_{\ddot{U}} = 15{,}5\,s$. Die vom Lkw zurückgelegte Weglänge beträgt:

$$\Delta s'_L = 55\,m - (-30\,m) = 85\,m$$

Die Rechnungen ergeben, dass der Überholvorgang in beiden Bezugssystemen gleich lang dauert. Im Bezugssystem Straße legt der Pkw eine Weglänge von $\Delta s_P = 344\,m$ zurück. Für den Lkw ist $\Delta s_L = v_L \cdot t_{\ddot{U}} = 16{,}7\,m/s \cdot 15{,}5\,s = 259\,m$. Die Differenz der Weglängen von Pkw und Lkw beträgt $344\,m - 259\,m = 85\,m$.

Im Bezugssystem Pkw beträgt die zurückgelegte Weglänge des Lkw $\Delta s'_L = 85\,m$, für den Pkw beträgt sie 0 m. Es ergeben sich also unterschiedliche Werte für die Weglängen von Pkw und Lkw, deren Differenz ist aber in beiden Bezugssystemen gleich groß.

Koordinatentransformation Die Koordinaten des Lkw bzw. des Pkw unterscheiden sich, je nachdem, in welchem Bezugssystem man den Überholvorgang betrachtet. Allerdings können sie auseinander berechnet werden. Da sich das Bezugssystem Pkw gegenüber dem Bezugssystem Straße mit der konstanten Geschwindigkeit v_P bewegt, gilt für den Zusammenhang zwischen den Koordinaten:

$$s'_P(t') = s_P(t) - v_P \cdot t \text{ wobei } t' = t$$

$$s'_L(t') = s_L(t) - v_P \cdot t$$

Die Koordinaten der Fahrzeuge im Bezugssystem Pkw ergeben sich aus denen im Bezugssystem Straße also dadurch, dass die gleichförmige Bewegung des Koordinatensystems s'/t' durch den Term $-v_P \cdot t$ berücksichtigt wird. Setzt man nun die Gleichungen für Pkw und Lkw im Bezugssystem Straße ein, erhält man:

$$s'_P(t') = v_P \cdot t - v_P \cdot t = 0$$

$$s'_L(t') = v_L \cdot t + 55\,m - v_P \cdot t = (v_L - v_P) \cdot t + 55\,m$$

$$= -5{,}5\,\frac{m}{s} \cdot t + 55\,m$$

Man bezeichnet diese Umrechnung von Koordinaten zwischen zwei Bezugssystemen als **Koordinatentransformation**.

A1 ● Stellen Sie die Gleichungen für die Koordinatentransformation vom Bezugssystem Straße ins Bezugssystem Lkw auf.

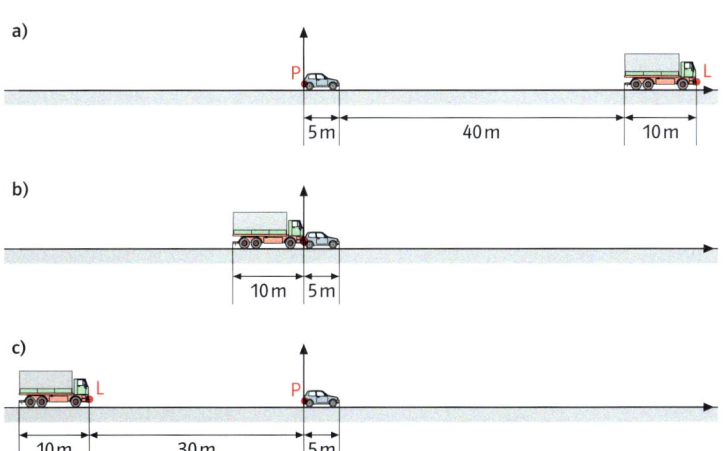

a)

b)

c)

B3 Überholvorgang im Bezugssystem Pkw

Bewegungen mit konstanter Geschwindigkeit

Beispiel ⊖ Ein Radfahrer fährt eine Straße entlang. Am Straßenrand steht eine Bank, auf der eine Person sitzt. Der Radfahrer fährt mit konstanter Geschwindigkeit an der Person vorbei. **B1** zeigt die Bahnkurve, die das Fahrradventil beschreibt.

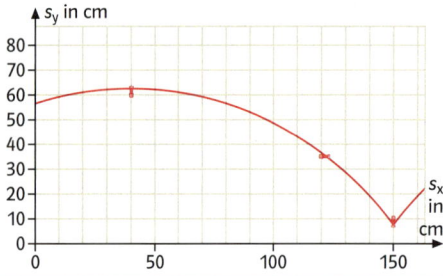

B1 Bahnkurve des Fahrradventils

a) Im Beispiel gibt es zwei relevante Bezugssyteme, nennen Sie diese. Geben Sie an, in welchem Bezugssystem das Ventil die in Diagramm **B1** gezeigte Bahnkurve erzeugt. Begründen Sie Ihre Antwort.
b) Skizzieren Sie das t-s-Diagramm der Ventil-Bewegung für das andere Bezugssystem.
c) Erklären Sie an diesem Beispiel, was unter einem Bezugssystem zu verstehen ist.

Lösung **a)** Die relevanten Bezugssysteme im Beispiel sind die Straße und das Fahrrad selbst. Im Letzteren ruht das Rad, für einen Beobachter dort drehen sich nur die Reifen, ohne dass sich das Fahrrad fortbewegt. Das Ventil durchläuft in diesem Fall eine Kreisbahn. Im Bezugssystem Straße bewegt sich das Fahrrad und damit das Ventil fort (→**B2**), die Kreisbahn wird in eine bogenförmige Bahn überführt. Das Diagramm beschreibt also die Ventilbewegung im Bezugssystem Straße.

B2 Bewegung des Fahrradventils im Bezugssystem Straße

b) Siehe Diagramm in **B3**

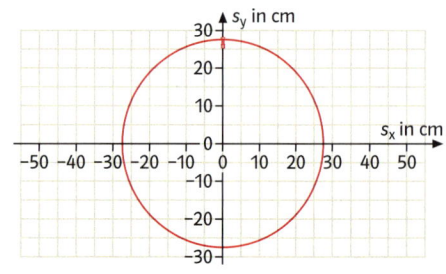

B3 t-s-Diagramm der Bewegung im Bezugssystem Fahrrad

c) Als Bezugssystem bezeichnet man das mit einem Bezugspunkt verbundene Koordinatensystem, in dem die Bewegung eines Körpers beschrieben wird. Im Beispiel gibt es das Bezugssystem Fahrrad, in dem das Koordinatensystem mit einem festen Punkt z.B. am Fahrradrahmen verbunden ist. Das zweite Bezugssystem ist die Straße, das Koordinatensystem ist hier fest mit einem Punkt auf der Straße verbunden. Zu einer eindeutigen Beschreibung einer Bewegung muss das zugehörige Bezugssystem angegeben werden.

A1 ⊖ Der Aufzug in einem Einkaufscenter verbindet das Erdgeschoss mit weiteren fünf Stockwerken. Der Aufzug startet zu einer Fahrt, die durch Diagramm **B4** beschrieben wird.
a) Erstellen Sie das zugehörige t-v-Diagramm unter der Annahme, dass sich der Aufzug durchweg gleichförmig bewegt.
b) Für eine weitere Fahrt des Aufzugs wurden die Messwerte in folgender Tabelle notiert.

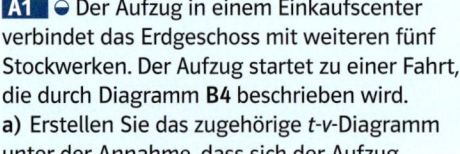

t in s	0	3,8	7,4	8,3	11,3
s in m	15,0	10,0	5,2	4,0	0

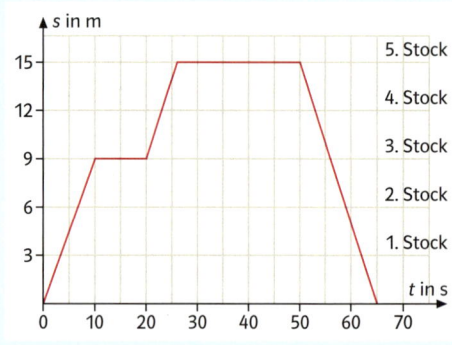

B4 t-s-Diagramm der Fahrt des Aufzugs

Untersuchen Sie, ob die Werte zu einer gleichförmigen Bewegung gehören. Stellen Sie das Zeit-Ort-Gesetz auf. Nutzen Sie zur Lösung ein Tabellenkalkulationsprogramm.

A2 ⊖ Der folgende Zeitungsausschnitt beschreibt eine Situation kurz vor Ende der Finalpartie der Rugby-WM (→**B1**).

Theo Lewis

Team: England
Position: Sturm
Sprint-Bestzeit
(100 m): 12,9 s

Pete Davis

Team: Neuseeland
Position: Abwehr
Sprint-Bestzeit
(100 m): 11,0 s

Entscheidung in letzter Sekunde

Die Finalbegegnung der Rugby-WM endet dramatisch. Der Engländer Lewis löst sich eine Minute vor Abpfiff mit dem Ball aus dem Spielerknäuel und rennt so schnell er kann auf die 80 m entfernte Torlinie zu. Erst drei Sekunden später bemerkt dies der Neuseeländer Davis und sprintet mit Höchstgeschwindigkeit hinterher.

B1

Bearbeiten Sie mit Hilfe der Informationen aus dem Artikel sowie den Spieler-Steckbriefen die folgenden Aufgaben.
a) Begründen Sie durch eine Rechnung, ob Davis den „Drop-Down" hinter der Torlinie verhindern kann. Führen Sie den Zeitungsartikel mit einer passenden Abschlussszene zu Ende.
b) Erstellen Sie ein Diagramm zur graphischen Lösung der Aufgabe.
c) Erläutern Sie, welche Idealisierungen bei der Rechnung vorgenommen wurden.

A3 ⊖ a) Sechs Schülerinnen und Schüler mit Stoppuhren haben für den 200-m-Lauf einer Mitschülerin folgende Zeiten t in s gemessen:

Messung Nr.	1	2	3	4	5	6
t in s	29,3	29,5	29,3	29,4	29,2	29,4

Messwerte für die 200-m-Bahn
s_1 = 200,01 m
s_2 = 199,99 m
s_3 = 200,04 m
s_4 = 199,96 m
s_5 = 200,02 m
s_6 = 199,99 m
s_7 = 199,95 m
s_8 = 200,00 m
s_9 = 200,02 m
s_{10} = 200,01 m

B2 Messwerte

Berechnen Sie daraus den Mittelwert und beurteilen Sie dessen Unsicherheit.
b) Bei einem internationalen Leichtathletik-Wettkampf wird die Zeit für die Siegerin mit 21,82 s angegeben. Die Zweitplatzierte folgt mit 21,83 s. Geben Sie an, was die Differenz von 0,01 s für den Abstand der Läuferinnen bedeutet.
c) Ursache für den Abstand zwischen den Läuferinnen könnten auch unterschiedliche Bahnlängen sein. Die Überprüfung der Länge der Laufbahnen durch Kampfrichter ergibt unterschiedliche Messwerte (→**B2**).

Berechnen Sie die Abweichungen vom Mittelwert und beurteilen Sie deren Einfluss auf das Ergebnis des 200-m-Laufs.

A4 ● Überholvorgänge können gefährlich sein, wenn die hierfür nötige Strecke falsch eingeschätzt wird.

B3 Überholvorgang auf einer Landstraße

Das Foto **B3** zeigt eine Situation, bei der ein Pkw (v_P = 80 km/h, Länge: 5 m) einen Traktor (v_T = 40 km/h, Länge: 6 m) überholen will. Der Pkw schert 40 m hinter dem Traktor aus und ordnet sich 20 m vor ihm wieder ein. Es gilt die Annahme, dass sich die Fahrzeuge gleichförmig bewegen.
Zur Bestimmung des Überholwegs kann ein rechnerisches (I) oder ein graphisches (II) Verfahren verwendet werden.
I Betrachten Sie den Überholvorgang im Bezugssystem des Traktors. Berechnen Sie in diesem System die Dauer des Überholvorgangs und anschließend die gesuchte Strecke im ursprünglichen „System Straße".
II Fertigen Sie ein t-s-Diagramm an, in dem Sie die Bewegung des Pkw als Ursprungsgerade darstellen. Ergänzen Sie anschließend die Bewegung des Traktors unter Beachtung der oben angegeben Längenmaße.
a) Wählen Sie ein Verfahren aus und bestimmen Sie den Überholweg.
b) Julian meint: „Also dann muss man in diesem Fall etwa 142 m freie Bahn zum Gegenverkehr haben, damit es zu keinem Zusammenstoß kommt." Beurteilen Sie Julians Aussage und formulieren Sie eine Antwort.
c) Leiten Sie mit Hilfe von Verfahren I die folgende Formel für den Überholweg $s_Ü$ her:

$$s_Ü = \frac{v_1}{v_1 - v_2} \cdot L$$

L: Summe der Sicherheitsabstände und Fahrzeuglängen
v_1: Geschwindigkeit des überholenden Fahrzeugs
v_2: Geschwindigkeit des überholten Fahrzeugs

Untersuchung nicht gleichförmiger Bewegungen

Aufgabe: Auf einer reibungsarmen geneigten Unterlage bewegt sich ein Körper mit zunehmender Geschwindigkeit. Diese Bewegung soll genauer untersucht werden (→B1).
Eine Bewegung zu untersuchen heißt, eine Bahnkurve zu ermitteln sowie die zeitliche Entwicklung von Ort und Geschwindigkeit zu erfassen, z.B. in entsprechenden Diagrammen. In diesem Fall ist die Bahnkurve (eine Gerade) vorgegeben. Für ein t-s-Diagramm muss die Zeitdauer vom Start bis zu verschiedenen Orten ermittelt werden, für ein t-v-Diagramm die Geschwindigkeit zu verschiedenen Zeitpunkten der Bewegung.

Material: Rollenfahrbahn mit Haltemagnet, Wagen mit Blende (Breite $b = 0,01\,\text{m}$), 4 Lichtschranken, Zeitmessgerät

Durchführung: Entlang der Rollenfahrbahn werden die Lichtschranken in etwa gleichen Abständen an den Punkten P_1 bis P_4 angebracht und mit dem Zeitmessgerät verbunden. Der Wagen wird am erhöhten Ende auf die Bahn gesetzt, wo er zunächst vom Magneten gehalten wird.
Nun misst man die Weglängen, die der Wagen vom Startpunkt bis zu den Lichtschranken zurücklegt und notiert die Werte in einer Tabelle.

Anschließend wird die Messung gestartet, indem der Wagen vom Magneten gelöst wird.

Messung: a) Im ersten Versuch werden die Zeiten t gemessen, die der Wagen benötigt, um von seinem Startpunkt bei $s = 0$ die Punkte P_1 bis P_4 zu erreichen.
Man wiederholt die Messung mehrmals und bildet jeweils den Mittelwert für die Zeit:

Messpunkte	P_0	P_1	P_2	P_3	P_4
s in m	0,0	0,2	0,5	0,8	1,1
t in s	0,0	1,7	2,7	3,5	4,1

b) Im zweiten Versuch wird das Zeitmessgerät so eingestellt, dass es die durch die Blende verursachten Verdunklungszeiten Δt der Lichtschranken misst. Da die Breite b der Blende bekannt ist, kann daraus die Geschwindigkeit des Wagens an den Punkten P_1 bis P_4 bestimmt werden. Die Tabelle enthält Mittelwerte mehrerer Messungen:

s in m	0,2	0,5	0,8	1,1
Δt in s	0,39	0,26	0,21	0,18

Auswertung: Zunächst werden die Messwerte aus Versuch (a) in ein Diagramm übertragen (→B2). Der Graph zeigt, dass die in gleichen Zeitdauern zurückgelegten Weglängen zunehmen.
Anschließend werden aus den Verdunklungszeiten nach $v = b/\Delta t$ die Geschwindigkeiten des Wagens berechnet:

s in m	0,2	0,5	0,8	1,1
Δt in s	0,39	0,26	0,21	0,18
v in m/s	0,026	0,038	0,048	0,056

B2b zeigt das zugehörige t-v-Diagramm. Die Rechnung bestätigt, dass die Geschwindigkeit des Wagens zunimmt. Das t-v-Diagramm zeigt einen linearen Verlauf des Graphen, d.h., dass die Geschwindigkeit in gleichen Zeitabschnitten um den gleichen Betrag ansteigt.

Nun lässt sich noch der Wert der Geschwindigkeitsänderung des Wagens berechnen. Dazu bildet man den Quotienten $\Delta v/\Delta t$ (→B2b):

$$\frac{\Delta v}{\Delta t} = \frac{0,035\,\frac{\text{m}}{\text{s}}}{2,5\,\text{s}} = 0,014\,\frac{\text{m}}{\text{s}^2}$$

Die Geschwindigkeit wächst pro Sekunde um $0,014\,\text{m/s}$ an.

B1 Aufbau zur Untersuchung von Bewegungen mit zunehmender Geschwindigkeit

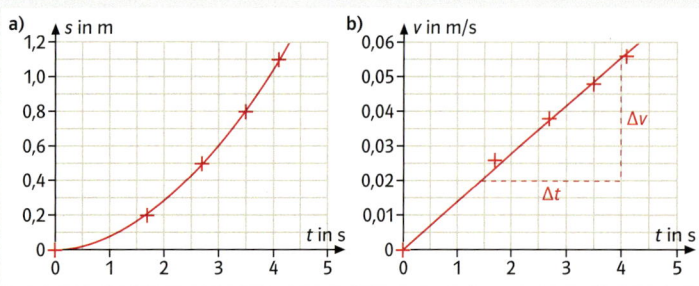

B2 t-s-Diagramm (a), t-v-Diagramm des Wagens (b)

1.3 Geradlinige Bewegungen mit veränderlicher Geschwindigkeit

In vielen Freizeitparks oder Vergnügungsbädern gibt es Rutschen, die die Besucher aus dem Zustand der Ruhe auf Geschwindigkeit bringen.

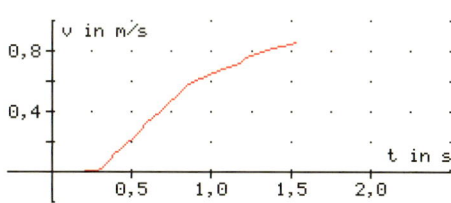

B3

Im t-v-Diagramm zeigt sich dies durch eine ansteigende Gerade. Die Geschwindigkeitsänderung erfolgt gleichmäßig. Daher heißt eine Bewegung mit konstanter Beschleunigung **gleichmäßig beschleunigte Bewegung**. Im dritten Abschnitt (ab 0,5 s) ist die Beschleunigung etwa null. Die Steigung des Graphen im t-v-Diagramm ist ebenfalls ungefähr null. Die Geschwindigkeit bleibt auf ihrem bis dahin erreichten Wert (ca. 1,2 m/s).

Im Falle einer gleichmäßig beschleunigten Bewegung kann die Beschleunigung aus einem Steigungsdreieck im t-v-Diagramm berechnet werden. Dem Diagramm **B1** ist zu entnehmen, dass die Geschwindigkeit v in $\Delta t = 3\,\text{s}$ um $\Delta v = 12\,\text{m/s}$ gestiegen ist. Also ist $a = \Delta v / \Delta t = 4\,\text{m/s}^2$, d.h., die Geschwindigkeit nimmt in einer Sekunde um 4 m/s zu.

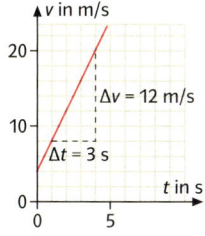

B1 Beschleunigung

Die Beschleunigung

Bewegungen mit sich ändernder Geschwindigkeit heißen **beschleunigte Bewegungen**. Die meisten Bewegungen in unserer Umwelt sind beschleunigt. Oft ändert sich sogar die Beschleunigung während der Bewegung.

Um zu untersuchen, wie sich die Geschwindigkeit bei beschleunigten Bewegungen mit der Zeit verändert, führt man z.B. den in **B2** abgebildeten Versuch durch: An einem zunächst ruhenden Holzklotz wird gezogen, bis er sich mit konstanter Geschwindigkeit über den Tisch bewegt. Auf dem Klotz ist ein Beschleunigungssensor befestigt, ein daran angeschlossener Taschencomputer liefert das Zeit-Geschwindigkeit- und das Zeit-Beschleunigung-Diagramm (→**B4**) der Bewegung.

Im ersten Abschnitt sind Beschleunigung und Geschwindigkeit null, der Körper ruht. Von 0,2 s bis 0,5 s ist die Beschleunigung etwa konstant.

Ändert sich die Geschwindigkeit eines Körpers, spricht man von einer beschleunigten Bewegung. Die Beschleunigung a ist der Quotient aus Geschwindigkeitsänderung Δv und zugehöriger Zeitdauer Δt:

$$a = \frac{\Delta v}{\Delta t} = \frac{v_2 - v_1}{t_2 - t_1}$$

Die Einheit der Beschleunigung ist $1\,\frac{\text{m}}{\text{s}^2}$.

A1 ○ Ein Auto benötigt 8 s, um aus dem Stand $v = 72\,\text{km/h}$ zu erreichen. Zeichnen Sie ein t-v- und ein t-a-Diagramm der Bewegung, wenn das Auto gleichmäßig beschleunigt. Berechnen Sie a in m/s².

A2 ◐ Ein reibungsarm gelagerter Wagen wird von Luft angetrieben, die aus einem Luftballon ausströmt. Ersetzen Sie im zugehörigen t-v-Diagramm (→**B5**) Teile der Kurve durch Geradenstücke und bestimmen Sie jeweils die Beschleunigung. Beschreiben Sie, wie sich diese mit der Zeit verändert.

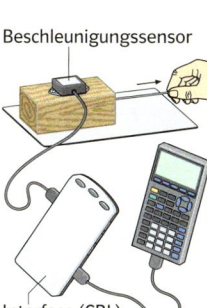

Beschleunigungssensor

Interface (CBL)

B2

B4 Zeit-Geschwindigkeit-Diagramm (oben)
Zeit-Beschleunigung-Diagramm (unten)

B5 Zu Aufgabe 2

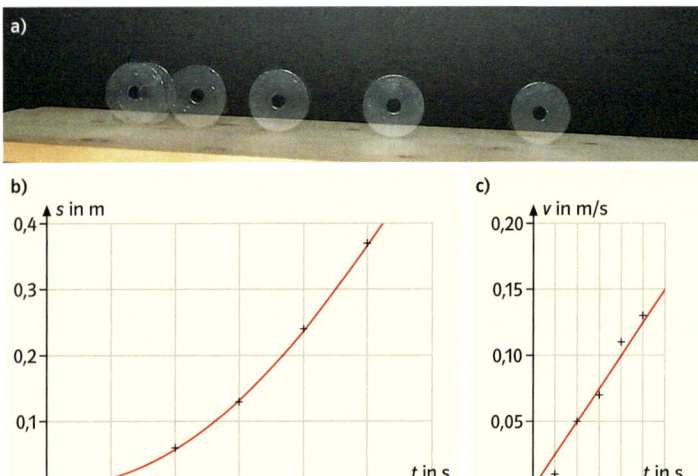

a)

b)
s in m — t-s-Diagramm mit Werten 0,0; 0,1; 0,2; 0,3; 0,4 auf der s-Achse und 0 bis 6 auf der t-in-s-Achse

c)
v in m/s — t-v-Diagramm mit Werten 0,00; 0,05; 0,10; 0,15; 0,20 auf der v-Achse und 0 bis 5 auf der t-in-s-Achse

B1 Gleichmäßig beschleunigte Bewegung (a), t-s-Diagramm (b), t-v-Diagramm (c)

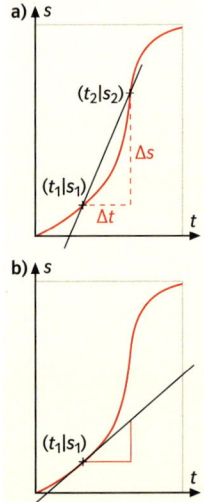

B2 Definition von Durchschnitts- (a) und Momentangeschwindigkeit (b)

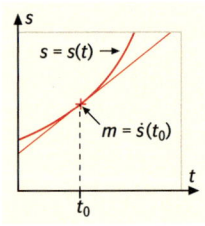

B3

Beschleunigung und Weg

Beschleunigungen sind daran zu erkennen, dass ein Körper in gleichen Zeitdauern unterschiedliche Weglängen zurücklegt.

Das t-s-Diagramm **B1b** stammt von der Bewegung eines Zylinders, der eine schiefe Ebene hinabrollt. Der Graph ähnelt einem Parabelstück, das durch die Gleichung $s = k \cdot t^2$ beschrieben werden kann.

Die Überprüfung mit Hilfe der Messdaten nach **B1b** zeigt, dass k im Rahmen der Ablesegenauigkeit eine Konstante ist.

t in s	0	1,0	2,0	3,0	4,0	5,0
s in m	0	0,01	0,06	0,13	0,24	0,37
$k = \frac{s}{t^2}$ in $\frac{m}{s^2}$	–	0,010	0,015	0,014	0,015	0,015

Da k mit $1\,\text{m/s}^2$ dieselbe Einheit wie die Beschleunigung hat, ist ein Zusammenhang zu vermuten. Zur Klärung werden in einem Experiment zugleich $s(t)$ zur Bestimmung von k und $v(t)$ zur Bestimmung von a gemessen.

Es ergibt sich im t-v-Diagramm (→**B1c**) näherungsweise eine Gerade mit der Steigung

$$a = \frac{\Delta v}{\Delta t} = 0,03\,\frac{m}{s^2}.$$

Ein Vergleich zeigt, dass $k = \frac{a}{2}$ ist.

Dieser Zusammenhang gilt für jede Bewegung, deren Graph im t-v-Diagramm eine Gerade durch den Ursprung ist. Beginnt eine geradlinige Bewegung aus der Ruhe mit konstanter Beschleunigung a bei $t = 0$ und $s = 0$, so gilt

für die Geschwindigkeit des Körpers:

$$v(t) = a \cdot t$$

und für seinen Ort:

$$s(t) = \frac{1}{2}a \cdot t^2$$

Bei der Beschreibung einer Bewegung muss das Bezugssystem nicht unbedingt so gewählt werden, dass sich der Körper zum Zeitpunkt $t = 0$ in Ruhe am Ort $s = 0$ befindet. Im betrachteten Bezugssystem können die Anfangsbedingungen $s(0) = s_0 \neq 0$ und $v(0) = v_0 \neq 0$ gelten. Die Bewegungsgleichungen lauten dann:

$$v(t) = a \cdot t + v_0 \quad \text{und}$$

$$s(t) = \frac{1}{2}a \cdot t^2 + v_0 \cdot t + s_0$$

Geschwindigkeit für einen Zeitpunkt

Bei gekrümmten Graphen sind die Quotienten $\Delta s / \Delta t$ nicht mehr konstant und die bisherige Definition für die Geschwindigkeit v ist so nicht mehr anwendbar. Folgendes Beispiel zeigt, wie die Definitionen erweitert werden können.

1 Der Graph der Bewegung wird zwischen zwei Ortskoordinaten s_1 und s_2 durch ein Geradenstück ersetzt. Die tatsächliche Bewegung wird also durch eine Bewegung mit konstanter Geschwindigkeit angenähert (→**B2a**). Diese Geschwindigkeit heißt **Intervall**- oder **Durchschnittsgeschwindigkeit** $\bar{v}$:

$$\bar{v} = \frac{s_2 - s_1}{t_2 - t_1}$$

2 Wird der Punkt $(t_2 \mid s_2)$ an den Punkt $(t_1 \mid s_1)$ angenähert, geht die Näherungsgerade in die Tangente des Graphen im Punkt $(t_1 \mid s_1)$ über (→**B2b**). Die Steigung dieser Tangente (sie entspricht der Steigung des Graphen) ist die **Momentangeschwindigkeit** $v(t)$ zum Zeitpunkt t_1.

Bewegungen mit konstanter Änderungsrate der Geschwindigkeit heißen gleichmäßig beschleunigte Bewegungen.
Für sie gelten das Zeit-Ort-Gesetz:

$$s(t) = \frac{1}{2}a \cdot t^2 + v_0 \cdot t + s_0$$

sowie das Zeit-Geschwindigkeit-Gesetz:

$$v(t) = a \cdot t + v_0$$

A1 ○ Planen Sie ein Experiment, z. B. mit Hilfe einer Fahrbahn, um den Zusammenhang zwischen der Konstanten k und der Beschleunigung a zu überprüfen.

Bremsvorgänge

Bislang wurden nur Bewegungen mit zunehmender Geschwindigkeit aus der Ruhe heraus betrachtet. Nun sollen Bremsvorgänge untersucht werden, bei denen andere Ausgangsbedingungen vorliegen: Zum einen nimmt die Geschwindigkeit ab, zum anderen besitzt der Körper zu Beginn des Bremsvorgangs bereits eine Geschwindigkeit.

Im Folgenden soll anhand eines t-s- und eines t-v-Diagramms gezeigt werden, wie diese veränderten Ausgangsbedingungen in die entsprechenden Bewegungsgesetze eingehen.

Bremsen im t-s-Diagramm

Beim Bremsen nimmt die Geschwindigkeit eines Fahrzeuges ab, sie ändert sich also. Man spricht von einer beschleunigten Bewegung mit negativer Beschleunigung bzw. einer verzögerten Bewegung. Ändert sich der Betrag der Beschleunigung dabei nicht, spricht man von einer **gleichmäßig verzögerten Bewegung**.

B2 zeigt den t-s-Graphen für ein Fahrzeug, das zum Zeitpunkt $t = 0$ gleichmäßig zu bremsen beginnt. Da sich der Wegzuwachs im Laufe des Bremsvorgangs verringert, nimmt die Steigung des Graphen im Diagramm ab.

Das Zeit-Ort-Gesetz einer gleichmäßig beschleunigten Bewegung aus der Ruhe lautet:

$$s(t) = \frac{1}{2} a \cdot t^2$$

Zu Beginn des Bremsvorgangs besitzt das Fahrzeug aber bereits die Geschwindigkeit v_0. Dies wird durch den zusätzlichen Term $v_0 \cdot t$ in der Bewegungsgleichung berücksichtigt.

$$s(t) = \frac{1}{2} a \cdot t^2 + v_0 \cdot t$$

Die Verzögerung erfasst man durch einen negativen Wert der Beschleunigung, z.B. $a = -1{,}5\,\text{m/s}^2$. Damit ergibt sich für eine Anfangsgeschwindigkeit $v_0 = 25\,\text{m/s}$:

$$s(t) = -0{,}75\,\tfrac{m}{s^2} \cdot t^2 + 25\,\tfrac{m}{s} \cdot t$$

t	$s(t)$
0	0
5	106,25
10	175
15	206,25

B1 Wertetabelle zum Diagramm **B2**

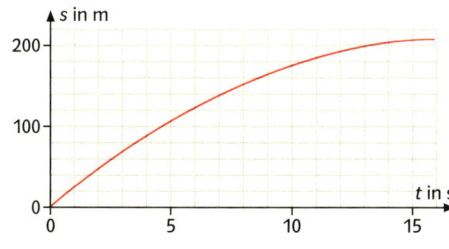

B2 Eine verzögerte Bewegung

Die Gleichung beschreibt eine nach unten geöffnete Parabel. Man kann sie z.B. mittels einer Wertetabelle (→**B1**) zeichnen. Am Scheitel (16 s | 208 m) hat die Parabel die Steigung null, d.h., die Geschwindigkeit ist null, der Bremsvorgang ist beendet. Er hat 16 s gedauert und der Bremsweg beträgt 208 m.

Bremsen im t-v-Diagramm

Das Zeit-Geschwindigkeit-Gesetz für gleichmäßig beschleunigte Bewegungen lautet:

$$v(t) = a \cdot t$$

Aufgrund der negativen Beschleunigung ergibt sich im t-v-Diagramm eine Gerade mit negativer Steigung.

Das Fahrzeug beginnt den Bremsvorgang mit der Geschwindigkeit v_0, daher wird die Gleichung ergänzt zu:

$$v(t) = a \cdot t + v_0$$

Mit den Werten des Beispiels lautet sie:

$$v(t) = -1{,}5\,\tfrac{m}{s^2} \cdot t + 25\,\tfrac{m}{s}$$

Im Diagramm beträgt der y-Achsenabschnitt also 25 m/s.

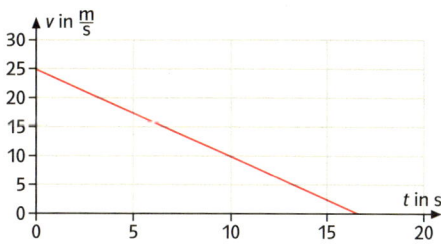

B3 Gleichmäßig verzögerte Bewegung

Das Ende des Bremsvorganges ergibt sich aus der Bedingung $v(t) = 0$. Auflösen nach t liefert

$$t = \frac{-25\,\text{m/s}}{-1{,}5\,\text{m/s}^2} = 16{,}67\,\text{s}$$

Der Bremsweg wird nach

$$s(t) = \frac{1}{2} \cdot a \cdot t^2 + v_0 \cdot t$$

zu $s(16{,}67\,\text{s}) = 208{,}3\,\text{m}$ berechnet.

A1 ⊖ Jemand behauptet: Beim Bremsen nimmt die Geschwindigkeit erst am Ende des Bremsweges deutlich ab.
a) Bestimmen Sie $s(t)$ und $v(t)$ für $a = -5\,\text{m/s}^2$ und $v_0 = 12\,\text{m/s}$.
b) Begründen Sie mit Hilfe eines s-v-Diagramms die obige Aussage.

Auswerten von Beschleunigungsvorgängen

Mit einem Ultraschallbewegungssensor und einem grafikfähigen Taschenrechner (GTR) kann der Anfahrvorgang eines Fahrzeuges erfasst werden (→**B3**).

B1 GTR

B3

Das Datenerfassungsgerät speichert die Messergebnisse für den Zeitpunkt t und den Ort s in zwei Listen. Die verwendeten Messwerte für eine Straßenbahn sind in Tabelle **B2** angegeben.

t in s	s in m
0	1,336
0,269	1,400
0,323	1,422
0,538	1,540
0,806	1,751
1,075	2,041
1,344	2,406
1,613	2,858
1,882	3,379
1,935	3,500
2,150	3,985
2,419	4,663
2,688	5,398
2,957	6,242
3,226	7,132

B2

Darstellen als Diagramm Im Menü zur Grafikansicht werden Listen für die x- und y-Achse gewählt (→**B4a**). Die Zeitpunkte sollten auf der x-Achse aufgetragen werden. Anschließend wird das Fenster auf eine passende Größe eingestellt. **B4b** zeigt die Messpunkte.

Regression Der GTR oder eine Computer-Software bieten mathematische Funktionen an, die jeweils bestmöglich an die Messwerte angepasst werden. Dies sagt jedoch nichts darüber aus, ob die Funktion überhaupt zur Beschreibung der Werte geeignet ist. **B4c** zeigt eine lineare Anpassung für die Messwerte der Straßenbahn. Zwar liegen ungefähr gleich viele Werte oberhalb und unterhalb der Ausgleichsgeraden, jedoch wird der Verlauf der Werte nicht wiedergegeben.
Der Verlauf des Graphen ähnelt einer Parabel, wie sie bei einer gleichmäßig beschleunigten

Bewegung entsteht. Mit einer quadratischen Funktion (→**B4d**) gelangt der Rechner zu $y = 0{,}529\,x^2 + 0{,}091\,x + 1{,}336$ (gerundet).

Der Graph passt augenscheinlich sehr gut zu den Messwerten. Physikalisch gedeutet, stehen x und y für die Größen t und s. Jedes Glied der Summe muss die Einheit Meter ergeben:
$s(t) = 0{,}529\,\text{m/s}^2 \cdot t^2 + 0{,}091\,\text{m/s} \cdot t + 1{,}336\,\text{m}$
$s_0 = 1{,}336\,\text{m}$ gibt den Abstand der Bahn zum Messgerät zur Zeit $t = 0$ an (→**B2**). Der Term $0{,}529\,\text{m/s}^2 \cdot t^2$ hat die Form $\frac{1}{2}a \cdot t^2$ und steht für den Ort s bei einer gleichmäßig beschleunigten Bewegung. Durch Vergleich mit $s = v_0 \cdot t$ lässt sich $0{,}091\,\text{m/s} \cdot t$ als Ort s bei einer gleichförmigen Bewegung deuten. Daraus ergibt sich eine Verallgemeinerung des Zeit-Ort-Gesetzes für gleichmäßig beschleunigte Bewegungen: $s(t) = \frac{1}{2}a \cdot t^2 + v_0 \cdot t + s_0$. v_0 ist die Anfangsgeschwindigkeit vor dem Beschleunigungsvorgang. Die Bahn befand sich jedoch bei Messbeginn in Ruhe. Der Term $0{,}091\,\text{m/s} \cdot t$ ist also sinnlos und wird gelöscht.

Jetzt passt der Graph nicht mehr ganz so gut wie vorher (→**B4e**). Daher wird die Konstante a so verändert, dass die Ausgleichsfunktion durch den größten Teil der Punkte verläuft. Sie könnte lauten:

$$s(t) = 0{,}56\,\frac{\text{m}}{\text{s}^2} \cdot t^2 + 1{,}336\,\text{m} \quad (\rightarrow\textbf{B4f})$$

Die Auswertung hat ergeben: Die Straßenbahn fährt gleichmäßig beschleunigt mit $a = 1{,}12\,\text{m/s}^2$ an.

A1 ⊖ Messen Sie weitere beschleunigte Bewegungen (z. B. Auto, Motorroller, Fahrrad, gehende Person …) und geben Sie jeweils eine mögliche Ausgleichsfunktion an.

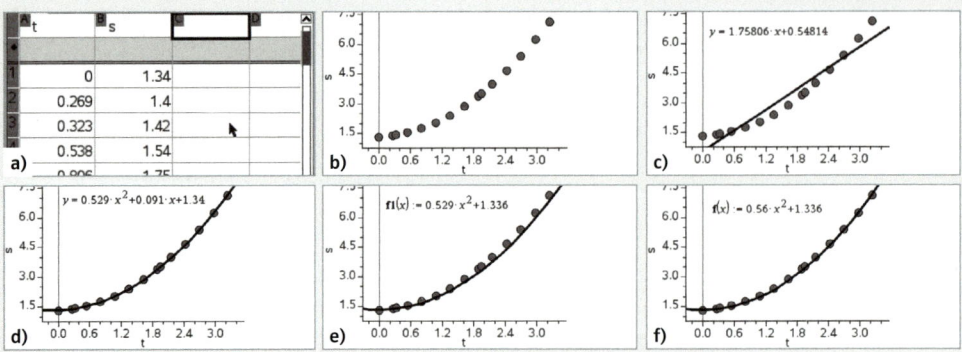

B4

Bewegungen mit veränderlicher Geschwindigkeit

Beispiel ⊝ Ein Schlitten gleitet auf einer schräg gestellten Luftkissenfahrbahn. Da der Gleiter keinen Tachometer hat, lässt man ihn mit Hilfe einer Schnur ein Rad antreiben. Über dieses Rad kann man die Geschwindigkeit und die zurückgelegte Weglänge messen. Die Abbildungen **B2 – B4** zeigen die Messwerte, die über ein Computerinterface aufgezeichnet wurden.

a) Beschreiben Sie die Bewegung, die durch die drei Graphen dargestellt wird. Geben Sie für jeden der Graphen eine Gleichung an.

b) Fassen Sie für alle drei Diagrammtypen die Merkmale einer gleichmäßig beschleunigten Bewegung kurz zusammen.

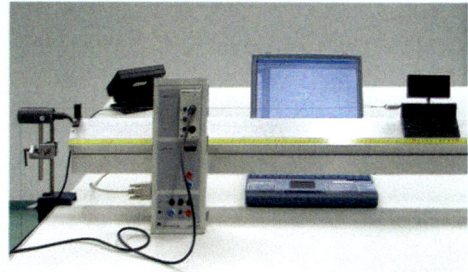

B1 Gleiter auf Luftkissenfahrbahn

Lösung **a)** Aus dem t-s-Diagramm (→**B2**) ist zu erkennen, dass der Gleiter keine gleichförmige Bewegung ausführt, denn der Graph ist keine Gerade, sondern wird mit zunehmender Zeit immer steiler. Der Gleiter legt also in gleichen Zeitabständen immer größere Wege zurück. Während er in der ersten Sekunde 15 cm zurücklegt, sind es in der zweiten Sekunde etwa 30 cm, d.h., seine Geschwindigkeit hat zugenommen. Die zugehörige Bewegungsgleichung lautet:

$$s(t) = 0{,}11\,\tfrac{m}{s^2} \cdot t^2$$

Der Graph im t-v-Diagramm ist hier keine horizontale Gerade mehr (→**B3**), denn er zeigt ja die Veränderung der Geschwindigkeit an. Je steiler der Graph im t-v-Diagramm verläuft, desto größer ist der Geschwindigkeitszuwachs, also die Beschleunigung der Bewegung. Die Geschwindigkeit nimmt gleichmäßig zu, was man daran erkennt, dass der Graph eine Gerade ist. Sie lässt sich beschreiben durch:

$$v(t) = 0{,}22\,\tfrac{m}{s^2} \cdot t$$

Wie im t-a-Diagramm (→**B4**) zu erkennen, ist die Beschleunigung bei dieser Bewegung konstant, denn der Graph ist eine nahezu horizontal verlaufende Strecke mit

$$a(t) = 0{,}22\,\tfrac{m}{s^2}$$

Eine solche Bewegung, bei der die Beschleunigung konstant ist, heißt gleichmäßig beschleunigte Bewegung. Im t-v-Diagramm erkennt man dies auch daran, dass der Graph eine Gerade ist (→**B3**).

b) Das t-s-Diagramm einer gleichmäßig beschleunigten Bewegung weist einen parabelförmigen Verlauf auf.

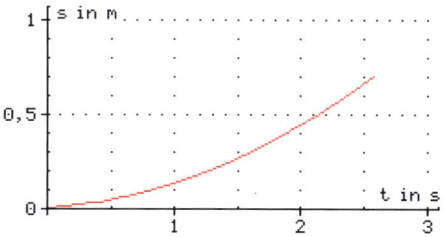

B2 t-s-Diagramm

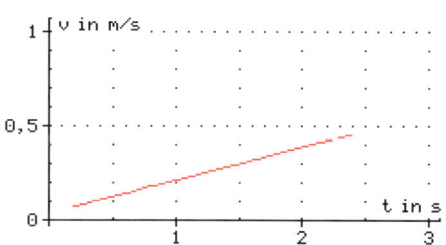

B3 t-v-Diagramm

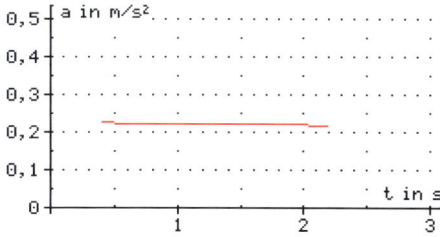

B4 t-a-Diagramm

Die Steigung des Graphen im t-v-Diagramm gibt die Beschleunigung an. Je größer die Steigung ist, desto größer ist die Beschleunigung. Der Graph im t-a-Diagramm einer gleichmäßig beschleunigten Bewegung ist eine horizontale Gerade. Die Beschleunigung hat bei dieser Bewegung einen konstanten Wert.

A1 ⊖ Abbildung **B2** zeigt einen Skateboarder auf der Bahn eines Skateparks.

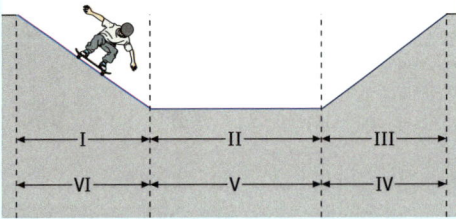

B2 Bahn in einem Skatepark

a) Beschreiben Sie die Abschnitte I bis VI der Hin- und Rückfahrt des Skateboarders. Gehen Sie dabei auf seine Geschwindigkeit ein und auf die Beschleunigung, die er erfährt. Berücksichtigen Sie jeweils das Vorzeichen der beiden Größen.

b) Erstellen Sie das t-v-Diagramm für alle Bewegungsabschnitte.

A2 ⊖ Eine Autofahrerin nähert sich mit der zulässigen Höchstgeschwindigkeit einer ampelgesteuerten Kreuzung. Als sich das Fahrzeug 30 m vor der Ampel befindet, springt diese von Grün auf Gelb um.

a) Diskutieren Sie, unter welchen Bedingungen die Autofahrerin anhalten oder weiterfahren sollte. Verwenden Sie dazu das Diagramm **B3**.

b) Bestätigen Sie anhand einer Rechnung, dass das Fahrzeug innerhalb einer Ortschaft bei einer Bremsverzögerung von 8 m/s² (trockener Asphalt) noch vor der Kreuzung stehen bleibt. Die Reaktionszeit der Fahrerin beträgt eine Sekunde.

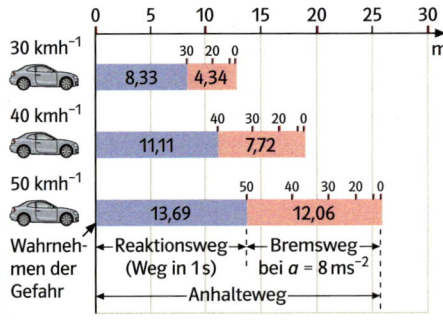

B3 Anhaltewege bei unterschiedlichen Fahrzeuggeschwindigkeiten

c) Erklären Sie die Staffelung der Übergangszeiten, wie sie in der Verwaltungsvorschrift zur Straßenverkehrsordnung angegeben ist (→**B4**).

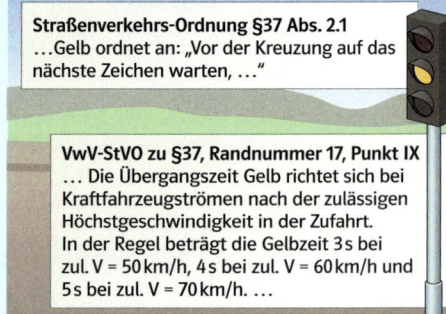

Straßenverkehrs-Ordnung §37 Abs. 2.1
…Gelb ordnet an: „Vor der Kreuzung auf das nächste Zeichen warten, …"

VwV-StVO zu §37, Randnummer 17, Punkt IX
… Die Übergangszeit Gelb richtet sich bei Kraftfahrzeugströmen nach der zulässigen Höchstgeschwindigkeit in der Zufahrt. In der Regel beträgt die Gelbzeit 3 s bei zul. V = 50 km/h, 4 s bei zul. V = 60 km/h und 5 s bei zul. V = 70 km/h. …

B4 Auszug aus der Verwaltungsvorschrift zur Straßenverkehrsordnung

Berechnen Sie für jede angegebene Geschwindigkeit, wie weit das Fahrzeug höchstens von der Ampel entfernt sein darf, damit es noch bei Gelb vor der Ampel zum Stehen kommt.

d) Die Bremsverzögerung ist unter anderem von der Beschaffenheit der Fahrbahn abhängig. Bei Schnee kann sie auf ein Viertel des Wertes absinken, der auf trockenem Asphalt gilt. Bestimmen Sie, wie sich die Strecken aus der vorherigen Teilaufgabe bei schneebedeckter Fahrbahn verändern.

A3 ⊖ Auf dem Rand ist ein Messstreifen abgebildet (→**B1**), der bei Versuchen auf einer Fahrbahn benutzt wurde. Die Zeitdauer zwischen den einzelnen Markierungen beträgt 0,2 s.

a) Zeichnen Sie das t-s-Diagramm der mit dem Messstreifen registrierten Bewegung.

b) Geben Sie an, welche Art der Bewegung zwischen den Zeitpunkten t_0 bis t_5 und zwischen t_5 bis t_8 vorliegt. Begründen Sie Ihre Antwort.

c) Formulieren Sie das Zeit-Ort-Gesetz zwischen den Zeitpunkten t_0 bis t_5 bzw. t_5 bis t_8 für diese Bewegung.

d) Berechnen Sie die Geschwindigkeiten zu den Zeitpunkten t_4 bis t_8.

e) Zeichnen Sie das zugehörige t-v-Diagramm der Bewegung.

A6 ⊖ Ein Fahrzeug bewegt sich geradlinig. Messungen führen zu folgenden Werten:

t in s	0,00	0,80	2,40	3,60	5,20
s in m	0,00	4,80	43,3	97,5	203

Überprüfen Sie, ob das Fahrzeug eine Bewegung mit konstanter Beschleunigung ausführt! Bestimmen Sie die t-s- und t-v-Gesetze.

B1 Messstreifen

Untersuchung von Fallbewegungen

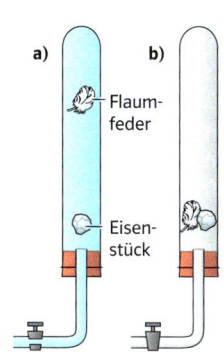

a)   b)

Flaum-
feder

Eisen-
stück

B1 Zu Versuch a)

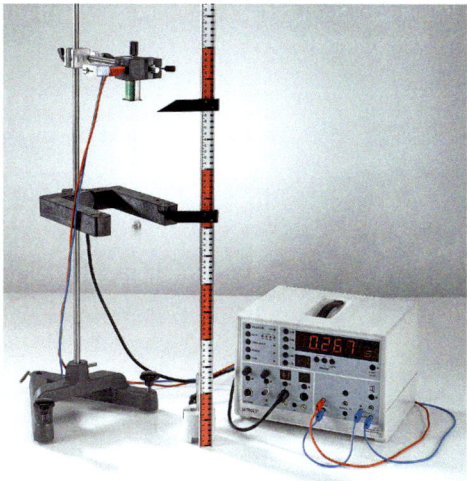

B4 Versuch b)

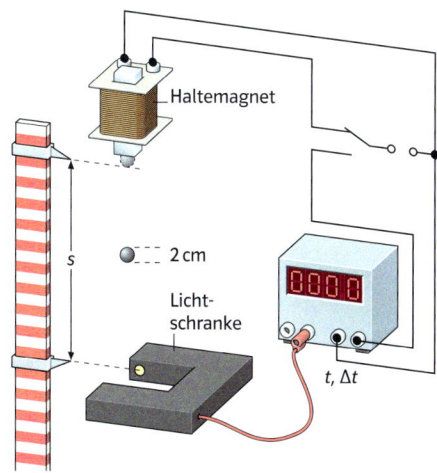

Haltemagnet

s 2 cm

Licht-
schranke

$t, \Delta t$

B5 Schematischer Versuchsaufbau

Aufgabe: Es sollen die Fallbewegungen unterschiedlicher Körper unter verschiedenen Bedingungen untersucht werden.

Material: Eisenkugel, Flaumfeder, evakuierbare Glasröhre, Pumpe, Lichtschranke, Stativstange, Haltemagnet, Maßstab, Zeitmessgerät

Durchführung: a) Man legt die Eisenkugel und die Flaumfeder in die Glasröhre und verschließt diese mit dem Stopfen. Zunächst hält man die Röhre senkrecht, dann dreht man sie schlagartig um, sodass beide Körper in der Röhre nach unten fallen.
Nun wird die Luft aus der Röhre gepumpt und der Versuch wiederholt (→B1). Die Ergebnisse beider Versuche werden notiert.

b) In einem weiteren Versuch soll der Zeitpunkt t bestimmt werden, zu dem ein fallender Körper den Ort s erreicht.
Dazu befestigt man an einer Stativstange zunächst den Haltemagnet für die Eisenkugel. Die Lichtschranke wird am Ort s unterhalb der Kugel angebracht. Anschließend wird die Lichtschranke an das Zeitmessgerät angeschlossen (→B4 und B5).
Die Zeitmessung startet, wenn der Strom für den Haltemagnet abgeschaltet wird, die Kugel also zu fallen beginnt. Sie stoppt, sobald die Kugel die Lichtschranke unterbricht. Damit wird die Fallzeit gemessen.
Die Messung wird für verschiedene Orte s durchgeführt. Tabelle **B2** zeigt beispielhaft einige Messwerte.

c) Aus den bisher aufgenommenen Messwerten lassen sich die Durchschnittsgeschwindigkeiten des Körpers bestimmen. Werte zur Berechnung der Momentangeschwindigkeit liefert ein Versuch, bei dem die Zeitdauer Δt gemessen wird, für die die Lichtschranke durch den fallenden Körper verdunkelt wird.
Im Beispiel sei der Durchmesser der Kugel $d = 2\,cm$. Wählt man die Orte s der Lichtschranke wie im vorangegangenen Versuch, kann man aus $d/\Delta t$ die Geschwindigkeit der Kugel zum jeweiligen Zeitpunkt berechnen:

t in s	0,20	0,29	0,35	0,40	0,45
Δt in ms	10,0	7,2	5,8	5,0	4,6
$v = d/\Delta t$ in m/s	2,0	2,8	3,4	4,0	4,3

Das Diagramm in **B3** zeigt den zeitlichen Verlauf der Geschwindigkeit.

Auswertung: Versuch a) zeigt, dass die beiden Körper, sofern sie nicht dem Einfluss der Luftreibung unterliegen, aus der Ruhe heraus gleiche Weglängen in gleichen Zeitdauern durchfallen.
Die graphische Darstellung der zeitabhängigen Geschwindigkeit aus Versuch c) ergibt eine Gerade. Das bedeutet, dass v in gleichen Zeiten um gleiche Beträge zunimmt. Die Körper erfahren also eine konstante Beschleunigung.

A1 ○ Bestimmen Sie die Beschleunigung der fallenden Kugel rechnerisch aus den Messwerten zu Versuch b).

s in m	t in s
0,20	0,20
0,40	0,29
0,60	0,35
0,80	0,40
1,00	0,45

B2

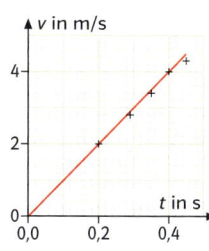

B3 t-v-Diagramm

1.4 Fallbewegungen

Beim Formationsspringen großer Gruppen lassen sich die Fallschirmspringer rasch nacheinander aus dem Flugzeug fallen. Die ersten breiten Arme und Beine aus, während die folgenden Springer die Arme anlegen und die Beine schließen, bis alle Springer gleichauf sind. Dann fallen alle mit der selben Geschwindigkeit. Wovon hängt diese ab?

B3

Der freie Fall

Lässt man ein Blatt Papier und eine Eisenkugel aus gleicher Höhe fallen, so kommt das Blatt deutlich später am Boden an als die Kugel, denn es schwebt unregelmäßig taumelnd nach unten. Knüllt man das Papier zu einer festen Kugel, unterscheidet sich seine Fallzeit auf kurzen Fallwegen nur noch geringfügig von der der Eisenkugel. In Luft wird der Fall eines Körpers behindert, dabei spielt seine äußere Form eine wichtige Rolle. Wie würde die Bewegung ablaufen, wenn der Einfluss der Luft ausgeschaltet wäre?

Galileo Galilei (1564–1642) stellte im Jahre 1636 in den „Discorsi" seine Überlegungen zur Fallbewegung dar: *„Angesichts dessen glaube ich, dass, wenn man den Widerstand der Luft ganz aufhöbe, alle Körper ganz gleich schnell fallen würden."*

Der Versuch mit der luftleeren Fallröhre bestätigt Galileis Hypothese (→**B2**). Ohne den Einfluss der Luft benötigen alle vom gleichen Ort aus fallenden Körper aus der Ruhe heraus für gleiche Weglängen die gleiche Zeitdauer. Diese Bewegung heißt **freier Fall**.

Beim freien Fall ohne Luftreibung spielen also Masse und Gestalt des Körpers keine Rolle.

Die Beschleunigung beim freien Fall

Untersucht man den Fall einer Eisenkugel über eine kurze Strecke, so kann man von der Luftreibung absehen. Mit Lichtschranken lässt sich zu jeder Weglänge Δs die Dauer Δt bestimmen. Die Geschwindigkeit v kann, wie auf S. 27 beschrieben, ermittelt werden. Im t-v-Diagramm ergibt sich eine Gerade (→**B1**). Beim freien Fall ist die Geschwindigkeit also proportional zur Fallzeit, d.h., es liegt eine gleichmäßig beschleunigte Bewegung vor. Die Beschleunigung wird **Fallbeschleunigung g** genannt. Sie kann aus dem t-v-Diagramm bestimmt werden zu:

$$g = \frac{\Delta v}{\Delta t} = 9{,}9\,\frac{m}{s^2}.$$

Genauere Messungen liefern $g = 9{,}81\,\frac{m}{s^2}$.

Gesetzmäßigkeiten beim freien Fall

Das t-s-Diagramm in **B4** zeigt die Messwerte aus dem Experiment auf der vorherigen Seite. Im gewählten Bezugssystem liegt der Startpunkt der Bewegung im Nullpunkt des Koordinatensystems und die nach unten zunehmenden Weglängen werden positiv notiert.
Für eine gleichmäßig beschleunigte Bewegung sollte sich eine Parabel ergeben. **B4** lässt erkennen, dass die Punkte eventuell eine Parabel bilden. Diese Annahme soll rechnerisch überprüft werden.
Eine Parabel lässt sich durch eine Gleichung der Form $s = k \cdot t^2$ beschreiben. Wir berechnen k mit Hilfe der Messwerte und erhalten die in der Tabelle angegebenen Werte:

s in m	0,20	0,40	0,60	0,80	1,00
t in s	0,20	0,29	0,35	0,40	0,45
$k = s/t^2$ in m/s²	5,00	4,76	4,90	5,00	4,94

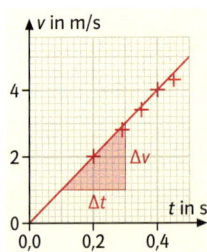

B1 Messwerte

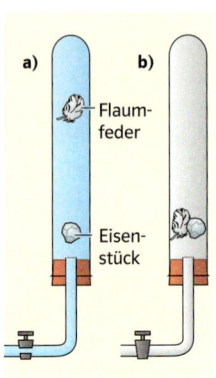

B2 In der luftleeren Röhre fallen alle Körper gleich schnell.

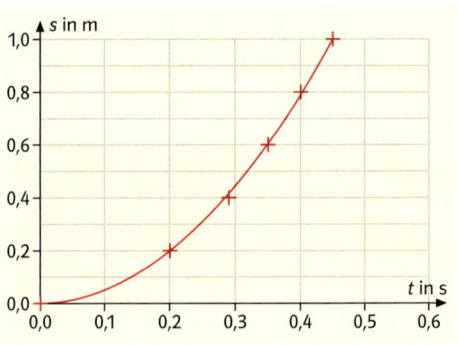

B4 t-s-Diagramm für den freien Fall

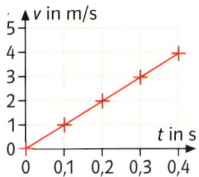

B1 t-v- und t-a-Diagramm für den freien Fall

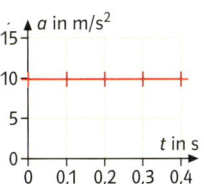

Als Mittelwert für k ergibt sich: $k = 4{,}92\,\text{m/s}^2$. Es fällt auf, dass dieser Wert sehr nahe an der halben Fallbeschleunigung $g/2 = 4{,}95\,\text{m/s}^2$ liegt. Die Einheiten stimmen ebenfalls überein. Daraus folgert man, dass $k = g/2$ ist. Es resultiert das **Zeit-Ort-Gesetz** der Fallbewegung:

$$s(t) = \frac{1}{2}g \cdot t^2$$

Dabei wurde davon ausgegangen, dass s und v zum Zeitpunkt $t = 0$ beide null sind und die Fallstrecke nach unten positiv gezählt wird.

Für einen Körper, der aus der Ruhe heraus frei fällt, lautet das **Zeit-Geschwindigkeit-Gesetz der Fallbewegung**:

$$v(t) = g \cdot t$$

Beim freien Fall kann das Bezugssystem auch so gewählt werden, dass der Nullpunkt auf dem Erdboden liegt. Eine Bewegung vom Startpunkt s_0 nach unten erhält dann aufgrund der abnehmenden Höhe ein negatives Vorzeichen. Damit lauten die Bewegungsgleichungen:

$$s(t) = -\frac{1}{2}g \cdot t^2 + s_0 \quad \text{und} \quad v(t) = -g \cdot t$$

Ortsabhängigkeit der Fallbeschleunigung

Die Fallbeschleunigung g hängt von der geografischen Breite des Ortes auf der Erde und von seiner Höhe über dem Meeresspiegel ab. In Deutschland beträgt sie auf Meereshöhe $g = 9{,}81\,\text{m/s}^2$.
Auf anderen Himmelskörpern hat die Fallbeschleunigung einen anderen Wert (→**B2**).

Luft verzögert Bewegungen

Bewegt sich ein Körper durch die Luft, so verzögert sich seine Bewegung. Messungen zeigen, dass die Verzögerung a_L proportional zum Quadrat der Geschwindigkeit v des Körpers ist.

$$a_L = k_L \cdot v^2$$

In die Konstante k_L gehen verschiedene Eigenschaften des fallenden Körpers ein, z.B. seine Form und Oberflächenbeschaffenheit, seine wirksame Querschnittsfläche und seine Masse. Außerdem spielt die Dichte des Mediums, in dem der Körper fällt, eine Rolle. All diese Einflüsse werden durch folgende Formel erfasst:

$$k_L = c_W \cdot \varrho \cdot \frac{A}{2m}$$

c_W: Luftwiderstandsbeiwert
ϱ: Dichte des Mediums
A: wirksame Querschnittsfläche
m: Masse des Körpers

Ort	g in m/s²
Äquator	9,78
Pole	9,83
Mond	1,62
Mars	3,69
Sonne	274

B2 Werte für g an verschiedenen Orten (jeweils an der Oberfläche)

Körper	k_L in 1/m	v_{Grenz} in m/s
Mensch	0,003	57
Fußball	0,025	20
Golfball	0,008	36
Regentropfen	0,25 – 0,12	6 – 9

B3 Grenzgeschwindigkeiten fallender Körper in Luft

Der Fall in Luft wird nicht beliebig schnell, der Körper erreicht seine Grenzgeschwindigkeit v_{Grenz} (→**B3**), sobald die Verzögerung durch die Luft und die Fallbeschleunigung betragsmäßig gleich groß sind, also $a_L = -g$.

Der freie Fall ist eine gleichmäßig beschleunigte Bewegung. Die Beschleunigung ist an einem Ort für alle Körper gleich, hat aber an verschiedenen Orten unterschiedliche Werte.

Für einen Körper, der aus der Ruhe frei fällt, gelten das Zeit-Ort-Gesetz:

$$s(t) = \frac{1}{2}g \cdot t^2$$

sowie das Zeit-Geschwindigkeit-Gesetz:

$$v(t) = g \cdot t$$

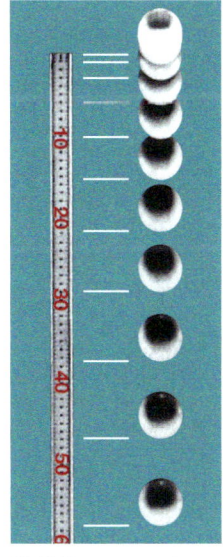
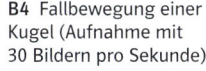
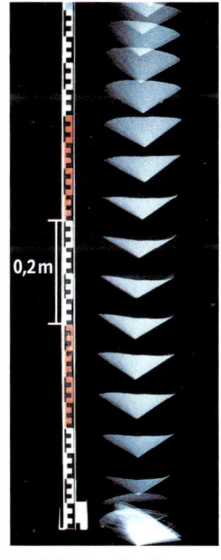

B4 Fallbewegung einer Kugel (Aufnahme mit 30 Bildern pro Sekunde)

B5 Fall eines Papiertrichters (Aufnahme mit 20 Bildern pro Sekunde)

A1 ● **B4** und **B5** zeigen Mehrfachbelichtungen (Stroboskopaufnahmen) von fallenden Körpern. Vergleichen Sie die beiden Fallvorgänge. Argumentieren Sie mit Diagrammen und stellen Sie die Bewegungsgesetze – falls möglich – auf.

Die numerische Rechenmethode durch Schrittverfahren

Gleichförmige und gleichmäßig beschleunigte Bewegungen lassen sich aufgrund der Bewegungsgesetze in ihrem Ablauf vorhersagen. Für beliebige Bewegungen gelingt das näherungsweise. Diagramm **B2** zeigt die Grundidee: Ein beliebig gekrümmter t-s-Graph wird durch einen Streckenzug ersetzt, d.h., man nimmt in den Zeitdauern Δt eine Bewegung mit konstanter Geschwindigkeit an. Eine Bewegung mit wechselnder Beschleunigung würde entsprechend durch Abschnitte mit konstanter Beschleunigung angenähert. Die erforderlichen Rechenschritte ergeben sich aus den Definitionen der Größen:

Aus $v = \frac{s_2 - s_1}{\Delta t}$ folgt $s_2 = s_1 + v \cdot \Delta t$

Aus $a = \frac{v_2 - v_1}{\Delta t}$ folgt $v_2 = v_1 + a \cdot \Delta t$

Die Gleichungen zeigen: Wenn zu einem Zeitpunkt t der Ort s, die Geschwindigkeit v und die Beschleunigung a eines Körpers bekannt sind, dann lassen sich diese Größen zum Zeitpunkt $t + \Delta t$ wie folgt berechnen:

Zeit t:
$t_{neu} = t_{alt} + \Delta t$

Beschleunigung a:
$a_{neu} = a_{alt} = $ konstant $= 3\,\text{m/s}^2$

Geschwindigkeit v:
$v_{neu} = v_{alt} + a_{alt} \cdot \Delta t$

Ort s:
$s_{neu} = s_{alt} + v_{alt} \cdot \Delta t$

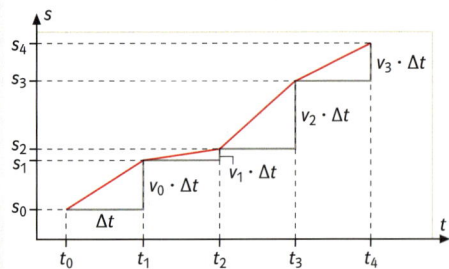

B2

Die Beschleunigung a wird durch die Art des physikalischen Vorganges bestimmt. Im Beispiel ist sie konstant.

Dieses Verfahren heißt „Euler-Verfahren". Zur Steigerung der Genauigkeit wurden andere Verfahren entwickelt. Alle beruhen aber auf der Grundidee, die sich wie folgt formulieren lässt:

Physikalisch: Ein komplexer Vorgang wird auf eine Folge von Vorgängen mit bekannten Gesetzmäßigkeiten zurückgeführt.

Mathematisch: Ein gekrümmter Funktionsgraph wird durch einen Streckenzug angenähert.

Die erforderlichen sich wiederholenden Rechnungen können mit einer Tabellenkalkulation durchgeführt werden. An einem Beispiel wird das gezeigt (→**B1**):

In Zelle A9 wird „0",
in Zelle B9 wird „a",
in Zelle C9 entsprechend „v0" und
in Zelle D9 „=s0" eingetragen.

In Zelle A10 wird „=A9+Δt",
in Zelle B10 wird wiederum „a",
in Zelle C10 nun „=C9+B9*Δt" und
in Zelle D10 „=D9+C9*Δt" eingetragen.

Anschließend werden die Rechenschritte aus A10, B10, C10, D10 nach A11 bis A18 bzw. B11 bis B18 bzw. C11 bis C18 bzw. D11 bis D18 übertragen.

A1 ○ Für dieses Beispiel gilt auch:

$s(t) = 1{,}5\,\frac{m}{s^2} \cdot t^2 + 10\,\frac{m}{s} \cdot t + 2\,\text{m}$

Vergleichen Sie hieraus bestimmte Werte mit denen aus der Näherung.

	A	B	C	D
1	Bewegung mit konstanter Beschleunigung			
2				
3	$s(0) =$	2	m	
4	$v(0) =$	10	m/s	
5	$a =$	3	m/s^2	
6	$\Delta t =$	0,2	s	
7				
8	t in s	a in m/s^2	$v(t)$ in m/s	$s(t)$ in m
9	0	3	10	2
10	0,2	3	10,6	4
11	0,4	3	11,2	6,12
12	0,6	3	11,8	8,36
13	0,8	3	12,4	10,72
14	1	3	13	13,2
15	1,2	3	13,6	15,8
16	1,4	3	14,2	18,52
17	1,6	3	14,8	21,36
18	1,8	3	15,4	24,32

B1 Euler-Verfahren bei der gleichmäßig beschleunigten Bewegung

Videoanalyse

Möglichkeiten des Verfahrens   Bei vielen Bewegungen ist eine direkte Messung des Ortes in Abhängigkeit von der Zeit nicht möglich. Eine Video- oder Bildanalyse erlaubt es, solche Bewegungen physikalisch zu untersuchen. Dabei kann es sich um Vorgänge wie z.B. die Schwingung eines Pendels oder den Flug eines Balls handeln, aber auch um Alltagsereignisse wie z.B. den Sprung eines Skateboarders oder das Abbremsen eines Radfahrers.

Mit entsprechenden Apps bzw. Programmen lassen sich Video- und Bildanalysen am Tablet, Smartphone oder Computer durchführen. Die moderne Technologie der Smartphones ermöglicht es außerdem, Videos in Zeitlupe aufzunehmen und damit auch sehr schnelle Bewegungen zu untersuchen.

Vorbereitung   Um Bewegungsabläufe aufnehmen zu können, benötigt man eine digitale Filmkamera. Auch die Kamera eines Smartphones oder Tablets ist zur Aufnahme der Videos gut geeignet. Neben der Videoanalyse-Software bzw. -App ist gegebenenfalls ein Programm zur Auswertung von Messtabellen erforderlich.

Vor der Aufnahme der Videos sollte ein Maßstab im Bild platziert werden. Dies ist nötig, um die bei der Analyse erfassten Positionen in die tatsächlichen Ortskoordinaten umzurechnen. Alternativ kann ein Gegenstand oder ein Objekt mit bekannten Abmessungen, wie z.B. das ein Garagentor, das in **B2** zu sehen ist, als Referenz dienen.

B2 Beispiel für ein Referenzobjekt: Die Breite des Garagentors ist bekannt

Die spätere Auswertung der Bilder wird einfacher, wenn ein möglichst großer Kontrast zwischen dem bewegten Körper und dem Hintergrund besteht. **B1** zeigt als Beispiel den schiefen Wurf eines Tennisballs, der sich aufgrund seiner hellen gelben Farbe deutlich von der dunkelgrünen Tafel abhebt.

Möchte man die Bewegung eines ausgedehnten Körpers, z.B. eines Fahrrads (→**B2**), untersuchen, wird vor der Aufnahme des Videos eine deutlich sichtbare Markierung am Körper (z.B. am Lenker) angebracht. Dies erleichtert die Erfassung des Objekts und die Aufzeichnung der Messwerte.

Aufnahme des Videos   Im nächsten Schritt wird die Bewegung gefilmt. Während der Aufnahme ist es wichtig, die Kamera ruhig zu halten und ihren Abstand zum Körper nicht zu verändern.
Am besten montiert man die Kamera dazu auf einem Stativ und richtet sie senkrecht zur Bewegungsebene aus. Der Abstand zwischen Kamera und Bewegungsebene sollte ausreichend groß gewählt werden, um eine Verfälschung der Messwerte durch perspektivische Verzerrung zu vermeiden.

Nach der Aufnahme ist zu überprüfen, ob
- die Bewegung über den gesamten Zeitraum ausreichend scharf ist,
- der zu untersuchende Körper dauerhaft im Video sichtbar ist,
- die Bewegung, die untersucht werden soll, vollständig gespeichert wurde.

Sollte eines der Kriterien nicht erfüllt sein, muss die Aufnahme wiederholt werden.

Es empfiehlt sich, das Video bereits auf dem Aufzeichnungsgerät so zu schneiden, bzw. zu kürzen, dass nur der zu analysierende Bewegungsausschnitt gespeichert ist.

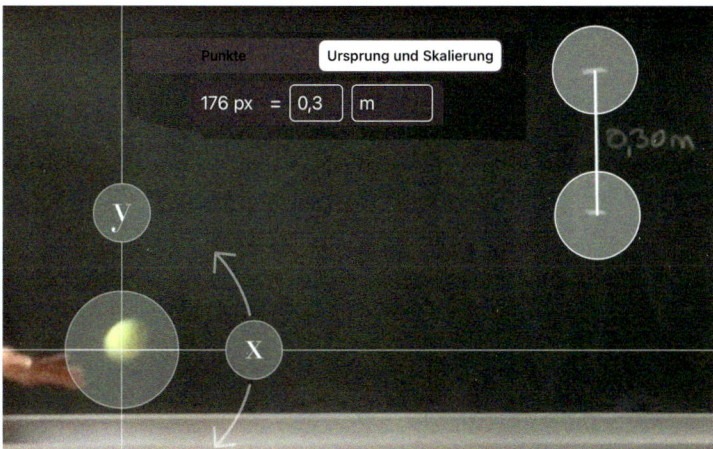

B1 Ein guter Kontrast erleichtert die Erfassung des Messobjekts.

Aufnahme der Messdaten Zur Vorbereitung der Messdatenaufnahme gehören die Positions-, Längen- und selten auch die Zeitkalibrierung des Videos. Werden die Messdaten mit einer Smartphone- oder Tablet-App erfasst, entfällt die Zeitkalibrierung, da in der Videodatei die Anzahl der Bilder pro Sekunde bereits hinterlegt ist. Damit kann das Programm für jeden Messpunkt den Zeitwert genau berechnen.

Zur Längenkalibrierung muss die Länge der Referenzstrecke angegeben werden. Im Beispiel (→**B1** auf der vorhergehenden Seite) beträgt diese 0,3 Meter.
Durch die Positionskalibrierung legt man den Ursprung des Koordinatensystems und die Ausrichtung der Achsen fest. Im Beispiel wird der Ursprung des Koordinatensystems auf die Position des Balls zum Zeitpunkt t = 0 gelegt. Die x-Achse zeigt parallel zur Tafelkante nach rechts und die y-Achse senkrecht dazu nach oben.

Nun wird für jedes Einzelbild des Videos die Position des Körpers durch Berühren mit dem Tablet-Stift, bzw. per Mausklick erfasst. Einige Anwendungen verfügen über eine automatische Erkennung des Körpers. Sie setzt voraus, dass der Kontrast zwischen bewegtem Körper und Hintergrund groß genug ist und die Bewegung nicht zu schnell abläuft.

Nach dieser Positionserfassung lässt sich die Bewegung darstellen, in **B1** ist beispielsweise die Wurfparabel sehr gut zu erkennen.

Übernahme der Messwerte und Auswertung

Einige Videoanalyse-Anwendungen verfügen über die Möglichkeit, die Messdaten als Diagramm auszugeben und eine Anpassung (Regression) durchzuführen (→**B2**). Dabei wird nach der Auswahl eines Funktionstyps (z.B. linear, quadratisch oder exponentiell) eine Gleichung erzeugt, die den Messwerten möglichst genau entspricht.

Andernfalls stellen die gängigen Videoanalyse-Anwendungen die Messdaten als Tabellen in einem Format zur Verfügung, die in jedes Tabellenkalkulationsprogramm übernommen und dort ausgewertet werden kann (→**B3**).

A1 ⊖ Nehmen Sie den freien Fall eines Balls auf und analysieren Sie die Bewegung mit einer entsprechenden App.

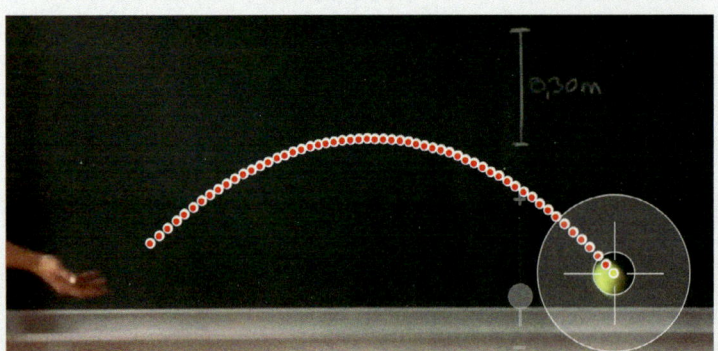

B1 Darstellung der erfassten Messwerte

Diagramme

B2 Aus den Messwerten erzeugtes Diagramm

	VideoAnalysis			
	Time (s)	X (m)	Y (m)	X Velocity (m/s)
1	0	-0,0002302	-0,004594	3,496
2	0,005833	0,02224	0,0182	3,116
3	0,01417	0,04471	0,041	2,897
4	0,0225	0,06895	0,0638	2,863
5	0,03083	0,09319	0,0866	2,767
6	0,03917	0,1139	0,1076	2,803
7	0,0475	0,1399	0,1304	2,838
8	0,05583	0,1624	0,1497	2,761
9	0,06417	0,1848	0,1689	2,785
10	0,0725	0,2091	0,1864	2,779
11	0,08083	0,2316	0,2039	2,744
12	0,08917	0,254	0,2213	2,779
13	0,0975	0,2783	0,237	2,779
14	0,1058	0,3007	0,2545	2,744

B3 Tabelle der erfassten Messwerte

1.5 Bewegungen in zwei Dimensionen

Seitenwind ist für Fahrzeuge gefährlich, er kann zu plötzlichen Änderungen der Fahrtrichtung führen. Windrichtung und Windstärke beeinflussen Richtung und Betrag der Geschwindigkeit des Fahrzeuges.

Bewegung und Richtung

Entlang einer Geraden gibt es für einen Körper nur zwei Bewegungsrichtungen. Zur vollständigen Angabe seiner Geschwindigkeit reicht eine **skalare** Größe aus. Ihr Betrag gibt an, wie schnell sich der Körper bewegt, ihr Vorzeichen gibt die Bewegungsrichtung an (→**B2**).

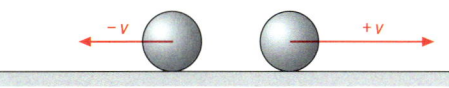

B2

Zum Vergleich betrachtet man für eine Zeitdauer von 10 s die Bewegung eines Hasen, der sich mit einer Geschwindigkeit von 5 m/s auf einer Wiese „tummelt". Welche Angaben kann man zu seinem Aufenthaltsort machen? Vom Startpunkt aus gesehen, hält sich der Hase innerhalb eines Kreises mit einem Radius von 50 m auf. Eine genauere Ortsangabe ist ohne Beachtung der Bewegungsrichtungen des Hasen nicht möglich. In der Ebene gibt es nicht nur zwei, sondern beliebig viele verschiedene Bewegungsrichtungen.

Größen, die durch die Angabe eines Betrags nicht vollständig charakterisiert sind, sondern auch eine Information über die Richtung benötigen, werden durch Vektoren beschrieben. Die Geschwindigkeit ist also eine vektorielle Größe, ebenso wie z. B. die Kraft.
Ein Pfeil über dem Formelzeichen zeigt an, dass eine vektorielle Größe vorliegt, z. B. bezeichnet $\vec{v}$ den Vektor der Geschwindigkeit. Für ihren Betrag (die „Schnelligkeit") schreibt man $|\vec{v}|$ oder kürzer v. In Zeichnungen werden Vektoren durch Pfeile dargestellt.

Die Länge des Pfeiles gibt den Betrag der Größe in einem bestimmten Maßstab wieder.

Schlägt der Hase Haken, so ändert sich die Richtung seiner Bewegung. Damit ändert sich der Vektor $\vec{v}$ und auch der Vektor $\vec{s}$, der vom Startpunkt der Bewegung zum aktuellen Aufenthaltsort zeigt (→**B3**).
Um Änderungen der Bewegungsrichtung erfassen zu können, werden die Definitionen von Weglänge, Geschwindigkeit und Beschleunigung erweitert. Bewegt sich ein Körper auf einer gekrümmten Bahn von A nach B (→**B4**), so beschreibt die Tangente an die Kurve die tatsächliche Bewegungsrichtung im Punkt A. Seine Geschwindigkeit in diesem Punkt erhält man näherungsweise durch den Quotienten

$$\vec{v} = \frac{\Delta \vec{s}}{\Delta t}$$

Je näher die Punkte A und B beieinander liegen, desto genauer ergibt dieser Quotient die Momentangeschwindigkeit. Im Grenzfall zeigt der Vektor $\vec{v}$ der Geschwindigkeit in jedem Punkt der Bahnkurve in Richtung der zugehörigen Tangente.

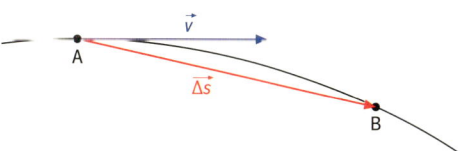

B4 Bahnkurve und Vektor der Geschwindigkeit

Die Richtung der Beschleunigung

Ein Magnet beeinflusst die Bewegung einer vorbei rollenden Eisenkugel (→**B1**). Ihre Bewegungsrichtung wird geändert. Auch dann spricht man von Beschleunigung. Die Betrags- und Richtungsänderung der Geschwindigkeit lassen sich für kleine Zeitdauern Δt durch einen Vektor $\Delta \vec{v}$ hinreichend genau beschreiben. Die Definition der Beschleunigung wird erweitert:

$$\vec{a} = \frac{\Delta \vec{v}}{\Delta t}$$

Der Vektor für die Beschleunigung $\vec{a}$ zeigt stets in die gleiche Richtung wie der Vektor der Geschwindigkeitsänderung $\Delta \vec{v}$.

Physikalische Größen, die sowohl einen Betrag als auch eine Richtung besitzen, werden durch Vektoren beschrieben.

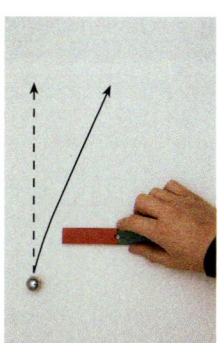

B1

B3

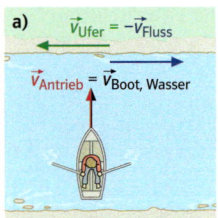

a) $\vec{v}_{Ufer} = -\vec{v}_{Fluss}$

$\vec{v}_{Antrieb} = \vec{v}_{Boot, Wasser}$

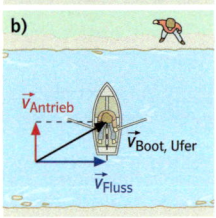

b)

$\vec{v}_{Antrieb}$

$\vec{v}_{Boot, Ufer}$

$\vec{v}_{Fluss}$

B1

Bezugssysteme und Vektoren

Ein Boot überquert einen Fluss. Der Ruderer treibt es mit der Geschwindigkeit $\vec{v}_{Antrieb}$ im Wasser an. Die Insassen geben die Geschwindigkeit des Bootes als $\vec{v}_{Boot, Wasser}$ an, weil sie sich dabei auf das Wasser beziehen, unabhängig von dessen Bewegung (→**B1a**). Für sie ist das Flusswasser das **Bezugssystem**.

Die Bootsinsassen stellen außerdem fest, dass sich das Ufer zusätzlich zur Bootsgeschwindigkeit $\vec{v}_{Boot, Wasser} = \vec{v}_{Antrieb}$ mit der Geschwindigkeit $\vec{v}_{Ufer} = -\vec{v}_{Fluss}$ bewegt. Ihre eigene Geschwindigkeit können sie also auch folgendermaßen angeben:

$$\vec{v}_{Boot, Wasser} = \vec{v}_{Boot, Ufer} - \vec{v}_{Fluss}$$

Beobachter am Ufer (→**B1b**) stellen dagegen eine andere Geschwindigkeit des Bootes fest. Für sie ist das Ufer Bezugssystem. Aus dieser Sicht lässt sich $\vec{v}_{Boot, Ufer}$ vektoriell aus der Geschwindigkeit des Flusswassers $\vec{v}_{Fluss}$ und der Geschwindigkeit $\vec{v}_{Boot, Wasser}$ zusammensetzen, sodass folgende Gleichung gilt:

$$\vec{v}_{Boot, Ufer} = \vec{v}_{Boot, Wasser} + \vec{v}_{Fluss}$$

Allgemein gilt: Bewegt sich ein Körper mit der Geschwindigkeit $\vec{v}_B$ in einem Bezugssystem B und bewegt sich dieses mit der Geschwindigkeit $\vec{v}_0$ gegenüber einem Bezugssystem A, so hat der Körper in Bezug auf das System A die Geschwindigkeit $\vec{v}_A$, für die gilt:

$$\vec{v}_A = \vec{v}_B + \vec{v}_0$$

Ein Wechsel des Bezugssystems drückt sich also in der Addition eines Geschwindigkeitsvektors aus.
Bewegt sich das Bezugssystem B mit $\vec{a}_0$ beschleunigt gegenüber A, dann sind auch die Beschleunigungen $\vec{a}_A$ und $\vec{a}_B$ vektoriell mit $\vec{a}_0$ zu verknüpfen:

$$\vec{a}_A = \vec{a}_B + \vec{a}_0$$

A1 ◔ Die Definition der Beschleunigung lautet:

$$\vec{a} = \frac{\Delta \vec{v}}{\Delta t} = \frac{\vec{v}_2 - \vec{v}_1}{\Delta t}$$

Betrachten Sie die Geschwindigkeitsdifferenz in zwei Bezugssystemen, die sich mit konstantem $\vec{v}_0$ gegeneinander bewegen, und zeigen Sie, dass die Beschleunigung unabhängig vom Bezugssystem ist.

Methode

Regeln für den Umgang mit Vektoren

Vektoren werden durch Pfeile dargestellt. Die Multiplikation eines Vektors $\vec{a}$ mit einer positiven reellen Zahl k ergibt einen Vektor mit dem k-fachen Betrag und gleicher Richtung. Ist k negativ, so bedeutet dies eine Umkehrung der Richtung von $\vec{a}$.

$\vec{v}_B$

$\vec{v}$

B2

$\vec{v}_A$

Die Addition zweier Vektoren erfolgt mittels eines Vektorparallelogramms. Vereinfachend kann der zweite Pfeil an die Spitze des ersten angefügt werden. Der Vektor $\vec{c}$ vom Anfangspunkt des ersten Vektors $\vec{a}$ zur Spitze des zweiten Vektors $\vec{b}$ ist die Summe $\vec{a} + \vec{b}$.

Entgegengesetzte Richtungen werden durch verschiedene Vorzeichen gekennzeichnet. Bei der Addition ergibt sich ein Vektor, dessen Betrag die Differenz ist und der die Richtung des Vektors mit dem größeren Betrag hat.

Ferner gilt: $\vec{a} - \vec{b} = \vec{a} + (-\vec{b})$

Ebenfalls gilt: $|\vec{a}| + |\vec{b}| \geq |\vec{c}| = |\vec{a} + \vec{b}|$

Wenn $\vec{c} = \vec{a} + \vec{b}$ ist, nennt man $\vec{a}$ und $\vec{b}$ auch Komponenten von $\vec{c}$. Während der Summenvektor bei gegebenen Summanden eindeutig bestimmt ist, ergeben sich für die Zerlegung von $\vec{c}$ in Komponenten viele Möglichkeiten. Die Zerlegung ist eindeutig, wenn man z. B. die Richtung der Komponenten vorgibt.

In Abbildung **B2** sind $\vec{v}_A$ und $\vec{v}_B$ Komponenten der Geschwindigkeit $\vec{v}$, mit der sich ein Körper bewegt. Ein Beobachter, der sich mit $\vec{v}_A$ bewegt, sieht, dass sich der Körper mit $\vec{v}_B$ von ihm entfernt. Entsprechend registriert der Beobachter, der sich mit $\vec{v}_B$ bewegt, $\vec{v}_A$ als Geschwindigkeit des Körpers.

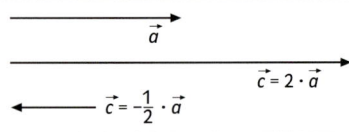

$\vec{a}$

$\vec{c} = -\frac{1}{2} \cdot \vec{a}$

$\vec{c} = 2 \cdot \vec{a}$

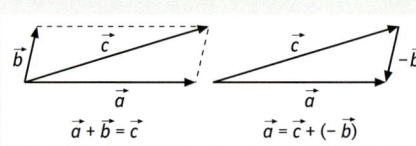

$\vec{b}$

$\vec{c}$

$\vec{a}$

$\vec{a} + \vec{b} = \vec{c}$

$\vec{c}$

$\vec{a}$

$\vec{a} = \vec{c} + (-\vec{b})$

$-\vec{b}$

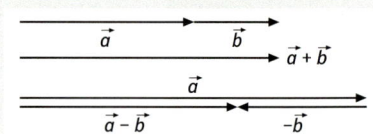

$\vec{a}$

$\vec{b}$

$\vec{a} + \vec{b}$

$\vec{a}$

$\vec{a} - \vec{b}$

$-\vec{b}$

1.6 Wurfbewegungen

Das Werfen, mit Stein oder Speer, machte den Menschen zum erfolgreichen Jäger, da er über größere Entfernungen Ziele treffen konnte.

B1 Sprung mit Anlauf

Der waagerechte Wurf

Christian steht auf der Plattform eines 10-m-Turms im Freibad. Besteht die Gefahr, dass er bei schnellem Anlauf den gegenüberliegenden Beckenrand erreichen könnte? Wenn er losspurtet und an der Kante des Sprungbretts nach vorne abspringt, beschreibt Christian eine gekrümmte Flugbahn. **B4** zeigt den Verlauf seiner Bewegung.

Im Koordinatensystem benötigt man zwei Ortsachsen, die s_x-Achse in waagerechter und die s_y-Achse in senkrechter Richtung. Der Ursprung des Koordinatensystems wurde in den Startpunkt der Bewegung gelegt. In diesem Diagramm hat die Zeit t keine eigene Achse, trotzdem gehört zu jedem Punkt der Bahnkurve genau ein Zeitpunkt.

Die Bewegung, die Christian ausführt, heißt **waagerechter Wurf**. Wird ein waagerechter Wurf genau von vorn oder von sehr weit oben betrachtet, so scheint es sich jeweils um eine geradlinige Bewegung zu handeln. Man sieht entweder nur die Veränderung der s_x- oder der s_y-Koordinate mit der Zeit. Der zeitliche Verlauf der Bewegung wird deshalb in beiden Richtungen getrennt untersucht. Dazu werden die Messwerte aus **B4** verwendet.

Das t-s_x-Diagramm (→**B2**) zeigt einen linearen Zusammenhang zwischen dem Weg in waagerechter Richtung s_x und der Zeit t. Dies deutet auf eine **gleichförmige Bewegung** hin. In waagerechter Richtung bewegt sich Christian also mit konstanter Geschwindigkeit, in diesem Fall mit 7 m/s.

B2

B3

Springt Christian waagerecht vom Plattformrand ab, kommt er zum gleichen Zeitpunkt im Wasser an, wie wenn er sich einfach nur fallen lässt (→**B4**), obwohl sein Weg länger ist.

Das zugehörige t-s_y-Diagramm **B3** zeigt eine Parabel. Es handelt sich bei der Bewegung in senkrechter Richtung um eine **gleichmäßig beschleunigte Bewegung**. Die Beschleunigung beträgt etwa 10 m/s².

Das heißt, dass ein waagerecht in s_x-Richtung geworfener Gegenstand in s_y-Richtung eine reine Fallbewegung ausführt, sofern man vom Luftwiderstand absieht.

Der waagerechte Wurf setzt sich also aus zwei Bewegungen zusammen, die sich nicht beeinflussen: einer gleichförmigen Bewegung in waagerechter Richtung und einem freien Fall.

Bewegungsgesetze

Die Analyse von Christians Bewegung ergibt für die Bewegungsgleichungen in x-Richtung:

$$s_x = v_0 \cdot t; \ v_x = v_0; \ a_x = 0 \ (1)$$

In y-Richtung bewegt sich Christian nach den Gesetzen des freien Falls:

$$s_y = \frac{1}{2} \cdot g \cdot t^2; \ v_y = g \cdot t; \ a_y = g \ (2)$$

Lösen wir die erste Gleichung von (1) nach t auf und setzen sie in (2) ein, so erhalten wir:

$$t = \frac{s_x}{v_0} \text{ in (2)} \implies s_y = \frac{1}{2} \cdot g \cdot \frac{s_x^2}{v_0^2} \ (3)$$

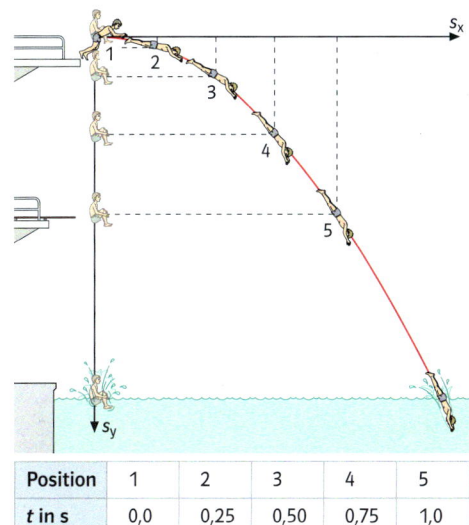

Position	1	2	3	4	5
t in s	0,0	0,25	0,50	0,75	1,0
s_x in m	0	1,8	3,5	5,2	7,0
s_y in m	0	0,3	1,1	2,7	4,9

B4

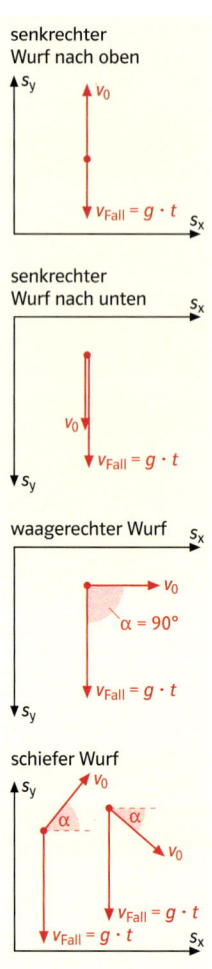

senkrechter Wurf nach oben

s_y
v_0
$v_{Fall} = g \cdot t$
s_x

senkrechter Wurf nach unten

s_x
v_0
$v_{Fall} = g \cdot t$
s_y

waagerechter Wurf

s_x
v_0
$\alpha = 90°$
$v_{Fall} = g \cdot t$
s_y

schiefer Wurf

s_y
v_0
α α
v_0
$v_{Fall} = g \cdot t$
$v_{Fall} = g \cdot t$
s_x

B1

B3

Wegen $s_y \sim s_x^2$ ist dies die Gleichung einer Parabel, der sogenannten **Wurfparabel**.

Vergleichen wir noch die in der Tabelle aufgeführten Werte von s_y ($= s_{y;exp}$) mit den nach der Formel (3) berechneten ($s_{y;ber}$), so finden wir eine gute Übereinstimmung.

$s_{y;exp}$ in m	0	0,3	1,1	2,7	4,9	9,75
$s_{y;ber}$ in m	0	0,31	1,23	2,76	4,90	9,61

Wurfweite

Interessant ist die Ausgangsfrage, wie weit Christian maximal in waagerechter Richtung kommen könnte, welche Wurfweite $s_{x,max}$ also erreicht würde. Da Christian aus 10 m Höhe abspringt, können wir die Fallzeit berechnen:

$$h = \frac{1}{2} \cdot g \cdot t^2 \quad \Rightarrow \quad t = \sqrt{2 \cdot \frac{h}{g}} = \sqrt{2 \cdot \frac{10\,m}{9,81\frac{m}{s^2}}} = 1,4\,s$$

In dieser Zeit erreicht er in x-Richtung

$$s_{x,max}(t = 1,4\,s) = x_W = v_0 \cdot t = 7\frac{m}{s} \cdot 1,4\,s = 9,8\,m$$

Die Wurfweite beträgt hier also knapp 10 m. Berücksichtigt man, dass die Plattform aus Sicherheitsgründen etwa 3 m über den Beckenrand ragt, würde Christian bei 13 m im Wasser auftreffen.

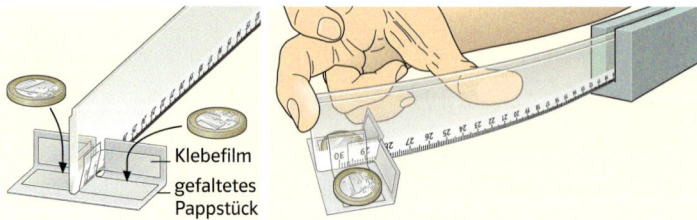

Klebefilm
gefaltetes Pappstück

B2 Versuch zum waagerechten Wurf

Ein zugelassenes Sprungbecken ist mindestens 18 m lang, sodass er ungefähr 5 m vor dem gegenüberliegenden Beckenrand ins Wasser tauchen würde.

Weitere Wurfbewegungen

Allgemein bezeichnet man als Wurf die Bewegung eines Körpers, bei der eine geradlinig gleichförmige Bewegung mit der Abwurfgeschwindigkeit v_0 und eine geradlinig gleichmäßig beschleunigte Bewegung zum Erdmittelpunkt (die Fallbewegung) gleichzeitig ablaufen, ohne sich zu beeinflussen.
Ohne Erdanziehung würde sich der Körper mit seiner Anfangsgeschwindigkeit v_0 geradlinig weiterbewegen, bis er irgendwo anstößt.

Betrachtet man die Richtung, die die Anfangsgeschwindigkeit eines Körpers hat, kommen zum waagerechten Wurf noch weitere Wurfarten hinzu (→**B1**). Dies sind
– der senkrechte Wurf nach oben,
– der senkrechte Wurf nach unten und
– der schiefe Wurf.

Bei zahlreichen Sportarten, wie z.B. Basketball und Hochsprung, findet man diese Bewegungen wieder.

Der senkrechte Wurf nach oben

Ein Pfeil wird vom Ort s_0 mit einer Anfangsgeschwindigkeit v_0 senkrecht nach oben geschossen. Er führt eine gleichförmige Bewegung aus, der eine Fallbewegung überlagert ist. Es gilt:

$$v = v_0 - g \cdot t \quad \text{und} \quad s = s_0 + v_0 \cdot t - \frac{g}{2} \cdot t^2$$

Im höchsten Punkt ist die Geschwindigkeit null. Es ist $v_0 = g \cdot t_h$. Dieser Punkt wird nach der Zeit $t_h = v_0/g$ erreicht. Der Körper befindet sich dann in der Position

$$s_h = s_0 + v_0 \cdot \frac{v_0}{g} - \frac{g}{2} \cdot \frac{v_0^2}{g^2} = s_0 + \frac{v_0^2}{2g}$$

Alle Wurfbewegungen setzen sich aus einer gleichförmigen Bewegung und einer Fallbewegung zusammen. Die Bewegungen überlagern sich, ohne sich gegenseitig zu beeinflussen.

A1 ● **a)** Führen Sie den in **B2** gezeigten Versuch durch. Beschreiben und vergleichen Sie die Bewegungen der beiden Münzen nach dem Loslassen des Lineals.
b) Filmen Sie die Bewegungen und werten Sie die Einzelbilder aus.

Konstruktion von Bahnkurven beim schiefen Wurf

Der Wurf im Experiment Kugelstoßer möchten eine möglichst große Weite erzielen. Physiker haben verschiedene Methoden, solche Probleme zu bearbeiten. Eine davon ist das Experiment: Eine Wurfmaschine schießt einen Gegenstand mittels einer gespannten Feder ab. Die erzielte Wurfweite $s_{x,max}$ wird abhängig vom Abwurfwinkel α gemessen (→B1).

Man erkennt: Gleiche Weiten lassen sich bei verschiedenen Winkeln erzielen und es gibt günstige Winkel. Der optimale Winkel liegt um 45°. Wenn man im Experiment die Abwurfgeschwindigkeit v_0 verändert, zeigt sich: Je größer v, desto größer ist die Wurfweite.

Konstruktion der Bahnkurve Beim waagerechten Wurf zeigen Experimente, dass die Bahnkurve Teil einer Parabel ist. Die Erkennt-nis, dass der Wurf aus einer geradlinig gleichförmigen Bewegung in der waagerechten und einer gleichmäßig beschleunigten Fallbewegung zusammengesetzt ist, wird auf den schiefen Wurf übertragen. Die geradlinige Bewegung erfolgt jetzt in der Abwurfrichtung. Von dieser Voraussetzung ausgehend kann die Bahnkurve punktweise nach folgender Vorschrift konstruiert werden (→B3).
- Zeichnen Sie eine Gerade g durch den Abwurfpunkt A in Abschussrichtung.
- Zeichnen Sie einen Kreis mit dem Radius $s_x = v \cdot t$ um A.
- der Kreis schneidet die Gerade g in D.
- Zeichnen Sie parallel zu senkrechten Achse von D aus eine Gerade mit der Länge $s_y = g/2 \cdot t^2$.

Daraus ergibt sich mit F der Ort, den der mit der Geschwindigkeit v schräg abgeworfene Körper zum Zeitpunkt t erreicht.

Grafik **B3** zeigt die Ausführung dieser Vorschrift mit einem dynamischen Geometriesystem, **B2** ein Ergebnis. In **B2** ist außerdem die experimentell gewonnene Parabel eingezeichnet. Bei geeigneter Wahl von v und α liefert die Konstruktion diese Parabel.

A1 ● Führen Sie die Konstruktion mit einem Geometrieprogramm durch.
Untersuchen Sie damit den Einfluss von Winkel, Geschwindigkeit und Abwurfhöhe auf die Wurfweite.
Vergleichen Sie dies mit experimentellen Befunden.

α	$s_{x,max}$ in cm
25	31
35	38
40	40
45	40
50	40
55	38
65	31
75	20

B1 Wurfweiten und Winkel

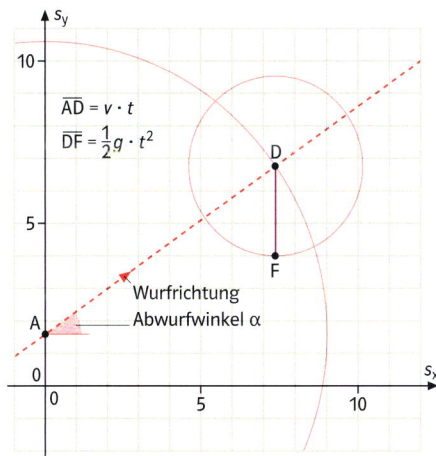

$$\overline{AD} = v \cdot t$$
$$\overline{DF} = \frac{1}{2}g \cdot t^2$$

Wurfrichtung
Abwurfwinkel α

B3 Konstruktion eines Bahnpunktes

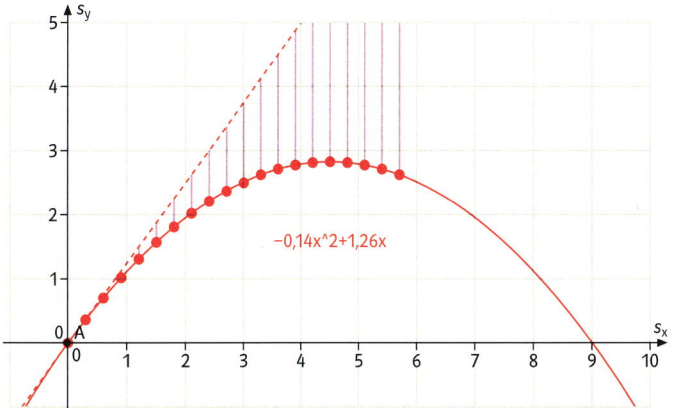

$-0{,}14x^2 + 1{,}26x$

B2 Punktweise Konstruktion der Bahnkurve

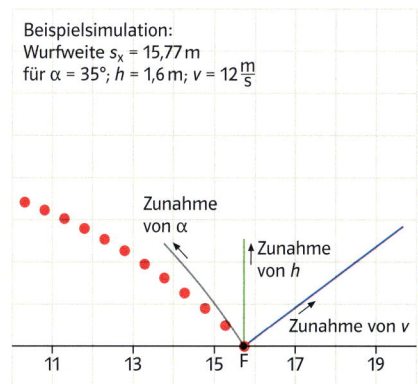

Beispielsimulation:
Wurfweite $s_x = 15{,}77\,m$
für $\alpha = 35°$; $h = 1{,}6\,m$; $v = 12\frac{m}{s}$

Zunahme von α
Zunahme von h
Zunahme von v

B4 Variation von α (grau) bzw. v (blau), sowie h (grün)

1.7 Die Kreisbewegung

In einem Kettenkarussell bewegen sich alle Mitfahrer in der gleichen Zeit einmal im Kreis herum. Nebeneinander sitzende Personen können sich dabei dauernd an den Händen halten, obwohl die Weglänge weiter außen größer ist als innen.

Kenngrößen der Bewegung

Bewegt sich ein Körper auf einer kreisförmigen Bahn, so spricht man von einer **Kreisbewegung**. Um eine solche Bewegung beschreiben zu können, werden folgende Größen benötigt:

Die **Umlaufdauer** T gibt an, wie lange ein Körper für einen vollen Umlauf benötigt. Ihre Einheit ist 1 s.
Die **Frequenz** f gibt an, wie viele Umläufe ein Körper in einer Sekunde ausführt. Ihre Einheit ist 1 Hz oder 1/s. Die Frequenz ist der Quotient aus der Anzahl n der Umdrehungen und der dafür benötigten Zeit t. Für $n = 1$ ist die Umlaufdauer T. Es gilt $f = 1/T$:

$$f = \frac{1}{T} \quad \text{bzw.} \quad T = \frac{1}{f}$$

Geschwindigkeiten bei der Kreisbewegung

Die **Bahngeschwindigkeit** gibt an, welche Weglänge ein Körper auf seiner Kreisbahn in einer bestimmten Zeit zurücklegt. Sie entspricht dem Begriff „Geschwindigkeit", den wir von geradlinigen Bewegungen kennen, mit dem Unterschied, dass der Weg keine gerade Strecke ist, sondern ein Kreisbogen. Die Einheit der Bahngeschwindigkeit ist 1 m/s.

Wenn sich der Betrag der Geschwindigkeit auf einer bestimmten Kreisbahn mit dem Radius r während der Bewegung nicht ändert, spricht man von einer gleichförmigen Kreisbewegung. Der Betrag der Bahngeschwindigkeit ergibt sich dann aus dem Umfang $2\pi \cdot r$ und der Dauer T eines Umlaufs zu

$$v = \frac{\Delta s}{\Delta t} = \frac{2\pi \cdot r}{T} = \frac{2\pi}{T} \cdot r$$

Der Faktor $2\pi/T$ ist unabhängig vom Radius und daher für alle Karussellfahrer gleich. 2π beschreibt den Winkel von 360° für einen vollen Umlauf im Bogenmaß.

Denkt man sich von jedem Karussellfahrer eine Schnur zum Kreismittelpunkt gespannt, so überstreicht sie in einer Zeitdauer Δt einen Winkel $\Delta \varphi$ (→B1). Zur Beschreibung des Ortes bzw. der Ortsänderung eines Körpers bietet sich bei einer Kreisbewegung daher die Betrachtung des Winkels an. Den Quotienten

$$\omega = \frac{\Delta \varphi}{\Delta t}$$

definiert man als **Winkelgeschwindigkeit**.

B3

Wird $\Delta \varphi$ im Bogenmaß gemessen, so hat ω die Einheit 1/s. Es gilt:

$$\omega = \frac{2\pi}{T} = 2\pi \cdot f$$

Die Winkelgeschwindigkeit ist unabhängig vom Radius und zur Beschreibung der periodischen Bewegung geeignet.

Bewegen sich zwei Körper mit gleicher Drehfrequenz auf Kreisbahnen mit unterschiedlichen Radien, so benötigen beide für einen Umlauf die gleiche Zeit, haben also die gleiche Umlaufdauer und die gleiche Winkelgeschwindigkeit.
Da die beiden Kreisbahnen jedoch unterschiedliche Radien haben und damit auch unterschiedliche Umfänge ($U = 2\pi \cdot r$), legt der Körper auf der äußeren Bahn somit in der gleichen Zeitdauer eine größere Weglänge zurück, er besitzt also eine größere Bahngeschwindigkeit. Für die Bahngeschwindigkeit gilt

$$v = \frac{2\pi}{T} \cdot r = \omega \cdot r.$$

Für die Bahngeschwindigkeit v einer Kreisbewegung gilt:

$$v = \frac{\Delta s}{\Delta t} = \frac{2\pi \cdot r}{T} = \omega \cdot r$$

Die Winkelgeschwindigkeit ω berechnet sich nach:

$$\omega = \frac{\Delta \varphi}{\Delta t} = \frac{2\pi}{T} = 2\pi \cdot f$$

A1 ○ Berechnen Sie die Bahn- und die Winkelgeschwindigkeit für den kleinen und großen Zeiger einer Armbanduhr. Begründen Sie, ob diese Werte für die entsprechenden Zeiger einer großen Turmuhr gleich sind oder nicht.

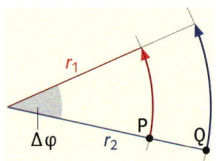

B1 P und Q haben die gleiche Winkelgeschwindigkeit, aber verschiedene Bahngeschwindigkeiten.

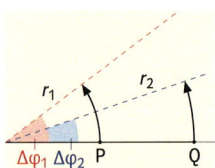

B2 P und Q haben die gleiche Bahngeschwindigkeit, aber verschiedene Winkelgeschwindigkeiten.

1.8 Beschleunigung bei der Kreisbewegung

Für geradlinige Bewegungen wurde ganz allgemein festgestellt, dass Bewegungen mit sich ändernder Geschwindigkeit als beschleunigte Bewegungen bezeichnet werden.

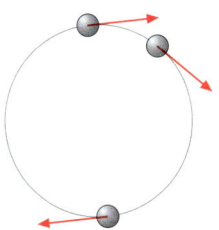

B1 Die Richtung der Bewegung ändert sich ständig.

Kreisbewegung und Beschleunigung
Bewegt sich ein Körper mit konstanter Bahngeschwindigkeit auf einer Kreisbahn, so ändert er dabei doch ständig seine Richtung. Betrachtet man den Vektor der Bahngeschwindigkeit zu verschiedenen Zeitpunkten, so ist dieser zwar immer gleich lang, d.h., sein Betrag ist konstant, er zeigt aber in jedem Punkt der Kreisbahn in eine andere Richtung (→**B1**).

Jede zeitliche Änderung einer Geschwindigkeit bedeutet eine Beschleunigung, unabhängig davon, ob sich der Betrag oder die Richtung der Geschwindigkeit ändert. Bei jeder Kreisbewegung tritt also eine Beschleunigung auf.

Die Zentripetalbeschleunigung
Eine Astronautin nähert sich mit der Geschwindigkeit v einem Satelliten (→**B2**). Um ihn zu umrunden, muss sie ihre Bewegungsrichtung ändern. Dies gelingt mit Hilfe einer kleinen Handrakete, mit der die Astronautin ständig auf den Satelliten zu beschleunigt.
Für die Einhaltung der Kreisbahn sorgt die **Zentripetalbeschleunigung** a_Z (auch oft nur **Zentralbeschleunigung** genannt). Sie ist zu jedem Zeitpunkt in Richtung des Kreismittelpunktes gerichtet. Weil der Vektor $\vec{a}$ senkrecht auf dem Vektor der Bahngeschwindigkeit $\vec{v}$ steht, ändert sich nur die Richtung, nicht aber der Betrag der Bahngeschwindigkeit.

Die Astronautin muss die Beschleunigung mit ihrer Handrakete richtig dosieren, um den Abstand r zum Satelliten konstant zu halten.

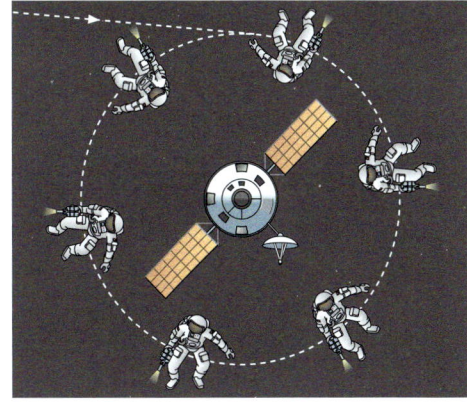

B2

Ist die Beschleunigung zu groß, verringert sich der Abstand, ist sie zu klein, entfernt sich die Astronautin vom Satelliten.

Der Betrag der Zentripetalbeschleunigung hängt also vom Radius und darüber hinaus von der Winkelgeschwindigkeit bzw. Bahngeschwindigkeit ab. Es gilt:

$$a_Z = \omega^2 \cdot r = \frac{v^2}{r}$$

Um einen Körper auf einer Kreisbahn mit konstanter Winkelgeschwindigkeit zu bewegen, ist eine konstante Zentripetalbeschleunigung erforderlich.

A1 ● Berechnen Sie die Zentripetalbeschleunigung, die der Mond auf seiner Erdumlaufbahn erfährt.

Methode

Mathematische Herleitung der Zentripetalbeschleunigung

Wir betrachten die Kreisbewegung, bei der P_1 sich in der Zeit Δt nach P_2 bewegt.

Für $\Delta t \to 0$ darf man die Bewegung in zwei unabhängige Komponenten zerlegen (→**B3**):

1 Tangential zum Kreis: Dies ist eine gleichförmige Bewegung: $s_1 = v_1 \cdot \Delta t$
2 Zum Kreismittelpunkt: Diese Bewegung erfolgt beschleunigt:
$s_2 = \frac{1}{2} a_Z \cdot (\Delta t)^2$

Im daraus folgenden rechtwinkligen Dreieck gilt nach Pythagoras:

B3

$$(r + s_2)^2 = r^2 + s_1^2$$
$$r^2 + 2 \cdot s_2 \cdot r + s_2^2 = r^2 + s_1^2$$

Mit 1 und 2 folgt

$$r^2 + a_Z \cdot (\Delta t)^2 \cdot r + \frac{1}{4} a_Z^2 \cdot (\Delta t)^4 = r^2 + v_1^2 \cdot (\Delta t)^2$$

und somit

$$a_Z = \frac{v^2 \cdot (\Delta t)^2 - \frac{1}{4} a_Z^2 \cdot (\Delta t)^4}{r \cdot (\Delta t)^2}$$
$$= \frac{v^2}{r} - \frac{1}{4} \frac{a_Z^2}{r} \cdot (\Delta t)^2$$

Unter der Anfangsvoraussetzung $\Delta t \to 0$ folgt für die Zentripetalbeschleunigung $a_Z = v^2/r$.

Freier Fall und Kreisbewegung

Beispiel ⊖ Die Tiefe eines Brunnens soll bestimmt werden, indem man einen Stein hineinwirft und die Zeit misst, nach der der Aufschlag zu hören ist. Das Diagramm in **B1** ist Teil der Lösung dieser Aufgabe, allerdings fehlt die Beschriftung der y-Achse. Auf dieser sollte die Entfernung nach unten vom Rand des Brunnens aus aufgetragen werden.

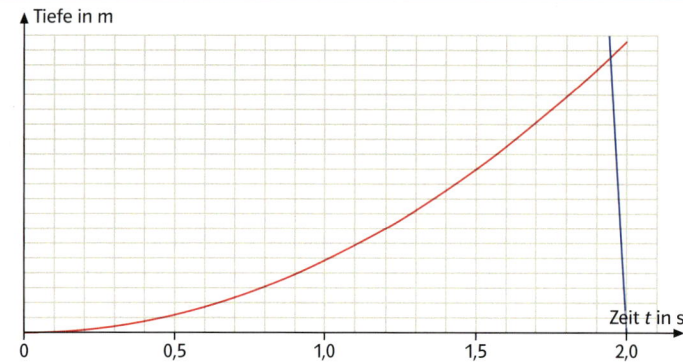

B1

a) Analysieren Sie das Problem. Nutzen Sie das Ergebnis, um die beiden Graphen im t-s-Diagramm zu deuten.
b) Entnehmen Sie dem Diagramm die Werte, mit deren Hilfe Sie die Skalierung der y-Achse ermitteln können. Erläutern Sie Ihr Vorgehen.
c) Lösen Sie die Aufgabe auf rechnerischem Weg. Vergleichen Sie die Ergebnisse. Begründen Sie eventuelle Abweichungen.

Lösung a) Das in der Aufgabe beschriebene Problem umfasst zwei Vorgänge:
– den Fall des Steins bis zum Boden des Brunnens, wo er beim Aufprall ein Geräusch verursacht,
– die Ausbreitung des Schalls vom Boden bis zum oberen Rand des Brunnens, wo der Aufprall dann nach einer Zeitdauer t wahrgenommen wird.

Diese zwei Vorgänge werden durch die beiden Graphen im t-s-Diagramm beschrieben: Da es sich beim freien Fall des Steins um eine beschleunigte Bewegung handelt, wird diese Bewegung durch den roten parabelförmig verlaufenden Graphen beschrieben. Die gleichförmige Ausbreitung des Schalls gibt die blaue Gerade wieder.
Der Schnittpunkt der beiden Graphen markiert den Aufschlag des Steins auf dem Grund des Brunnens, seine y-Koordinate entspricht somit der Tiefe des Brunnens.

b) Aus dem Diagramm lässt sich die Zeitdauer für die Ausbreitung des Schallsignals ablesen: Es startet zum Zeitpunkt $t_1 = 1{,}95\,\text{s}$ und ist zum Zeitpunkt $t_2 = 2{,}0\,\text{s}$ am oberen Brunnenrand zu hören. Aus der Laufzeit des Signals

$$\Delta t = 2{,}0\,\text{s} - 1{,}95\,\text{s} = 0{,}05\,\text{s}$$

berechnet sich die Brunnentiefe zu

$$\Delta s = v_{\text{Schall}} \cdot \Delta t = 340\,\tfrac{\text{m}}{\text{s}} \cdot 0{,}05\,\text{s} = 17{,}0\,\text{m}$$

Mit Hilfe dieses Wertes kann man nun die y-Achse skalieren.

c) Rechnerische Lösung:
Es gilt für den Fall des Steins:

$$s = \tfrac{1}{2} \cdot g \cdot t_1^2 \qquad (1)$$

für die Ausbreitung des Schalls:

$$s = v_{\text{Schall}} \cdot \Delta t_2 \qquad (2)$$

Aus (1) und (2) folgt:

$$\tfrac{1}{2} \cdot g \cdot t_1^2 = v_{\text{Schall}} \cdot \Delta t_2$$

Mit $t_{\text{ges}} = t_1 + \Delta t_2 \iff \Delta t_2 = t_{\text{ges}} - t_1$ folgt:

$$\tfrac{1}{2} \cdot g \cdot t_1^2 = v_{\text{Schall}} \cdot (t_{\text{ges}} - t_1)$$

$$\tfrac{1}{2} \cdot g \cdot t_1^2 + v_{\text{Schall}} \cdot t_1 - v_{\text{Schall}} \cdot t_{\text{ges}} = 0$$

Mit der quadratischen Bestimmungsgleichung („pq-Formel") erhält man:

$$t_1 = -\frac{v_{\text{Schall}}}{g} \pm \sqrt{\left(\frac{v_{\text{Schall}}}{g}\right)^2 + \frac{2 \cdot v_{\text{Schall}} \cdot t_{\text{ges}}}{g}}$$

Nach Einsetzen der Werte ergibt sich:

$$t_1 = 1{,}94\,\text{s} \quad \text{und} \quad t_1 = -71{,}26\,\text{s}$$

Der negative Wert für t_1 ist physikalisch nicht sinnvoll, da der Fall des Steins bei $t = 0$ beginnt. Die Fallzeit des Steins bis zum Boden des Brunnens beträgt also $t_1 = 1{,}94\,\text{s}$.

Mit Gleichung (1) berechnet sich die Tiefe des Brunnens zu:

$$s = \tfrac{1}{2} \cdot g \cdot t_1^2$$

$$s = \tfrac{1}{2} \cdot 9{,}81\,\tfrac{\text{m}}{\text{s}^2} \cdot (1{,}94\,\text{s})^2 = 18{,}46\,\text{m}$$

Die Rechnung ergibt eine Brunnentiefe von 18,46 m.

Die Differenz zum Wert, der in Teil b) bestimmt wurde ergibt sich durch Ungenauigkeiten beim Ablesen der x-Koordinate des Schnittpunkts.

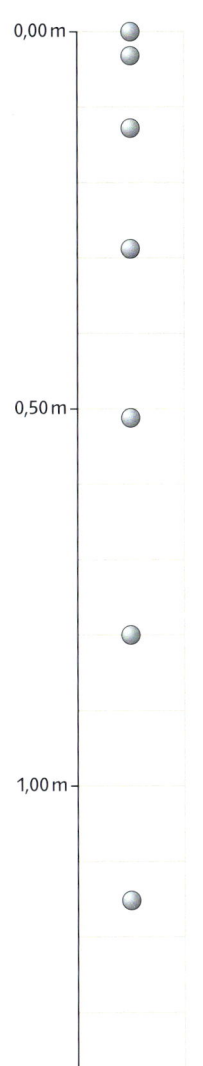

0,00 m

0,50 m

1,00 m

B1 Fall einer Kugel auf unbekanntem Himmelskörper

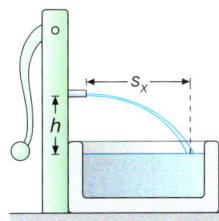

B2 Zu Aufgabe 3

A1 ⊖ Eine Metallkugel wird auf einem anderen Himmelskörper aus der Höhe h fallen gelassen. Von der Bewegung wird alle 0,20 s eine Aufnahme gemacht. Es ergibt sich die Abbildung **B1**.
a) Erläutern Sie, wie man bereits ohne ausführliche Rechnung erkennen kann, dass die Kugel eine gleichmäßig beschleunigte Bewegung ausführt. Bestimmen Sie anhand der Kugelposition die Fallbeschleunigung auf dem anderen Himmelskörper.
b) Berechnen Sie, nach welcher Zeit die Kugel auf dem Boden auftrifft.
c) Berechnen Sie die Geschwindigkeitszunahme der Kugel zwischen den letzten beiden Messpunkten.

A2 ⊖ Ein Pilot steuert sein Flugzeug über den Wolken ohne Funkverbindung mit genau südlichem Kurs. Sein Geschwindigkeitsmesser zeigt $v = 300$ km/h an.

B3

Nach genau 18 min Flugzeit reißt die Wolkendecke auf und er stellt fest, dass ihn in dieser Zeit ein Westwind um 15,0 km nach Osten abgetrieben hat.
a) Skizzieren Sie die beschriebene Situation mit Hilfe von Geschwindigkeitsvektoren.
b) Berechnen Sie die Geschwindigkeit, mit der sich das Flugzeug gegenüber der Erdoberfläche bewegt.
c) Berechnen Sie die in den 18 min zurückgelegte Weglänge auf der Erdoberfläche!
d) Ermitteln Sie den Winkel, um den der Pilot seinen Kurs hätte korrigieren müssen, um bei gleichem Wind über dem Boden genau nach Süden zu fliegen.

A3 ⊖ Der Wasserstrahl eines Brunnens tritt 60 cm über der Wasseroberfläche horizontal aus und trifft in der horizontalen Entfernung $s_x = 1,1$ m auf (→**B2**).
a) Berechnen Sie die Geschwindigkeit mit der der Strahl das Brunnenrohr verlässt.
b) Berechnen Sie auch die Geschwindigkeit in y-Richtung am Auftreffpunkt und ermitteln Sie mit beiden Werten für v die Geschwindigkeit in Bewegungsrichtung des Wassers beim Auftreffen.
c) Konstruieren Sie punktweise die Bahn des Wasserstrahls, wenn dieser mit der Geschwindigkeit $v_x = 5$ m/s waagerecht aus dem Brunnenrohr austritt. Wählen Sie dabei $\Delta t = 0,2$ s. Beurteilen Sie, ob eine Erhöhung der Austrittsgeschwindigkeit bei diesem Brunnen sinnvoll ist.

A4 ⊖ Ein Sprungbecken mit 10-m-Turm hat die Abmessungen von 18 m mal 18 m. Die 5 m lange und 10 m hohe Plattform ragt 3 m in das Becken hinein. Berechnen Sie die Geschwindigkeit in waagerechter Richtung, mit der ein Turmspringer von der Plattform abspringen müsste, wenn er den gegenüberliegenden Beckenrand erreichen soll.
Beurteilen Sie, ob das Sprungbecken sicher ist.

A5 ⊖ Infolge der Drehung der Erde erfährt ein Körper am Äquator eine Beschleunigung.

B4

a) Berechnen Sie die fiktive Länge eines Tages für den Fall, dass diese durch die Erddrehung erzeugte Beschleunigung den gleichen Betrag hätte, wie die Fallbeschleunigung ($g = 9,81$ m/s^2).
b) Beschreiben Sie die Folgen, die sich daraus möglicherweise ergeben.

Zusammenfassung

Geradlinige Bewegungen Für die geradlinige Bewegung mit konstanter Geschwindigkeit ist v der Quotient aus Weglänge Δs und zugehöriger Zeitdauer Δt:

$$v = \frac{\Delta s}{\Delta t} = \frac{(s_2 - s_1)}{(t_2 - t_1)}$$

Die Einheit ist $1\frac{m}{s}$ bzw. $1\frac{km}{h}$

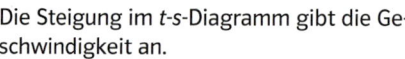

Die Steigung im t-s-Diagramm gibt die Geschwindigkeit an.
Durch das Vorzeichen der Geschwindigkeit werden bei der geradlinigen Bewegung Richtungen unterschieden.

Bei gleichmäßig beschleunigten Bewegungen nimmt die Geschwindigkeit in gleichen Zeitdauern Δt um den gleichen Betrag Δv zu. Die Beschleunigung a berechnet sich als Quotient aus diesen Größen:

$$a = \frac{\Delta v}{\Delta t} = \frac{v_2 - v_1}{t_2 - t_1}$$

B1

Bewegungsgesetze Für die geradlinig gleichförmige Bewegung mit der Geschwindigkeit v gilt das Zeit-Ort-Gesetz

$$s(t) = v \cdot t + s_0$$

Dabei berücksichtigt der Term s_0 den Fall, dass Beginn der Bewegung und Beginn der Messung nicht zusammenfallen.

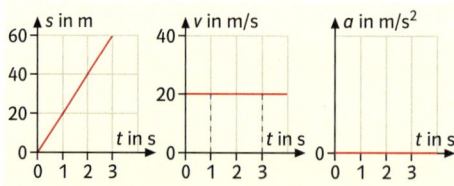

B2 Bewegungsdiagramme für $v_0 = 20\frac{m}{s}$, $a = 0$, $s_0 = 0$

Für eine gleichmäßig beschleunigte Bewegung gelten folgende Gesetze:

Zeit-Ort-Gesetz: $\quad s = \frac{1}{2}a \cdot t^2 + v_0 \cdot t + s_0$

Zeit-Geschwindigkeit-Gesetz: $\quad v = a \cdot t + v_0$

mit a = konstant.

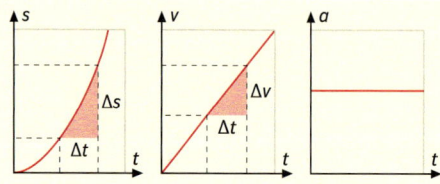

B3 Bewegungsdiagramme einer gleichmäßig beschleunigten Bewegung für $v_0 = 0$ und $s_0 = 0$

Ist die Bewegung nicht geradlinig, so sind bei Weg, Geschwindigkeit und Beschleunigung zusätzlich die Richtungen zu berücksichtigen. Solche Größen sind vektorielle Größen ($\rightarrow$B1).

Fallbewegungen Vernachlässigt man den Luftwiderstand, so benötigen alle aus der Ruhe heraus fallenden Körper für die gleiche Fallstrecke die gleiche Zeit. Diese Bewegung heißt freier Fall.

Der freie Fall ist eine gleichmäßig beschleunigte Bewegung. Die Beschleunigung wird Fallbeschleunigung g genannt, sie ist an einem Ort für alle Körper gleich.
Das Zeit-Ort-Gesetz für die Fallbewegung aus der Ruhe lautet:

$$s(t) = \frac{1}{2}g \cdot t^2$$

Waagerechter Wurf Der waagerechte Wurf setzt sich aus einer gleichförmigen Bewegung in waagerechter Richtung und einer Fallbewegung in senkrechter Richtung zusammen, die sich gegenseitig nicht beeinflussen. Die Bahnkurve eines idealen waagerechten Wurfs ist eine halbe Parabel.

Die Bewegungsgesetze des waagerechten Wurfs entsprechen denen der beiden bekannten Bewegungsformen. Sie werden in x- und y-Richtung getrennt angegeben:

$$s_x = v_0 \cdot t; \; v_x = v_0; \; a_x = 0 \; (1)$$

$$s_y = \frac{1}{2} \cdot g \cdot t^2; \; v_y = g \cdot t; \; a_y = g \; (2)$$

Kreisbewegung Die Geschwindigkeit v, mit der sich ein Körper auf einem Kreis bewegt, heißt Bahngeschwindigkeit. Ihr Betrag lässt sich mit Hilfe des konstanten Abstands r zum Mittelpunkt der Kreisbahn berechnen:

$$v = \frac{\Delta s}{\Delta t} = \frac{2\pi \cdot r}{T} = \frac{2\pi}{T} \cdot r$$

Betrachtet man den Winkel, der in einer bestimmten Zeit durchlaufen wird, erhält man die Winkelgeschwindigkeit ω:

$$\omega = \frac{\Delta \varphi}{\Delta t} = \frac{2\pi}{T} \quad \Rightarrow \quad v = \omega \cdot r$$

Um einen Körper auf einer Kreisbahn mit konstanter Winkelgeschwindigkeit zu bewegen, muss er ständig zum Kreismittelpunkt hin beschleunigt werden. Für diese Zentripetalbeschleunigung a_Z gilt:

$$a_Z = \omega^2 \cdot r = \frac{v^2}{r}$$

2 Ursache von Bewegungen

Warum ist die Fahrt im Karussell spaßig, aber bald schon unbequem?

2.1 Kräfte

Bobfahrer schieben ihren Bob an, ein Torwart lenkt den Ball am Tor vorbei, ein Wanderer hinterlässt einen Schuhabdruck im Schlamm, …

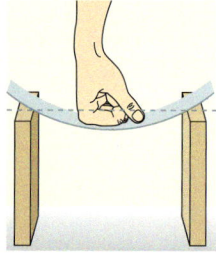

B1 Verformung

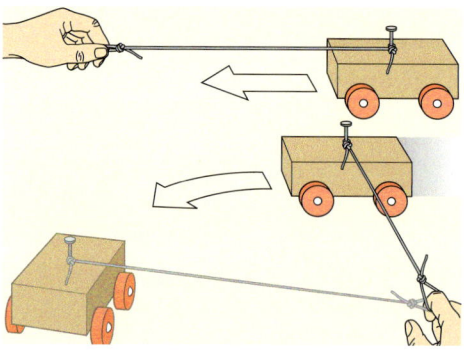

B4 Änderung der Geschwindigkeit: Der Betrag ändert sich (oben), die Richtung ändert sich (unten).

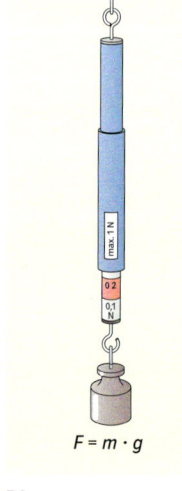

$F = m \cdot g$

B2

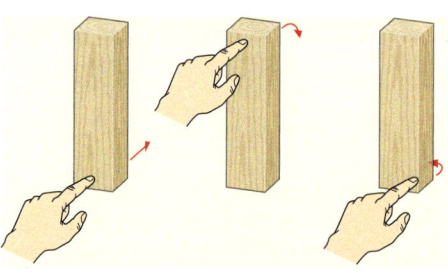

B5 Verschiedene Angriffspunkte der Kraft

Kraftwirkungen

Trifft ein Ball auf dem Boden auf, so wird er abgebremst und zusammengedrückt, dann nimmt er seine Form wieder an und beschleunigt in eine andere Richtung. Die Beobachtung, dass ein Körper seine Form oder seine Geschwindigkeit ändert, führt man auf das Wirken einer Kraft zurück.
Mit einem Normkraftmesser (→B2) kann die Krafteinheit 1 Newton (1N) festgelegt werden.

Gewichtskraft

Auf jeden Körper mit der Masse m wirkt eine Gewichtskraft. Diese ist vom Ort abhängig. An einem festen Ort sind Gewichtskraft F_G und Masse proportional.
Der Proportionalitätsfaktor g ist der Ortsfaktor.
Es ist: $F_G = m \cdot g$ mit $g = 9{,}81\,N/kg$

Kraft als Vektor

Die Wirkung einer Kraft hängt davon ab, wie groß ihr Betrag ist, in welche Richtung sie wirkt und wo sie am Körper angreift (→B5). Diese drei Eigenschaften werden durch einen Kraftvektor (→B3) erfasst.
Zwei Kräfte, die an einem Punkt angreifen, lassen sich mit der Parallelogrammregel zur Gesamt- bzw. Ersatzkraft addieren (→B6).

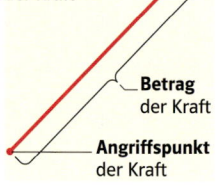

Richtung der Kraft
Betrag der Kraft
Angriffspunkt der Kraft

B3 Kräfte werden durch Vektoren dargestellt.

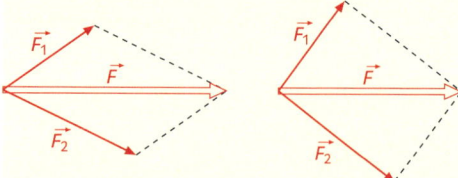

B6 Gesamtkraft F für verschiedene Winkel zwischen den Teilkräften F_1 und F_2

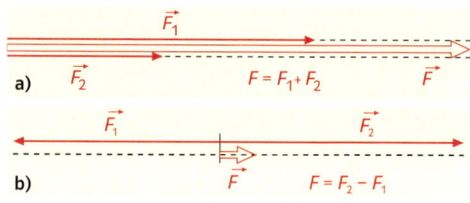

a) $F = F_1 + F_2$

b) $F = F_2 - F_1$

B7 Spezialfall parallele Kräfte: Kräfteaddition bei gleicher Richtung (a) und Kräftesubtraktion bei entgegengesetzter Richtung der Teilkräfte (b)

Fallen die Richtungen der Teilkräfte zusammen, so ist der Betrag der Gesamtkraft gleich der Summe der Beträge der Teilkräfte (→B7a). Bei entgegengesetzt gerichteten Kräften ist die Differenz der Beträge zu bilden. Die Richtung der Gesamtkraft stimmt in diesem Fall mit der Richtung der größeren Teilkraft überein (→B7b).

Kraftzerlegung

Eine Kraft lässt sich in vorgegebene Richtungen zerlegen. Dazu kehrt man die Konstruktion beim Zusammenwirken von Kräften um.
B8 zeigt die Kraftzerlegung am Tragseil einer Seilbahn: Die Gewichtskraft F_G der Gondel wird durch eine Kraft F kompensiert, welche die Teilkräfte in Richtung des Seils erzeugen.

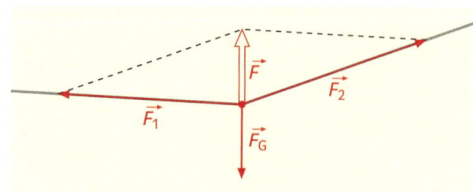

B8 Zerlegung der Kraft $\vec{F}$ in Teilkräfte $\vec{F_1}$ und $\vec{F_2}$

Kräfte können Körper verformen und deren Geschwindigkeit und Bewegungsrichtung verändern. Ihre Wirkung hängt von ihrem Betrag, ihrer Richtung und ihrem Angriffspunkt am Körper ab. Kräfte lassen sich durch Vektoren beschreiben.

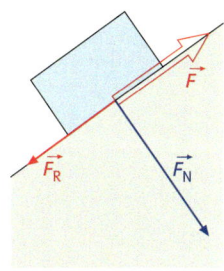

Verformung durch Kräfte

Die Äste eines Baumes werden vom Wind gebogen. Der Tennisschläger wird durch den Schlag auf den Ball verbogen und die Bespannung eingebeult. Beide nehmen in der Regel nach der Verformung ihre ursprüngliche Gestalt wieder an. Man sagt, sie wurden von der Kraft **elastisch** verformt. Wäre jedoch eine Verformung zurückgeblieben, so wären sie von der Kraft **plastisch** verformt worden.

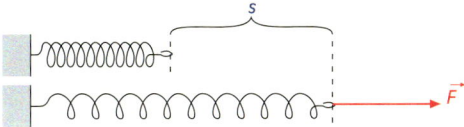

B3 Eine Feder wird elastisch gedehnt.

Mit einer Schraubenfeder lässt sich der Zusammenhang zwischen einer Dehnungskraft F und der Verlängerung s bei einer elastischen Verformung gut untersuchen. Es zeigt sich, dass die Kraft F und die Verlängerung s dann zueinander proportional sind:

$F = D \cdot s$ (Hooke'sches Gesetz)

Die Proportionalitätskonstante D heißt **Federkonstante**.

Kräftegleichgewicht

Wird ein Körper an eine Feder gehängt, bewegt er sich zunächst nach unten und verformt die Feder. Dann kommt der Körper zur Ruhe. Auf ihn wirken nun zwei Kräfte: die Gewichtskraft und die Federkraft (→B2). Die beiden Kräfte sind entgegengesetzt gerichtet und haben dieselben Beträge, ihre Ersatzkraft hat daher den Betrag null. Man spricht von einem **Kräftegleichgewicht**.

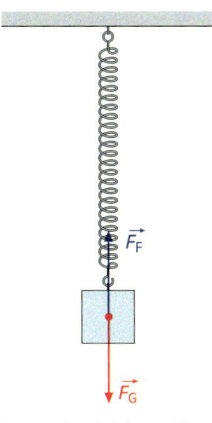

B2 Kräftegleichgewicht

Reibungskräfte

Wird an einem ruhenden Gegenstand mit einer langsam von Null an wachsenden Kraft gezogen, so bleibt er zunächst noch in Ruhe, er haftet an der Unterlage. Der Zugkraft wirkt eine **Reibungskraft** F_R entgegen. Schließlich überwindet die Zugkraft diese Reibungskraft und der Gegenstand setzt sich in Bewegung. Kurz bevor er sich mit einem Ruck in Bewegung setzt, ist die Zugkraft und damit auch die Reibungskraft am größten. Man bezeichnet den größten Betrag der Reibungskraft bei ruhendem Gegenstand als **Haftreibungskraft**. Sobald der Gegenstand gleitet, nimmt die Reibungskraft ab. Diese Kraft heißt **Gleitreibungskraft**. Diagramm **B4** zeigt den Vorgang.

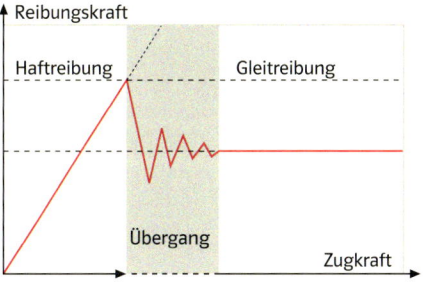

B4 Kräfte zu Beginn einer Bewegung

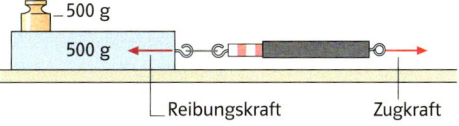

B5 Die Reibungskraft wächst mit der Gewichtskraft.

Die Reibungskraft nimmt zu, wenn die auf die Unterlage wirkende Kraft erhöht wird (→B5). Der Anteil der Gewichtskraft, der senkrecht zur Auflagefläche auf den Körper wirkt, heißt **Normalkraft** F_N (→B1). Bei unveränderter Oberflächenbeschaffenheit von Gegenstand und Unterlage ist die Reibungskraft proportional zur Normalkraft: $F_R = f \cdot F_N$

Die Konstante f heißt **Reibungszahl**. Sie hängt von den reibenden Stoffen und ihrer Oberflächenbeschaffenheit ab. Die Reibungszahl für die Haftreibung ist größer als die für die Gleitreibung.
Die Tabelle gibt Reibungszahlen für verschiedene Stoffkombinationen an:

Reibungszahlen für	Haftreibung	Gleitreibung
Holz auf Metall	0,6 – 0,7	0,4 – 0,5
Holz auf Holz	0,3 – 0,6	0,2 – 0,4
Stahl auf Stahl	0,15 – 0,3	0,05
Stahl auf Eis	0,03	0,01
Autoreifen auf		
– Asphalt	0,4 – 0,8	0,3 – 0,6
– Beton	0,6 – 1	0,33 – 0,7
– Eis	0,2	0,1

Bei einer elastischen Verformung sind Kraft F und Verlängerung s zueinander proportional (Hooke'sches Gesetz).
Beim Kräftegleichgewicht greifen an einem Körper mehrere Kräfte so an, dass sich ihre Wirkung aufhebt.

2.2 Trägheit

Leonhard Euler schrieb 1736: *„Denn es gibt keinen Grund, warum sich ein Körper eher in der einen Richtung bewegen soll als in der anderen ... Die Trägheit in irgendeinem Körper ist proportional zur Quantität der Materie, die der Körper enthält."*

Trägheit und Masse

Bei Windstille kommen Zweige und Blätter der Bäume zur Ruhe. Eine rollende Kugel bleibt irgendwann liegen.
Diese Beobachtungen stimmen scheinbar mit einer These des griechischen Philosophen **Aristoteles** (384–322 v.Chr.) überein: Danach sollte Ruhe der natürliche Zustand aller irdischen Körper sein, Bewegung sollte stets eine Ursache haben.

Genauere Beobachtungen zeigen, dass die Bewegung eines rutschenden Körpers auf einer ebenen Unterlage umso länger anhält, je glatter sie ist.
Galileo Galilei (1564–1642) überlegte sich folgendes Gedankenexperiment (→B3):

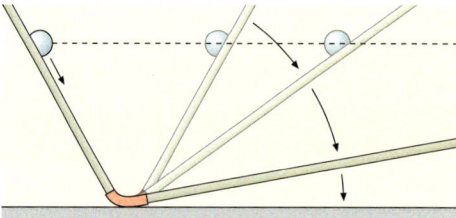

B3 Wie weit rollt die Kugel schließlich?

In einer gebogenen Rinne rollt eine Kugel reibungsfrei hinab und steigt zur Ausgangshöhe zurück. Das gilt auch, wenn der zweite Teil der Rinne so geneigt ist, dass die Weglänge bis zum Erreichen der Ausgangshöhe länger ist. Ist der Steigungswinkel des zweiten Stückes null, sodass die Kugel horizontal in der Rinne weiter rollt, dann müsste ihre Bewegung „unaufhörlich sein".

B1

Isaac Newton (1643–1727) griff diese Vorstellung auf und formulierte: Alle Körper zeigen Trägheit. Ohne äußere Einwirkung verharren sie infolge ihrer Trägheit im Zustand der Ruhe oder der gleichförmig geradlinigen Bewegung.

Diese Festlegung wird als **Trägheitsgesetz** bezeichnet. Körper zeigen eine umso größere Trägheit, je größer ihre Masse ist. Unter gleichen Bedingungen fällt es schwerer, den Körper mit der größeren Masse aus der Ruhe zu beschleunigen oder aus der Bewegung abzubremsen.

B2

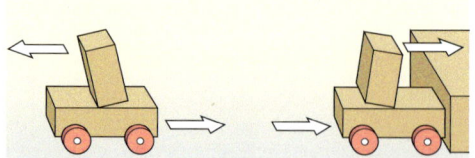

B4 Beschleunigen und Abbremsen eines beladenen Wagens

Inertialsysteme

Alle Aussagen über den Bewegungszustand eines Körpers erfordern ein Bezugssystem: Der Fahrgast im Bus muss sich nicht festhalten, solange der Bus auf der Straße gleichförmig fährt. Bezogen auf den Bus ruht der Fahrgast. Für einen äußeren Beobachter ist der Bus ein Bezugssystem, das sich mit konstanter Geschwindigkeit bewegt.

Bremst oder beschleunigt der Bus, so fällt der Fahrgast nach vorne oder nach hinten, wie es der Versuch in **B4** zeigt. Das Trägheitsgesetz scheint für einen Beobachter im Bus nicht zu gelten, denn die Bewegung des Fahrgastes im Bus ändert sich ohne erkennbare äußere Einwirkung. Fährt der Bus durch eine Kurve, so ergibt sich eine ähnliche Situation.

Deshalb hebt man die Bezugssysteme, in denen das Trägheitsgesetz gilt, hervor. Man bezeichnet sie als **Inertialsysteme**. Beschleunigte Bezugssysteme wie anfahrende Busse oder Züge sind keine Inertialsysteme.

Trägheit ist die Eigenschaft eines Körpers, ohne äußere Einwirkung im Zustand der Ruhe oder der gleichförmig geradlinigen Bewegung zu verharren. Je größer die Masse eines Körpers, desto größer seine Trägheit.

A1 ○ Auf einem Trinkglas liegt eine Spielkarte und darauf ein Geldstück. Nun schlägt man die Karte mit dem Finger seitlich weg (→**B1**). Beschreiben Sie, was passiert, und erklären Sie den Vorgang.

A2 ○ Geben Sie an, ob sich der Junge in **B2** in einem Inertialsystem bewegt. Begründen Sie Ihre Antwort.

Kräfte beschleunigen Körper

Aufgabe: Um an einem Körper eine Bewegungsänderung hervorzurufen, muss eine Kraft auf ihn wirken. Wie hängen Kraft, Masse und Beschleunigung des Körpers zusammen?

Material: Luftkissenbahn, Haltevorrichtung, Zeitmessgerät, Gleiter (m_{Gl} = 100 g), 6 Massestücke m = 1 g, 2 Massestücke m = 100 g, Lichtschranke, Maßstab

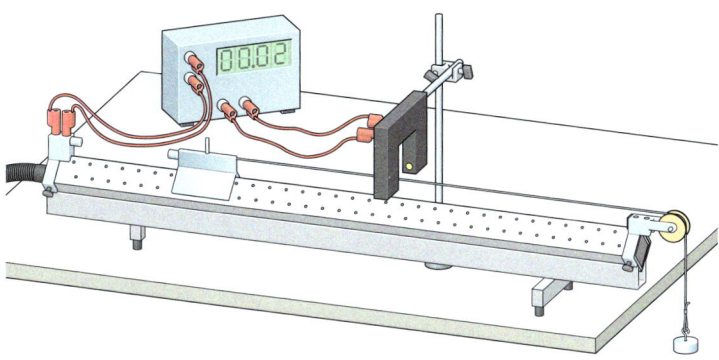

B1 Versuchsaufbau

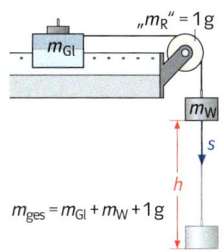

B2

Durchführung: Der Gleiter einer Luftkissenbahn ist durch einen Faden, der über eine Umlenkrolle läuft, mit einem Massestück verbunden. Im Abstand s wird die Lichtschranke an der Bahn angebracht. Bei Freigabe des Gleiters sinkt das Massestück herab und setzt den Gleiter durch seine Gewichtskraft $F_{An} = m_W \cdot g$ in Bewegung (→B1). Gleichzeitig startet die Zeitmessung. Hat der Gleiter die Lichtschranke erreicht, stoppt die Zeitmessung. Aus der Zeit, die der Gleiter benötigt, um die Weglänge Δs zurückzulegen, kann nach dem Zeit-Ort-Gesetz der beschleunigten Bewegung ein Wert für a berechnet werden.

a) Der Versuch wird für verschiedene Antriebskräfte F_{An} durchgeführt. Dazu erhöht man in jedem Durchgang die Anzahl der Massestücke am Faden, also die Masse m_W.

Da in der Anordnung nicht nur der Gleiter, sondern auch die Massestücke selbst beschleunigt werden, setzt sich die gesamte zu beschleunigende Masse m_{ges} aus den Massen des Gleiters m_{Gl} und der herabsinkenden Massestücke m_W zusammen (da $m_W \ll m_{Gl}$, nimmt man zur Auswertung der Versuchsreihe an, dass m_{ges} = konstant).

Außerdem muss die Umlenkrolle in Bewegung gesetzt bzw. beschleunigt werden. Dies berücksichtigt man, indem man die Gesamtmasse in der Berechnung um 1 g erhöht (→B2):

$$m_{ges} = m_{Gl} + m_W + 1\,g$$

Die Tabelle zeigt für verschiedene Antriebskräfte F_{An} die Messwerte für die Zeitdauer Δt, die ein Gleiter benötigt, um eine Weglänge von Δs = 0,5 m zurückzulegen.

m_W in g	1	2	3	4	5	6
F_{An} in mN	9,81	19,6	29,4	39,2	49,1	58,9
Δt in s	3,20	2,29	1,89	1,64	1,47	1,35
m_{ges} in g	102	103	104	105	106	107

b) In einem zweiten Versuch wird die zu beschleunigende Masse variiert. Dazu legt man zusätzliche Massestücke mit m = 100 g auf den Gleiter, lässt aber die Antriebskraft unverändert bei F_{An} = 49,1 mN (m_W = 5 g). Wieder wird die Zeitdauer gemessen, die der Gleiter benötigt, um Δs = 0,5 m zurückzulegen:

F_{An} in mN	49,1	49,1	49,1
m_{ges} in kg	106	206	306
Δt in s	1,63	2,28	2,78

Auswertung: Aus den Messwerten wird nun jeweils die Beschleunigung nach $a = 2s/t^2$ berechnet. Dann untersucht man die Zusammenhänge zwischen beschleunigender Kraft F_{An} und Beschleunigung a sowie zwischen der Masse des beschleunigten Körpers m_{ges} und der Größe a (→B3).

Aus Versuch a) schließt man, dass die Beschleunigung a bei konstanter Masse proportional zur beschleunigenden Kraft F ist. Die Ergebnisse aus Versuch b) zeigen, dass die Beschleunigung bei konstanter beschleunigender Kraft umgekehrt proportional zur Masse ist. Ein Vergleich von erster und letzter Zeile der Tabelle zeigt, dass der Quotient F/a etwa denselben Wert hat wie die beschleunigte Masse. Man kann also schließen, dass gilt: $F \sim m \cdot a$

m_{ges} in g	102	103	104	105	106	107	206	306
F_{An} in mN	9,81	19,6	29,4	39,2	49,1	58,9	49,1	49,1
a in m/s²	0,0976	0,191	0,280	0,372	0,463	0,549	0,236	0,160
F_{An}/a in g	100,5	102,6	105,0	105,4	106,0	107,3	208,0	306,9

B3

2.3 Kraft, Masse, Beschleunigung

„Alle Schwierigkeit der Physik besteht nämlich dem Anschein nach darin, aus den Erscheinungen der Bewegung die Kräfte der Natur zu erforschen und hierauf durch diese Kräfte die übrigen Erscheinungen zu klären ..." Isaac Newton

B1 Auch im schwerelosen Zustand gilt: Zur Beschleunigung sind Kräfte erforderlich.

Grundgleichung der Mechanik

Da Körper träge sind, ändern sie ihre Geschwindigkeit nicht von selbst. Erst Kräfte lassen einen Körper schneller oder langsamer werden oder ändern seine Bewegungsrichtung.

Übt ein Antriebskörper eine Kraft auf den Gleiter einer Luftkissenbahn aus, so verleiht er ihm eine konstante Beschleunigung. Alternativ zum beschriebenen Experiment (vorhergehende Seite) kann die Beschleunigung auch aus t-v-Diagrammen ermittelt werden (→B2 oben).

Wird statt der Zugkraft die bewegte Masse variiert, ergeben sich ähnliche t-v-Diagramme, aus denen wiederum die Beschleunigung bestimmt werden kann (→B2 unten).

Die Versuche zeigen:

1 Bei konstanter Masse ist die Beschleunigung proportional zur Antriebskraft.

Es gilt: $a \sim F$

2 Bei konstanter Kraft ist die Beschleunigung umgekehrt proportional zur Masse.

Es gilt: $a \sim \frac{1}{m}$

Insgesamt gilt bei konstanter Masse und konstanter Kraft:

$$a \sim \frac{F}{m}$$

Mathematisch ergibt sich daraus mit k als Konstante: $a = k \cdot \frac{F}{m}$
Die Überprüfung durch Messung liefert z.B. für $F = 1\,\mathrm{N}$ und $m = 1\,\mathrm{kg}$ eine Beschleunigung $a = 1\,\mathrm{m/s^2}$. k hat also den Betrag 1.

Die Kraft F ist gleich dem Produkt aus der Masse des beschleunigten Körpers und seiner Beschleunigung:

$$F = m \cdot a \quad \text{bzw.} \quad \vec{F} = m \cdot \vec{a}$$

Dieses Gesetz heißt **Grundgleichung der Mechanik.**
Auf dieser Beziehung beruht die gesetzliche Definition der Krafteinheit 1 Newton:

$$1\,\mathrm{N} = 1\,\frac{\mathrm{kg} \cdot \mathrm{m}}{\mathrm{s^2}}$$

Die über die Beschleunigung eines Körpers definierte Krafteinheit 1 N hat denselben Wert wie die bisher durch Dehnung einer Normfeder erzeugte Kraft von 1 N.

Kraft beim freien Fall

Auf einen fallenden Körper wirkt nach der Grundgleichung der Mechanik die Kraft $F = m \cdot g$ mit der Fallbeschleunigung $g = 9{,}81\,\mathrm{m/s^2}$. Diese Kraft ist die Gewichtskraft F_G. Als Ortsfaktor hat g den Wert $9{,}81\,\mathrm{N/kg}$. Die Krafteinheit wurde so festgelegt, dass die Einheiten von Ortsfaktor und Fallbeschleunigung übereinstimmen:

$$\frac{1\,\mathrm{N}}{1\,\mathrm{kg}} = \frac{1\,\mathrm{kg} \cdot \mathrm{m}}{1\,\mathrm{kg} \cdot \mathrm{s^2}} = 1\,\frac{\mathrm{m}}{\mathrm{s^2}}$$

Grundgleichung der Mechanik: Die Kraft F, die einem Körper die Beschleunigung a erteilt, ist gleich dem Produkt aus der Masse des Körpers m und der Beschleunigung:
$F = m \cdot a$

A1 ⊝ „Von 0 auf 100 km/h in 9,8 s." Berechnen Sie aus dieser Angabe in einem Prospekt die auf den Pkw wirkende Kraft ($m_\mathrm{Pkw} = 1500\,\mathrm{kg}$).

A2 ⊝ Beschreiben Sie zwei unterschiedliche Experimente, durch die sich mit Hilfe eines 1-kg-Massestücks der Ortsfaktor eines fremden Planeten bestimmen lässt.

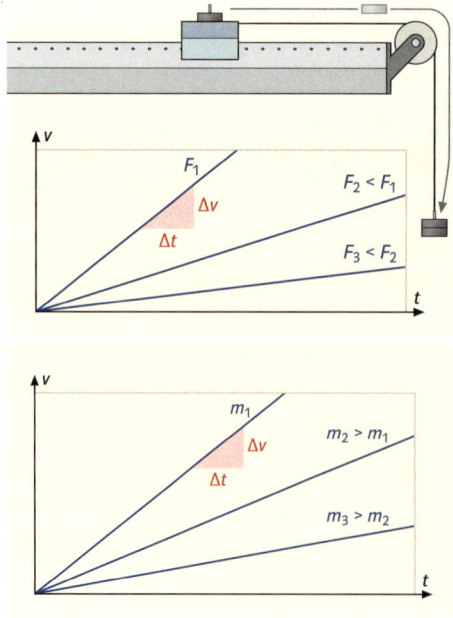

B2 t-v-Diagramme für unterschiedliche Kräfte (oben) und unterschiedliche Massen (unten)

Untersuchung der Wechselwirkung von Körpern

Aufgabe: Mit den folgenden Versuchen soll untersucht werden, welche Kräfte auftreten, wenn ein Körper auf einen anderen einwirkt.

Material: Schiene, Modelleisenbahnwagen, Eisenklotz, Magnet, 2 Skateboards, 2 Kraftmesser, dünner Draht (Länge 2 m), Luftballon, Kunststoffklammer, Trinkhalm, Klebestreifen, zwei Stühle

Durchführung: a) Auf eine ebene, gerade Schiene werden zwei Modelleisenbahnwagen gestellt. Legen Sie auf einen Wagen den Stabmagnet, auf den anderen den Eisenklotz (→**B1**). Halten Sie die beiden Wagen zunächst in ihrer Position.
Lassen Sie die beiden Wagen nun los und beobachten Sie die Bewegung der Wagen. Prüfen Sie mit einem Kraftmesser die Größe der Kräfte an beiden Wagen.

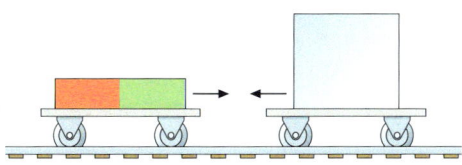

B1 Magnet und Eisenkörper ziehen sich an.

b) Zwei Personen stellen sich auf Skateboards einander gegenüber auf. Sie halten ein gespanntes Seil zwischen sich.
Zuerst zieht eine Person am Seil, während die andere es nur festhält. Anschließend ziehen beide Personen gleichzeitig am Seil.
Beobachten Sie die Bewegungen der beiden Personen.
Wiederholen Sie die Versuche nachdem Sie an beiden Seilenden je einen Kraftmesser befestigt haben. Notieren und vergleichen Sie die auftretenden Kräfte.

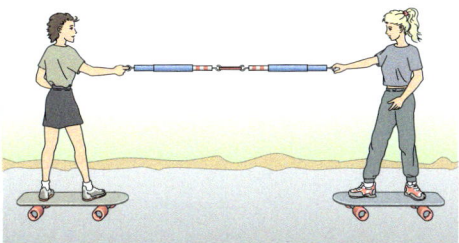

B2

c) Ein dünner Draht wird durch einen Trinkhalm gefädelt und zwischen zwei Stühlen gespannt. Nun wird der Luftballon aufgeblasen, anschließend verschließt man die Öffnung mit der Klammer. Der Ballon wird, wie in **B3** gezeigt, mit dem Klebestreifen an dem Trinkhalm befestigt.
Nun wird die Klammer gelöst. Beobachten Sie, was mit dem Luftballon passiert.

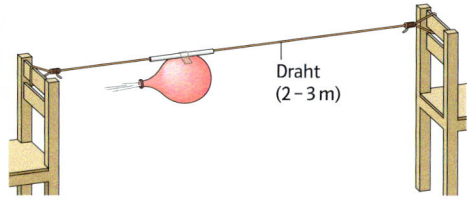
Draht (2 – 3 m)

B3 Luftballonrakete

Beobachtung und Messung: In den Versuchen a) und b) beobachtet man, dass sich die beiden Körper aufeinander zu bewegen, auch wenn scheinbar nur einer der beiden eine Kraft ausübt. Es müssen also auf beide Körper Kräfte wirken. Diese Kräfte sind entgegengesetzt gerichtet. Kraftmesser zeigen, dass die Beträge der Kräfte immer gleich groß sind.

In Versuch c) bewegt sich der Ballon entlang des Drahtes, solange die Luft ausströmt.

Ergebnis: Wenn eine Kraft auf einen Körper ausgeübt wird, dann wirkt von diesem gleichzeitig eine gleich große Kraft zurück. Im Fall des Luftballons wirkt über die Haut des Ballons eine Kraft auf die enthaltene Luft, sie wird nach hinten beschleunigt. Gleichzeitig üben die Luftmoleküle eine Kraft auf den Ballon aus, der dadurch nach vorn beschleunigt wird.

Diese wechselseitig wirkenden Kräfte können auch zwischen Körpern auftreten, die sich nicht berühren (z. B. bei sich abstoßenden gleichnamigen Magnetpolen).

A1 ○ Erläutern Sie den Unterschied zwischen den hier untersuchten wechselseitig wirkenden Kräften und dem Kräftegleichgewicht, das im Falle eines ruhenden Körpers herrscht.

2.4 Kraft und Gegenkraft

Auf eine weiche Schaumstoffmatte kann man nicht mit der gleichen Kraft drücken wie auf eine Tischplatte. Das liegt daran, dass die Kräfte zwischen zwei miteinander wechselwirkenden Körpern stets paarweise auftreten. Oft sind wir uns dessen gar nicht bewusst.

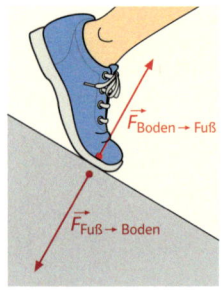

B1 Kräfte beim Absprung

Wechselwirkung zwischen zwei Körpern

Springt man beim Wandern über einen Wassergraben, drückt die Kraft des Fußes den feuchten Boden zusammen. Der Boden übt eine **Gegenkraft** aus, die das Abspringen ermöglicht (→**B1**). Auf glattem Eis kann man nicht nach vorne abspringen, weil diese Gegenkraft fehlt. Die Gegenkraft hat den gleichen Betrag wie die Kraft. Diese Beobachtungen fasst das **Wechselwirkungsgesetz** zusammen:

Wirkt ein Körper A auf einen Körper B mit der Kraft F_{AB}, so wirkt der Körper B auf A mit einer gleichen, aber entgegengesetzt gerichteten Gegenkraft F_{BA}.

Bei der Wechselwirkung zwischen zwei Körpern treten also die Kräfte immer als Paar aus Kraft

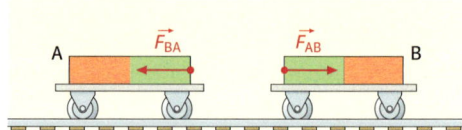

B5 Wechselseitige Abstoßung zwischen Magneten

und Gegenkraft auf. Eine davon wirkt auf den einen Körper und die andere auf den zweiten Körper. Es besteht daher kein Kräftegleichgewicht. Nur wenn an einem einzigen Körper mehrere Kräfte angreifen, kann der Betrag der Ersatzkraft null sein.

Oft berühren sich die miteinander wechselwirkenden Körper, so z. B. beim Springen (→**B1**). Kraft und Gegenkraft treten bei der Wechselwirkung zweier Körper aber auch dann auf, wenn sich die beiden Körper gar nicht in unmittelbarem Kontakt miteinander befinden. **B5** zeigt die Abstoßung zwischen zwei gleichnamigen Magnetpolen: Es wirkt eine Kraft vom Magnet B auf Magnet A und umgekehrt, obwohl sich die Magnete nicht berühren.

Die Abbildungen links zeigen Beispiele:
- Auf das Trampolin wirkt die Gewichtskraft der Personen (→**B2**). Federn und Bespannung werden **verformt**. Auf die Personen wirkt eine Gegenkraft, die sie nach oben **beschleunigt**.
- Die Wand der gekrümmten Leitung des Rasensprengers übt eine Kraft auf das Wasser aus (→**B3**). Sie ändert seine Bewegungsrichtung. Das Wasser übt eine Gegenkraft auf die Wand aus und beschleunigt die drehbare Leitung.
- Der Kugelstoßer beschleunigt die Kugel mit seiner Kraft (→**B4**). Gleichzeitig übt die Kugel eine Gegenkraft auf den Sportler aus, die diesen ebenfalls beschleunigt. Nach diesem **Rückstoßprinzip** funktionieren Raketen.

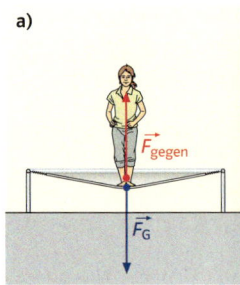

B2 Die Kraft verformt, die Gegenkraft beschleunigt.

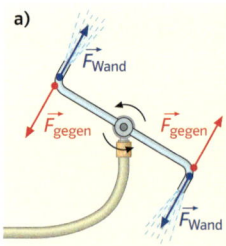

B3 Die Kraft ändert die Richtung, die Gegenkraft beschleunigt.

B4 Die Kraft beschleunigt, die Gegenkraft ebenfalls.

Wirkt ein Körper A auf einen Körper B mit der Kraft F_{AB}, so wirkt der Körper B auf A mit einer vom Betrag gleichen aber entgegengesetzt gerichteten Gegenkraft F_{BA}.
(Nach Newton: actio = reactio).

A1 ⊙ Geben Sie für folgende Sportarten an, welcher Körper die Kraft und welcher die Gegenkraft ausübt: 100-m-Lauf, Klettern, Skilanglauf, Stabhochsprung, Schwimmen.

Die Newton'schen Axiome

Warum fällt ein Stein zu Boden? Die Frage mit „warum" bedeutet eine Frage nach den Ursachen. Die Vorstellung, dass jede Wirkung auf einer Ursache beruht, heißt **Kausalitätsprinzip**.

Aristoteles (384 – 322 v. Chr.) sah das Verhalten des Steines in einem übergreifenden Ordnungsprinzip begründet. Danach hat alles seinen natürlichen Platz in der Welt, für schwere Körper ist dies der Erdboden. Der Stein fällt also deswegen, weil er seinem natürlichen Ort zustrebt.

Für **Galileo Galilei** (1564 – 1642) waren Feststellungen über Ruhe oder gleichförmige Bewegung vom Bezugssystem abhängig. Bewegung erforderte keine Ursache.

Isaac Newton (1643 – 1727) sah nicht Zweck oder Ziel als Ursache von Bewegungen. Bewegung und Ruhe gehören zu den Merkmalen von Körpern. Newton formulierte 1687 in „Principia" für die Mechanik drei Axiome (Grundsätze), von denen er glaubte, dass sich aus ihnen der Ablauf aller Bewegungen berechnen ließe.

1. Axiom: *Jeder Körper beharrt in seinem Zustand der Ruhe oder der gleichförmigen geradlinigen Bewegung, wenn er nicht durch einwirkende Kräfte gezwungen wird, seinen Zustand zu ändern.* (**Trägheitssatz**)

Er nannte diese Eigenschaft Trägheit. Die Trägheit eines Körpers hängt von seiner Masse m ab. Bewegungsänderungen, d. h. Beschleunigung, sind die Folge von Wechselwirkungen zwischen Körpern. Die Wechselwirkungen werden durch Kräfte beschrieben.

2. Axiom: *Die Änderung der Bewegung ist der Einwirkung der bewegenden Kraft proportional und geschieht nach der Richtung derjenigen geraden Linie, nach welcher jene Kraft wirkt.*

In heutiger Formulierung heißt dies: Die Beschleunigung ist bei konstanter Masse proportional zum Betrag der wirkenden Kraft und erfolgt in ihre Richtung. Es gilt $\vec{F} = m \cdot \vec{a}$ (**Grundgleichung der Mechanik**).

Nach Newton beruhen Kräfte auf Wechselwirkungen zwischen Körpern, d. h., immer wenn man an einem Körper die Wirkung einer Kraft (z. B. eine Beschleunigung) beobachtet,

Isaac Newton (1643 – 1727)

muss der zweite Körper vorhanden sein. Dabei gilt das

3. Axiom: *Die Wirkung ist stets der Gegenwirkung gleich, oder die Wirkung zweier Körper auf einander sind stets gleich und von entgegengesetzter Richtung.* (**actio = reactio**)

Das heißt: Wenn ein Körper A auf einen Körper B die Kraft $\vec{F}_A$ ausübt, so übt B auf A die Kraft $\vec{F}_B = -\vec{F}_A$ aus.

Actio und reactio oder Kraft und Gegenkraft im 3. Axiom greifen an zwei verschiedenen Körpern an, können also nicht zu einer Gesamtkraft zusammengefasst werden.
Wir betrachten einen am Baum hängenden Apfel. An der Verformung des Zweiges erkennen wir, dass auf ihn eine Kraft nach unten wirkt, die Gewichtskraft des Apfels. Nach Newton übt der Zweig nach oben eine Kraft auf den Apfel aus. Sie ist genauso groß wie die Kraft auf den Zweig, d. h. gleich der Gewichtskraft des Apfels. Auf den Apfel wirken damit zwei Kräfte: Gewichtskraft und Reaktionskraft. Beide zusammen bewirken ein Kräftegleichgewicht und der Apfel bleibt in Ruhe. Die Gewichtskraft selbst beruht auf der Wechselwirkung mit der Erde.

Ein Axiom ist eine nicht weiter beweisbare Aussage. Mehrere Axiome dürfen sich nicht widersprechen.

A1 ○ Sie beobachten, wie ein Auto beschleunigt. Erklären Sie den Vorgang unter Anwendung der Newton'schen Axiome.

A2 ◐ Zeigen Sie, dass das zweite Axiom das erste enthält.

Kräfte, Massen und Beschleunigung

Beispiel ⊖ Die Schülerinnen und Schüler einer Klasse haben die Aufgabe, aus geeigneten Materialien einen Kraftmesser zu bauen. Eine Schülerin entscheidet sich für eine Schraubenfeder und nimmt die in der Tabelle angegebenen Messwerte auf:

Kraft F in N							
0,2	0,4	0,6	0,8	1,0	1,2	1,4	1,6
Ausdehnung s in cm							
1,1	2,3	3,8	4,9	6,1	7,1	8,2	9,7

a) Erstellen Sie aus den Messwerten ein Diagramm.
b) Geben Sie an, ob sich die Feder zur Verwendung für einen Kraftmesser eignet. Begründen Sie ihre Angabe.
c) Bestimmen Sie die Ausdehnung der Feder für einen Körper der Masse $m = 50\,g$.

Lösung a) Zeichnen Sie ein s-F-Koordinatensystem und tragen Sie darin die Messwerte ein. Es ergibt sich das Diagramm in **B1**.
b) Zeichnen Sie eine Gerade so ein, dass die Messpunkte möglichst wenig davon abweichen. Die Gerade beschreibt die gemessenen Werte gut. Sie verläuft durch den Ursprung. Es gilt das Hooke'sche Gesetz.

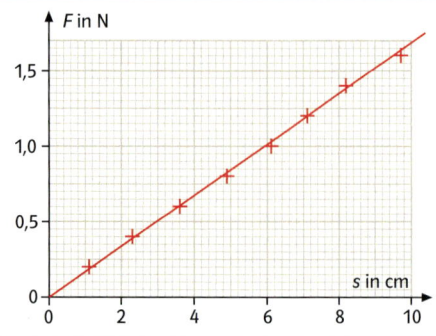

B1 s-F-Diagramm

Berechnen Sie für jedes Wertepaar $(s|F)$ den Quotienten F/s:

Kraft F in N							
0,2	0,4	0,6	0,8	1,0	1,2	1,4	1,6
Quotient F/s in N/cm							
0,18	0,17	0,16	0,16	0,16	0,17	0,17	0,16

Es ergibt sich als Mittelwert $F/s = 0{,}17\,N/cm$. Dieses Ergebnis kann man auch aus dem Diagramm als Steigung ablesen.
c) Die Formel lautet $s = F/const$, also wird $s = 0{,}5\,N/(0{,}17\,N/cm) = 2{,}9\,cm$. Bei einer Kraft von 0,5 N wird die Feder um 2,9 cm verlängert.

A1 ⊖ An einem geneigten Hang steht ein Anhänger der Masse 250 kg. Die Bremse des Anhängers löst sich, er beginnt, den Hang hinabzurollen und erreicht schließlich einen horizontalen Straßenabschnitt, auf dem er weiterrollt.

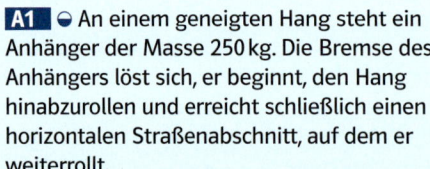

B2

a) Berechnen Sie die Zeit t, die der Wagen benötigt, bis er am Fuß des Hangs ankommt. Entnehmen Sie der Abbildung **B2** die zur Berechnung nötigen Informationen.
b) Berechnen Sie die Geschwindigkeit, die der Anhänger dann besitzt.

c) Führen Sie die Berechnung erneut unter Berücksichtigung von Reibungskräften durch (Rollreibungskoeffizient $f = 0{,}02$).
d) Geben Sie an, in welcher Entfernung ein geparktes Auto stehen muss, damit der Anhänger nicht darauf auffährt.

A2 ⊖ **B3** zeigt drei verschieden geformte Rampen, die jeweils den gleichen Höhenunterschied überbrücken. Man lässt auf allen Bahnen Kugeln hinabrollen. Die Kugel auf der mittleren Bahn kommt als erste unten an.

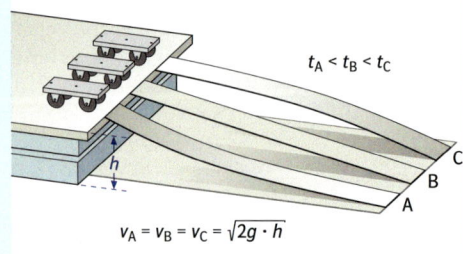

B3

a) Untersuchen Sie, an welchen Stellen der Bahnen die beschleunigende Kraft jeweils besonders groß ist. Erklären Sie anhand Ihrer Erkenntnisse, warum die Kugel auf der mittleren Bahn besonders schnell unten ankommt.
b) Eine weitere Messung ergibt, dass alle Kugeln am Endpunkt der Bahn die gleiche Geschwindigkeit besitzen. Erklären Sie diesen Umstand mit Hilfe der Abbildung **B1**.

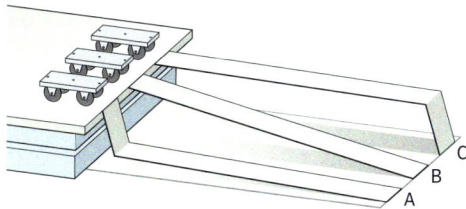

B1

A3 ⊖ Immer mehr Menschen legen bei der Wahl ihres neuen Autos Wert auf Sicherheit. Ein Schwerpunkt der Entwicklung ist das Zusammenwirken von Knautschzone, Sicherheitsgurt und Airbag. Die Bildserie eines Crashtests zeigt die Stabilität des Fahrgastraums (→**B2**).

Der vordere Teil des Wagens ist dagegen beim Stillstand des Wagens auf einen Bruchteil zusammengeschoben. Von der ersten Berührung des Hindernisses bis zum Stillstand des Fahrzeugs dauert es nur 100 ms. Bereits nach 50 ms hat sich der Airbag vollständig entfaltet. Dabei entspricht die Strecke, die der Fahrgastraum bei einem solchen Unfall zurücklegt, der Verformung im Frontbereich des Wagens.
a) Ermitteln Sie, welche Weglängen der Fahrgastraum in den beiden Phasen des Aufpralls zurücklegt. Verwenden Sie dazu den aufgeklebten Maßstab (ein Segment des Maßstabs entspricht 10 cm) und bestimmen Sie die Strecke, die der Rückspiegel vom rechten Bildrand aus jeweils zurücklegt.

b) Bestätigen Sie, dass
– die durchschnittliche Geschwindigkeit des Fahrgastraums in den beiden Phasen etwa 14 m/s bzw. 5 m/s beträgt und
– die durchschnittliche Verzögerung a des Fahrzeugs etwa 180 m/s^2 beträgt.
c) Nach einer europäischen Norm soll das Fahrzeug mit einer Geschwindigkeit von 64 km/h aufprallen. Weisen Sie nach, dass die Bedingung bei diesem Test erfüllt ist.
d) Schätzen Sie ab, ob die Insassen einen Aufprall unter solchen Bedingungen mit Armen und Beinen abfangen können. Berechnen Sie dazu die Kraft, die auf eine Person mit der Masse $m = 70$ kg wirkt.
d) Mit einem Experiment lässt sich die Wirkung einer Knautschzone nachweisen. Planen Sie einen entsprechenden Versuch, bei dem Sie eine Streichholzschachtel als Modell für eine Knautschzone verwenden. Formulieren Sie Aussagen über die Ergebnisse, die Sie erwarten.

A4 ⊖ Ein Körper, der in eine Flüssigkeit eintaucht, erfährt eine Auftriebskraft F_A. Sie ist gleich der Gewichtskraft der verdrängten Flüssigkeitsmenge. In **B3** drückt der Junge einen Ball unter Wasser und lässt ihn dann los.

B3

a) Beschreiben Sie die Bewegung des Balls nach dem Loslassen.
b) Skizzieren Sie die auf den Ball wirkenden Kräfte bis zu dem Moment, an dem er auf der Wasseroberfläche schwimmt.
b) Zwei Vollkugeln aus Kork werden unter Wasser gedrückt. Bei der einen ist der Radius doppelt so groß wie bei der anderen. Vergleichen Sie die Beschleunigungen im Moment des Loslassens.

B2

Untersuchung von Kreisbewegungen

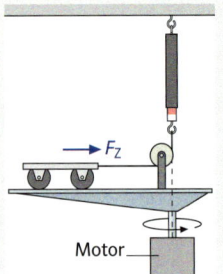

B1 Zentralkraftgerät

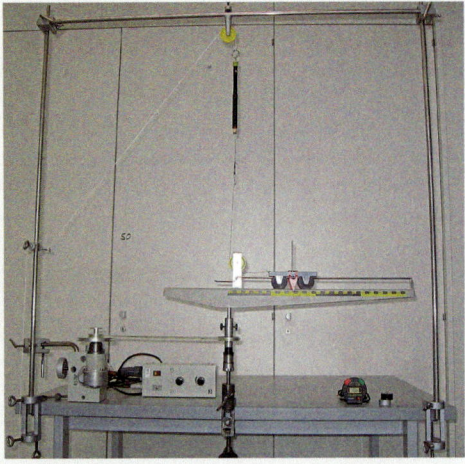

B2 Versuchsaufbau

Aufgabe: In diesem Experiment soll untersucht werden, welche Größen bei der Kreisbewegung eines Körpers Einfluss nehmen.

Material: Zentralkraftgerät, Elektromotor, Kraftmesser, 3 Massestücke (m = 50 g), Stoppuhr

Versuchsaufbau und Durchführung: Das Zentralkraftgerät (→B1) besteht aus einer Schiene, auf der sich ein Wagen annähernd reibungsfrei bewegen kann. An der Schiene ist ein Maßstab angebracht. Sie sitzt auf einer Achse und lässt sich durch einen Elektromotor mit variabler Drehzahl in Rotation versetzen. Der Wagen ist über einen Faden mit einem Kraftmesser verbunden.

Beginnt die Schiene zu rotieren, kann am Kraftmesser die Kraft abgelesen werden, die benötigt wird, um den Wagen bei einer Umlaufdauer T auf einer Kreisbahn mit dem Radius r zu halten. Durch Auflegen von Massestücken auf den Wagen wird die Masse des rotierenden Körpers variiert.
Man misst die auf den Wagen wirkende Kraft F in Abhängigkeit von der Umlaufdauer T, der Masse m und dem Abstand r des Wagens von der Drehachse. Um den Einfluss jeder einzelnen Größe zu untersuchen, werden mehrere Versuche durchgeführt, wobei nur eine Größe variiert, die beiden anderen jeweils konstant gehalten werden.

Hinweis: Soll die Umlaufdauer T des Wagens mit Hilfe der Stoppuhr bestimmt werden, empfiehlt es sich, die Zeit t für mehrere (z. B. 10)

Umdrehungen zu messen und die Umlaufdauer dann nach $T = t/10$ zu ermitteln.

Die Versuche liefern z. B. folgende Messwerte:

Versuch a) m = 0,1 kg, T = 0,5 s			
r in m	0,1	0,2	0,3	0,4
F in N	1,5	3,1	4,4	6,1

Versuch b) r = 0,2 m, T = 0,5 s			
m in kg	0,10	0,15	0,20	0,25
F in N	3,2	4,7	6,4	8,1

Versuch c) r = 0,2 m, m = 0,1 kg			
T in s	1,0	0,8	0,6	0,5
F in N	0,7	1,1	2,1	3,0

Auswertung: Versuch a) zeigt, dass die Kraft auf den rotierenden Körper proportional zu seinem Abstand von der Drehachse ist: $F \sim r$

Aus Versuch b) ergibt sich eine Proportionalität zwischen der Kraft und der Masse des rotierenden Körpers: $F \sim m$

Versuch c) zeigt, dass die Kraft zunimmt, wenn die Umlaufdauer T kleiner wird. Die Größen sind aber nicht antiproportional. Vergleicht man jedoch T^2 mit F, dann erhält man einen antiproportionalen Zusammenhang.
Nun betrachtet man anstelle der Umlaufdauer T die Winkelgeschwindigkeit ω, für die gilt: $\omega = 2\pi/T$. Man erhält nach dem Quadrieren:

ω^2 in s^{-2}	39,7	62,4	110,3	158,8
F in N	0,7	1,1	2,1	3,0
F/ω^2	0,018	0,018	0,019	0,019

Die dritte Tabellenzeile zeigt: $F \sim \omega^2$

Die Ergebnisse des Versuches lassen sich zu folgendem Ausdruck zusammenfassen:

$F \sim m \cdot \omega^2 \cdot r$

Durch Einsetzen der Werte erhält man:

$F = m \cdot \omega^2 \cdot r$

A1 ⊖ In der Versuchsanleitung wird empfohlen, bei Messung der Umlaufdauer T großen Wert auf Genauigkeit zu legen. Begründen Sie diese Empfehlung.

2.5 Kräfte bei der Kreisbewegung

Eine Hammerwerferin dreht sich um die eigene Achse und bringt so das Wurfgerät auf eine hohe Geschwindigkeit. Lässt sie los, fliegt der Hammer geradlinig weiter.

B1

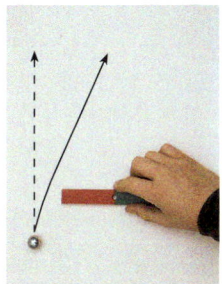

B2 Magnet und Kugel

Bahnkurve und Kraft

Aufgrund der Trägheit ändern Körper ihren Bewegungszustand nur, wenn eine Kraft auf sie wirkt. Eine geradlinig rollende Stahlkugel verändert daher ihre Richtung, wenn man einen Magnet in ihre Nähe bringt (→B2).

Gemäß $\vec{F} = m \cdot \vec{a}$ haben Kraft und Beschleunigung stets die gleiche Richtung. Wenn eine Kraft auf einen bewegten Körper wirkt, lassen sich drei Fälle unterscheiden (→B3):

1 $\vec{F} \parallel \vec{v}$: Es ändert sich nur der Betrag der Geschwindigkeit $\vec{v}$.

2 $\vec{F} \perp \vec{v}$: Es ändert sich nur die Richtung der Geschwindigkeit $\vec{v}$.

3 $\vec{F}$ und $\vec{v}$ bilden einen Winkel zwischen 0° und 90°: Die Kraft $\vec{F}$ lässt sich in Komponenten parallel und senkrecht zu $\vec{v}$ zerlegen.

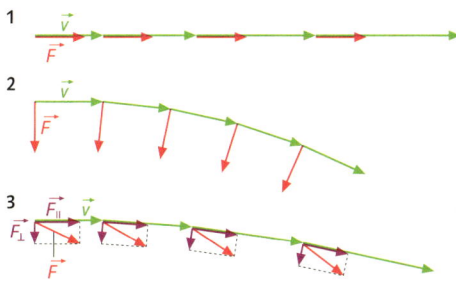

B3 Drei mögliche Fälle für die Richtungen von Kraft und Geschwindigkeit

Die parallele Komponente $\vec{F}_\parallel$ bewirkt eine Betragsänderung, die senkrechte Komponente $\vec{F}_\perp$ eine Richtungsänderung der Geschwindigkeit.

Um den rotierenden Hammer auf der Kreisbahn zu halten, muss die Hammerwerferin eine Kraft auf das Sportgerät ausüben, damit es an jedem Punkt der Bahn zum Mittelpunkt beschleunigt wird (→B1). Diese Kraft ist ebenfalls zum Kreismittelpunkt hin gerichtet. Sie wird als **Zentripetalkraft** F_Z bezeichnet.

Die Grundgleichung der Mechanik gibt einen Zusammenhang zwischen der Zentripetalkraft F_Z und der Zentripetalbeschleunigung a_Z an. Demnach ist:

$$F_Z = m \cdot a_Z = m \cdot \omega^2 \cdot r = m \cdot \frac{v^2}{r} \ \ (\text{mit} \ \ v = \omega \cdot r)$$

Messungen bestätigen diesen Zusammenhang, sie zeigen:

$F_Z \sim m$ bei konstantem r, ω
$F_Z \sim r$ bei konstantem ω, m
$F_Z \sim \omega^2$ bei konstantem r, m

Mit der Formel für F_Z ergibt sich nach Division durch m für die Zentripetalbeschleunigung

$$a_Z = \omega^2 \cdot r = \frac{v^2}{r}$$

Eine Kreisbewegung entsteht durch die zum Mittelpunkt gerichtete Zentripetalkraft. Sie erteilt dem Körper eine Zentripetalbeschleunigung senkrecht zur Bahngeschwindigkeit.

Der Betrag der Zentripetalkraft hängt vom Radius der Kreisbahn und von der Bahn- bzw. Winkelgeschwindigkeit der Kreisbewegung ab.

A1 ⊝ Der Jupitermond Kallisto umrundet den Planeten in 16 Tagen und 17 Stunden auf einer Kreisbahn mit dem Radius $r = 1{,}88 \cdot 10^6\,\text{m}$. Berechnen Sie die Zentripetalbeschleunigung.

A2 ⊝ Für die Zentripetalbeschleunigung a gelten zwei Gleichungen:

$$a = \frac{v^2}{r} \ \ \text{sowie} \ \ a = \omega^2 \cdot r$$

Aus der ersten Beziehung folgt eine Antiproportionalität zum Bahnradius und aus der zweiten folgt eine Proportionalität. Klären Sie diesen scheinbaren Widerspruch.

Einsatz von Apps zur Messung physikalischer Größen

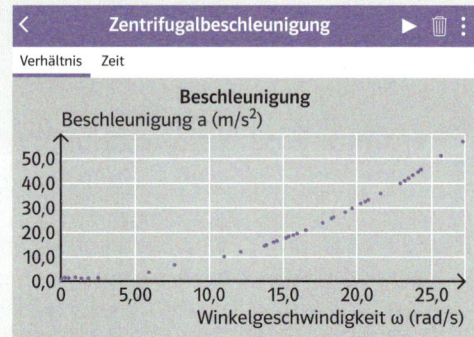

B1

In modernen Smartphones sind – je nach Modell – diverse Sensoren verbaut, die die Funktionalitäten des Gerätes unterstützen. Der Wechsel der Bildschirmausrichtung beim Drehen des Gerätes wird z. B. durch Beschleunigungssensoren gesteuert, ein Helligkeitssensor passt die Displaybeleuchtung den Lichtverhältnissen der Umgebung an, ein Näherungssensor schaltet die Berührungssteuerung ab, sobald man das Gerät zum Telefonieren ans Ohr führt.

Mit Hilfe verschiedener Apps lassen sich die auf dem Smartphone vorhandenen Sensoren anzeigen und ihre Messwerte auslesen. Darüber hinaus gibt es Anwendungen, die die Messwerte und Parameter verschiedener Sensoren verknüpfen und daraus weitere Größen ableiten (z. B. phyphox). Damit wird es möglich, das Smartphone für physikalische Experimente zu nutzen. Das folgende Beispiel soll die Vorgehensweise demonstrieren.

Aufgabe: Untersuchung der Abhängigkeit der Zentrifugalbeschleunigung von der Winkelgeschwindigkeit bei einer Kreisbewegung

Material: Smartphone mit entsprechender App, drehbarer Gegenstand (Drehstuhl, Salatschleuder, etc.), Klebeband oder Schnüre zur Befestigung des Smartphones (**Achtung:** Das Smartphone ist Teil der Versuchsanordnung, bei der Durchführung ist darauf zu achten, dass das Gerät nicht beschädigt wird.)

Versuchsaufbau und Durchführung: Auf dem Smartphone wird zunächst die App aufgerufen und das entsprechende Experiment ausgewählt (→**B2**).
Es empfiehlt sich, die Anleitung für das Experiment (sofern vorhanden) zu lesen und entsprechend vorzugehen.

Hinweis:
Während für Außenstehende die Zentripetalbeschleunigung nach innen wirkt, erfahren Beobachter im rotierenden System eine Zentrifugalbeschleunigung nach außen. Die Bezeichnung hängt vom Bezugssystem ab (siehe S. 58).

Im Beispiel muss zunächst das Smartphone an einem Drehstuhl befestigt werden, alternativ legt man es in eine ausgepolsterte Salatschleuder (→**B1**). Anschließend kann man das Experiment starten.

Durch Drücken des Pfeilsymbols beginnt die Aufnahme der Messwerte, anschließend muss man das Smartphone in Drehung versetzen. Erfolgt die Messung über etwa eine halbe Minute bei verschiedenen Drehgeschwindigkeiten, ergibt sich das Diagramm in **B3**:

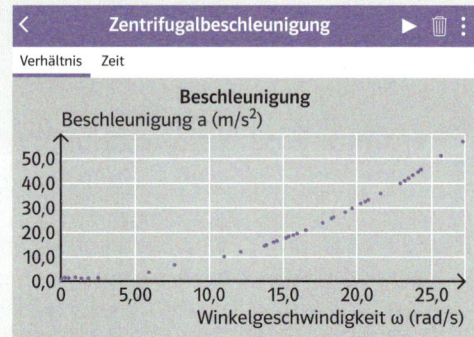

B3

Ermöglicht die App den Export der aufgenommenen Daten, lassen sich die Ergebnisse weiter auswerten und in anderen Programmen darstellen. Manchmal bietet die App selbst weitere Darstellungsmöglichkeiten, im Beispiel die Auftragung der Beschleunigung über dem Quadrat der Winkelgeschwindigkeit (→**B4**).

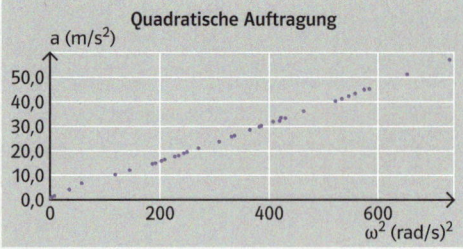

B4

Der lineare Verlauf zeigt, dass zwischen Beschleunigung und Winkelgeschwindigkeit ein quadratischer Zusammenhang besteht:

$$a_Z \sim \omega^2$$

A1 ◒ Überlegen Sie, wie sich mit Hilfe des Experiments der Zusammenhang zwischen Winkelbeschleunigung und Radius der Kreisbewegung ermitteln lässt.

B2 Verfügbare Experimente (links), Auswahl „Zentrifugalbeschleunigung" (rechts)

Kreisbewegungen im Verkehr

Kurvenfahrt Bei einer Kurvenfahrt muss die Richtung der Geschwindigkeit ständig geändert werden. Dies gelingt nur mit einer geeigneten Zentripetalkraft.

Abbildung **B2** zeigt einen Motorradfahrer, der in extremer Schräglage eine Kurve durchfährt. Dabei neigt er sich um den Winkel α gegen die Vertikale.

B2

Geschwindigkeit v in km/h	Neigungswinkel α in Grad	
	$r = 10\,m$	$r = 100\,m$
20	18	2
40	52	7
60	71	16
80	79	27
100	86	38

B4 Neigungswinkel bei verschiedenen Geschwindigkeiten

Die richtige Geschwindigkeit Für eine sichere Kurvenfahrt dürfen die Reifen nicht wegrutschen. Die Haftreibungskraft F_H zwischen Straße und Reifen muss größer oder gleich der Zentripetalkraft F_Z sein.

Eine Kurve wird sicher durchfahren, falls

$$F_Z < F_H$$

Zerlegt man die Kraft F im Auflagepunkt A in die Teilkräfte $F_\parallel$ und F_N, so folgt (→**B3**): Die Normalkraft F_N ist die Gewichtskraft F_G. Diese bestimmt die Haftreibungskraft $F_H = f_H \cdot F_G$. Dabei ist f_H die Haftreibungszahl. Damit ergeben sich für die maximale Geschwindigkeit bzw. für den maximalen Neigungswinkel die folgenden Bedingungen:

$$F_Z \leq F_H \iff \frac{m \cdot v^2}{r} \leq f_H \cdot m \cdot g \iff v \leq \sqrt{f_H \cdot r \cdot g}$$

bzw.

$$F_Z \leq F_H \iff m \cdot g \cdot \tan\alpha \leq f_H \cdot m \cdot g$$

$$\iff \tan\alpha \leq f_H$$

Bei konstanter Haftreibungszahl und konstantem Kurvenradius gilt:

$$v_{max} = \sqrt{f_H \cdot r \cdot g} \quad \text{und} \quad \tan\alpha_{max} = f_H$$

Auto-reifen auf	Haft-reibungs-zahl
Asphalt trocken	0,7
Asphalt nass	0,5
Eis	0,2

B1 Haftreibungszahlen

In **B3** sind die unterlegten Dreiecke kongruent.
– $F_N = F_G$
– Gegenkraft zu $F_\parallel$ ist die Zentripetalkraft F_Z

In der Schräglage üben die Reifen im Auflagepunkt A eine Kraft $\vec{F}$ auf die Straße aus. Die Addition der Gegenkraft $\vec{F}_{St}$ und der Gewichtskraft $\vec{F}_G$ ergibt bei richtiger Neigung die notwendige Zentripetalkraft $\vec{F}_Z$. Aus dem Kräfteparallelogramm entnimmt man:

$$F_Z = F_G \cdot \tan\alpha = m \cdot g \cdot \tan\alpha$$

B3

Für eine kreisförmige Kurve ist

$$F_Z = \frac{m \cdot v^2}{r} = m \cdot g \cdot \tan\alpha \iff \tan\alpha = \frac{v^2}{g \cdot r}$$

Ein Vergleich der beiden Seiten der Gleichung zeigt: Bei hoher Geschwindigkeit v oder kleinem Kurvenradius r ist ein großer Neigungswinkel α gegen die Vertikale nötig, um die Zentripetalkraft aufzubringen. Der Motorradfahrer muss sich also schräg in die Kurve legen, um sie mit hoher Geschwindigkeit und kleinem Radius durchfahren zu können.

A1 ○ a) Diskutieren Sie die in der Tabelle **B4** angegebenen Neigungswinkel.
b) Anfänger erzielen einen Neigungswinkel von maximal 17°. Berechnen Sie die Geschwindigkeit (in km/h), mit der ein Anfänger bei diesem Neigungswinkel eine Kurve mit dem Radius 200 m durchfährt.

A2 ◐ Berechnen Sie die maximalen Geschwindigkeiten und die zugehörigen Neigungswinkel für die in der Tabelle **B1** angegebenen Haftreibungszahlen.
Wählen Sie einen Kurvenradius von 100 m.

Scheinkräfte

Verschiedene Sichtweisen   Zwei verschiedene Beobachter A und B beschreiben den Vorgang in Abbildung **B1**. Beobachter A außerhalb der Scheibe stellt fest: „Ich befinde mich in Ruhe. Der Kraftmesser zeigt an, dass auf das Massestück eine Kraft wirkt. Dies erklärt mir die Beschleunigung, die ich beobachte."

Beobachter B auf der Scheibe stellt fest: „Ich befinde mich in Ruhe. Das Massestück ebenfalls. Das wundert mich, denn der Kraftmesser zeigt an, dass eine Kraft auf das Massestück wirkt. Es müsste daher beschleunigt werden. Es muss eine zweite Kraft F' mit gleichem Betrag und entgegengesetzter Richtung auf den Körper wirken."

Wenn die Verbindung zwischen Kraftmesser und Kugel durchtrennt wird, zeigt der Kraftmesser nichts mehr an.
A stellt fest: Auf die Kugel wirkt keine Kraft, sie bewegt sich deshalb entsprechend ihrer Trägheit auf einer Geraden. B stellt fest: Es wirkt nur noch die Kraft F'. Deswegen bewegt sich die Kugel beschleunigt von mir weg.

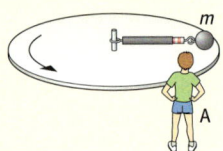

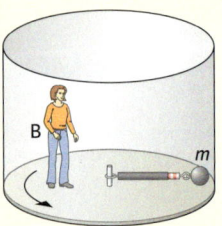

B1 Scheibe mit wegfliegender Kugel

B bezieht seine Aussagen auf die Scheibe als Bezugssystem. Ihre Kreisbewegung ist eine beschleunigte Bewegung. Für Beobachter in einem beschleunigten Bezugssystem wirkt sich die Trägheit eines Körpers so aus, als wirke eine Kraft auf ihn. Solche (Schein-) Kräfte heißen **Trägheitskräfte**. Bei der Kreisbewegung nennt man sie **Fliehkraft** oder auch Zentrifugalkraft. Karussellfahrer spüren diese nach außen weisende Fliehkraft ebenso wie Autofahrer beim Passieren einer Kurve (→**B2**).

Außenstehende Beobachter schließen bei einem Körper auf einer Kreisbahn auf eine Zentripetalkraft. Beobachter auf einer Kreisbahn erkennen keine Beschleunigung und schließen auf ein Gleichgewicht zwischen Zentripetalkraft und Fliehkraft.

B2 Auto beim Schleudertest

Corioliskraft   Auf einer rotierenden Scheibe bewegt sich eine Kugel geradlinig vom Mittelpunkt der Scheibe nach außen. Ihre Bewegung wird einmal von einem außen stehenden Beobachter A und zum anderen von einem sich mit der Scheibe mitdrehenden Beobachter B verfolgt (→**B3**). Während A eine geradlinige Bewegung der Kugel registriert, erscheint B die Bahn der Kugel gekrümmt und die Kugel erfährt für ihn scheinbar eine Querbeschleunigung, die er auf eine Kraft zurückführen muss.

Diese Scheinkraft, die für diese Scheinbeschleunigung verantwortlich ist, wird nach ihrem Entdecker **Gaspard Coriolis** (1792 – 1843) **Corioliskraft** genannt, die entsprechende Scheinbeschleunigung **Coriolisbeschleunigung**.

Beide sind nur in rotierenden Systemen vorhanden, in ihnen gilt der Trägheitssatz nicht.

Wir befinden uns auf dem Erdball in einem rotierenden System. Wenn Luft von Hochdruckgebieten in Tiefdruckgebiete strömt, dann erfolgt dies in Nord-Süd-Richtung nicht geradlinig. Winde weichen auf der nördlichen Halbkugel nach rechts, auf der südlichen Halbkugel nach links ab. Tiefdruckgebiete drehen sich daher auf der Nordhalbkugel gegen den Uhrzeigersinn. Ursache sind die Corioliskräfte.

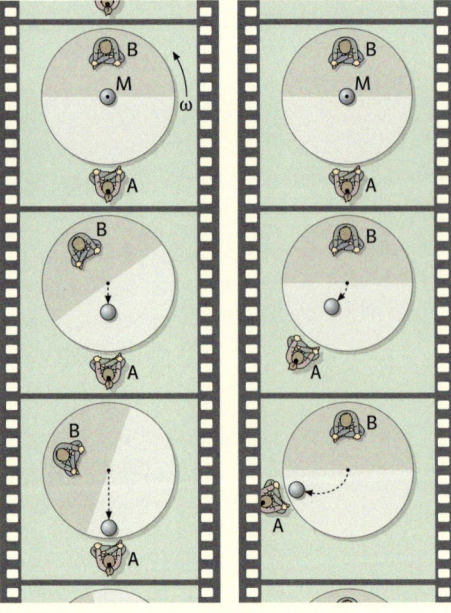

B3 Corioliskraft: Eine Kugel rollt vom Scheibenmittelpunkt zum Rand. Für Betrachter B beschreibt die Kugel eine Kurve, auf Betrachter A rollt sie geradlinig zu.

2.6 Rotation von Körpern

Bisher wurden Körper vereinfacht im Modell als „Massenpunkt" betrachtet. Diese Punkte können nur geradlinig fortschreitende Bewegungen (Translationen) ausführen. Sobald sich der betrachtete Körper dreht, ist das Modell des Massenpunktes nicht mehr anwendbar.

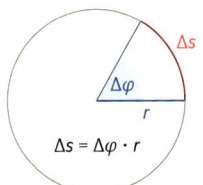

B1 Drehwinkel und Kreisbogen

Das Modell des starren Körpers

Zur Beschreibung der Bewegung sich drehender Körper muss das Modell des **starren Körpers** eingeführt werden. Der starre Körper besitzt räumliche Ausdehnung, man denkt ihn sich aus einer Vielzahl von Massenelementen zusammengesetzt (→**B3**). Die gegenseitigen Abstände der Massenelemente sind unveränderlich.

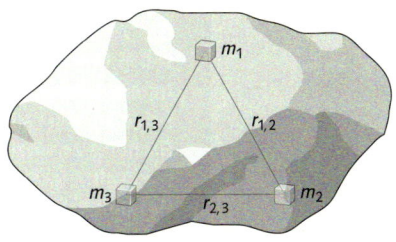

B3 Modell des starren Körpers

Analog zum Zeit-Ort-Gesetz der geradlinigen gleichförmigen Bewegung ergibt sich für die gleichförmige Kreisbewegung das Zeit-Drehwinkel-Gesetz:

$$\varphi = \omega_0 \cdot t + \varphi_0$$

Der von einem Punkt des Drehkörpers auf seinem Kreisbogen zurückgelegte Weg Δs ist vom Abstand r des Punktes zur Drehachse abhängig. Für einen beliebigen Winkel $\Delta \varphi$ ist die Länge des Kreisbogens $\Delta s = \Delta \varphi \cdot r$ (→**B1**). Mit der Geschwindigkeitsdefinition wird die Bahngeschwindigkeit v eines Punktes auf einem Drehkörper $v = \omega \cdot r$. Bei gleicher Winkelgeschwindigkeit ω ist die Bahngeschwindigkeit v dem Radius r proportional.

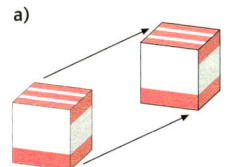 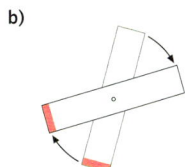 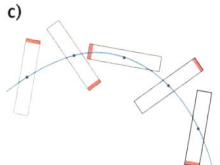

B2 Reine Translation (a); reine Rotation (b); Kombination aus Translation und Rotation (c)

Translation und Rotation

Ein Förderband führt auf seiner Transportlänge eine fortlaufende Bewegung (**Translation**) und an den Umlenkrollen eine Drehbewegung (**Rotation**) aus. Eine Translationsbewegung liegt vor, wenn alle Punkte des bewegten Körpers in gleicher Weise deckungsgleiche Bahnen durchlaufen (→**B2a**).

Ein rotierender Körper besitzt eine Drehachse. Beim aufgebockten Fahrrad ist sie fest, beim Kreisel beweglich. Bei einer Rotationsbewegung beschreiben alle Punkte des bewegten Körpers konzentrische Kreise unterschiedlicher Radien um die Drehachse (→**B2b**).
Im allgemeinen Fall führen Körper Bewegungen aus, die Anteile beider Formen enthalten (→**B2c**).

Gesetze der gleichförmigen Rotation

Zur Beschreibung einer Translation werden Weg, Geschwindigkeit und Beschleunigung verwendet. Die Rolle des Weges übernimmt bei der Drehbewegung der Drehwinkel φ. Alle Punkte des rotierenden Körpers durchlaufen in einer bestimmten Zeit Δt denselben Drehwinkel $\Delta \varphi$. Die durchschnittliche Winkelgeschwindigkeit ω ist der Quotient aus Drehwinkel $\Delta \varphi$ und Zeit Δt:

$$\overline{\omega} = \frac{\varphi_2 - \varphi_1}{t_2 - t_1} \quad \text{(Einheit: Bogenmaß/Sekunde)}$$

Gesetze der beschleunigten Rotation

Wird ein Rad durch die von einem Massestück ausgeübte Kraft in Drehung versetzt, nimmt seine Winkelgeschwindigkeit zu. Analog zur geradlinigen Bewegung wird die Winkelbeschleunigung α eingeführt. Zwischen dem Drehwinkel φ, der Winkelgeschwindigkeit ω, der Winkelbeschleunigung α und der Zeit t bei der Rotation bestehen analoge Beziehungen wie zwischen zurückgelegtem Weg s, Geschwindigkeit v, Beschleunigung a und der Zeit t.

Für die gleichmäßig beschleunigte Rotationsbewegung gelten
das Zeit-Drehwinkel-Gesetz:

$$\varphi = \frac{1}{2}\alpha \cdot t^2 + \omega_0 \cdot t + \varphi_0,$$

das Zeit-Winkelgeschwindigkeit-Gesetz:

$$\omega = \alpha \cdot t + \omega_0 \quad \text{und}$$

das Zeit-Winkelbeschleunigung-Gesetz:

$$\alpha = \text{konstant} \quad \text{für alle } t$$

2.7 Das Trägheitsmoment

Verschiedene rotationssymmetrische Körper gleicher Masse in Umdrehungen zu versetzen, erfordert ganz unterschiedlichen Aufwand. Man stellt fest: Es geht umso leichter, je näher sich die Massenelemente des Körpers an der Drehachse befinden.

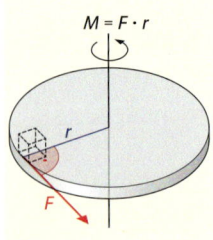

$M = F \cdot r$

B1 Drehmoment

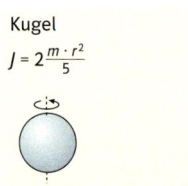

Vollzylinder

$J = \dfrac{m \cdot r^2}{2}$

Kugel

$J = 2\dfrac{m \cdot r^2}{5}$

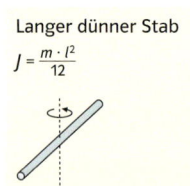

Langer dünner Stab

$J = \dfrac{m \cdot l^2}{12}$

B2 Trägheitsmomente verschiedener Körper (*l* = Länge des Körpers, *r* = Radius bezüglich der Drehachse)

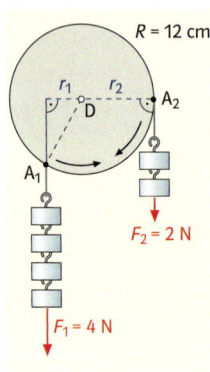

$R = 12$ cm

r_1 r_2 A_2

D

A_1

$F_2 = 2$ N

$F_1 = 4$ N

B3 Zu Aufgabe 2

Drehmoment

Das Vorderrad eines kopfstehenden Fahrrades soll in Drehung versetzt werden, um die Laufruhe zu überprüfen. Fasst man es nahe an der Felge an, lässt sich das Rad relativ leicht in Drehung versetzen. Je näher an der Radnabe die Kraft angreift, desto größer muss sie sein. Das umgekehrte Prinzip nutzt man beim Nageleisen, um Nägel aus dem Holz zu entfernen (→B3): Der Abstand zwischen Nagelkopf und Drehachse ist klein gegenüber dem Abstand zwischen Griff und Achse. Übt man eine kleine Kraft auf der langen Seite aus, so wirkt eine große Kraft auf der kurzen Seite.

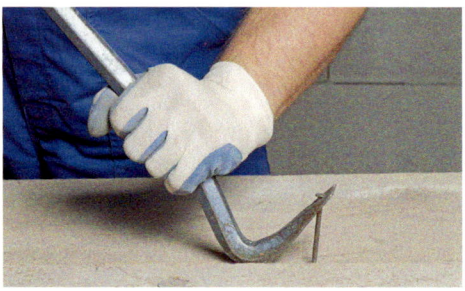

B4 Nageleisen

Bei der Erzeugung einer Drehbewegung ist nicht nur die wirkende Kraft von Bedeutung. Auch der Abstand r zwischen dem Angriffspunkt der Kraft und der Drehachse sowie der Winkel zwischen Kraftrichtung und der Verbindungslinie zur Drehachse spielen eine Rolle. Hält man diesen Winkel konstant, so muss die angreifende Kraft F umso größer sein, je kürzer der Abstand r ihres Angriffspunktes von der Achse ist. Demnach ist das Produkt aus Kraft F und Abstand r maßgebend.

Die Größe $r \cdot F \cdot \sin \sphericalangle (r, F)$ bezeichnet man als **Drehmoment** M (→B1). Besteht zwischen Kraftrichtung und ihrer Verbindungslinie zur Drehachse ein rechter Winkel, so gilt für das Drehmoment: $M = r \cdot F$

Trägheitsmoment

Um einen Körper in eine Drehbewegung um eine feste Achse zu versetzen, muss seine Trägheit überwunden werden. Dies wird deutlich, wenn man eine gut geschmierte, aber schwere Haustür öffnet. Am Körper muss dann ein Drehmoment angreifen.

Man betrachtet nun ein Massenelement m, das im Abstand r mit Hilfe des Drehmoments $M = r \cdot F$ in Drehung versetzt wird. Tangential zur beabsichtigten Kreisbahn wirkt die Kraft $F = m \cdot a$, wobei a die Beschleunigung in tangentialer Richtung darstellt. Da $v = \omega \cdot r$ ist, gilt

$$\frac{\Delta v}{\Delta t} = \frac{\Delta \omega}{\Delta t} \cdot r$$

d.h., es ist $a = \alpha \cdot r$. So wird $F = m \cdot \alpha \cdot r$ und $M = m \cdot r^2 \cdot \alpha$

Bei der Rotation nennt man die zur Masse analoge Größe $m \cdot r^2$ das **Trägheitsmoment** J des Massenelements m bezüglich der im Abstand r liegenden Drehachse.
Das Trägheitsmoment J eines starren Körpers ist der Quotient aus dem wirkenden Drehmoment M und der dadurch erzeugten Winkelbeschleunigung α. Die Einheit des Trägheitsmoments ist $1\,\mathrm{N\,m\,s^2} = 1\,\mathrm{kg\,m^2}$.

Das Trägheitsmoment beliebiger Körper ist von der Anordnung ihrer Massenelemente und von der Lage der Achse abhängig. Man erhält es durch Summation bzw. Integration über alle Massenelemente des Körpers:

$$J = \left(m_1 \cdot r_1^2 + \ldots + m_n \cdot r_n^2\right) = \sum \left(m_i \cdot r_i^2\right)$$

Um eine Drehbewegung zu erzeugen, muss ein Drehmoment M wirken. Es berechnet sich aus der Kraft F und dem Abstand r des Angriffspunktes dieser Kraft zur Drehachse.
Stehen die Kraft und die Verbindung vom Angriffspunkt zur Drehachse senkrecht zueinander, so ist das Drehmoment M gegeben durch $M = r \cdot F$.

A1 ⊖ Geben Sie an, wie sich das Trägheitsmoment eines Hohlzylinders bezüglich seiner Längsachse ändert, wenn man
a) seine Masse bei gleich bleibendem Radius auf die Hälfte reduziert.
b) seinen Radius bei gleicher Masse halbiert.

A2 ⊖ **a)** An einer drehbaren Scheibe greifen zwei Kräfte an (→B3). Beschreiben Sie die dargestellte Situation.
b) Der in A_1 befestigte Faden wird durchgeschnitten. Machen Sie eine Vorhersage über die Bewegung der Scheibe. Begründen Sie dies mit den wirkenden Drehmomenten.

Kreis- und Drehbewegungen

Beispiel ⊖ Ein Pkw der Masse 1,4 t soll eine Kurve mit dem Kurvenradius 150 m durchfahren. Die maximale Reibungskraft auf trockener Straße für diesen Pkw beträgt 4,5 kN.

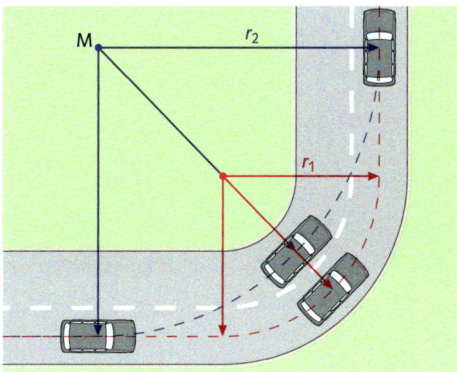

B1

a) Berechnen Sie die Höchstgeschwindigkeit, mit der diese Kurve durchfahren werden kann.
b) Abbildung **B1** zeigt das Prinzip des Kurvenschneidens. Erklären Sie, was damit erreicht werden soll.
Berechnen Sie, mit welcher maximalen Geschwindigkeit der Pkw im Beispiel ($r_2 = 2\,r_1$) durch Kurvenschneiden fahren könnte. Beurteilen Sie ein solches Verhalten von Autofahrern.

Lösung a) Aus dem Ansatz Zentripetalkraft = maximale Reibungskraft

$$m \cdot \frac{v^2}{r} = 4{,}5 \cdot 10^3\,\text{N}$$

ergibt sich für die Höchstgeschwindigkeit:

$$v^2 = 4{,}5 \cdot 10^3\,\text{N} \cdot \frac{150\,\text{m}}{1{,}4 \cdot 10^3\,\text{kg}} \quad \Rightarrow \quad v = 22\,\tfrac{\text{m}}{\text{s}}$$

Die maximale Kurvengeschwindigkeit berechnet sich zu $v = 22\,\text{m/s}$. Dies sind etwa 80 km/h. Bei nasser bzw. vereister Straße sinkt die Reibungskraft für die Haftung, d.h., bei gleicher Geschwindigkeit kann die für die Kurvenfahrt nötige Zentripetalkraft nicht mehr durch die Reibung aufgebracht werden. Das Auto würde aus der Kurve herausrutschen.
b) Durch „Schneiden" einer Kurve (→**B1**) wird der Radius der gefahrenen Kurve vergrößert, der Pkw kann dadurch mit höherer Geschwindigkeit fahren.
Im vorliegenden Fall verdoppelt sich der Kurvenradius, die maximal mögliche Geschwindigkeit ergibt sich zu

$$v^2 = 4{,}5 \cdot 10^3\,\text{N} \cdot \frac{300\,\text{m}}{1{,}4 \cdot 10^3\,\text{kg}} \quad \Rightarrow \quad v = 31{,}1\,\tfrac{\text{m}}{\text{s}}$$

Durch Schneiden könnte die Kurve mit einer Geschwindigkeit von bis zu 31,1 m/s bzw. 112 km/h durchfahren werden.
Das Kurvenschneiden ist sehr gefährlich, da sich der Pkw auf der Gegenfahrbahn befindet. In Kurven ist der Gegenverkehr unter Umständen schlecht bzw. erst spät zu erkennen. Ist der Pkw zudem mit überhöhter Geschwindigkeit unterwegs, wirkt sich dies in deutlich verlängerten Bremswegen aus. Fahrer, die ein solches Fahrverhalten zeigen, setzen sich selbst und andere Verkehrsteilnehmer einer großen und absolut unnötigen Gefahr aus. Das Kurvenschneiden ist daher verboten.

A1 ⊖ **B2** zeigt einen Versuch mit einem Hohl- und einem Vollzylinder mit gleicher Masse.

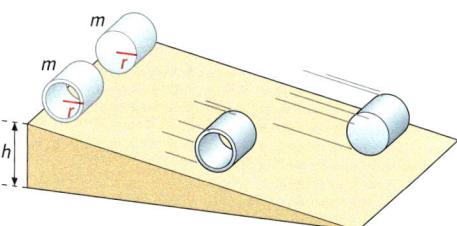

B2 Hohl- und Vollzylinder auf Rampe

a) Beschreiben Sie das Ergebnis des Versuchs. Erklären Sie, weshalb der Vollzylinder schneller am Ende der Rampe ankommt.
b) Nennen Sie Beispiele aus dem Sport, in denen dieses Prinzip zur Anwendung kommt.

A2 ⊖ Aus zwei Stangen (l = 30 cm) wird ein Mobile gebaut.

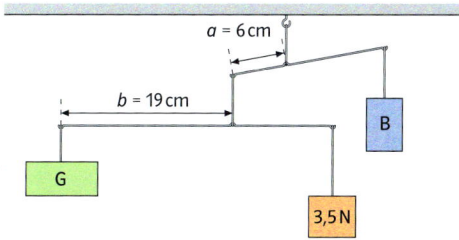

B3 Das Mobile ist nicht im Gleichgewicht.

a) Bestimmen Sie anhand einer Skizze das Drehmoment, das im Gleichgewicht auf der rechten Seite wirkt.
b) Berechnen Sie die Masse des blauen Körpers.

Kräfte Bewegungsänderungen eines Körpers werden durch Kräfte verursacht. Sie können einen Körper verformen, seine Geschwindigkeit vergrößern oder verkleinern, seine Bewegungsrichtung verändern.

Greifen mehrere Kräfte am gleichen Punkt eines Körpers an, so kann ihre Wirkung auch durch eine Kraft, die **Ersatzkraft**, erreicht werden (→**B2**).

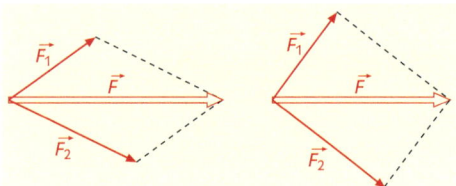

B2 Die Ersatzkraft zweier Kräfte

Es herrscht **Kräftegleichgewicht**, wenn die Ersatzkraft aller auf einen Körper wirkenden Kräfte den Betrag null hat.

Newton'sche Axiome Eine Kraft kann nur ausgeübt werden, wenn eine gleich große Kraft zurückwirkt. Dies bezeichnet man als **Wechselwirkungsgesetz**.
Übt ein Körper auf einen zweiten eine Kraft aus, so wirkt stets gleichzeitig eine gleich große, entgegengesetzt gerichtete Kraft vom zweiten auf den ersten Körper (actio = reactio).

Alle Körper zeigen **Trägheit**. Daher verharren sie ohne äußere Einwirkung in ihrem Zustand der Ruhe oder der gleichförmig geradlinigen Bewegung.

Kräfte bilden die Ursache für Bewegungsänderungen. Nach der **Grundgleichung der Mechanik** wird die Beschleunigung $\vec{a}$, die ein Körper erfährt, durch

$$\vec{a} = \frac{\vec{F}}{m}$$ bestimmt.

Lineare Bewegung und Kreisbewegung
Man unterscheidet folgende Fälle für die Kraft F auf einen Körper der Masse m:

1 Kraft und Bewegung des Körpers sind gleich gerichtet:
a) $F = 0$ bzw. F = konstant (→**B3**).
b) F ist geschwindigkeitsabhängig (→**B4**).

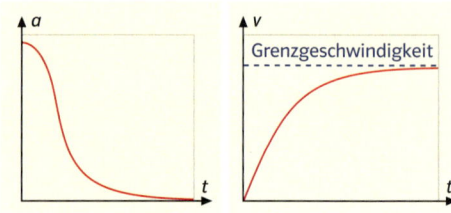

B4 Eine geschwindigkeitsabhängige Reibung hemmt eine konstante Kraft.

2 F ist eine konstante Zentripetalkraft ($\vec{F} \perp \vec{v}$). Die Beträge der Zentripetalbeschleunigung a_Z und der Bahngeschwindigkeit v des Körpers sind konstant (→**B1**).

Durch die stets in Richtung Mittelpunkt wirkende Zentripetalkraft führt der Körper eine gleichförmige Kreisbewegung aus. Es gilt:

$$F_Z = m \cdot a_Z = m \cdot \omega^2 \cdot r = m \cdot \frac{v^2}{r} \text{ (mit } v = \omega \cdot r\text{)}$$

Der Betrag der Zentripetalbeschleunigung hängt vom Radius der Kreisbahn und von der Bahn- bzw. Winkelgeschwindigkeit der Kreisbewegung ab:

$$a_Z = \omega^2 \cdot r = \frac{v^2}{r}$$

Ein Beobachter in einem beschleunigten Bezugssystem erfährt aufgrund der Trägheit seines Körpers eine (Schein-)Kraft. Im Falle eines rotierenden Bezugssystems ist diese nach außen gerichtet und wird als Fliehkraft bezeichnet.

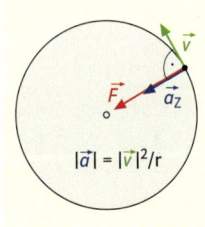

B1 Kraft und Beschleunigung bei der Kreisbewegung

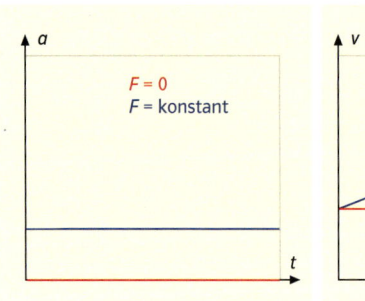

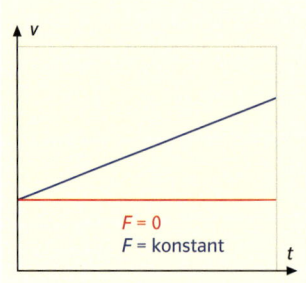

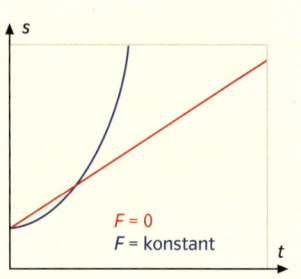

B3 Graphen der Bewegungsgleichungen bei $F = 0$ bzw. bei F = konstant

3 Erhaltungsgrößen

Energieerhaltung gibt Sicherheit?

3.1 Energieerhaltung

Der Schiffsarzt **Robert Mayer** notierte 1840/41 in seinem Tagebuch „verworrene Ideen über die Umwandlung von Bewegung in Wärme". Gleichzeitig meinte er, „ein neues System der Physik mitgebracht" zu haben. Die Fachwelt begegnete ihm damals abweisend. Heute folgt man seiner Idee der Erhaltungsgrößen.

B2

2 Es dürfen sich die zur Beschreibung der Energie verwendeten Größen nur durch Wechselwirkungen mit Körpern des Systems ändern. Man spricht von einem **abgeschlossenen System**, weil dann z. B. keine Energie das System verlässt. Sie ist eine Konstante des Systems, die Energie bleibt erhalten.

Energieterme

Man betrachtet einen Gleiter, der auf einer Luftkissenbahn von einem herabsinkenden Antriebsgewicht beschleunigt wird (Experiment S. 66): Solange im System „Erde, Luftkissenbahn, Gleiter und Antriebsmasse" keine weiteren Energieüberführungen stattfinden, das System also abgeschlossen ist, lässt sich seine mechanische Energie durch zwei Terme beschreiben:

Höhenenergie: $E_H = m \cdot g \cdot h$

Bewegungsenergie: $E_B = \frac{1}{2} m \cdot v^2$

Die Terme ergeben als Einheit für die Energie $1\,kg \cdot m^2 \cdot s^{-2} = 1\,J$ (1 Joule).

Der Wert der Höhenenergie hängt von der Festlegung des Nullniveaus für die Höhe ab (→**B1a**). Wird Höhenenergie in Bewegungsenergie überführt, so kommt es nur auf die **Höhendifferenz** von Ausgangs- und Endlage an, die unabhängig vom Bezugsniveau ist. Die Änderung der Bewegungsenergie wird entsprechend durch die Differenz der Quadrate von Anfangs- und Endgeschwindigkeit bestimmt.

Eine sich entspannende Feder kann einen reibungsarm gelagerten Gleiter beschleunigen. Hierbei wird Spannenergie in Bewegungsenergie überführt. Aus Masse und Geschwindigkeit des Gleiters kann der zugehörige Term hergeleitet werden (→**B1c**):

Spannenergie: $E_S = \frac{1}{2} D \cdot s^2$

Die mechanische Energie lässt sich durch folgende Terme beschreiben:
Bewegungsenergie: $E_B = \frac{1}{2} m \cdot v^2$
Höhenenergie: $E_H = m \cdot g \cdot h$
Spannenergie: $E_S = \frac{1}{2} D \cdot s^2$

Hinweis: Die Bewegungsenergie eines Körpers wird auch als **kinetische Energie** bezeichnet, für die Höhenenergie verwendet man auch die Begriffe **Lageenergie** oder **potenzielle Energie**.

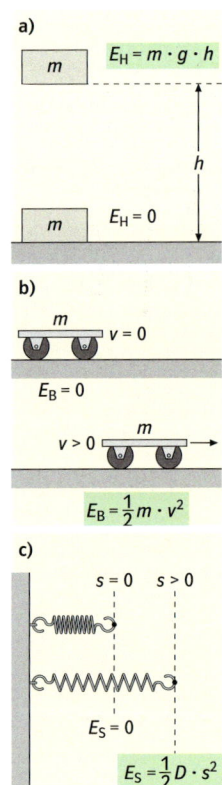

B1 Terme der Höhenenergie (a), Bewegungsenergie (b), Spannenergie (c)

Die Energie als Erhaltungsgröße

Die freie Fahrt auf der Achterbahn beginnt von einem hoch gelegenen Startpunkt aus. Die Geschwindigkeit der Wagen nimmt bergab zu und bergauf ab. Während der Fahrt ändern sich Höhe und Geschwindigkeit der Wagen ständig. Für sich gesehen, sind diese Größen relativ; sie kennzeichnen den Zustand der Wagen erst, wenn Wagen, Bahn und Erde als zusammengehörig aufgefasst werden.
In der Physik betrachtet man daher alle Körper, die zur eindeutigen Beschreibung eines Vorganges nötig sind, als ein **System**.

Ein fallender Flummi wird immer schneller. Beim Aufprall auf dem Boden wird er auf kurzer Strecke auf $v = 0\,m/s$ abgebremst, verformt sich dabei und springt wieder hoch. Die sich ändernden Größen Geschwindigkeit, Höhe und Verformung zeigen verschiedene Zustände des Systems „Ball – Erde" an.

In der Physik hat sich die Vorstellung entwickelt, dass es bei allen beobachtbaren Veränderungen eine unveränderliche Größe gibt. Diese Größe heißt **Energie**. Um quantitative Aussagen über die Energie machen zu können, geht man von zwei Annahmen aus:

1 Energie wird durch Größen erfasst, die im jeweiligen Zustand des Systems messbar sind, und zwar durch die
- Höhe h, für die Höhenenergie E_H,
- Geschwindigkeit v, für die Bewegungsenergie E_B,
- Verformung s, für die Spannenergie des Systems E_S,

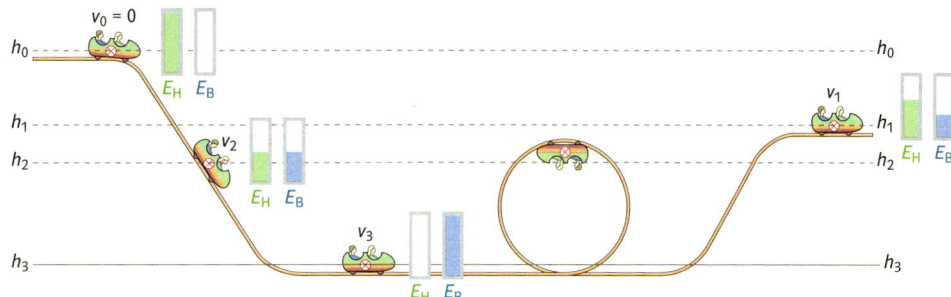

B2 Energieüberführung bei einer Achterbahnfahrt

Das Energiekonzept

Wird die Achterbahn in **B2** mit ihren Wagen und der Erde als abgeschlossenes System betrachtet, so ist ihre **Gesamtenergie** konstant. Sie ist für jeden Zeitpunkt der Bewegung die Summe aus der Höhenenergie E_H und der Bewegungsenergie E_B, wobei sich deren Anteile laufend ändern können. Höhe und Geschwindigkeit lassen sich aus den Energietermen bestimmen, so z. B. die Geschwindigkeit im höchsten Punkt eines Loopings. Ob sie ausreicht, den höchsten Punkt ohne herunterzufallen zu durchfahren, kann aber erst durch eine Betrachtung der Kräfte beurteilt werden.

Mit dem Energiekonzept können auch ohne Kenntnis der Bewegungsgleichungen einige wichtige Größen zur Beschreibung einer Bewegung bestimmt werden. Es liefert aber keine Angaben zum zeitlichen Ablauf. Die „durchfallene" Höhe h_0 führt unabhängig von der Bahnkurve stets zur selben Endgeschwindigkeit. Die Dauer der Bewegung geht nicht mit ein.

Energieüberführung ideal und real

Bei einem hüpfenden Flummi werden Höhenenergie E_H, Bewegungsenergie E_B und Spannenergie E_S ineinander überführt (→**B1**, **B3**). Betrachtet man Flummi und Boden als abgeschlossenes System, müsste der Ball nach dem Aufprall wieder seine Ausgangshöhe erreichen, es liegt dann nur Höhenenergie vor.

Bei reibungsfreien Vorgängen gilt der Energieerhaltungssatz der Mechanik, nach dem die Gesamtenergie eines abgeschlossenen mechanischen Systems als Summe von Höhenenergie, Bewegungsenergie und Spannenergie konstant ist. Durch Reibung wird dem System Energie entzogen, die als thermische Energie nicht mehr vollständig in mechanische Energie E_H, E_B und E_S umsetzbar ist. Das System ist bei Reibung nicht mehr abgeschlossen. Dies zeigt sich beim Flummi: Seine Sprunghöhe nimmt immer weiter ab, weil die Verformung beim Aufprall mit einer Überführung in thermische Energie verbunden ist.

Der Erhaltungssatz ist eine Idealisierung, denn in Wirklichkeit lassen sich Energieumsetzungen durch Reibung oder Strahlung nie ganz vermeiden. Wird das betrachtete System dadurch erweitert, dass man mit einem weiteren Term Änderung einer thermischen Energie ebenfalls berücksichtigt, so zeigt sich wiederum eine Erhaltung der Gesamtenergie.

Bei reibungsfreien Vorgängen in einem abgeschlossenen System ist die Summe aus Höhenenergie, Bewegungsenergie und Spannenergie konstant (Energieerhaltungssatz der Mechanik).

A1 ⊖ Beschreiben Sie das Hochschleudern von Gegenständen mit Hilfe eines Federkatapults aus energetischer Sicht. Skizzieren Sie das zugehörige Energiekontenmodell.

A2 ⊖ Ein Ball wird mit der Geschwindigkeit 12 m/s senkrecht nach oben geworfen. Berechnen Sie, welche Höhe er erreicht.

A3 ⊖ Eine Person der Masse $m = 80$ kg springt aus einer Höhe von 1,20 m in ein Trampolin ($D = 6\,000$ N/m). Berechnen Sie, wie weit sich das Trampolin dehnt.

B1 Hüpfender Flummi

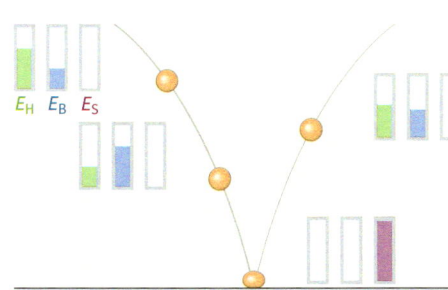

B3 Energieüberführung beim Flummi (Kontenmodell)

Die Bewegungsenergie

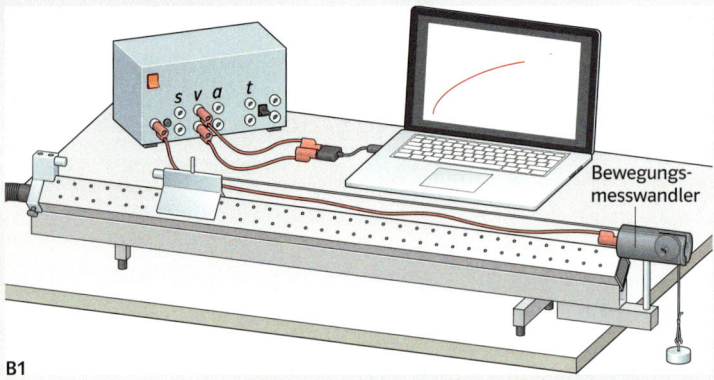

Bewegungs-messwandler

B1

Aufgabe: Herleitung des Zusammenhangs zwischen Bewegungsenergie, Geschwindigkeit und Masse eines bewegten Körpers.

Material: Luftkissenbahn, Gleiter (m_{Gl} = 100 g), Bewegungsmesswandler, 2 Antriebskörper (m_{An} = 2 g, 4 g), 3 Massestücke (m = 100 g)

Durchführung: Auf die Luftkissenbahn wird ein Gleiter gesetzt. Seine Masse kann durch Auflegen weiterer Massestücke erhöht werden. Der Gleiter ist durch einen Faden, der über einen Bewegungsmesswandler läuft, mit dem Antriebskörper m_{An} verbunden (→B1). Lässt man den Gleiter los, sinkt der Antriebskörper herab und beschleunigt den Gleiter durch seine Gewichtskraft F_{An}. Über den Messwandler zeichnet man die Geschwindigkeit v des Gleiters auf. Der Versuch wird für verschiedene Antriebskräfte wiederholt, gemessen wird jeweils die Geschwindigkeit des Gleiters abhängig vom Ort s des Antriebskörpers.

Messung und Auswertung: Das Diagramm in B2 zeigt die Messkurven, entstanden durch Variation der Antriebskraft $F_{An} = m_{An} \cdot g$ und der bewegten Masse $m = m_{Gl} + m_{An}$.

Aus der Form der Kurven liest man ab:

$$v \sim \sqrt{s} \quad \text{bzw.} \quad s \sim v^2$$

Betrachtet man den Ablauf des Versuchs, lassen sich folgende Aussagen über die Änderung des energetischen Zustands treffen:
Nach dem Loslassen des Antriebskörpers aus der Starthöhe h über dem Boden gewinnen Gleiter und Antriebskörper Bewegungsenergie. Gleichzeitig nimmt die Höhenenergie des Antriebskörpers ab.
Wenn der Antriebskörper den Boden erreicht, hat sich seine Höhenenergie um den Betrag $E_H = m_{An} \cdot g \cdot h$ geändert.

Für die Geschwindigkeit in diesem Punkt gilt nach dem Zeit-Ort-Gesetz der beschleunigten Bewegung

$$v = \sqrt{2a \cdot h} \quad \text{also} \quad v^2 = 2a \cdot h$$

Für die Beschleunigung a gilt

$$a = \frac{F_{An}}{m_{Gl} + m_{An}} = \frac{m_{An} \cdot g}{m_{Gl} + m_{An}}, \quad \text{somit ist}$$

$$v^2 = \frac{2 m_{An} \cdot g \cdot h}{m_{Gl} + m_{An}}$$

Nach Umformen ergibt sich:

$$\frac{1}{2} v^2 \cdot (m_{Gl} + m_{An}) = m_{An} \cdot g \cdot h$$

Da der Ausdruck rechts die Höhenenergie E_H des Antriebskörpers beschreibt, muss auch links ein Energieterm stehen. Dieser lässt sich als Ausdruck für die Bewegungsenergie E_B von Gleiter und Antriebskörper bei der Geschwindigkeit v deuten.
Die Geschwindigkeitswerte v für die Fallstrecke $s = h = 0,65$ m ermittelt man aus den Diagrammen in B2. Durch Einsetzen der Messwerte wird die Gleichung $E_B = E_H$ überprüft:

m_{An} in g	2,0	2,0	4,0	4,0	6,0	6,0
m_{Gl} in kg	0,2	0,4	0,2	0,4	0,2	0,4
v in m/s	0,36	0,25	0,51	0,36	0,61	0,43
E_H in mJ	12,8	12,8	25,5	25,5	38,3	38,3
E_B in mJ	13,0	12,5	26,0	25,9	37,2	37,0

Ein Vergleich der beiden unteren Zeilen ergibt eine gute Übereinstimmung der beiden Werte. Allgemein kann man die Energie eines Körpers der Masse m und der Geschwindigkeit v durch folgenden Term beschreiben:

$$E_B = \frac{1}{2} m \cdot v^2$$

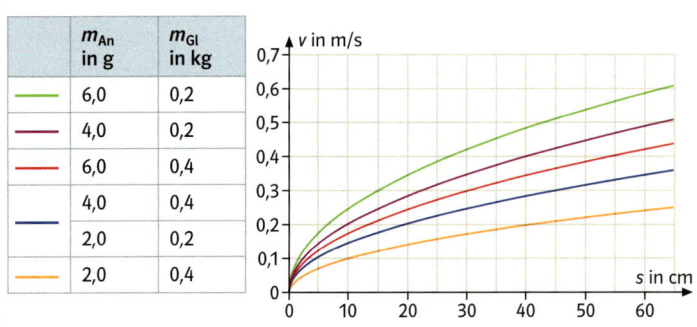

	m_{An} in g	m_{Gl} in kg
	6,0	0,2
	4,0	0,2
	6,0	0,4
	4,0	0,4
	2,0	0,2
	2,0	0,4

B2 Messkurven für einen mit F_G beschleunigten Gleiter der Masse m_{Gl}

Die Spannenergie

B1

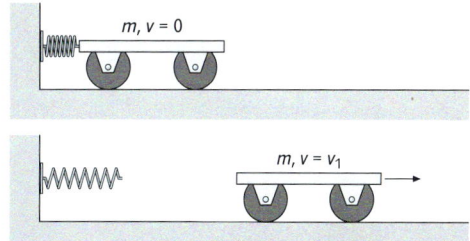

B2 Spannenergie wird in Bewegungsenergie überführt.

Aufgabe: Herleitung des Zusammenhangs zwischen der Spannenergie E_S einer Feder, ihrer Federkonstanten D und der Stauchstrecke s.

Material: Fahrbahn, Maßstab, Prallfeder (Federhärte $D_1 = 65\,\text{N/m}$), Wagen ($m = 160\,\text{g}$) mit Blende, Lichtschranke, Massestück ($m = 160\,\text{g}$)

Durchführung: Auf die Fahrbahn wird ein Wagen mit der Masse m gesetzt. An einer Seite der Fahrbahn ist eine Prallfeder mit der Federhärte D befestigt. Der Wagen wird nun so verschoben, dass die Prallfeder um die Strecke s gestaucht wird. Der Wert für s wird in einer Tabelle notiert. Nun lässt man den Wagen los, er wird beschleunigt, bis die Feder vollständig entspannt ist (→B1, B2).
Passiert der Wagen die Lichtschranke, verdunkelt die am Wagen befestigte Blende die Lichtschranke für die Zeitdauer Δt. Aus dieser Zeitdauer und der Breite der Blende lässt sich die Geschwindigkeit v des Wagens bestimmen.

Messung: Der Versuch wird für verschiedene Massen m des Wagens durchgeführt. Abhängig von der Stauchstrecke s der Feder erreicht der Wagen folgende Geschwindigkeit v:

	s in m	0,01	0,02	0,03	0,04
$m = 160\,\text{g}$	v in m/s	0,20	0,41	0,59	0,79
$m = 320\,\text{g}$	v in m/s	0,14	0,29	0,43	0,57

Auswertung: Bei dem Versuch wird Spannenergie in Bewegungsenergie überführt. Ein s-v-Diagramm (→B3) zeigt, dass v proportional zu s ist. Somit muss auch $v^2 \sim s^2$ gelten und damit wegen $E_B \sim v^2$ auch $E_S \sim s^2$.
Die Proportionalitätskonstante ergibt sich aus der Beziehung $E_B = E_S$ nach

$$\frac{1}{2}v^2 \cdot m = k \cdot s^2$$

In der Tabelle sind die berechneten Werte für k aufgeführt:

	$m = 160\,\text{g}$			
E_B in 10^{-3} J	3,2	13,4	27,8	49,9
s^2 in $10^{-4}\,\text{m}^2$	1,0	4,0	9,0	16,0
k in N/m	32,0	33,6	30,8	32,5
	$m = 320\,\text{g}$			
E_B in 10^{-3} J	3,1	13,5	29,5	52,0
s^2 in $10^{-4}\,\text{m}^2$	1,0	4,0	9,0	16,0
k in N/m	31,0	33,7	32,8	32,5

Als Mittelwert für die Proportionalitätskonstante ergibt sich $k = 32{,}4\,\text{N/m}$. Dies entspricht der halben Federkonstanten D:

$$k = \frac{1}{2}D$$

Ergebnis: Die Spannenergie einer Feder mit der Federkonstanten D, die um die Strecke s gestaucht ist, wird durch den Term

$$E_S = \frac{1}{2}D \cdot s^2$$

beschrieben.

A1 ◐ Planen Sie einen Versuch, mit dem Sie ausgehend von der Höhenenergie eines Körpers den Term für die Spannenergie einer Feder herleiten können.

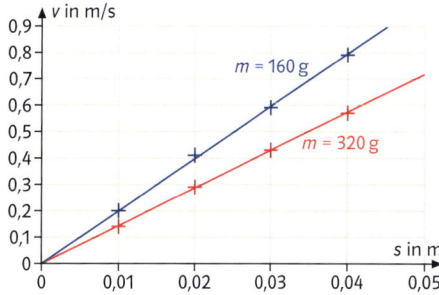

B3 s-v-Diagramme für zwei Massen

3.2 Anwendung des Energiekonzepts

Für viele Problemstellungen in der Physik gibt es verschiedene Lösungsansätze. Hier sollen die Anwendung des Energiekonzepts und sein Nutzen vorgestellt werden.

Energie beim freien Fall

Aus den Bewegungsgleichungen $s = \frac{1}{2} g \cdot t^2$ und $v = g \cdot t$ für den frei fallenden Körper können Ort s und Geschwindigkeit v berechnet werden, wobei

$$v = g \cdot \sqrt{2 \frac{s}{g}} = \sqrt{2g \cdot s} \text{ gilt.}$$

Eine Betrachtung der Energieüberführungen des frei fallenden Körpers mit der Masse m im System „Erde – Körper" zeigt ($\rightarrow$B1): Zu Beginn in der Höhe h_0 ist

$$E_H = m \cdot g \cdot h_0 \text{ und } E_B = 0.$$

Im freien Fall bis zur Höhe h_1 folgt nach den Bewegungsgleichungen

$$v_1 = \sqrt{2g \cdot s} = \sqrt{2g \cdot (h_0 - h_1)}.$$

Da $E_H = m \cdot g \cdot h_1$ und $E_B = \frac{1}{2} m \cdot v_1^2$ ist, beträgt ihre Summe in der Höhe h_1:

$$m \cdot g \cdot h_1 + \frac{1}{2} m \cdot 2g \cdot (h_0 - h_1) = m \cdot g \cdot h_0$$

Am Boden bei $h_2 = 0$ angelangt, ist die Geschwindigkeit

$$v_2 = \sqrt{2g \cdot h_0} \text{ und es ist wiederum}$$

$$E_H + E_B = 0 + \frac{1}{2} m \cdot v_2^2 = m \cdot g \cdot h_0$$

Die Bewegung des fallenden Körpers wird also mit den Termen korrekt erfasst. Die konstante Summe aus Höhenenergie und Bewegungsenergie legt jeden Zustand des Systems fest. Diese konstante Gesamtenergie beträgt:

$$E = E_H + E_B = m \cdot g \cdot h_{(v=0)} = \frac{1}{2} m \cdot v_{(h=0)}^2$$

Energie beim Fadenpendel

Ein aus seiner Ruhelage bis zur Höhe h_0 ausgelenktes Fadenpendel erreicht nach Passieren der Ruhelage wieder die Höhe h_0 ($\rightarrow$B2). Die Bahnkurve der Bewegung ist ein Kreisbogen. Die Geschwindigkeit ist bei h_0 null und beim Durchgang durch die Ruhelage am größten. Die Bewegungsgesetze aufzustellen, ist hier schwierig. Einfacher ist eine Energiebetrachtung: Man wählt die niedrigste Lage als Bezugshöhe. Dies ergibt im höchsten Punkt h_0 nur Höhenenergie $E_H = m \cdot g \cdot h_0$ und im tiefsten Punkt nur Bewegungsenergie $E_B = \frac{1}{2} \cdot v_{(h=0)}^2$. Wir betrachten das System als abgeschlossen. Dann ist die Energie für die beiden Lagen gleich groß:

$$m \cdot g \cdot h_0 = \frac{1}{2} m \cdot v_{(h=0)}^2 \implies v_{(h=0)} = \sqrt{2g \cdot h_0}$$

Dieses Ergebnis stimmt mit dem aus den Bewegungsgleichungen beim freien Fall gewonnenen überein. Bei der energetischen Betrachtung ist aber nicht die Kenntnis der gesamten Bahnkurve erforderlich, es genügt die Kenntnis der Energieterme an zwei Bahnpunkten.

Energie beim senkrechten Wurf

Ein Körper wird mit der Geschwindigkeit $v_0 > 0$ vom Anfangsniveau h_0 aus senkrecht nach oben geworfen. Die maximale Steighöhe h_{max}, in der $v = 0$ ist, soll berechnet werden. Eine Energiebetrachtung zeigt:

Am Anfang bei $h_0 = 0$ ist

$$E_H = 0 \text{ und } E_B = \frac{1}{2} m \cdot v_0^2$$

Am Gipfel in der Höhe h_{max} ist dagegen

$$E_H = m \cdot g \cdot h_{max} \text{ und } E_B = 0, \text{ da } v = 0 \text{ ist.}$$

Die Bewegungsenergie wurde vollständig in Höhenenergie überführt:

$$\frac{1}{2} m \cdot v_0^2 = m \cdot g \cdot h_{max} \implies h_{max} = \frac{1}{2} \cdot \frac{v_0^2}{g}$$

Das Erreichen einer Höhe h_{max} erfordert – unabhängig von der Masse des Körpers – eine bestimmte Anfangsgeschwindigkeit v_0. Erhält er diese durch Entspannen einer Feder, so führt der Ansatz konstanter Gesamtenergie zu

$$E_B = E_S \text{ und } \frac{1}{2} m \cdot v_0^2 = \frac{1}{2} D \cdot s^2,$$

falls die Änderung der Höhenenergie während des Entspannens vernachlässigt wird.

A1 ◯ Ein Wagen rollt eine schiefe Ebene hinab. Begründen Sie, warum seine Endgeschwindigkeit nur von der Starthöhe, nicht aber von der Masse des Wagens abhängt.

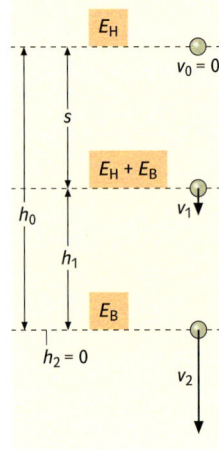

B1 Energieterme für den freien Fall

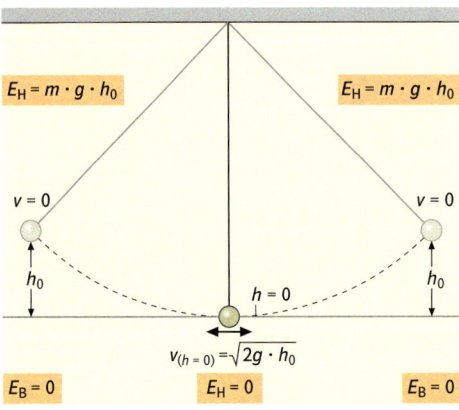

B2 Energieterme beim Fadenpendel

Problemlösung mit dem Energiekonzept

Physik und Sport – Stabhochsprung Die in sportlichen Wettbewerben gemessenen Werte sind physikalische Größen. Daher ist es für Sportler, Trainer und auch Hersteller von Sportgeräten sehr wichtig, die physikalischen Zusammenhänge zu kennen.

Die wichtigsten Phasen beim Stabhochsprung zeigt **B1**. Um eine möglichst große Höhe zu erreichen, muss die Bewegungsenergie des Anlaufs weitgehend vollständig in Spann- und dann in Höhenenergie überführt werden. Wir betrachten nur die Überführung von Bewegungs- in Höhenenergie: Unter der Annahme, dass ein abgeschlossenes System vorliegt, gilt nach dem Energieerhaltungsprinzip:

$$E_B = E_H \text{ bzw. } \frac{1}{2} m \cdot v^2 = m \cdot g \cdot h$$

Dabei ist m die Masse des Sportlers, v seine Anlaufgeschwindigkeit und h die maximale Höhenänderung seines Schwerpunktes. Die gesuchte Höhe ergibt sich aus: $h = v^2 / 2g$ Weltklassespringer erreichen mit Stab Geschwindigkeiten von 10 m/s. Mit diesem Wert erhalten wir: $h = 5,10$ m

Um diese Höhe könnte man den Schwerpunkt des Sportlers anheben. Bei einem stehenden Menschen liegt dieser in der Nabelgegend, beim anlaufenden Springer also bereits ca. 1 m über dem Boden. Nach einer geglückten vollständigen Energieüberführung wäre der Schwerpunkt somit ca. 6 m über dem Boden.

Obwohl wir viele weitere Einflüsse auf den komplizierten Bewegungsablauf und die Energieüberführungen beim Stabhochsprung vernachlässigt haben, liefert unsere Abschätzung ein erstaunlich exaktes Ergebnis.

Die Loopingbahn Ein Modellauto durchfährt einen Looping (→**B2**). Eine Energiebetrachtung zeigt: Das Fahrzeug wird den höchsten Punkt des Loopings erreichen und dort noch eine Geschwindigkeit haben, weil die Höhe unter der Starthöhe liegt. Ob es herunterfällt oder den Looping sicher durchfährt, kann aus der Energie alleine nicht gefolgert werden. Hier müssen Kräfte betrachtet werden.

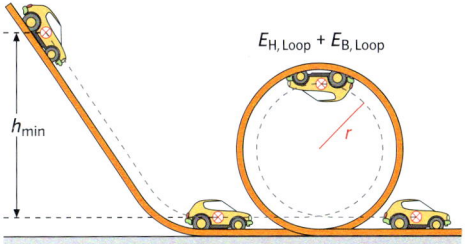

B2 Fahrt durch den Looping

Im höchsten Punkt ist die Gewichtskraft $F_G = m \cdot g$ senkrecht zur Bewegungsrichtung, kann also als Zentripetalkraft $F_Z = m \cdot v^2 / r$ wirken. Aus $F_Z = F_G$ folgt $v^2 = r \cdot g$ bzw. $r = v^2 / g$. Nur für einen bestimmten Wert von v führt die Gewichtskraft zu einem Kreisbahnradius, der dem Loopingradius entspricht. Bei kleinerem v würde der Radius kleiner und der Wagen würde sich von der Loopingbahn lösen. Bei größerem v würde r wachsen. Das wird durch die Bahn verhindert, sie bewirkt eine zusätzliche zum Kreismittelpunkt wirkende Kraft. Es ergibt sich: Für die Mindestgeschwindigkeit zum sicheren Durchfahren der Loopingbahn gilt $v_{min}^2 = r \cdot g$.

Das Energiekonzept liefert jetzt Aussagen zur Mindesthöhe vor dem Looping:

$$E_{H,\text{Anf.}} = E_{H,\text{Loop}} + E_{B,\text{Loop}}$$
$$m \cdot g \cdot h_{min} = m \cdot g \cdot 2r + \frac{1}{2} m \cdot v_{min}^2$$
$$g \cdot h_{min} = g \cdot 2r + \frac{1}{2} r \cdot g$$
$$h_{min} = 2,5r$$

A1 ⊝ Eine Stahlkugel in einer Loopingrinne fällt herunter, wenn man sie aus der errechneten Mindesthöhe starten lässt. Begründen Sie dies.
Hinweis: Eine auf einer Achse rotierende Scheibe besitzt Bewegungsenergie, ohne sich dabei vorwärts zu bewegen.

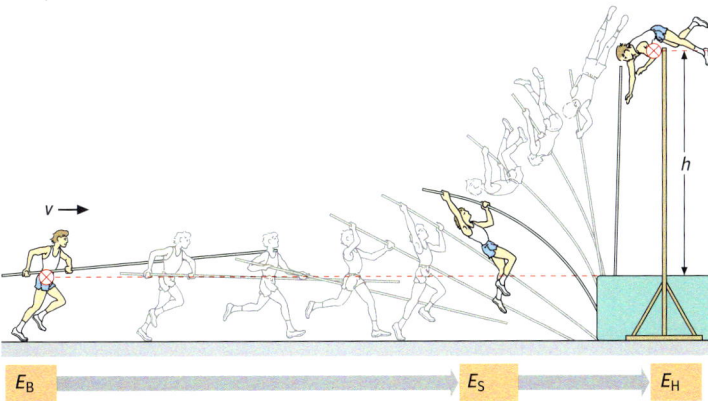

B1 Phasen beim Stabhochsprung

$E_B \qquad\qquad E_S \qquad E_H$

Energieüberführung

Beispiel ⊖ In einem Schülerexperiment wurde ein Stück Knete mit einer Masse von 48 g zu einer Kugel mit einem Durchmesser von 4,3 cm geformt.

Diese Kugel hat man aus verschiedenen Stockwerken auf den Boden der Schulaula fallen lassen. Für die unterschiedlichen Fallhöhen h wurden die folgenden Durchmesser d der Aufprallflächen ermittelt:

h in m	0,50	1,00	1,50	2,00	2,40
d in cm	1,70	2,05	2,30	2,40	2,60

h in m	5,00	8,50	12,50	16,00	
d in cm	3,45	3,90	4,00	4,20	

Den Zusammenhang zwischen Fallhöhe h und Durchmesser d der Aufprallfläche zeigt Diagramm **B1**:

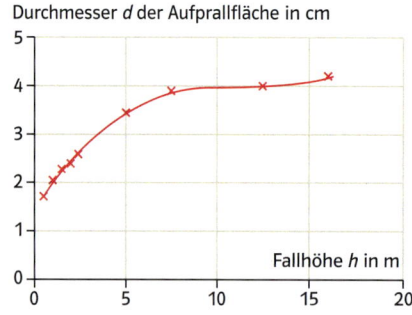

Durchmesser d der Aufprallfläche in cm

Fallhöhe h in m

B1 Aufprallfläche in Abhängigkeit von der Fallhöhe

Der Wurf der Kugel mit einer bestimmten Geschwindigkeit v erzeugt die gleiche Verformung und damit die gleiche Aufprallfläche wie ein Fall aus einer ganz bestimmten Höhe h.

In einem weiteren Versuch wurde die Aufprallgeschwindigkeit der Kugel gemessen. Sie trifft mit einer Geschwindigkeit von ca. 59 km/h auf dem Boden auf.
a) Berechnen Sie mit diesen Angaben die Fallhöhe der Knetkugel.
b) Das errechnete Ergebnis aus Aufgabe a) stimmt nicht mit den Gebäudeabmessungen überein. Begründen Sie qualitativ die Abweichung des errechneten Ergebnisses vom tatsächlichen Wert.
c) Wirft man die Kugel mit einer Geschwindigkeit von 16 m/s gegen eine Wand, dann verformt sie sich so, dass eine kreisförmige Aufprallfläche mit 4,1 cm Durchmesser entsteht.

B2 Messung der Fallhöhe

Bestimmen Sie die Höhe, aus der man die Kugel fallen lassen müsste, um genau die gleiche Aufprallfläche zu erhalten.

Lösung a) Für den freien Fall gilt Energieerhaltung, daher kann man die Höhenenergie mit der entsprechenden Bewegungsenergie gleichsetzen:

$E_H = E_B$ d.h., $m \cdot g \cdot h = \frac{1}{2} \cdot m \cdot v^2$

daraus folgt:

$g \cdot h = \frac{1}{2} v^2$ und $v^2 = 2 \cdot g \cdot h$

$h = \frac{v^2}{2 \cdot g}$

$h = \frac{\left(59 \cdot \frac{1000}{3600} \cdot \frac{m}{s}\right)^2}{2 \cdot 9,81 \frac{m}{s^2}} = 13,7\,\text{m}$

Die Fallhöhe der Knetkugel berechnet sich zu $h = 13,7$ m.
b) Bei der Berechnung in Aufgabenteil a) wurde die Luftreibung vernachlässigt. Sie führt dazu, dass sich die Aufprallgeschwindigkeit der Kugel verringert. Daher ist die errechnete Höhe zu klein.
c) Aus dem Diagramm lässt sich ablesen: Eine Aufprallfläche mit einem Durchmesser von 4,1 cm entsteht bei einem Fall aus etwa 15 m Höhe. Da $v = 16$ m/s $= 58$ km/h bestätigt dies die Aussage in Aufgabenteil b). Der in Teil a) berechnete Wert der Fallhöhe weicht um mindestens 1,3 m vom tatsächlichen Wert ab.

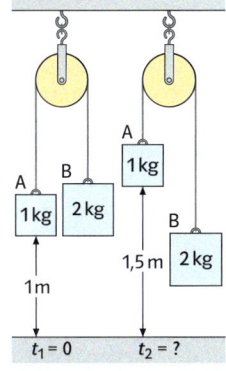

B1 Zu Aufgabe 1

A1 ⊖ In der Anordnung **B1** seien Seil und Rolle masselos. Die Körper A und B seien zum Zeitpunkt $t_1 = 0$ in Ruhe.

a) Übertragen Sie die Grafik in Ihr Heft und zeichnen Sie alle Kräfte ein. Benennen Sie außerdem die beschleunigenden und die beschleunigten Massen. Erklären Sie anhand dieser Betrachtung, wie sich die Körper A und B für $t > t_1$ bewegen.

b) Berechnen Sie den Zeitpunkt t_2 und die Geschwindigkeit v_2 zu diesem Zeitpunkt.

c) Vergleichen Sie die Energien zu den Zeitpunkten t_1 und t_2 und berechnen Sie v_2 aus dem Energieerhaltungssatz.

A2 ⊖ Ein Spielzeugwagen wird im Punkt S auf die Bahn in Abbildung **B2** gesetzt und durchfährt diese dann ohne weiteren Antrieb.

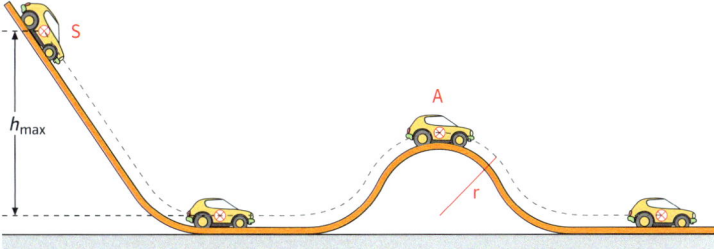

B2

a) Analysieren Sie die Bewegung des Wagens und führen Sie aus, wie die maximale Starthöhe h_{max} gewählt werden muss, damit der Wagen während der Fahrt nicht von der Bahn abhebt.

b) Leiten Sie aus ihren Überlegungen die Formel zur Berechnung der maximalen Starthöhe her.

A3 ⊖ Abbildung **B3** zeigt ein Fadenpendel, das nach der Auslenkung auf die Höhe h_{max} losgelassen wird und dann reibungsfrei pendelt.

a) **B3** zeigt auch das Energiekontenmodell zu den Zuständen des Pendels. Beschreiben Sie die Energieüberführung zwischen diesen Zuständen anhand dieses Modells. Geben Sie ohne Rechnung an, wie weit die Balken im Modell befüllt sind, wenn das Pendel die Höhe $h = h_{max}/2$ erreicht.

b) Der Pendelkörper habe eine Masse von 100 g, die Masse des Fadens sei vernachlässigbar. Das Pendel wird aus einer Höhe von 30 cm losgelassen. Berechnen Sie die Höchstgeschwindigkeit, die das Pendel erreicht.

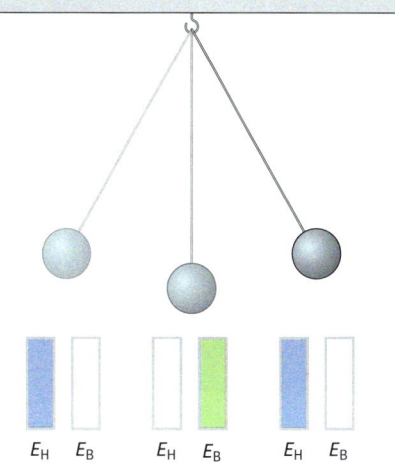

B3

c) Auf der linken Seite wird in 15 cm Höhe ein Nagel so in die Wand geschlagen, dass er den Faden des Pendels aufhält. Erklären Sie, weshalb der Pendelkörper trotzdem auf eine Höhe von 30 cm steigt.

d) Diskutieren Sie die Frage, ob für dieses Pendel das Prinzip der Energieerhaltung gilt.

A4 ● Bei einem Crashtest kommt ein Pkw innerhalb von 100 ms zum Stehen. Während der Fahrgastraum nahezu unbeschädigt bleibt, wird die Knautschzone auf einen Bruchteil ihrer ursprünglichen Länge zusammengeschoben.

a) Beschreiben Sie den Vorgang aus energetischer Sicht.

b) Aufgrund einer europäischen Norm muss das Fahrzeug beim Crashtest mit einer Geschwindigkeit von 64 km/h aufprallen. Angenommen, die Masse des Fahrzeugs mit Fahrgästen und Gepäck betrage 1500 kg. Bestätigen Sie für die Bewegungsenergie beim Aufprall den Wert von ca. 237 000 J.

c) Der größte Teil der Bewegungsenergie wird in thermische Energie der Knautschzone überführt. Zeigen Sie, dass bei einer durchschnittlichen Körpermasse von 70 kg die Bewegungsenergie der Person 11 060 J ist.
Berechnen Sie zum Vergleich die Höhe, auf welche die Person mit dieser Energie angehoben werden könnte.

d) Beurteilen Sie anhand der gefundenen Ergebnisse die Bedeutung von Gurt und Airbag bei der Überführung der Bewegungsenergie.

3.3 Energieübertragung

Die Klassenarbeit wirft ihre Schatten voraus! Die Arbeit von Mensch und Tier wird heute vielfach durch die Arbeit von Motoren ersetzt. „Arbeit" ist ein schillernder Begriff. Die Physik benutzt ihn jedoch in einer genau definierten Form.

B1

Mechanische Arbeit

Im physikalischen Sinn liegt mechanische Arbeit dann vor, wenn eine Kraft in Wegrichtung wirkt und der Weg nicht null ist. Unter der weiteren Bedingung, dass die Kraft konstant ist, berechnet man die Arbeit als Produkt von Kraft und Weg $W = F \cdot s$.
Für die Einheit gilt dabei $1\,J = 1\,Nm$.
Mechanische Arbeit kann in verschiedene Arten eingeteilt werden, man unterscheidet: Hubarbeit, Beschleunigungsarbeit, Reibungsarbeit und Verformungsarbeit (Spannarbeit).

Energieübertragung durch Arbeit

Arbeit und Energie hängen zusammen. Beim Trampolinspringen (→**B1**) wird dies deutlich: Hat der Springer gerade seinen tiefsten Punkt erreicht, also das Trampolin maximal verformt, so ist die Höhenenergie des Springers am geringsten und die Spannenergie des Trampolins am größten. Bei der Aufwärtsbewegung beschleunigt das Trampolin den Springer. Es verrichtet Beschleunigungs- und Hubarbeit bis der Springer abhebt. Während das Trampolin Arbeit verrichtet, nimmt seine Spannenergie ab. Gleichzeitig nimmt der Springer Arbeit auf, seine Bewegungsenergie und seine Höhenenergie vergrößern sich.

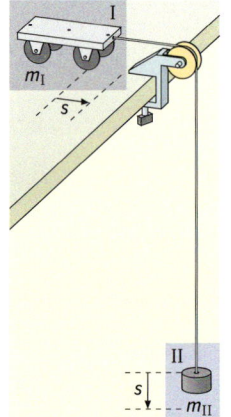

B2 Solange der Wagen auf dem Tisch bleibt, ändert sich nur seine Bewegungsenergie.

Berechnung der Energieübertragung

Ein reibungslos zu bewegender Wagen I ist über ein Seil mit dem Antriebskörper II verbunden (→**B2**). Zusammen mit der Erde bilden sie mit ihren Energien E_I bzw. E_{II} ein abgeschlossenes System mit konstanter Gesamtenergie.

Für zwei „beliebige" Zustände des Systems gilt:

$$E_I + E_{II} = E_I' + E_{II}' \text{ oder: } \left(E_I' - E_I\right) = -\left(E_{II}' - E_{II}\right)$$

Die zweite Gleichung beschreibt die **Energieänderung** ΔE_I für das Teilsystem I und ΔE_{II} für das Teilsystem II. Wegen der Erhaltung der Gesamtenergie muss die Summe der Energieänderungen Null sein, also $\Delta E_I + \Delta E_{II} = 0$ bzw. $\Delta E_I = -\Delta E_{II}$.

Nimmt die Energie des Teilsystems I zu, so ist $\Delta E_I > 0$. Um genau diesen Betrag nimmt dann die Energie des Teilsystems II ab. Man sagt, vom Teilsystem II wird auf das Teilsystem I Energie übertragen (→**B3**).

Die Gewichtskraft F_G des Körpers II (→**B2**) wirkt über das Seil auf den Wagen I und bewegt ihn (und den Körper II) mit konstanter Beschleunigung a in Seilrichtung.
Beim Start hat der Wagen auf der horizontalen Tischplatte die Geschwindigkeit $v_I = 0$ und die Energie $E_I = 0$. Bei der Geschwindigkeit $v_I' > 0$ ist $E_I' = \frac{1}{2}m_I \cdot v_I'^2$, die Energie des Wagens hat sich geändert und zwar um

$$\Delta E_I = E_I' - E_I = \frac{1}{2}m_I \cdot v_I'^2 - 0 = \frac{1}{2}m_I \cdot v_I'^2$$

Legt der Wagen dabei die Strecke s in der Zeit t zurück, so gilt mit $v_I' = a \cdot t$ und $s = \frac{1}{2}a \cdot t^2$:

$$\Delta E_I = \frac{1}{2}m_I \cdot (a \cdot t)^2 = m_I \cdot a \cdot \left(\frac{1}{2}a \cdot t^2\right) = m_I \cdot a \cdot s$$

Das Produkt $m_I \cdot a$ ist die konstante Antriebskraft F (hier: $F = F_G \cdot m_I/(m_I + m_{II})$). Also ist:

$$\Delta E_I = W_I = F \cdot s$$

Man sagt: II hat an I Arbeit verrichtet. Der Antriebskörper II überträgt dabei mit Hilfe einer Kraft längs des Weges Energie auf den Wagen I. Beide Größen werden daher auch mit denselben Einheiten angegeben.

Die von einem Teilsystem auf ein anderes durch eine Kraft längs eines Weges übertragene Energie heißt mechanische Arbeit.

Teilsystem II	II übt längs eines Weges eine Kraft auf I aus	Teilsystem I
Energie nimmt ab		Energie nimmt zu
Das Teilsystem verrichtet Arbeit $W_{II} = \Delta E_{II} < 0$	Energie wird übertragen →	Am Teilsystem wird Arbeit verrichtet $W_I = \Delta E_I > 0$

B3

a)

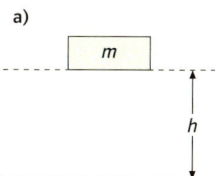

Arbeit beim Heben W_H:
$W_H = \Delta E_H = m \cdot g \cdot h$

b)

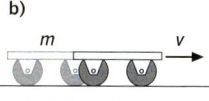

Arbeit beim Beschleunigen aus der Ruhe W_B:

$W_B = \Delta E_B = \frac{1}{2} m \cdot v^2$

c)

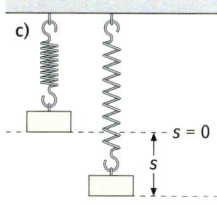

Arbeit beim Verformen W_S:

$W_S = \Delta E_S = \frac{1}{2} D \cdot s^2$

B1

Reale Energie-übertragungen: Wird ein Wagen durch eine Kraft F über eine Strecke s beschleunigt, so führt nicht die gesamte Arbeit $W = F \cdot s$, sondern nur der Anteil $W_B = (F - F_R) \cdot s$ zur Erhöhung der Bewegungsenergie. Der Anteil $W_R = F_R \cdot s = f \cdot F_N \cdot s$ heißt Reibungsarbeit. Diese erhöht den nicht-mechanischen Energieanteil des Körpers und kann z.B. zu dessen Temperaturerhöhung führen.

Diagramme zur Energieübertragung

Die Änderung der Energie beim Beschleunigen eines Wagens durch eine konstante Kraft lässt sich durch das Produkt $F \cdot s$ berechnen. Dabei wirkt die Kraft am Teilsystem „Wagen" in Richtung des Weges der Länge s. Im Weg-Kraft-Diagramm (→**B2** links) lässt sich das Produkt $F \cdot s$ als Inhalt einer Rechteckfläche veranschaulichen. Bei einem Aufzug ändert sich die Zugkraft des Motors, wenn sich die Zahl der nach oben beförderten Personen von Stockwerk zu Stockwerk ändert. Zwischen den Stockwerken bleibt sie jedoch konstant. Damit ergeben sich für die zugehörigen Energie-übertragungen wiederum kleine Rechtecke (→**B2** rechts).

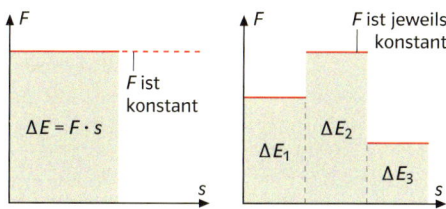

B2 Energieübertragung durch konstante Kraft

Das Verfahren lässt sich auf veränderliche Kräfte übertragen. Rechnet man für kleine Teilstrecken Δs mit konstanten Kräften, so kann die Energieübertragung durch Flächen-inhalte kleiner Rechtecke beschrieben werden. Die insgesamt übertragene Energie entspricht näherungsweise der Summe der Teilenergien

$\Delta E_1 = F_1 \cdot \Delta s$, $\Delta E_2 = F_2 \cdot \Delta s$ usw.

bis zum Ende des Vorganges:

$W = \Delta E = \Delta E_1 + \Delta E_2 + \ldots$

Wählt man die Teilstrecken immer kürzer, dann werden die Rechtecke immer schmaler und die Näherung wird immer besser (→**B3** links).

Im s-F-Diagramm ist somit der Flächeninhalt zwischen dem s-F-Graphen und der s-Achse ein Maß für die übertragene Energie ΔE bzw. die verrichtete Arbeit W.

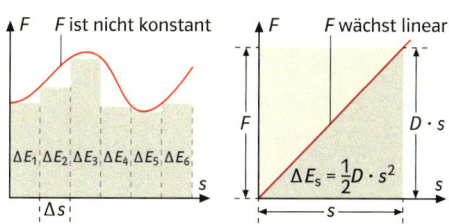

B3 Energieübertragung bei veränderlicher Kraft

Beim Spannen einer Feder ist nach dem Hooke'schen Gesetz die Kraft proportional zur Dehnungsstrecke s. Wegen $F = D \cdot s$ erhält man im Kraft-Weg-Diagramm eine Gerade durch den Ursprung (→**B3** rechts). Die Größe der Dreiecksfläche $\frac{1}{2} \cdot s \cdot (D \cdot s) = \frac{1}{2} \cdot D \cdot s^2$ ist ein Maß für die Energie, die übertragen wird, wenn eine Feder um die Strecke s gespannt wird.

Kraft und Weg haben verschiedene Richtungen

Wird ein Wagen der Masse m mit der Kraft F gezogen, so wirkt sie in der Regel nicht längs des Weges des Wagens (→**B4**). Es trägt nur die in Wegrichtung wirkende Kraftkomponente $F_s = F \cdot \cos\alpha$ zur Arbeit $\Delta E = W = F_s \cdot s$ bei. Ist Reibung ausgeschlossen, so beschleunigt der Wagen mit $a = F_s/m$.

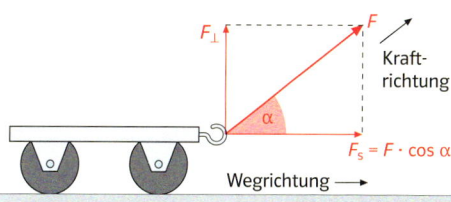

B4 Arbeit nur in Wegrichtung

Die zum Weg s senkrechte Kraftkomponente $F_\perp$ wird durch die Gewichtskraft des Wagens kompensiert. Sie hat keinen Anteil an der Energieübertragung auf den Wagen. Besteht bei einer Energieübertragung zwischen Kraftrichtung und Wegrichtung der Winkel α, gilt für die Arbeit beim Beschleunigen daher:

$\Delta E = W = F_s \cdot s = F \cdot s \cdot \cos\alpha$

Für $0° \leq \alpha < 90°$ ist $\cos\alpha > 0$, am System wird also Arbeit verrichtet, seine Energie nimmt zu. Für $90° < \alpha \leq 180°$ ist $\cos\alpha < 0$, das System verrichtet Arbeit, d.h., seine Energie nimmt ab. Bei $\alpha = 90°$ ist die Arbeit null, denn die Kraftrichtung ist senkrecht zur Wegrichtung, die Bewegungsenergie des Wagens ändert sich nicht.

**Im s-F-Diagramm ist die Fläche unter dem Graphen ein Maß für die übertragene Energie ΔE bzw. die verrichtete Arbeit W.
Zu der Arbeit, die an einem System verrichtet wird, trägt nur die Kraftkomponente in Wegrichtung bei.**

A1 ⊖ Beschreiben Sie die Arbeitsprozesse für einen Vorgang, bei dem ein Wagen der Masse m eine schiefe Ebene hinaufgezogen wird.

A2 ⊖ Begründen Sie ausgehend von **B3**, warum Pferdewagen große Räder haben.

3.4 Die Leistung

Um für seine Dampfmaschine zu werben, verglich **James Watt** (1736 – 1819) sie mit der von Pferden verrichteten Arbeit. Dabei betrachtete er nicht nur die mit der Arbeit überführte Energie, sondern auch die Zeitdauer, in der diese Überführung erfolgte.

Die Arbeitsgeschwindigkeit

Bei solchen Vergleichen wird dasjenige Ergebnis höher bewertet, bei dem in der Zeit Δt eine größere Arbeit $W = \Delta E$ erledigt oder für die gleiche Arbeit weniger Zeit beansprucht wurde.

Der Quotient $\Delta E/\Delta t$ erfasst beide Aspekte dieser „Arbeitsgeschwindigkeit", sodass man ihn zur Definition der physikalischen **Leistung P** verwendet: Die Leistung P ist der Quotient aus der mit der Arbeit W überführten Energie ΔE und der dafür benötigen Zeit Δt:

$$P = \frac{\Delta E}{\Delta t} \quad \text{mit der Einheit} \quad \frac{1J}{1s} = 1W \quad (1\,\text{Watt})$$

Die Leistung berücksichtigt die Dauer der Überführung. Erfolgt die Energieüberführung nicht gleichmäßig, so gibt der Quotient $\Delta E/\Delta t$ nur die **durchschnittliche Leistung $\overline{P}$** an.

Die Tabelle **B1** zeigt, dass es Traktoren und Motorräder mit gleicher Leistung gibt, die sich aber ganz unterschiedlich bemerkbar macht. Ein Traktor benötigt z. B. eine sehr große Kraft, um den Pflug, wenn auch sehr langsam, zu ziehen. Das Motorrad braucht dagegen zur Bewegung eine viel kleinere Kraft, muss diese aber bei großen Geschwindigkeiten ausüben.

Um mit dem Motorrad mit konstanter Geschwindigkeit zu fahren, muss auf das Motorrad eine konstante Kraft F wirken, die die Reibungskräfte kompensiert. Beim Zurücklegen einer Strecke Δs wird dabei die Arbeit $W = \Delta E = F \cdot \Delta s$ verrichtet.
Geschieht dies in der Zeit Δt, so ist die Leistung gegeben durch

$$P = \frac{\Delta E}{\Delta t} = F \cdot \frac{\Delta s}{\Delta t} = F \cdot v$$

Die überführte Energie kann in einem t-P-Diagramm aus dem Flächeninhalt unter der Kurve ermittelt werden (→**B2**).

Der Wirkungsgrad

Die Angabe „3 W" auf dem Typenschild eines Elektromotors kann überprüft werden. Die vom Motor überführte Energie ist messbar: Hebt dieser z. B. einen Körper der Masse $m = 0{,}05\,\text{kg}$ in $\Delta t = 2\,\text{s}$ auf die Höhe $h = 1{,}6\,\text{m}$, so überträgt er ihm Energie, wodurch dessen Energie der Lage um $\Delta E = m \cdot g \cdot h = 0{,}8\,\text{J}$ ansteigt. Die Leistung des Motors ist damit:

$$P = \frac{\Delta E}{\Delta t} = \frac{0{,}8\,\text{J}}{2\,\text{s}} = 0{,}4\,\frac{\text{J}}{\text{s}} = 0{,}4\,\text{W}$$

Der Messwert weicht erheblich von der Angabe auf dem Typenschild ab. Der Grund ist, dass die dem Motor zugeführte elektrische Energie E_{zu} nicht vollständig als E_{ab} in Höhenenergie des Körpers überführt wird, sondern teilweise als thermische Energie im Motor bleibt, er erwärmt sich. Dies ist eine Eigenschaft aller Motoren. Zur Kennzeichnung wurde der Begriff **Wirkungsgrad** η eingeführt, er ist der Quotient aus abgegebener und zugeführter Energie, Arbeit oder Leistung:

$$\eta = \frac{E_{ab}}{E_{zu}} = \frac{W_{ab}}{W_{zu}} = \frac{P_{ab}}{P_{zu}}$$

η ist eine Größe ohne Einheit. Sie wird oft als Prozentzahl angegeben.

Die Leistung P ist der Quotient aus der mit der Arbeit W überführten Energie ΔE und der dafür benötigen Zeit Δt:

$$P = \frac{\Delta E}{\Delta t} \quad \text{mit der Einheit} \quad \frac{1J}{1s} = 1W \quad (1\,\text{Watt})$$

Auf den Vergleich mit Pferden geht die alte Einheit der Leistung, die Pferdestärke (1 PS) zurück. Es ist
1 PS = 736 W ≈ ¾ kW.

Übliche Vielfache und Teile der Einheit 1 Watt sind:
1 mW = 0,001 W
1 kW = 1000 W
1 MW = 1000 kW

Spazierengehen	20 W		Mofa	1 kW
Bergsteigen (4 h)	100 W		Motorrad	60 kW
Rad fahren (2 h)	130 W		Traktor	60 kW
Hometrainer (2 min)	300 W		Personenwagen	100 kW
Wettschwimmen (100 s)	500 W		Lastwagen	240 kW
Hochsprung (1/10 s)	1200 W		ICE-Lokomotive	6 MW
Kugelstoßen (1/10 s)	2000 W		Airbus A 300	130 MW

B1 Beispiele von Leistungen für eine Zeitdauer bzw. Dauerleistungen

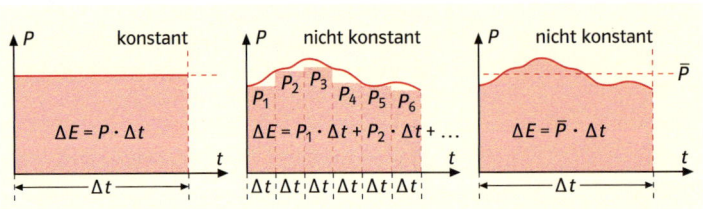

B2

Energie, Arbeit und Leistung

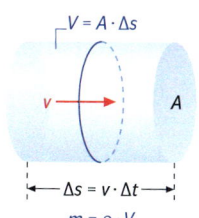

B1 Masse eines Luftpakets

Beispiel ● **B2** zeigt schematisch die Nutzung der Windenergie an einer Turbine. Die Flügel des Rotors überstreichen in der Zeitdauer Δt die Kreisfläche A. Die Masse des Luftpakets, das die Kreisfläche in dieser Zeit durchströmt, kann mit Hilfe von **B1** berechnet werden.

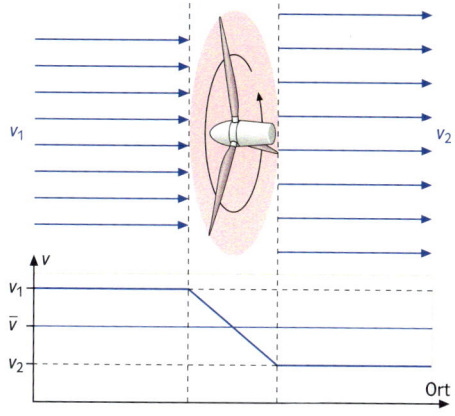

B2 Nutzung von Windenergie

a) Beschreiben Sie das dargestellte Prinzip und erklären Sie die Energieüberführung, die hier erfolgt.

b) Erstellen Sie eine Gleichung zur Berechnung der Rotationsenergie des Windrades.

c) Es soll angenommen werden, dass die Luft mit einer mittleren Geschwindigkeit von $v = \frac{1}{2}(v_1 + v_2)$ durch die Rotorfläche strömt und dass die Dichte ϱ der Luft sich dabei nicht ändert. Leiten Sie unter Berücksichtigung dieser Angaben die Formel zur Berechnung der Rotorleistung her.

d) Geben Sie den Wirkungsgrad der Energieüberführung an. Deuten Sie das Ergebnis.

Lösung a) Ein Luftpaket der Masse m durchströmt in der Zeitdauer Δt eine Kreisfläche A, die die Flügel des Rotors in dieser Zeit überstreichen. Dabei wird die Luft von der Geschwindigkeit v_1 auf die Geschwindigkeit v_2 abgebremst. Die Differenz der zugehörigen Bewegungsenergien wird in Rotationsenergie des Rotors überführt.

b) Die Rotationsenergie berechnet sich aus der Differenz der Bewegungsenergien:

$$E_{rot} = E_{B1} - E_{B2} = \frac{1}{2} m \cdot \left(v_1^2 - v_2^2 \right)$$

Nimmt man an, dass die Luft mit der mittleren Geschwindigkeit $v = \frac{1}{2}(v_1 + v_2)$ durch die Rotorfläche strömt und dass die Dichte unverändert bleibt, dann gilt für die Masse m:

$$m = \varrho \cdot A \cdot v \cdot \Delta t = \frac{1}{2} \varrho \cdot A \cdot (v_1 + v_2) \cdot \Delta t$$

Damit ergibt sich für die Rotationsenergie

$$E_{rot} = \frac{1}{4} \varrho \cdot A \cdot (v_1 + v_2) \cdot \Delta t \cdot \left(v_1^2 - v_2^2 \right)$$

c) Die Leistung ist definiert als Quotient aus überführter Energie ΔE und dafür benötigter Zeit Δt. Die Rotorleistung ist somit:

$$P_{rot} = \frac{E_{rot}}{\Delta t} = \frac{1}{4} \varrho \cdot A \cdot (v_1 + v_2) \cdot \left(v_1^2 - v_2^2 \right)$$

d) Die vom Wind zugeführte Leistung beträgt

$$P_{zu} = \frac{1}{2} \varrho \cdot A \cdot v_1^3$$

Der Wirkungsgrad der Energieüberführung am Rotor ist dann:

$$\eta = \frac{P_{rot}}{P_{zu}} = \frac{1}{2} \cdot \frac{(v_1 + v_2) \cdot (v_1^2 - v_2^2)}{v_1^3} = \frac{1}{2} \cdot \frac{1 + v_2}{v_1} \cdot \left(1 - \frac{v_2^2}{v_1^2} \right)$$

Der Wirkungsgrad hängt vom Quotienten v_2/v_1 ab, also vom Verhältnis der Windgeschwindigkeiten vor und hinter dem Rotor.

A1 ● Der Auszug aus einer Automobilzeitschrift gibt einige Fahrzeugdaten für einen Mittelklassewagen an. Der Wagen wird auf Höchstgeschwindigkeit beschleunigt.

a) Berechnen Sie die maximale Leistung des Motors. Verwenden Sie die Daten aus der Tabelle.

b) Berechnen Sie die Durchschnittsleistung. Erläutern Sie, warum Sie nicht mit der Beziehung $P = F \cdot v$ rechnen dürfen.
Begründen Sie dann durch eine geeignete Rechnung, warum $P = \frac{1}{2} F \cdot v$ verwendet werden darf.

Fahrzeuggewicht	1000 kg
Höchstgeschwindigkeit	180 km/h
Beschleunigungszeit auf 100 km/h	8,3 s
Bremsweg ausgehend von 80 km/h	23,3 m

Im Artikel wird die Leistung des Mittelklassewagens mit rund 340 PS oder 250 kW beziffert, ein Wert, der angesichts der Daten in der Tabelle Verwunderung auslöst. Tatsächlich ist hier von einer Leistung die Rede, die nicht in höhere Geschwindigkeit, sondern in die Aufheizung der Bremsscheiben investiert wird ...

c) Bestimmen Sie aus dem Artikel den Wert für die Bremsleistung des Pkw und vergleichen Sie diesen mit der Angabe im Text.
d) Analysieren Sie den Textabschnitt auf seine physikalische Korrektheit. Korrigieren Sie die problematischen Formulierungen.

A2 ⊖ Zwei Personen beladen einen Lieferwagen mit Paketen gleicher Masse. Person A benötigt 8 min um 20 Pakete aufzuladen, Person B hebt in 20 min dagegen 24 Pakete in den Laderaum.
a) Vergleichen Sie die Arbeit, die die beiden Personen verrichtet haben.
Geben Sie an, welche Person beim Beladen die größere Leistung erbracht hat.
b) Die Leistung, die ein Lebewesen erbringen kann, hängt von der Dauer der Belastung ab. Das Diagramm zeigt im Vergleich, über welchen Zeitraum eine trainierte und eine untrainierte Person eine bestimmte Dauerleistung aufrechterhalten kann.

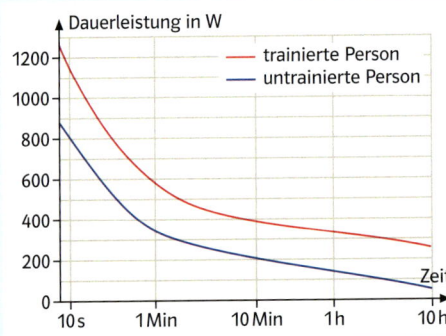

B1

Beurteilen Sie unter Berücksichtigung dieses Aspekts die Vorgehensweise der beiden Personen beim Beladen des Lieferwagens.
c) Überprüfen Sie die im Diagramm angegebene Höchstleistung einer trainierten Person durch eine Berechnung der Leistung beim Hochsprungweltrekord des Athleten Javier Sotomayor (→**B2**).
Bei seinem Sprung über 2,45 m musste er seinen Körperschwerpunkt um etwa 1,2 m anheben. Des weiteren nehmen wir an, dass die Masse des Athleten 80 kg und die Bodenkontaktzeit beim Absprung 0,13 s beträgt.
d) Für einen Menschen ist auch das Halten eines schweren Gegenstandes anstrengend, obwohl scheinbar keine Arbeit verrichtet wird. Recherchieren Sie, weshalb der Energieerhaltungssatz hier trotzdem erfüllt ist.

B2

e) Der Wirkungsgrad des Menschen hängt stark von der Art der Betätigung ab, bei Dauerleistungen liegt er zwischen 15 und 25 %. Geben Sie den Wirkungsgrad beim Halten eines schweren Gegenstandes an.
f) Auf elektrischen Geräten ist in der Regel die Leistung angegeben, die Tabelle zeigt einige Beispiele:

Beispiel	Leistung in W
PC	100
Toaster	800
Föhn	1200
Backofen	3000

Um einen Kuchen zu backen, muss dieser für 1 h in den Backofen. Bestimmen Sie anhand des Diagramms **B1**, wie viele untrainierte Personen nötig wären, um diese Leistung zu erbringen.
Berechnen Sie die Energie, die eine Person in Form von Nahrung aufnehmen müsste, um den bei dieser Leistung auftretenden Energieverlust auszugleichen. Der Wirkungsgrad soll bei 25 % liegen.

A3 ○ Durch einen Schlag wird ein Golfball (m = 20 g) in 0,015 s auf eine Geschwindigkeit von v_0 = 50 m/s beschleunigt.
a) Berechnen Sie die mittlere Kraft, mit der der Schläger auf den Ball einwirkt.
b) Berechnen Sie die Bewegungsenergie des Balls unmittelbar nach dem Schlag.
c) Berechnen Sie die Leistung, die bei diesem Vorgang erbracht wurde.

3.5 Impuls

Betrachtet man den Untergang der „Titanic", wird klar: Wäre das Schiff vor dem missglückten Ausweichmanöver langsamer gewesen, hätte die Wirkung der Maschinen ausgereicht, um es am Eisberg vorbeizusteuern. Ähnliches kann man folgern, wäre die Masse des Schiffes kleiner gewesen.

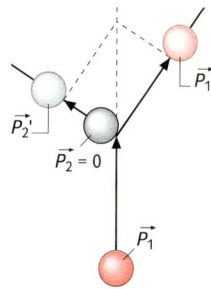

B1 Impulsänderung durch einen Stoß

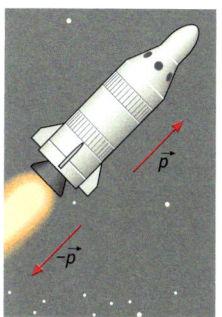

B2 Impulsübertragung bei einer Rakete

Wechselwirkungen bei Stößen

Schnippt man auf einer glatten Unterlage eine Münze auf eine ruhende gleichartige Münze, so hängt die Auswirkung dieses Stoßes stark von der Geschwindigkeit der Münze ab. Bei der Verwendung verschiedener Münzen erkennt man aber auch, dass die Auswirkungen des Stoßes von der Masse der Stoßpartner abhängen.

Man definiert das Produkt aus Masse m und Geschwindigkeit v als **Impuls p** des Körpers:

$$\vec{p} = m \cdot \vec{v}$$

Die gesetzliche Einheit für p ist $1\frac{kg \cdot m}{s}$.

Der Impuls ist ein Vektor, der in die gleiche Richtung wie der Geschwindigkeitsvektor zeigt.

Impulserhaltung

Stoßen zwei frei bewegliche Körper zusammen, so beobachtet man, dass sich bei beiden Körpern die Geschwindigkeit und damit der Impuls verändert (→**B1**). Die Beobachtungen sind unabhängig davon, ob sich die Körper wirklich berühren oder ob man zwei kleine Magnete verwendet, die sich abstoßen, ohne in Kontakt zu kommen. Deshalb spricht man besser von Wechselwirkung.

Bei Versuchen mit zwei Gleitern auf der Luftkissenfahrbahn kann man Wechselwirkungen mit anderen Körpern, etwa durch Reibung, vernachlässigen. Man bezeichnet in diesem Fall die Gleiter als **abgeschlossenes System**. Messungen zeigen, dass bei der Wechselwirkung beide Gleiter eine gleich große, aber entgegengesetzte Impulsänderung erfahren. Für die Impulsänderung infolge der Wechselwirkung zweier Körper ist es unerheblich, in welchem Bewegungszustand sie sich vor der

Wechselwirkung befinden. Es gilt stets der **Impulserhaltungssatz**:

$$\Delta \vec{p}_1 = -\Delta \vec{p}_2 \quad \text{und damit}$$

$$\vec{p}_1 - \vec{p}_1' = -(\vec{p}_2 - \vec{p}_2') \quad \text{bzw.} \quad \vec{p}_1 + \vec{p}_2 = \vec{p}_1' + \vec{p}_2'$$

wobei p' jeweils den Impuls nach der Wechselwirkung angibt.

„Verlust und Gewinn" von Impuls?

Ein Flummi wird an eine Wand geworfen und prallt zurück. Ein Spielzeugauto wird auf einer ebenen Fläche angeschubst und rollt aus. In den Versuchen ändern sich die Impulse von Flummi und Spielzeugauto, scheinbar ohne dass eine Impulsübertragung auf einen anderen Körper zu beobachten ist.

Tatsächlich bleibt auch hier der Gesamtimpuls erhalten, denn man muss immer die Impulse aller wechselwirkenden Körper betrachten. Der Ball konnte seine Richtung nur umkehren, weil er gegen die Wand prallte. Die Wand erfuhr eine Impulsänderung um den gleichen Betrag wie der Flummi. Allerdings ist die Masse der Wand so groß, dass ihre Geschwindigkeitsänderung vernachlässigbar klein ist. Auch das Spielzeugauto hat Impuls „verloren", er wurde an den Erdboden abgegeben. Damit verbunden ist eine Änderung der Erddrehung, die jedoch unmessbar klein ist.

Auch wenn ein Körper beschleunigt, muss ein anderer Körper in entgegengesetzter Richtung beschleunigt werden, damit der Gesamtimpuls erhalten bleibt. Eine Rakete beschleunigt (→**B2**), indem die Raketenabgase mit hoher Geschwindigkeit nach hinten ausgestoßen werden, ein Pkw beschleunigt, indem er die Straße nach hinten „wegschiebt" wie an der Fahrbahnmarkierung in **B3** zu erkennen ist.

Ein Körper mit Masse m, der sich mit der Geschwindigkeit $\vec{v}$ bewegt, hat den Impuls $\vec{p} = m \cdot \vec{v}$.
In einem abgeschlossenen System bleibt die Summe der Impulse erhalten.

A1 ○ Wie ändert sich der Impuls eines Körpers, wenn eine Kraft auf den Körper wirkt?

A2 ○ Deuten Sie das Aufwirbeln des Sandes in Abbildung **B4**.

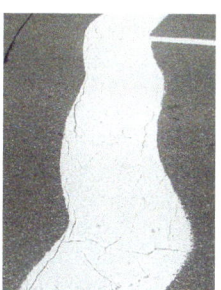

B3 Pkw „schieben" die Straße nach hinten.

B4 Speedway-Start

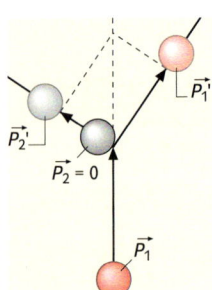

B1 Nichtzentraler, elastischer Stoß

Zentraler und nichtzentraler Stoß

Bisher wurden Messergebnisse nur bei Wechselwirkungen zweier Körper gewonnen, die sich auf einer Luftkissenbahn bewegen. Die Geschwindigkeitsvektoren der beteiligten Körper liegen auf einer Geraden, man spricht von einem **zentralen Stoß**. Er tritt jedoch bei Wechselwirkungen zwischen Münzen oder beim Billard selten auf.

B1 zeigt einen Fall, bei dem eine rote Kugel seitlich versetzt auf eine zu Beginn ruhende weiße Kugel stößt. Die Impulse $\vec{p}_1'$ und $\vec{p}_2'$ nach diesem nichtzentralen Stoß bilden ein Parallelogramm mit dem Anfangsimpuls $\vec{p}_1$ als Diagonale. Es gilt wiederum: $\vec{p}_1 = \vec{p}_1' + \vec{p}_2'$.

Elastische Stöße

Stoßen zwei Billardkugeln aufeinander, so bewegen sie sich nach dem Stoß mit veränderten Geschwindigkeiten weiter. Diese Geschwindigkeiten lassen sich mit Hilfe der Erhaltungssätze für Impuls und Energie bestimmen, wenn folgende Voraussetzungen erfüllt sind:

1 Die beteiligten Körper bewegen sich in einer horizontalen Ebene und sollen ein abgeschlossenes System bilden; die Bewegungsenergie bleibt erhalten.

2 Die Schwerpunkte der Körper bewegen sich auf einer Geraden aufeinander zu. Dann stoßen die Körper zentral zusammen (→**B2**).

Für die Körper 1 und 2 gilt nach den Erhaltungssätzen:

$$E_{B1} + E_{B2} = E_{B1}' + E_{B2}'$$
$$p_1 + p_2 = p_1' + p_2'$$

Man erhält für die Geschwindigkeiten v_1' und v_2' nach dem Stoß:

$$v_1' = \frac{2\,m_2 \cdot v_2 + (m_1 - m_2) \cdot v_1}{m_1 + m_2}$$

$$v_2' = \frac{2\,m_1 \cdot v_1 + (m_2 - m_1) \cdot v_2}{m_1 + m_2}$$

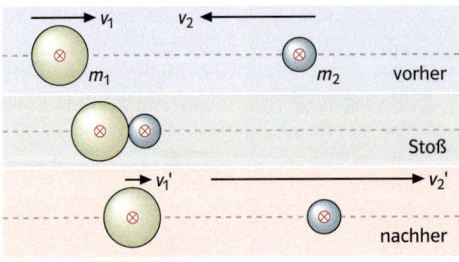

B2 Zentraler elastischer Stoß

Damit sind Voraussagen über Stoßvorgänge möglich, ohne dass die beim Stoß konkret ablaufenden Prozesse bekannt sind.

Unelastische Stöße

Stoßen zwei Körper zentral aufeinander, so bewegen sie sich nach einem total unelastischen Stoß gemeinsam in die Richtung des Körpers, der zuvor den größeren Impuls hatte. Es gilt:

$$p_1 + p_2 = p_1' + p_2' \quad \text{bzw.}$$
$$m_1 \cdot v_1 + m_2 \cdot v_2 = (m_1 + m_2) \cdot v'$$

Für die Geschwindigkeiten der beiden Körper gilt: $v_1' = v_2' = v'$.

Somit folgt:

$$v' = \frac{m_1 \cdot v_1 + m_2 \cdot v_2}{m_1 + m_2}$$

A1 ⊖ **B3a** zeigt den elastischen Stoß zweier Körper mit gleichen Massen, **B3b** zeigt das Auflaufen (ebenfalls elastisch) eines Körpers 1 auf einen Körper 2 mit sehr viel kleinerer Masse.
a) Beschreiben Sie jeweils anhand der Abbildungen die Bewegungen der Stoßpartner vor und nach dem Stoß. Vergleichen Sie dazu auch ihre Geschwindigkeiten.
b) Begründen Sie mit Hilfe der angegebenen Gleichungen Ihre Aussagen aus a) über die Geschwindigkeiten nach dem Stoß.

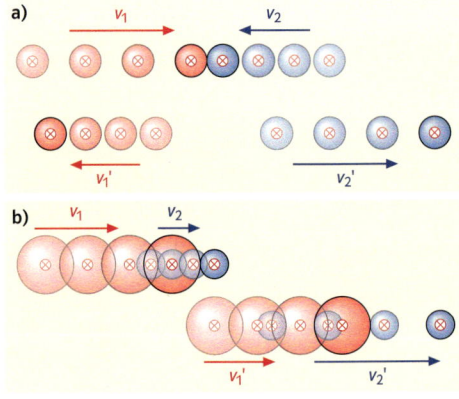

B3

A2 ● Leiten Sie die Gleichungen für v_1' und v_2' mathematisch aus dem Energieerhaltungssatz und dem Impulserhaltungssatz her.
Hinweis: Formen Sie die Gleichungen für die Energie und den Impuls so um, dass die Terme für Körper 1 auf der einen und die für Körper 2 auf der anderen Seite des Gleichheitszeichens stehen. Klammern Sie m_1 bzw. m_2 aus und denken Sie an die dritte binomische Formel.

Untersuchung von Stoßvorgängen

Aufgabe: In den folgenden Versuchen soll das Verhalten zweier Körper untersucht werden, die unter verschiedenen Bedingungen zusammenstoßen.

Material: Luftkissenbahn mit zwei Lichtschranken, zwei Gleiter ($m = 100\,\text{g}$), Klettband, Feder, Massestück ($m = 100\,\text{g}$)

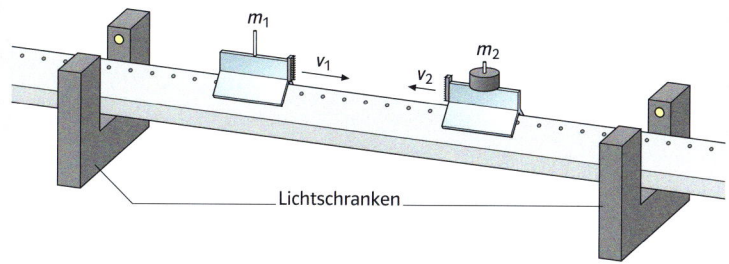

B1 Aufbau zu Versuch a)

Durchführung: a) An der Luftkissenbahn werden die beiden Lichtschranken angebracht. Dann werden zwei Gleiter gleicher Masse m, die beide mit Klettband versehen sind, auf die Bahn gesetzt. An beiden Gleitern ist eine Blende befestigt, die die Lichtschranke unterbrechen kann und somit die Ermittlung der Geschwindigkeit ermöglicht.

Nun werden die beiden Gleiter angestoßen und bewegen sich mit den Geschwindigkeiten v_1 und v_2 aufeinander zu (→**B1**).

b) Der Versuch wird abgeändert, indem man das Klettband entfernt und an einem Gleiter eine Feder anbringt. Erneut werden die beiden Gleiter angestoßen und bewegen sich mit den Geschwindigkeiten v_1 und v_2 aufeinander zu.

Die Messung wird mit Gleitern unterschiedlicher Masse durchgeführt.

Ergebnis und Auswertung: a) Die Gleiter stoßen zusammen und bleiben aneinander haften. Sie bewegen sich anschließend gemeinsam mit der Geschwindigkeit v' weiter. Die Messergebnisse zeigt Tabelle **B3** links. (Negatives Vorzeichen heißt Bewegung nach links).

b) Auch hier stoßen die Gleiter zusammen, bewegen sich aber anschließend getrennt mit unterschiedlichen Geschwindigkeiten v_1' und v_2' weiter. Einige Messergebnisse zeigt der rechte Teil der Tabelle **B3**.

Um die beobachteten Geschwindigkeitsänderungen zu erklären, betrachtet man die Kräfte, die die Körper wechselseitig aufeinander ausüben. Aus den Kräften ergeben sich nach der Newton'schen Grundgleichung $F = m \cdot a$ Beschleunigungen und aus diesen nach $a = \Delta v / \Delta t$ Geschwindigkeitsänderungen.
Die Kraft F_{21}, die Gleiter 2 auf Gleiter 1 ausübt und die Kraft F_{12} von Gleiter 1 auf Gleiter 2 sind Wechselwirkungskräfte. Für sie gilt:

$$F_{21} = -F_{12}$$

Daraus wird nach der Grundgleichung:

$$m_1 \cdot a_1 = -m_2 \cdot a_2$$

Multipliziert man mit der Dauer der Krafteinwirkung Δt, ergibt sich:

$$m_1 \cdot a_1 \cdot \Delta t = -m_2 \cdot a_2 \cdot \Delta t$$
$$m_1 \cdot \Delta v_1 = -m_2 \cdot \Delta v_2$$
$$m_1 \cdot \left(v_1' - v_1\right) = -m_2 \cdot \left(v_2' - v_2\right)$$

Nach Umformung erhält man:

$$m_1 \cdot v_1 + m_2 \cdot v_2 = m_1 \cdot v_1' + m_2 \cdot v_2'$$

Das Produkt aus Masse und Geschwindigkeit eines Körpers ist der Impuls p. Die obige Gleichung besagt, dass der Gesamtimpuls vor dem Stoß gleich dem Gesamtimpuls nach dem Stoß ist. Eine rechnerische Überprüfung zeigt, dass die Impulse im Rahmen der Messgenauigkeit übereinstimmen (→**B2**).

Messung	Gesamtimpuls p in kg m/s	
	vorher	nachher
1	– 0,023	– 0,022
2	– 0,020	– 0,016
3	– 0,080	– 0,075
4	0,186	0,180
5	0,014	0,014
6	0,039	0,039
7	0,087	0,092
8	0,086	0,086
9	0,178	0,176

B2 Auswertung

Messung			1	2	3	4		5	6	7	8	9
Vor dem Stoß	m_1 in kg		0,10	0,10	0,10	0,10	m_1 in kg	0,10	0,15	0,15	0,25	0,25
	v_1 in m/s		0,55	0,58	0,48	1,22	v_1 in m/s	0,58	0,58	0,58	0,52	0,64
	m_2 in kg		0,10	0,10	0,20	0,20	m_2 in kg	0,10	0,10	0,20	0,10	0,10
	v_2 in m/s		– 0,78	– 0,78	– 0,64	0,32	v_2 in m/s	– 0,44	– 0,48	0	– 0,44	0,18
Nach dem Stoß	$m_1 + m_2$ in kg		0,20	0,20	0,30	0,30	v_1' in m/s	– 0,43	– 0,26	– 0,08	– 0,02	0,37
	v' in m/s		– 0,11	– 0,08	– 0,25	0,60	v_2' in m/s	0,57	0,78	0,49	0,91	0,83

B3 Messwerte für Gleiter mit Klettband (1–4) und Gleiter mit Feder (5–9)

Einen Sprung aus 1 m Höhe auf harten Boden sollte man mit den Knien abfedern, um die Gelenke zu schonen. Da die Impulsänderung vorgegeben ist, bestimmt die Dauer des Vorgangs die Größe der wirkenden Kraft.

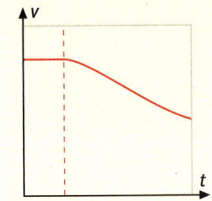 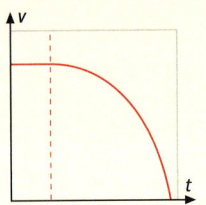 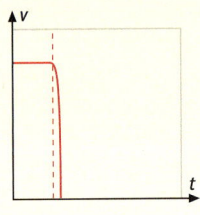

B1 t-v-Diagramme für unterschiedliche Bremsvorgänge

Pkw 1:

$$F = \frac{\Delta p}{\Delta t} = \frac{-30\,000\,\frac{kg \cdot m}{s}}{60\,s} = -500\,kg\frac{m}{s^2} = -500\,N$$

Pkw 2:

$$F = \frac{\Delta p}{\Delta t} = \frac{-30\,000\,\frac{kg \cdot m}{s}}{5\,s} = -6\,000\,N$$

Pkw 3:

$$F = \frac{\Delta p}{\Delta t} = \frac{-30\,000\,\frac{kg \cdot m}{s}}{0,1\,s} = -300\,000\,N$$

Betrachtet man die zugehörigen t-F-Diagramme zeigt sich, dass die Impulsänderung der Fläche unter der Kurve entspricht:

$$\Delta \vec{p} = \vec{F} \cdot \Delta t$$

Sie ist in allen drei Fällen gleich groß. Das Produkt $\vec{F} \cdot \Delta t$ nennt man auch **Kraftstoß**.

Wirkt auf einen Körper keine Kraft, dann ist sein Impuls konstant. Im Umkehrschluss gilt aber nicht, dass auf einen Körper mit konstantem Impuls keine Kräfte wirken. Herrscht an einem Körper Kräftegleichgewicht, bewegt er sich, als wäre er kräftefrei.

Wie kann man den Impuls ändern?

Der Impuls ist das Produkt aus Masse und Geschwindigkeit. Die Geschwindigkeit ist eine vektorielle Größe, sie besitzt einen Betrag und eine Richtung. Der Impuls ändert sich somit, wenn sich mindestens eine der drei Komponenten Masse, Betrag der Geschwindigkeit oder Richtung der Geschwindigkeit ändert:

1 Eine Massenänderung tritt z.B. bei einem Löschflugzeug auf, das im Gleitflug über einem See Wasser tankt.
2 Bei einem frei fallenden Körper nimmt der Betrag der Geschwindigkeit zu.
3 Durchfährt ein Auto „bei gleichem Tempo" eine Kurve, ändert sich die Richtung der Geschwindigkeit.

Für den Fall konstanter Masse m ergibt sich aus der Definition der Kraft die Grundgleichung der Mechanik:

$$F = \frac{\Delta \vec{p}}{\Delta t} = \frac{\Delta (m \cdot \vec{v})}{\Delta t} = m \cdot \frac{\Delta \vec{v}}{\Delta t} = m \cdot \vec{a}$$

Die Kraft ist der Quotient aus der Impulsänderung und der Zeitdauer, in der diese Änderung erfolgt:

$$\vec{F} = \frac{\Delta \vec{p}}{\Delta t}$$

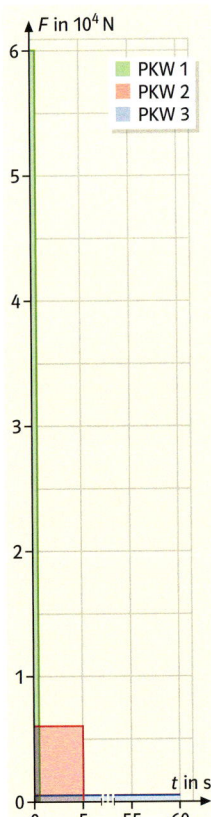

B2 t-F-Diagramme für gleiche Impulsänderung

Impulsänderung und Zeitdauer

Drei baugleiche Pkw der Masse 1500 kg fahren mit der Geschwindigkeit 20 m/s und kommen auf unterschiedliche Weise zum Stillstand (→B1): Der Fahrer des ersten Wagens lässt sein Auto ausrollen, es kommt nach 60 s zum Stehen.
Der Fahrer des zweiten Wagens tritt auf die Bremse, sein Fahrzeug steht nach 5 s. Pkw 3 fährt im Crashtest ungebremst auf ein Hindernis und kommt innerhalb eines Sekundenbruchteils zum Stillstand.

Da alle Pkw zunächst gleiche Geschwindigkeit besitzen, ist auch ihr Impuls gleich:

$$p = m \cdot v = 1500\,kg \cdot 20\,\frac{m}{s} = 30\,000\,\frac{kg \cdot m}{s}$$

Sind sie zum Stillstand gekommen, ist ihr Impuls ebenfalls gleich. Alle Pkw haben die gleiche Impulsänderung erfahren. Die Auswirkungen auf die Fahrzeuge sind jedoch ganz verschieden, da die Impulsänderung in unterschiedlich langen Zeitdauern erfolgte.
Der Quotient $\Delta p / \Delta t$ charakterisiert die Wirkung einer Impulsübertragung. Man bezeichnet sie üblicherweise als „Kraft". Es gilt:

$$\vec{F} = \frac{\Delta \vec{p}}{\Delta t}$$

Für die drei Pkw aus dem Beispiel lässt sich die wirkende Kraft berechnen:

Kraftverlauf bei einem Unfall

Die Abbildung **B2** zeigt einen Crashtest, bei dem ein Pkw frontal und nahezu unelastisch mit der Anfangsgeschwindigkeit *v* auf eine Mauer prallt. Die Masse der Mauer wird als praktisch unendlich groß angenommen. Der Pkw kommt zum Stillstand, d.h., sein Impuls wird vollständig auf die Mauer übertragen. Um Verletzungen der Insassen zu vermeiden oder mindestens gering zu halten, vergrößert man den Bremsweg Δs bzw. die Bremszeit Δt mit Hilfe einer Knautschzone.

Der Impuls wird durch einen Kraftstoß auf die Wand übertragen:

$$\Delta p = F \cdot \Delta t$$

Für die durchschnittliche Kraft folgt daraus:

$$F = \frac{\Delta p}{\Delta t}$$

Sie ist umso kleiner, je größer Δt ist.

Testergebnissen entnimmt man $\Delta t = 0{,}1\,\text{s}$. Bei einer Fahrzeugmasse $m = 1500\,\text{kg}$ und einer Geschwindigkeit $v = 64\,\text{km/h} = 17{,}8\,\text{m/s}$ hat der Pkw vor dem Aufprall den Impuls $p = 26\,700\,\text{kg} \cdot \text{m/s}$. Für die mittlere Bremskraft auf das gesamte Fahrzeug ergibt sich $F = \Delta p / \Delta t = 2{,}7 \cdot 10^5\,\text{N}$. Die Gewichtskraft des Fahrzeugs beträgt $1{,}5 \cdot 10^4\,\text{N}$, die mittlere Bremskraft ist also 18-mal so groß.

Auch ein in derselben Zeit abgebremster Insasse müsste das 18-fache seiner Gewichtskraft aushalten. Wäre er nicht angegurtet, würde er sich zunächst allerdings mit konstanter Geschwindigkeit weiterbewegen, bis er, jetzt in noch kürzerer Zeit, also mit noch größerer Kraft, nachträglich zur Ruhe käme. In Abbildung **B1** zeigt die rote Kurve den Verlauf der Kraft, die auf den Insassen wirkt.

B2 Aufprall eines Autos auf eine Wand

Sie weist zwei deutliche Spitzen auf, die das Auftreffen des Körpers auf das Lenkrad und des Kopfes auf das Armaturenbrett markieren.

Ein Gurt kann den Bremsweg bzw. die Bremszeit wegen seiner Nachgiebigkeit zusätzlich verlängern, sodass der angegurtete Insasse weniger als das 18-fache seiner Gewichtskraft aushalten muss. Dies macht der Verlauf der blauen Kurve in **B1** deutlich: Sie zeigt, dass der Abbremsvorgang früher einsetzt bzw. über eine längere Zeitdauer erfolgt. Da Masse und Geschwindigkeitsänderung gleich bleiben, wirkt auf den Insassen nach $F = m \cdot \Delta v / \Delta t$ eine geringere Kraft.

Ergänzt werden Sicherheitsgurte heute von Airbags, deren Sensoren auf große negative Beschleunigungen reagieren. Überschreitet die Verzögerung einen Grenzwert, entfaltet sich der Airbag innerhalb von $50\,\text{ms}$ vollständig. Er bremst die Bewegung des Kopfes und verhindert die zu starke Überdehnung der Wirbelsäule.

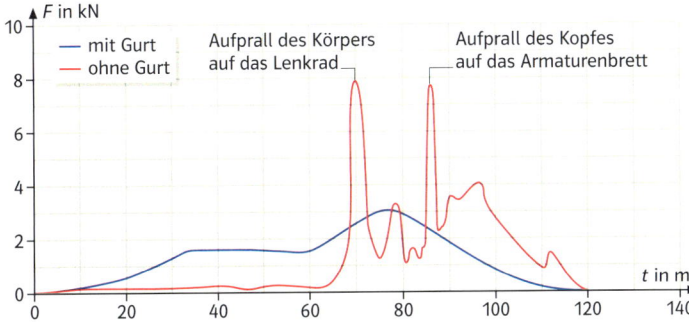

B1 Verlauf der Kraft auf einen Fahrer mit und ohne Sicherheitsgurt bei einem Frontalaufprall

3.7 Drehimpuls und Drehimpulserhaltung

Eine Eiskunstläuferin dreht sich mit ausgestreckten Armen um ihre Achse. Bringt sie die Arme über dem Kopf zusammen, vergrößert sie ihre Winkelgeschwindigkeit deutlich. Streckt sie die Arme seitlich wieder aus, verlangsamt sich die Drehbewegung wieder.

Das Grundgesetz der Rotation

Für Translationsbewegungen eines Körpers gilt das Grundgesetz der Mechanik $F = m \cdot a$. Für ein Massenelement m, das im Abstand r um eine feste Achse rotiert, gilt:

$$M = m \cdot r^2 \cdot \alpha = J \cdot \alpha$$

In formaler Übereinstimmung mit dem Grundgesetz der Mechanik, das für Translationsbewegungen gilt, kann daher festgestellt werden: Das Grundgesetz der Dynamik der Rotation des starren Körpers lautet

$$M = J \cdot \alpha$$

Aus dem Grundgesetz der Mechanik folgte für $F = 0$ auch $a = 0$, was gleichbedeutend mit dem Trägheitsgesetz ist. Analoges gilt für die Rotation: Ist die Summe der angreifenden Drehmomente $M = 0$, wird auch die Winkelbeschleunigung $\alpha = 0$.

Die Beständigkeit von Rotationsbewegungen, die keinen äußeren Antrieb erfahren, zeigt sich insbesondere bei Himmelskörpern.

Drehimpuls

Auf Grund der festgestellten Analogien zwischen Translations- und Rotationsgrößen, führt man die zum Impuls p der Translationsbewegung analoge Rotationsgröße, den **Drehimpuls** L ein.

Das Drehmoment wurde als Produkt von Kraft F und Abstand r zur Drehachse definiert:

$$M = r \cdot F \text{ (für } \vec{F} \perp \text{ zu } \vec{r})$$

Entprechend definiert man den Drehimpuls als Produkt des Impulses p_i eines Massenelementes m_i und seinem Abstand r_i von der Drehachse:

$$L_i = p_i \cdot r_i \text{ (für } \vec{p_i} \perp \vec{r_i})$$

Aus $p = m \cdot v$ wird $p \cdot r = m \cdot v \cdot r$. Mit $v = \omega \cdot r$ ergibt sich $p \cdot r = m \cdot r^2 \cdot \omega$. Für ein Massenelement m war der Ausdruck $m \cdot r^2$ gerade gleich dem Trägheitsmoment J, sodass

$$L_i = p_i \cdot r_i = m_i \cdot r_i^2 \cdot \omega = J_i \cdot \omega$$

Für einen aus vielen Massenelementen zusammengesetzten rotierenden starren Körper erhält man für den Drehimpuls:

$$L = (J_1 \cdot \omega + \ldots + J_n \cdot \omega) = \sum J_i \cdot \omega$$

Drehimpulserhaltung

In einem System, für das die Summe der einwirkenden Kräfte gleich null ist, gilt der Impulserhaltungssatz. Aus der Erfahrung folgt: Ohne äußere Einflüsse ändert sich der Drehimpuls eines Körpers nicht. Ist das an einem Körper angreifende Drehmoment $M = 0$, so muss auch $\alpha = 0$ sein (da $J \neq 0$).

Es gilt wie vermutet der **Drehimpulserhaltungssatz**: Der Drehimpuls $L = J \cdot \omega$ eines starren Körpers bezüglich seiner Drehachse ist konstant, solange kein äußeres Drehmoment auf ihn einwirkt.

Die Winkelgeschwindigkeit kann daher durch die Änderung des Trägheitsmoments verändert werden. Eine solche Änderung des Trägheitsmoments erzielt man durch eine Umverteilung der Masse um die Drehachse, wie es z. B. bei einer Pirouette oder einem Salto der Fall ist (→**B1**).

B1 Änderung des Trägheitsmoments bei Pirouette und Salto

Ist die Summe der an einem rotierenden Körper angreifenden Drehmomente $M = 0$, so rotiert der Körper mit konstanter Winkelgeschwindigkeit ω.

Das Produkt aus Trägheitsmoment und Winkelgeschwindigkeit eines Körpers bestimmt seinen Drehimpuls: $L = J \cdot \omega$

Solange kein äußeres Drehmoment wirkt, ist der Drehimpuls eines starren rotierenden Körpers konstant.

Wenn eine Eisläuferin in langsamer Drehung ihre Arme an den Körper heranzieht, verringert sich damit das Trägheitsmoment. In gleicher Weise lässt sich das Verhalten einer Turmsprin- gerin beim Salto erklären, die durch Anziehen der Beine ihr Trägheitsmoment verringert. Da der Drehimpuls erhalten bleibt, muss gemäß $L = J \cdot \omega$ die Winkelgeschwindigkeit steigen, „sie dreht sich schnell".

Geradlinige Bewegung	Drehbewegung um eine feste Achse
Ort s, Weglänge Δs	Winkel φ, Winkeldifferenz $\Delta \varphi$
Geschwindigkeit $v = \frac{\Delta s}{\Delta t}$	Winkelgeschwindigkeit $\omega = \frac{\Delta \varphi}{\Delta t}$
Beschleunigung $a = \frac{\Delta v}{\Delta t}$	Winkelbeschleunigung $\alpha = \frac{\Delta \omega}{\Delta t}$
Masse m	Trägheitsmoment J
Impuls $p = m \cdot v$	Drehimpuls $L = J \cdot \omega$
Impulsänderung $\frac{\Delta p}{\Delta t} = F$	Drehimpulsänderung $\frac{\Delta L}{\Delta t} = M$
Kraft $F = m \cdot a$	Drehmoment $M = J \cdot \alpha$
Bewegungsenergie $E_B = \frac{1}{2} m \cdot v^2$	Rotationsenergie $E_{rot} = \frac{1}{2} J \cdot \omega^2$

B1 Analogien zwischen der geradlinigen Bewegung und der Drehbewegung

Energie rotierender Körper

Zu allen wichtigen Größen der Translation lassen sich Größen der Drehbewegung ausgedehnter Körper definieren (→**B1**). Analog zur Bewegungsenergie gilt für die Energie eines rotierenden Körpers:

$$E_{rot} = \frac{1}{2} J \cdot \omega^2$$

Der vollständige Energieerhaltungssatz der Mechanik für ausgedehnte Körper lautet nun:

$$E_{ges} = E_H + E_B + E_S + E_{rot} = \text{konstant}$$

Exkurs

Rotation um freie Achsen

Kraftwerksturbinen, Motoren, Autoräder usw. müssen einen möglichst ruhigen Lauf haben. Nur dann wirken keine von den rotierenden Massen herrührenden Kräfte auf die Achslager. Die gleichmäßige Rotation wird durch eine solche Massenverteilung bezüglich der Drehachse gewährleistet, bei der der Massenmittelpunkt auf der Drehachse liegt. Gegebenenfalls muss, wie bei Autorädern häufig zu sehen, durch Auswuchten korrigiert werden. Wenn wir uns bei einem gut ausgewuchteten Rad die Schwerkraft aufgehoben denken, können wir das Lager auch weglassen. Wir hätten dann eine **freie Drehachse**.

Eine Katze, die zuerst mit dem Rücken nach unten fällt, gibt dafür ein Beispiel. Sie führt sofort mit dem Schwanz heftige Drehbewegungen aus (→**B2**) und wendet damit unbewusst den Drehimpulserhaltungssatz an.

B2 Fallende Katze

Bei Körpern, die um eine freie Achse rotieren, ist es wichtig, dass diese freie Drehachse stabil ist, d.h., dauernd beibehalten wird. Jeder rotierende Körper hat ja ein auf die jeweilige Drehachse bezogenes Trägheitsmoment. So ist das Trägheitsmoment eines Stabes um seine Längsachse relativ klein und das durch seinen Mittelpunkt senkrecht zur Längsachse relativ groß. Es zeigt sich, dass die Rotation um die Achse mit dem größten Trägheitsmoment immer stabil ist. Der Drehimpuls ist wie der lineare Impuls ein Vektor. Seine Richtung ist parallel zur Drehachse. Ein schnell rotierender Kreisel behält seine Richtung im Raum bei.

Darin steckt das Geheimnis des Diskuswurfs. Der Diskuswerfer stellt beim Abwurf die Lage der Scheibendrehachse so ein, dass während des Flugs ein Auftrieb infolge der am Diskus vorbeiströmenden Luft entsteht (→**B3**). Dadurch kann die Wurfweite merklich vergrößert werden.

Auch die Erde behält im Verlauf der jährlichen Umrundung der Sonne bei der täglichen Rotation die Lage ihrer Drehachse im Raum bei. Der Winkel zwischen der Rotationsachse und dem auf der Ebene der Erdbahn errichteten Lot beträgt 23° 27'.

Auf diesen Winkel sind Jahreszeitenwechsel und die unterschiedliche Tag- und Nachtdauer zurückzuführen.

B3 Diskuswerferin

Impuls und Kraftübertragung

Beispiel ● Ein Wagen, der sich nach rechts bewegt, stößt elastisch gegen eine ruhende Kugel. Durch den Stoß erhält sie die Geschwindigkeit $v = 3{,}0\,\text{m/s}$ nach rechts. Weitere Daten finden sich in folgender Abbildung:

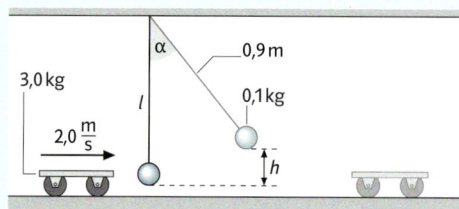

Teil 1:

a) Berechnen Sie den auf die Kugel übertragenen Impuls.
b) Ermitteln Sie die Geschwindigkeit, mit der sich der Wagen nach dem Stoß weiter bewegt.
c) Die Kugel schwingt nach dem Stoß um ihre Ruhelage. Berechnen und erklären Sie die Impulsänderung der Kugel, wenn sie das erste Mal wieder durch die Ruhelage schwingt.
d) Man könnte vermuten, dass der Impulserhaltungssatz für die schwingende Kugel nicht gilt. Nehmen Sie begründet Stellung.

Teil 2:

Die Kugel wird durch den Stoß um den Winkel 60° ausgelenkt.
a) Berechnen Sie die Arbeit, die an der Kugel verrichtet wurde.
b) Ermitteln sie die Bewegungsenergie des Wagens nach dem Stoß.
c) Untersuchen Sie, ob bei diesem Stoß die Bewegungsenergie erhalten blieb. Kommentieren Sie Ihr Ergebnis.

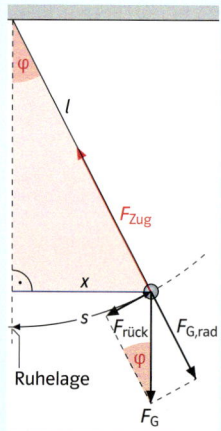

B1 Rückstellkraft auf die Kugel

Lösung, Teil 1:

Aus Bild und Text entnimmt man für

– den Wagen: $m_W = 3{,}0\,\text{kg}$; $v_W = 2{,}0\,\dfrac{\text{m}}{\text{s}}$

– die Kugel: $m_K = 0{,}1\,\text{kg}$; $v_K = 0\,\dfrac{\text{m}}{\text{s}}$; $v_K' = 3{,}0\,\dfrac{\text{m}}{\text{s}}$

a) Für den übertragenen Impuls gilt

$\Delta p_K = m_K \cdot \Delta v_K$. Daraus folgt mit $\Delta v_K = v_K' - v_K$:

$\Delta p_K = 0{,}1\,\text{kg} \cdot 3{,}0\,\dfrac{\text{m}}{\text{s}} = 0{,}3\,\text{Ns}$

b) Aus dem Impulserhaltungssatz ergibt sich:
$m_W \cdot v_W = m_W \cdot v_W' + m_K \cdot v_K'$

$v_W' = \dfrac{m_W \cdot v_W - m_K \cdot v_K'}{m_W} = \dfrac{3{,}0\,\text{kg} \cdot 2{,}0\,\frac{\text{m}}{\text{s}} - 0{,}1\,\text{kg} \cdot 3{,}0\,\frac{\text{m}}{\text{s}}}{3{,}0\,\text{kg}}$

$v_W' = 1{,}9\,\dfrac{\text{m}}{\text{s}}$

c) Da der Vorgang reibungsfrei sein soll, besitzt die Kugel nun die Geschwindigkeit $v_K' = -3{,}0\,\text{m/s}$, also ist $|\Delta p| = 0{,}6\,\text{Ns}$.
Nach dem Stoß wirkt nach **B1** eine veränderliche Rückstellkraft auf die Kugel. Die Geschwindigkeit der Kugel nimmt ab bis zu ihrem Stillstand. Nun kehrt sich die Bewegungsrichtung der Kugel um und sie wird beschleunigt, bis sie nach der Zeit Δt den Punkt B erneut mit gleichem Betrag, aber anderer Richtung der Geschwindigkeit erreicht. Damit gilt für die Impulsänderung: $\Delta p = F_{\text{rück}}(t) \cdot \Delta t$
d) Die Aufhängung gehört mit zum System, sie nimmt den zur Schwingung entgegengesetzt gerichteten Impuls auf.

Lösung, Teil 2:

a) Die Höhe, bis zu der die Kugel steigt, ergibt sich wegen $\dfrac{l - h}{l} = \cos\varphi$ zu:

$h = l - l \cdot \cos 60° = l \cdot (1 - \cos 60°)$

$h = 0{,}9\,\text{m} \cdot (1 - 0{,}5) = 0{,}45\,\text{m}$

Die Hubarbeit $W = m_K \cdot g \cdot h$ beträgt:

$W = 0{,}1\,\text{kg} \cdot 10\,\dfrac{\text{m}}{\text{s}^2} \cdot 0{,}45\,\text{m} = 0{,}45\,\text{J}$

Alternativ kann die Bewegungsenergie der Kugel unmittelbar nach dem Stoß berechnet werden, man erhält denselben Wert:

$E_{B,K}' = \dfrac{1}{2} m_K \cdot v_K^2 = \dfrac{1}{2} \cdot 0{,}1\,\text{kg} \cdot \left(3{,}0\,\dfrac{\text{m}}{\text{s}}\right)^2$

$E_{B,K}' = 0{,}45\,\text{J}$

b) Nach dem Stoß besitzt der Wagen die Geschwindigkeit $v_W' = 1{,}9\,\text{m/s}$. Damit beträgt seine Bewegungsenergie $E_{B,W}'$:

$E_{B,W}' = \dfrac{1}{2} m \cdot v_W'^2 = \dfrac{1}{2} \cdot 3{,}0\,\text{kg} \cdot 3{,}6\,\dfrac{\text{m}}{\text{s}^2}$

$E_{B,W}' = 5{,}4\,\text{J}$

c) Vor dem Stoß bewegt sich der Wagen mit der Geschwindigkeit $v_W = 2{,}0\,\text{m/s}$, seine Bewegungsenergie beträgt also:

$E_{B,W} = \dfrac{1}{2} m \cdot v_W^2 = \dfrac{1}{2} \cdot 3{,}0\,\text{kg} \cdot 4{,}0\,\dfrac{\text{m}}{\text{s}^2} = 6{,}0\,\text{J}$

Die Ergebnisse aus den Teilaufgaben a) bis c) zeigen, dass die Summe der Bewegungsenergien nach dem Stoß kleiner ist als davor:

$E_{B,W} = 6{,}0\,\text{J} > E_{B,W}' + E_{B,K}' = 5{,}4\,\text{J} + 0{,}45\,\text{J} = 5{,}85\,\text{J}$

Das betrachtete System ist also nicht abgeschlossen, ein Teil der Energie wurde beim Stoß durch Verformungsarbeit in thermische Energie umgesetzt.

A1 ○ Eine Rakete beschleunigt unabhängig von der Umgebung dadurch, dass Verbrennungsgase aus der Rakete ausströmen. Dieses Ausströmen erfolgt über eine Düse, an der das Gas eine sehr hohe Geschwindigkeit besitzt. Um diese hohe Geschwindigkeit zu erreichen, muss das Gas durch eine Kraft beschleunigt werden. Nach dem Wechselwirkungsprinzip tritt zu jeder Kraft eine Gegenkraft auf, die in diesem Fall auf die Rakete wirkt und ihre Impulsänderung verursacht.

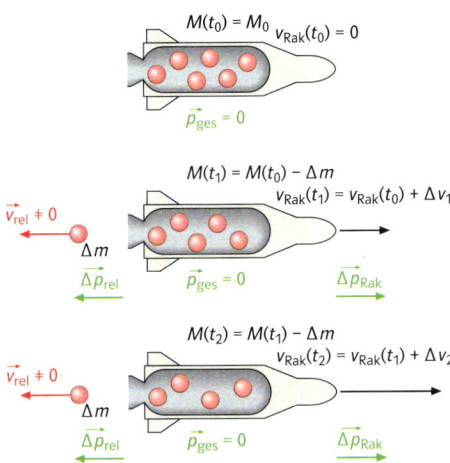

B1 Impulsänderung beim Rückstoßantrieb

a) Zeigen Sie unter Verwendung der Abbildung **B1**, dass für die Geschwindigkeitszunahme der Rakete durch eine Massenänderung folgende Gleichung gilt:

$$\Delta v = \frac{\Delta m}{M(t) - \Delta m} \cdot v_{rel}$$

b) Berechnen Sie die Geschwindigkeit der Rakete nach Brennschluss bei $6 \cdot \Delta m$, wenn folgende Werte gegeben sind: $M_0 = 1000\,\text{kg}$; $\Delta m = 1\,\text{kg}$; $v_{rel} = 20\,\text{m/s}$.
c) Begründen Sie das Mehrstufenprinzip bei Raketen.

A2 ○ Eine Feder mit der Federkonstanten $D = 7{,}5\,\text{N/cm}$ wird um $s = 4\,\text{cm}$ zusammengedrückt. Anschließend wird mit Hilfe dieser Feder eine Knetkugel ($m_K = 20\,\text{g}$) auf einen (zunächst ruhenden) Wagen der Masse ($m_W = 100\,\text{g}$) geschossen.
Die Kugel bleibt am Wagen haften. Beide bewegen sich mit der Geschwindigkeit v_2 weiter.

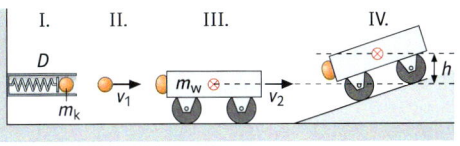

B2

a) Vergleichen Sie die Gesamtenergie vor und nach dem Stoß. Erklären Sie das Ergebnis.
b) Der Wagen bewegt sich nach dem Stoß eine schiefe Ebene hinauf. Berechnen Sie die erreichte Höhe h auf zwei verschiedenen Wegen.

A3 ○ Ein Fußball fliegt von links nach rechts. Ein Angreifer springt für einen Kopfball hoch und erzielt ein Tor.

B3

a) Geben Sie die Richtung der Kraft beim Köpfen an, damit der Ball den in der Abbildung gezeigten Weg nimmt.
b) Berechnen Sie die Kraft, die auf den Ball – und somit auch auf den Kopf – wirkt, wenn $v_1 = v_2 = 20\,\text{m/s}$ ist, die Kontaktzeit 6 ms beträgt und der Ball eine Masse von 450 g besitzt.

A4 ○ Ein Modellhubschrauber steht auf einer austarierten Waage. Geht er in den Schwebeflug, so zeigt die Waage weiterhin „0 g" an.
a) Geben Sie die Aussage des Impulserhaltungssatzes wieder.
b) Benennen Sie alle Körper, die im Beispiel des schwebenden Hubschraubers berücksichtigt werden müssen.
c) Erklären Sie die beschriebene Beobachtung unter Verwendung Ihrer Überlegungen aus den Teilen a) und b).

Energieerhaltung Die mechanische Energie eines Körpers (→**B1**) lässt sich durch die folgenden Terme beschreiben:

Bewegungsenergie: $E_B = \frac{1}{2} m \cdot v^2$

Höhenenergie: $E_H = m \cdot g \cdot h$

Spannenergie: $E_S = \frac{1}{2} D \cdot s^2$

Bei Energie- und Impulsüberführungen werden die Größen üblicherweise vor der Überführung ohne und danach mit Strich gekennzeichnet.

Bei reibungsfreien Wechselwirkungen in einem abgeschlossenen System bleibt die Summe aus Höhenenergie, Bewegungsenergie und Spannenergie erhalten. Es gilt der Energieerhaltungssatz der Mechanik:

$$E_{ges} = E_B + E_H + E_S = E_B' + E_H' + E_S'$$

Werden in einem abgeschlossenen System Umsetzungen berücksichtigt, die sich als Änderung der thermischen Energie erfassen lassen, bleibt die Gesamtenergie hier ebenfalls erhalten.

Leistung (bzw. Energiestromstärke) Die Leistung ist der Quotient aus der Energieänderung ΔE und der dafür benötigten Zeitdauer Δt:

$$P = \frac{\Delta E}{\Delta t}$$

Mechanische Arbeit Wirkt auf einen Körper längs des Weges Δs eine Kraft F, so wird die Energie $\Delta E = F \cdot \Delta s$ auf den Körper übertragen. Besteht zwischen Kraftrichtung und Wegrichtung der Winkel α, so ist:

$$\Delta E = F \cdot \Delta s \cdot \cos\alpha$$

Die so übertragene Energie wird als mechanische Arbeit bezeichnet.

Impulserhaltung Der Impuls $\vec{p}$ eines Körpers ist definiert als das Produkt aus seiner Masse m und seiner Geschwindigkeit $\vec{v}$:

$$\vec{p} = m \cdot \vec{v}$$

Bei Wechselwirkungen in einem abgeschlossenen System bleibt der Gesamtimpuls erhalten:

$$\vec{p} = \vec{p}_1 + \vec{p}_2 = \vec{p}_1' + \vec{p}_2'$$

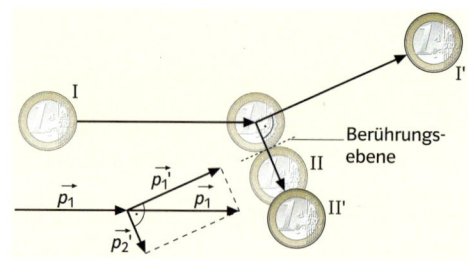

B2 Impulserhaltung beim Zusammenstoß zweier Münzen

Stöße zwischen zwei Körpern Bewegen sich zwei Körper beim Zusammenstoß längs der Verbindungslinie ihrer Schwerpunkte, spricht man von einem zentralen Stoß. Man unterscheidet:

1 Zentraler elastischer Stoß: Gesamtimpuls und mechanische Energie bleiben erhalten.
2 Zentraler unelastischer Stoß: Die mechanische Energie bleibt nicht erhalten. Stoßen zwei Körper unelastisch zentral aufeinander, so bewegen sie sich nach dem Stoß in die Richtung des Körpers, der zuvor den größeren Impuls hatte.

Impulsänderung Der Quotient aus einer Impulsänderung und der Zeitdauer, in der diese Änderung erfolgt, beschreibt die Wirkung einer Impulsübertragung. Diese Wirkung wird als Kraft definiert:

$$\vec{F} = \frac{\Delta \vec{p}}{\Delta t}$$

Bei konstanter Masse ergibt sich daraus die Grundgleichung der Mechanik:

$$\vec{F} = \frac{\Delta \vec{p}}{\Delta t} = \frac{\Delta (m \cdot \vec{v})}{\Delta t} = m \cdot \frac{\Delta \vec{v}}{\Delta t} = m \cdot \vec{a}$$

Drehimpulserhaltung Ist die Summe der an einem rotierenden Körper angreifenden Drehmomente $M = 0$, so rotiert der Körper mit konstanter Winkelgeschwindigkeit ω.

Das Produkt aus Trägheitsmoment und Winkelgeschwindigkeit eines Körpers bestimmt seinen Drehimpuls: $L = J \cdot \omega$
Solange kein äußeres Drehmoment wirkt, ist der Drehimpuls eines starren rotierenden Körpers konstant.

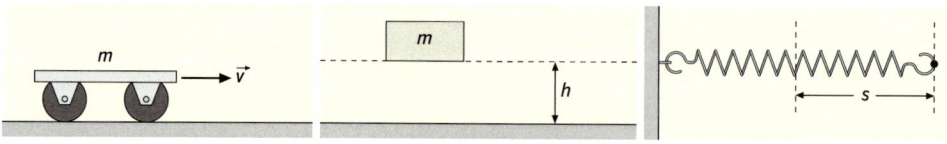

B1 Körper mit Bewegungsenergie, Höhenenergie und Spannenergie

4 Gravitationsfeld

Welche Gesetzmäßigkeiten gelten für die Bewegung von Himmelskörpern?

4.1 Weltmodelle

Schon immer hat die Menschen der Blick zum Himmel fasziniert. Dort konnten sie regelmäßig wiederkehrende Ereignisse wie Tag und Nacht, Mondphasen und Jahreszeiten beobachten. Es gab aber auch unerwartete oder unregelmäßig eintretende Phänomene wie Sonnen- oder Mondfinsternisse oder das Auftreten von Kometen.

B1 Mittelalterliche Weltvorstellung

Der Mensch und der Kosmos

Die Menschen waren schon immer bestrebt, für all die Erscheinungen am Himmel Erklärungen zu finden, die zu einem besseren Verständnis der Welt und damit auch zu einem Selbstverständnis des darin lebenden Menschen führen.

Anfangs dachten die Menschen, dass übernatürliche Kräfte und Gottheiten für die Abläufe am Himmel verantwortlich sind. Aber schon früh wurden Modelle entwickelt, die astronomische Beobachtungen auf natürliche Abläufe zurückführten.

Das geozentrische Weltbild

Die Weltkarte ist historisch gesehen immer der unmittelbarste Ausdruck unserer Vorstellungen von der Erde und unserer engeren Heimat gewesen. Vor fast 3 500 Jahren wurde in Mesopotamien jene erste Weltkarte in Ton geritzt, die unsere Erde als runde Scheibe im Weltmeer schwimmend darstellt (→B2).

Sie wurde in den folgenden Jahrhunderten widerlegt. Es wurden immer wirklichkeitsgetreuere Erdkarten erarbeitet, von den Entwürfen der Griechen bis zur Weltkarte des Eratosthenes, der in Alexandria vor gut 2 200 Jahren die Kugelgestalt der Erde nachwies.

Während in Alexandria, einem damaligen Zentrum der Wissenschaften, die Erkenntnisse des Eratosthenes weiter gepflegt wurden, kehrten die Römer später zur Vorstellung der Erde als einer runden, im Meer ruhenden Scheibe zurück. Noch Kolumbus lehnte die Kugelgestalt der Erde ab, er stellte sie sich in Form einer Birne vor.
Als 1522 nach dreijähriger Weltumsegelung und Entdeckung des Pazifischen Ozeans eines der Schiffe aus Magellans Flotte nach Sevilla zurückkehrte, war die Kugelgestalt der Erde nicht mehr zu bezweifeln. Das Zeitalter der Entdeckung der außereuropäischen Welt gab dem Bild der Erde als einer runden Scheibe den Todesstoß.

Von der Antike bis zum Beginn der Neuzeit herrschte die Vorstellung vor, die Erde ruhe im Zentrum des Universums. Der Philosoph **Aristoteles** (384 – 322 v. Chr.) entwarf die Vorstellung, das Universum sei durch konzentrische Kugelschalen, die Sphären, unterteilt, deren äußerste die Fixsterne beherbergt (→B3).

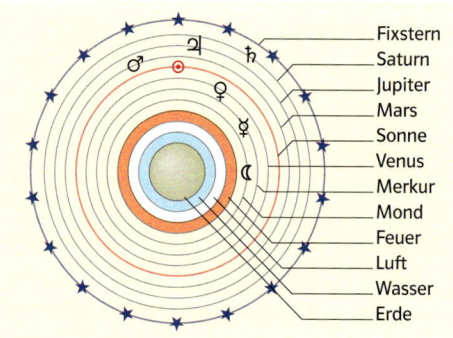

B2 Babylonisches Weltbild

B3 Sphärenmodell des Aristoteles

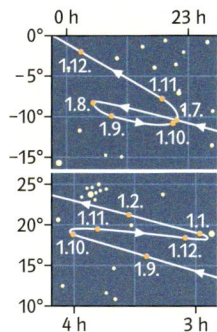

B1 Schleifen des Mars am Himmel in verschiedenen Jahren

Nach innen folgen die Sphären der Planeten Saturn, Jupiter und Mars, der Sonne, der Planeten Venus und Merkur und die des Mondes, den man auch zu den Planeten rechnete. Darunter folgen schließlich die Sphären des Feuers, der Luft, des Wassers und der Erde. Die beobachtete Bewegung der Fixsterne erklärte man mit einer gleichmäßigen Rotation der Fixsternsphäre. Die kreisförmigen Bewegungen der Himmelskörper waren nach Ansicht von Aristoteles ein Abbild der makellosen, himmlischen, ewigen Abläufe. Irdische Bewegungen hingegen waren immer zielgerichtet und damit endlich.

Der Astronom **Ptolemäus** von Alexandria (85 – 160 n. Chr.) wandelte das Modell der Sphären ab, um bessere Übereinstimmung zwischen Vorhersage und Beobachtung zu erzielen. Zwar nahm auch er an, die Erde ruhe im Zentrum des Universums und die Fixsternsphäre rotiere gleichmäßig. Für die Sonne musste er aber eine Kreisbahn mit Mittelpunkt außerhalb der Erde annehmen.

Aufgrund der im Vergleich zur Erde unterschiedlichen Umlaufzeiten der Planeten um die Sonne beschreiben die Planeten Schleifenbewegungen vor dem Himmelshintergrund (→**B1**). Um diese Schleifenbahnen zu erklären, nahm Ptolemäus an, der Planet bewege sich gleichmäßig auf einem Hilfskreis, dem Epizykel, dessen Mittelpunkt seinerseits die Erde auf einem großen Kreis, dem Deferent, gleichmäßig umkreist (→**B3**). Auch diese Konstruktion reichte nicht in allen Fällen, sodass Ptolemäus sich auf den Epizykeln weitere Epizykeln abrollend denken musste.

Das wurde als Mangel angesehen, denn man erwartete, dass für die Gestirne als göttliche Wesen nur ideale Bewegungen, nach damaliger Auffassung also nur gleichförmige Kreisbewegungen, in Frage kämen.

Das heliozentrische Weltbild

Schon der griechische Philosoph **Aristarch von Samos** (ca. 320 – 250 v. Chr.) versuchte, die beobachteten Bewegungen der Himmelskörper mit der Vorstellung zu erklären, die Sonne ruhe und die Erde bewege sich. Diese Auffassung blieb etwa 1800 Jahre lang nahezu vergessen.

Erst **Nikolaus Kopernikus** (1473 – 1543) griff in seinem 1543 erschienenen Werk „De revolutionibus orbium coelestium" (Über die himmlischen Kreisbewegungen) die heliozentrische Vorstellung wieder auf und zeigte, dass damit die Planetenschleifen einfacher erklärt werden können als mit dem ptolemäischen System.

Die Bedeutung der von Kopernikus vertretenen Vorstellung liegt nicht nur darin, dass er die Planetenbewegungen einfacher beschreiben konnte. In seinem Weltmodell nimmt die Erde, also der Wohnplatz der Menschen, keine Sonderstellung ein, sondern ist ein Planet neben anderen. Das konnten die Menschen zur damaligen Zeit aus religiösen Gründen nur schwer akzeptieren. Sie waren der Überzeugung, dass die Erde im Kosmos einen ausgezeichneten Platz haben müsse, weil Gott sie mit Menschen bevölkert hatte.

Es dauerte deshalb rund 100 Jahre, bis die Vorstellung des Kopernikus weithin akzeptiert war. Dieses Umdenken bezeichnet man als **kopernikanische Wende**.

Unabhängig von der Einordnung in das heliozentrische oder geozentrische Weltbild bewegen sich die Planeten vor dem festen Fixsternhimmel (griech. planeo = ich bewege mich). Die Bahn der Planeten lässt sich im heliozentrischen Weltbild leichter und logisch nachvollziehen erklären.

B2 Unser Sonnensystem (Größen und Entfernungen nicht maßstäblich!)

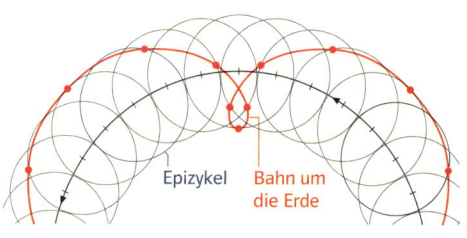

B3 Epizykelmodell nach Ptolemäus

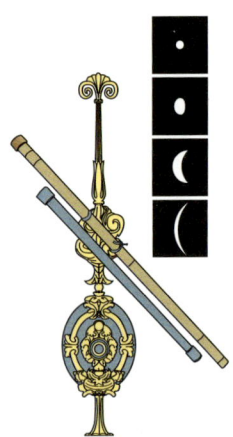
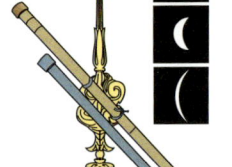

B1 Phasen der Venus, von Galilei mit diesem Fernrohr entdeckt.

B2 Jupiter mit zwei seiner Monde

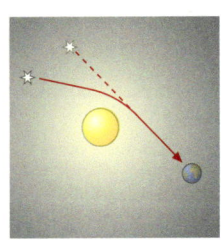

B3 Lichtablenkung nach Einstein

Das Weltbild der Neuzeit

Galileo Galilei (1564 – 1642) festigte das heliozentrische Weltbild durch Entdeckungen, die er mit dem erst 1608 erfundenen Fernrohr machte (→B1):

– Der Mond hat Krater und Gebirge wie die Erde.
– Die Sonne hat Flecken, deren Zahl und Größe sich ändert. Sie ist also kein makelloses, unveränderliches, göttliches Himmelsfeuer.
– Der Planet Jupiter hat mehrere Monde (→B2). Er bildet also selbst ein kleines „Planetensystem", sodass das Planetensystem der Sonne mit der Erde nicht einzigartig ist.
– Der Planet Venus kann ähnlich wie der Mond Sichelgestalt zeigen. Planeten sind also von der Sonne beleuchtete Körper.

Diese Beobachtungen zusammen besagen, dass für alle Körper im Weltraum die gleichen Naturgesetze zu gelten scheinen und dass die Erde nur ein Weltraumkörper unter vielen anderen ist. Dies führte dazu, dass Galilei 1633 in einem Inquisitionsprozess gezwungen wurde, dem heliozentrischen Weltbild abzuschwören. Er erhielt für den Rest seines Lebens Hausarrest.

Der dänische Astronom **Tycho Brahe** (1546 – 1601) verfeinerte noch vor Erfindung des Fernrohres in seinem Privatobservatorium auf einer dänischen Insel die Beobachtungstechnik derart, dass er die Positionen von Sternen im günstigsten Fall bis auf zwei Bogenminuten, das sind 0,033° genau, messen konnte.
Es war sein Ziel, durch genaue Beobachtungen sowohl das ptolemäische als auch das kopernikanische Modell zu widerlegen und ein eigenes Kompromissmodell zu bestätigen. Brahe starb, ehe er seine Messungen auswerten konnte.

Die Messprotokolle Brahes wurden **Johannes Kepler** (1571 – 1630), seinem früheren Assistenten und Nachfolger als kaiserlicher Hofastronom, übergeben. Kepler, der wegen eines Augenfehlers kaum eigene Messungen anstellte, bemühte sich, mit Brahes Messungen der Marsbewegung das kopernikanische System zu bestätigen. Der winzige Unterschied von 0,13° zwischen Rechnung und Beobachtung veranlasste Kepler allerdings, seine mathematischen Ansätze zu überprüfen. Obwohl es ihm aufgrund seines Geometrie- und Ästhetikverständnisses schwerfiel, gab Kepler endgültig das aus der Antike überlieferte Modell auf, die Himmelskörper könnten nur ideale Bewe-

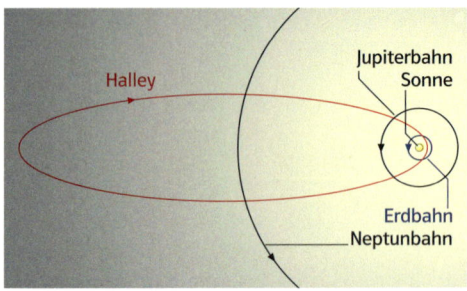

B4 Elliptische Kometenumlaufbahn (auch Planetenbahnen sind leicht elliptisch)

gungen, nämlich gleichförmige Kreisbewegungen, ausführen. Kepler ging in seinen drei **Kepler'schen Gesetzen** nun vielmehr von Ellipsen als möglichen Planetenbahnen aus, die eine bessere Übereinstimmung mit Brahes Messungen zuließen (→B4).

Erst einige Zeit später konnte der englische Physiker **Isaac Newton** (1643 – 1727) die Kepler'schen Gesetze durch die Gravitationstheorie erklären. Sie geht davon aus, dass sich alle Körper, egal ob irdische oder Himmelskörper, aufgrund ihrer Masse gegenseitig anziehen. Daraus ergaben sich die Kepler'schen Gesetze als Sonderfall der Newton'schen Gravitationstheorie.
Eine große gedankliche Leistung Newtons bestand darin, die Himmelsmechanik und die irdische Mechanik, die seit Aristoteles als streng getrennt zu sehen waren, mit Hilfe der Gravitationstheorie zu vereinigen.

Auch in der heutigen Zeit wandeln sich die Modelle über den Aufbau der Welt. So sagte beispielsweise **Albert Einstein** (1879 – 1955) mit seiner Relativitätstheorie voraus, dass Lichtstrahlen von massereichen Körpern abgelenkt zu werden scheinen (was aber an der Beeinflussung der Raumgeometrie durch die Masse liegt). Einige Jahre später konnte dies bestätigt werden, als während einer totalen Sonnenfinsternis die Ablenkung von Lichtstrahlen weit entfernter Sterne in der Nähe der massereichen, verdunkelten Sonne beobachtet werden konnte (→B3).

A1 ⊖ „Wie kann man nur so dumm sein, zu glauben, dass auf der anderen Seite der Erde Gräser und Bäume nach unten wachsen und die Menschen mit den Füßen über ihren Köpfen laufen …"
Diese Ansicht wurde noch vor 250 Jahren geäußert. Bewerten Sie diese Äußerung aus heutiger Sicht.

4.2 Bewegungen am Himmel

„Was ich vor 22 Jahren geahnt habe ..., das habe ich endlich ans Licht gebracht und über alle Erwartung für wahr befunden, dass all die Harmonie ... unter den himmlischen Bewegungen vorhanden ist, obschon nicht ganz so, wie ich anfänglich dachte, sondern ... etwas anders, aber zugleich schöner und vortrefflicher." (Johannes Kepler)

Johannes Kepler
(1571–1630)

Keplers Planetenbahnen

Pythagoras glaubte, der Kosmos besäße eine Ordnung, die mathematischen Proportionen unterliegt. Kepler griff diese Vorstellung auf: Seiner Ansicht nach waren die Abstände der Planeten von der Sonne durch Kugeln innerhalb regulärer Polyeder gegeben. Dieses Modell erwies sich zwar als falsch, führte Kepler aber auf den richtigen Weg.
Die genaue Entwicklung von Keplers Arbeiten nachzuzeichnen ist schwierig. Es genügt die Beschränkung auf das Verfahren, mit dem es ihm gelang, aus einem Beobachtungsmaterial, das vorher von den Astronomen im Laufe von Jahrhunderten angesammelt wurde, die Bewegung der Planeten neu zu verstehen.

Johannes Kepler begann seine Bahnkonstruktion mit dem Zeitpunkt, in dem Sonne, Erde und Mars auf einer Geraden zu liegen schienen (→**B1**). Dabei befand sich die Erde E_1 zwischen Mars und Sonne. Die Position des Mars bezog sich auf einen bestimmten Fixstern. Nach genau einem Marsjahr musste der Mars also wieder in dieser Position zwischen Sonne und Fixstern sein. Die Erde war nun jedoch in einer anderen Position. Aus Tabellen konnte er hierfür den von der Erde aus beobachteten Stand des Mars und der Sonne entnehmen, in **B1** durch die farbigen Winkel angedeutet. So wurde durch Konstruktion der Ort E_2 gefunden. Dieses Verfahren hat Kepler für etwa 40 Bahnpunkte wiederholt. Es ergab sich mit großer Genauigkeit eine nahezu kreisförmige Bahn der Erde um die Sonne. Nachdem Kepler die Bahn der Erde um die Sonne mit Hilfe bereits vorliegender Daten gefunden hatte, drehte er die Konstruktion um, indem er nun die Bahn des Mars ableitete.

Die Kepler'schen Gesetze

Die Sterne am Himmel scheinen sich in regelmäßiger Weise um die Erde zu bewegen. Diese Regelmäßigkeit wurde zur Grundlage für die Zeitmessung. Die immer wiederkehrende Position von Sternen am Himmel diente Seefahrern zur Orientierung. Dies verlangte eine genaue Beobachtung des Himmels, um den Lauf der Sterne möglichst genau vorhersagen zu können. Der dänische Astronom **Tycho Brahe** (1546–1601) führte über zwanzig Jahre lang Messungen an Planeten mit bloßen Augen durch (→**B2**). Winkel wurden dabei mit Messfehlern unter 0,033° bestimmt.
Auf diese Ergebnisse stützte sich Kepler bei seiner Suche nach einem für alle Planetenbewegungen gültigen Gesetz. Bei seiner Suche nach einer richtigen Wiedergabe der Position von Mars und Erde bezüglich der Sonne ging Kepler zunächst von Kreisbahnen aus. Er hielt sie für die vollkommenste Bahnform und daher den Himmelskörpern angemessen. Brahes Daten passten auch gut, nur eine kleine Abweichung von 8 Winkelminuten zur vollkommenen Kreisform störte Kepler. Sein Vertrauen in die Messdaten war so groß, dass er die Abweichung als Fehler seiner Theorie ansah und den Lösungsansatz mit der Kreisform verwarf.

B1 Keplers Konstruktion von Erd- und Marsbahn um die Sonne

zu ermittelnde Bahn der Erde
Erde E_2 nach einem Marsjahr
Sonne
angenommene Kreisbahn des Mars
Fixsterne
Mars
Erde E_1

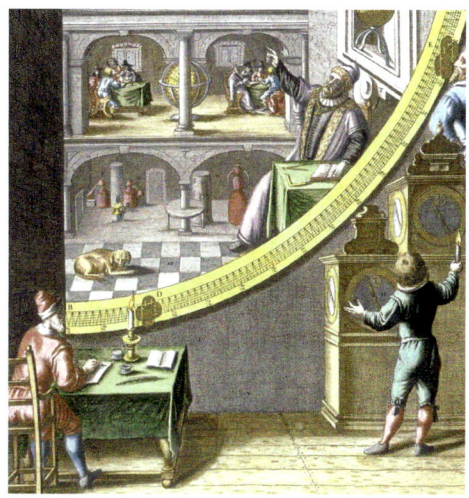

B2 Winkelmessung durch Tycho Brahe

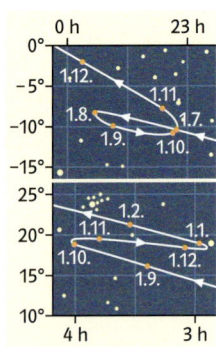

B1 Schleifen des Mars am Himmel in verschiedenen Jahren

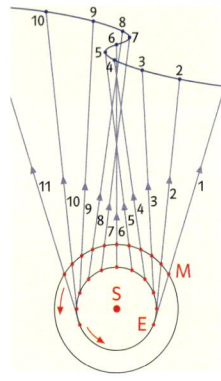

B2

Nach etwa 70 vergeblichen Versuchen fand er eine ihn zufriedenstellende Bahnform. Durch sie entdeckte er drei Gesetze, die nicht nur für den Mars, sondern auch für alle anderen Planeten Gültigkeit haben.

1. Kepler'sches Gesetz: Die Bahnen der Planeten sind Ellipsen. Die Sonne steht in einem der zwei Brennpunkte.
Die Ellipsen für die einzelnen Planeten weichen von der Kreisbahn in unterschiedlichem Maße ab. Die Erdbahn ist fast ein Kreis, die Bahnen von Merkur und Pluto* weichen am stärksten ab.

Die Beobachtungen zeigten ferner, dass die Geschwindigkeit der Planeten auf ihrer Bahn nicht konstant ist. Auf den Ellipsen ist sie in Sonnennähe am größten. Kepler fand heraus, dass trotz veränderlicher Geschwindigkeit für die Verbindungslinie zwischen Planet und Sonne eine Gesetzmäßigkeit gilt, die auch als Flächensatz bezeichnet wird (→B4):

2. Kepler'sches Gesetz: Die Verbindungsstrecke von der Sonne zum Planeten überstreicht in gleichen Zeitdauern Flächen mit gleichem Flächeninhalt.
Aus diesem Gesetz folgt, dass sich die Erde in Sonnennähe, wenn bei uns auf der Nordhalbkugel Winter ist, schneller als im Sommer, bei Sonnenferne, bewegt. Deshalb ist das Winter-

halbjahr (23.9.–21.3.) um rund eine Woche kürzer als das Sommerhalbjahr.

Zehn weitere Jahre benötigte Kepler, bis er aus den Beobachtungsdaten ein weiteres Gesetz über die Umlaufzeiten und Abstände der Planeten gewann. Es verknüpft verschiedene Planeten miteinander zu einem System der Sonne.

3. Kepler'sches Gesetz: Die Quadrate der Umlaufzeiten zweier Planeten verhalten sich wie die dritten Potenzen der großen Halbachsen der Planetenbahnen:

$$\frac{T_1^2}{T_2^2} = \frac{a_1^3}{a_2^3} \quad \text{oder} \quad \frac{T_1^2}{a_1^3} = \frac{T_2^2}{a_2^3} = \ldots = k$$

k ist eine Konstante des Sonnensystems. Mit den Daten für die Erde wird:

$$k = \frac{T^2}{a^3} = \frac{(31,5 \cdot 10^6\,\text{s})^2}{(149,6 \cdot 10^9\,\text{m})^3} = 2,96 \cdot 10^{-19}\,\frac{\text{s}^2}{\text{m}^3}$$

Die Kepler'schen Gesetze gelten in allen Fällen, in denen Himmelskörper sich um einen Zentralkörper bewegen, z. B. für Bewegungen von Mond und Satelliten um die Erde oder der Jupitermonde um den Jupiter. Dabei zeigt sich, dass die Konstante k für verschiedene Zentralkörper verschieden ist (→B3).

Die Kepler'schen Gesetze beschreiben die Ellipsenform der Planetenbahnen, die Bewegung der Planeten auf diesen Bahnen sowie den Zusammenhang zwischen den Umlaufzeiten und den Ellipsenachsen.

A1 ● Die scheinbare Bewegung des Mars gegenüber dem Fixsternhimmel zeigt manchmal schleifenförmige und manchmal s-förmige Bahnen (→B1). Erläutern Sie dies mit Hilfe einer Prinzipskizze wie in Grafik **B2**. Diskutieren Sie die Möglichkeit, an anderen Planeten ähnliche Bahnen zu beobachten. Nennen Sie die Bedingungen hierfür.

Name	Große Halbachse a in m	Umlaufzeit T in s	$k = \frac{T^2}{a^3}$ in $\frac{\text{s}^2}{\text{m}^3}$
Planeten der Sonne			
Merkur	$57,9 \cdot 10^9$	$7,6 \cdot 10^6$	$2,976 \cdot 10^{-19}$
Venus	$108,2 \cdot 10^9$	$19,4 \cdot 10^6$	$2,983 \cdot 10^{-19}$
Erde	$149,6 \cdot 10^9$	$31,5 \cdot 10^6$	$2,964 \cdot 10^{-19}$
Mars	$227,9 \cdot 10^9$	$59,9 \cdot 10^6$	$3,031 \cdot 10^{-19}$
Jupiter	$778,3 \cdot 10^9$	$3,75 \cdot 10^8$	$2,976 \cdot 10^{-19}$
Saturn	$1427 \cdot 10^9$	$9,3 \cdot 10^8$	$2,983 \cdot 10^{-19}$
Neptun	$4496 \cdot 10^9$	$52,0 \cdot 10^8$	$2,971 \cdot 10^{-19}$
Pluto*	$5900 \cdot 10^9$	$78,2 \cdot 10^8$	$2,978 \cdot 10^{-19}$
Satelliten der Erde			
Mond	$3,850 \cdot 10^8$	$2,361 \cdot 10^6$	$9,768 \cdot 10^{-14}$
Kiku-5	$4,216 \cdot 10^7$	$8,616 \cdot 10^4$	$9,901 \cdot 10^{-14}$
Kosmos-1876	$7,791 \cdot 10^6$	$6,848 \cdot 10^3$	$9,911 \cdot 10^{-14}$
Jupitermonde			
Io	$4,190 \cdot 10^8$	$1,529 \cdot 10^5$	$3,178 \cdot 10^{-16}$
Europa	$6,670 \cdot 10^8$	$3,068 \cdot 10^5$	$3,173 \cdot 10^{-16}$
Ganymed	$1,046 \cdot 10^9$	$6,182 \cdot 10^5$	$3,339 \cdot 10^{-16}$
Callisto	$1,872 \cdot 10^9$	$1,442 \cdot 10^6$	$3,170 \cdot 10^{-16}$

B3 Zum 3. Kepler'schen Gesetz (* Pluto zählt seit 2006 nicht mehr zu den Planeten.)

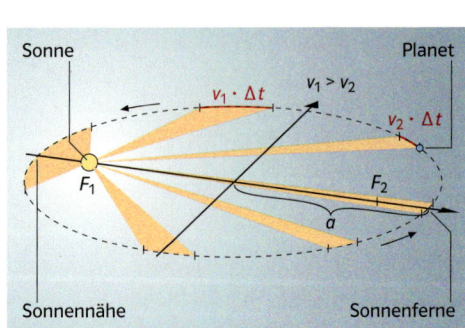

B4 Das 2. Kepler'sche Gesetz

4.3 Das Gravitationsgesetz

„Wenn zwei Steine an irgendeiner Stelle der Welt platziert werden, nahe beieinander, aber außerhalb der Einflusssphäre eines dritten Bezugskörpers, so würden die beiden Steine wie zwei magnetische Körper an einer dazwischenliegenden Stelle zusammenkommen, wobei sich jeder dem anderen um eine Strecke nähert, die der Masse des anderen proportional ist." (Johannes Kepler)

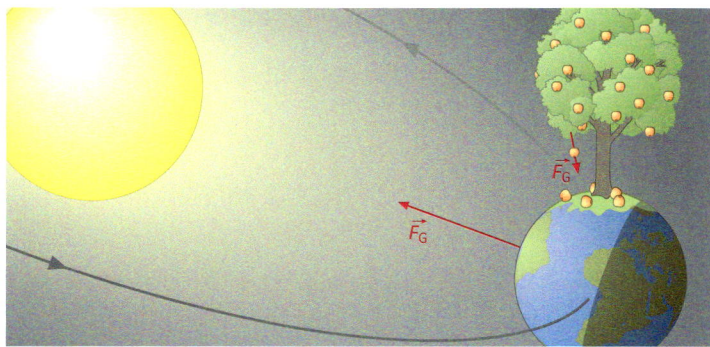

B1

Massenanziehung

Die Grundgleichung der Mechanik war Kepler nicht bekannt, sodass er die Bewegung der Planeten nicht mit Hilfe von Kräften erklären konnte. Er hatte zwar schon vermutet, dass zwischen Sonne und Planeten Kräfte wirken, doch erst Isaac Newton führte diesen Gedanken in einer Theorie aus. Newton hat in seinem Buch „Die mathematischen Prinzipien der Naturlehre" den Fall eines Apfels und die elliptische Bahn der Erde um die Sonne untersucht und auf die gleiche Ursache zurückgeführt (→**B1**). Er nannte die verursachenden Kräfte **Gravitationskräfte**.

Berechnung der Gravitationskräfte

Zur Untersuchung dieser Kräfte nahm Newton vereinfachend an, dass sich die Planeten mit konstantem Betrag der Geschwindigkeit auf Kreisbahnen um die Sonne bewegen. Diese Näherung erlaubt es, die Gesetze für die Kreisbewegung zu verwenden. Zudem setzte er voraus, dass man sich die Masse eines kugelförmigen Körpers in seinem Mittelpunkt vereinigt denken kann.

Damit ein Planet der Masse m_1 eine Kreisbahn mit dem Radius r um die Sonne beschreibt, muss auf ihn ständig eine Zentripetalkraft

$$F = m_1 \cdot \omega^2 \cdot r = m_1 \cdot \frac{4\pi^2}{T^2} \cdot r$$

wirken. T bezeichnet die Umlaufzeit des Planeten, r ist der Abstand der Mittelpunkte beider Körper.
Nach dem 3. Kepler'schen Gesetz ist der Quotient aus T^2 und r^3 konstant.

$$\frac{T^2}{r^3} = k \quad \text{bzw.} \quad T^2 = k \cdot r^3$$

Henry Cavendish
(1731 – 1810)

Damit ergibt sich für die Zentripetalkraft:

$$F = m_1 \cdot \frac{4\pi^2}{k \cdot r^3} \cdot r = C \cdot \frac{m_1}{r^2} \quad \text{mit} \quad C = \frac{4\pi^2}{k}$$

Wie k hängt auch C von dem Zentralkörper ab, um den die Planeten kreisen. Maßgebliche Größe für die Wechselwirkung zwischen Sonne und Planet ist neben dem Abstand r der Körpermittelpunkte ihre Masse. Newton postulierte daher auch, dass die Zentripetalkraft eine Folge der Eigenschaft „Masse" der Körper ist. Der Betrag der Zentripetalkraft wird von beiden Massen abhängen. Folglich ist es sinnvoll, neben der Masse m_1 des Planeten die Masse m_2 des Zentralkörpers Sonne in die Beziehung aufzunehmen, indem man für die Konstante $C = \gamma \cdot m_2$ setzt. γ ist eine neue Konstante.

Newton nahm weiterhin an, dass sowohl die Gewichtskraft eines Körpers auf der Erde als auch die Zentripetalkraft der Sonne auf einen Planeten Gravitationskräfte sind. Diese Verallgemeinerungen Newtons führen zu folgender Gleichung für die Gravitationskraft, die zwei beliebige Körper mit den Massen m_1 und m_2 im Abstand r aufeinander ausüben:

$$F = \gamma \cdot \frac{m_1 \cdot m_2}{r^2} \quad \text{mit} \quad \gamma = 6{,}67 \cdot 10^{-11} \frac{m^3}{kg \cdot s^2}$$

Man bezeichnet dieses Naturgesetz als **Newton'sches Gravitationsgesetz**. Die **Gravitationskonstante** γ ist eine universelle Konstante; sie hängt nicht von den Massen der beiden Körper ab.

Für zwei Körper mit je 1 kg Masse errechnet sich beim Abstand $r = 1\,m$ eine wechselseitige Anziehungskraft von $F = 6{,}67 \cdot 10^{-11}\,N$. Diese Kraft ist so klein, dass Newton ihre Messung und damit die Bestimmung der Gravitationskonstanten γ im Labor für unmöglich hielt. Erst 1798, also mehr als 100 Jahre nach der Entdeckung des Gravitationsgesetzes, gelang dies dem Engländer **Henry Cavendish**.

Zwei beliebige kugelförmige homogene Körper mit den Massen m_1 und m_2 im Abstand r üben gleich große, entgegengesetzt gerichtete Gravitationskräfte aufeinander aus. Für deren Betrag gilt:

$$F = \gamma \cdot \frac{m_1 \cdot m_2}{r^2} \quad \text{mit} \quad \gamma = 6{,}67 \cdot 10^{-11} \frac{m^3}{kg \cdot s^2}$$

B1 Gravitationskräfte halten Galaxien zusammen.

Die Ursache für die Gewichtskraft

Die Gewichtskraft, die an der Erdoberfläche auf einen Körper der Masse m wirkt, ist die Folge der Gravitationskräfte zwischen Körper und Erde (Masse m_E):

$$m \cdot g = \gamma \cdot \frac{m_E \cdot m}{r_E^2}, \text{ also: } g = \frac{\gamma \cdot m_E}{r_E^2}$$

Der Wert von g ist bekannt: $g = 9{,}81 \frac{m}{s^2}$

Damit lässt sich die Erdmasse m_E bei bekanntem Erdradius r_E und bekanntem γ bestimmen.

Der Mond der Masse m_M erfährt von der Erde im Abstand $r_M = 60 \cdot r_E$ zur Erde die Gravitationskraft:

$$m_M \cdot a = \gamma \cdot \frac{m_E \cdot m_M}{(60 \cdot r_E)^2}, \text{ d.h.: } a = \frac{\gamma \cdot m_E}{(60 \cdot r_E)^2}$$

Das Verhältnis $g : a$ ist demnach $3\,600 : 1$.

Mit den bekannten Werten für den Radius der Mondbahn ($r_M = 384\,000$ km) und der Umlaufzeit ($T = 27{,}3$ Tage) ergibt sich als Zentripetalbeschleunigung:

$$a_Z = \omega^2 \cdot r_M = \left(\frac{2\pi}{T}\right)^2 \cdot r_M = 2{,}72 \cdot 10^{-3} \frac{m}{s^2}$$

Für diese Zentripetalbeschleunigung $a_Z = a$ gilt in der Tat $3600 \cdot a = g$.

Die Hypothese, dass dieselbe Kraft sowohl in Erdnähe für die Gewichtskraft von Körpern als auch im Mondabstand für die Zentripetalkraft der Mondbahn gültig ist, hat schon Newton mit diesem Beispiel erläutert.

A1 ⊝ Die Masse der Sonne ist etwa 27 Millionen Mal so groß wie die des Mondes. Die Sonne ist etwa 400-mal so weit von der Erde entfernt wie der Mond. Bestimmen Sie das Verhältnis der auf der Erde entstehenden Gravitationskräfte von Sonne bzw. Mond.

Bestimmung der Gravitationskonstanten nach Cavendish

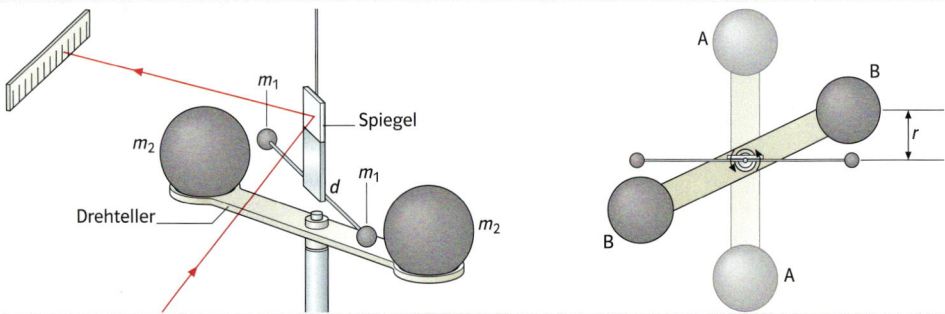

B2 Gravitationsdrehwaage

B3 Prinzip der Drehwaage mit je zwei Kugeln mit kleiner bzw. großer Masse

Aufgabe: Bestimmung der Gravitationskonstanten γ mit Hilfe der Gravitationsdrehwaage

Material: Gravitationsdrehwaage, Laser, Uhr, große Skala

Aufbau der Gravitationsdrehwaage: Im Gehäuse der Drehwaage hängt an einem dünnen Draht ein leichter Stab, an dessen Enden sich zwei kleine Bleikugeln befinden. In der Mitte des Stabes, der die kleinen Kugeln trägt, ist ein Spiegel angebracht (→B3 links).

Außerhalb der Drehwaage stehen den beiden kleinen Kugeln auf gleicher Höhe große Bleikugeln gegenüber. Sie sind auf einem Drehgestell angebracht, das es ermöglicht, die Position der großen Kugeln in Bezug auf die kleinen Kugeln zu verändern.

Durchführung und Beobachtung: Die großen Bleikugeln werden zunächst in Position A gebracht (→B3 rechts). Hier hat jede der großen Kugeln genau denselben Abstand zu den beiden kleinen Kugeln. (Weiter auf nächster Seite)

Der Laser wird auf den Spiegel gerichtet, der den Lichtstrahl auf eine 10 m entfernte Skala lenkt. Auf diese Weise werden auch sehr kleine Drehungen des Spiegels messbar. In Position A kann keine Drehbewegung registriert werden.

Die großen Kugeln werden nun vorsichtig in Position B geschwenkt. Der Lichtzeiger zeigt an, dass sich die kleinen Kugeln auf die großen zu bewegen.

Messung und Auswertung: Gemessen wird der zurückgelegte Weg x des Lichtzeigers auf der Skala ($\rightarrow$ B1) in Abhängigkeit von der Zeit t.

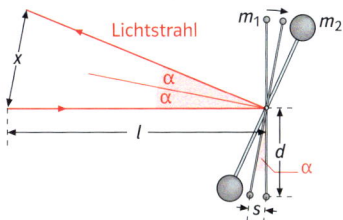

Lichtstrahl

m_1 m_2

x

α
α

l

d

α

s

B1 Bestimmung der Beschleunigung mit Hilfe der Bewegung des Lichtzeigers

Die Tabelle enthält mögliche Messwerte:

t in s	20	30	40	50	60
x in 10^{-3} m	3	8	15	24	34

Mit den folgenden Näherungen lässt sich aus der Messreihe zunächst die Kraft zwischen den Kugeln bestimmen.

Während der Messzeit bewegen sich die kleinen Kugeln nur um eine kleine Weglänge, sodass der Abstand zu den großen Kugeln als konstant angesehen werden kann. Daher kann von einer konstanten Kraft und einer konstanten Beschleunigung ausgegangen werden. Demnach gilt das Zeit-Ort-Gesetz der beschleunigten Bewegung $s = a \cdot t^2/2$, wobei s die Weglänge ist, die eine kleine Kugel in der Zeitdauer t zurücklegt. Bei bekannter Weglänge s lässt sich nach $a = 2s/t^2$ die Beschleunigung ermitteln.

Wenn die kleine Kugel die sehr kleine Weglänge s zurücklegt, bewegt sich der Lichtzeiger auf der Skala um die messbare Weglänge x. Aus der Geometrie der Versuchsanordnung ($\rightarrow$ B1) ergibt sich folgender Zusammenhang:

$\frac{\frac{1}{2}x}{l} = \frac{s}{d}$, d.h., es ist: $s = \frac{1}{2} \cdot \frac{x \cdot d}{l}$

Für die Beschleunigung erhält man dann:

$a = \frac{x \cdot d}{l \cdot t^2}$

Die Versuchsanordnung liefert folgende Werte:
Abstand Spiegel-Skala: l = 10 m
Länge des Querstange: $2d$ = 10 cm
Masse der großen Kugel: m_2 = 1,5 kg
Abstand der Mittelpunkte von großer und kleiner Kugel: r = 4,5 cm

Setzt man nun die Messwerte für x ein, ergeben sich folgende Beschleunigungswerte:

t in s	20	30	40	50	60
a in 10^{-8} m/s^2	3,8	4,4	4,7	4,8	4,7

Der Mittelwert für die Beschleunigung berechnet sich zu a = 4,5 · 10^{-8} m/s^2.

Die beschleunigende Kraft $F = m_1 \cdot a$ stimmt mit der Gravitationskraft zwischen der großen und der kleinen Kugel überein. Aus

$m_1 \cdot a = \gamma \cdot \frac{m_1 \cdot m_2}{r^2}$ folgt:

$\gamma = \frac{a \cdot r^2}{m_2}$

Der Abstand r der Mittelpunkte von großer und kleiner Kugel hat sich während der Bewegung kaum verändert, denn die von den Kugeln zurückgelegte Weglänge s ist sehr viel kleiner als r. Man darf daher von einem konstanten Abstand r = 4,5 cm ausgehen.

Mit der Masse m_2 = 1,5 kg der großen Kugel errechnet man schließlich für die Gravitationskonstante den Wert

γ = 6,1 · 10^{-11} m^3/(kg · s^2)

Dieser experimentell bestimmte Wert ist zu klein. Ursache dafür sind die Kräfte, die die großen Kugeln auf die weiter entfernten kleinen Kugeln ausüben und die der Bewegung entgegenwirken. Genauer gilt für die Gravitationskonstante:

γ = 6,67 · 10^{-11} m^3/(kg · s^2)

A1 ⊖ Begründen Sie die Lösungsansätze und die Rechnungen zur Bestimmung von γ. Werten Sie die zugehörige Messreihe in den Tabellen aus.

Das Entstehen der Gezeiten

Alle 24 Stunden und 50 Minuten steigt und sinkt an den Küsten der Meeresspiegel zweimal. Der Wechsel zwischen Niedrigwasser, Ebbe, und Hochwasser, Flut, heißt **Gezeiten** (→**B3**). Sie entstehen, weil sich die Erde in diesem Zeitraum unter zwei auf entgegengesetzten Seiten der Erde auftürmenden Wasserbergen hindurchdreht. An manchen Stellen der Erde sind die Gezeiten so stark, dass der „Tidenhub" zwischen dem höchsten Wasserstand bei Flut und dem niedrigsten Stand bei Ebbe den Betrieb von Wasserkraftwerken lohnend macht (→**B1**).

Alle 29 Tage wiederholen sich für einen Ort auf der Erde die Zeitpunkte der Gezeiten. Dies entspricht der Zeit für einen Umlauf des Mondes um die Erde. Es zeigt sich, dass die Gezeiten etwas mit der Gravitation und der Bewegung von Erde und Mond zu tun haben.

Körper auf der dem Mond zugewandten Seite haben einen kleineren Abstand zum Mond als solche auf der abgewandten Seite. Die Gravitationskraft weicht dort von der am Erdmittelpunkt wirkenden ab. Befinden sich drei Körper K_1, K_2 und K_3 mit gleicher Masse in einer Reihe vor dem Mond (→**B4**), so werden sie infolge seiner Gravitationskraft auf ihn zu beschleunigt:

$$a_{1G} = \gamma \cdot \frac{m_{Mond}}{(r+R)^2} \; ; \; a_{2G} = \gamma \cdot \frac{m_{Mond}}{r^2} \; ; \; a_{3G} = \gamma \cdot \frac{m_{Mond}}{(r-R)^2}$$

Da $a_{1G} < a_{2G} < a_{3G}$ ist, bleibt Körper K_1 gegenüber K_2 zurück und K_3 entfernt sich weiter von K_2. Das System K_1–K_2–K_3 dehnt sich also infolge der Gravitationskraft des Mondes aus.

Der Schwerpunkt des Systems Erde-Mond befindet sich im Erdinneren bei $\approx \frac{3}{4} R$. Bei einem Umlauf des Mondes beschreiben alle Punkte der Erde parallele, gleich große Kreise mit dem Radius $\approx \frac{3}{4} R$, jedoch mit verschiedenen Mittelpunkten (→**B5**). Die Zentripetalbeschleunigungen für K_1, K_2 und K_3

$$a_{1Z} = a_{2Z} = a_{3Z} = \omega^2 \cdot \frac{3R}{4} \; \text{mit} \; \omega = \frac{2\pi}{29\,d}$$

sind gleich und die die Gezeiten bildende Differenz $a_G - a_Z$ bleibt für jeden Punkt erhalten.

Dies ändert sich nicht, wenn man für K_1 und K_3 das Meer, für K_2 die Erde nimmt. Es bildet sich ein Wulst in Richtung der Verbindungslinie von Erde und Mond. Da die Mondbeschleunigung $\approx 10^7$-mal kleiner als die Erdbeschleunigung ist, wird sich das Meer kaum von der Erdoberfläche abheben. Nur in den nördlich bzw. südlich vom

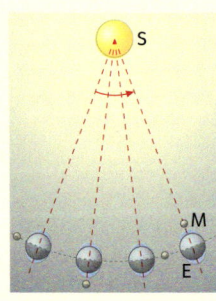

B2

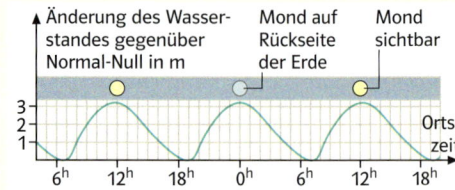

B3 Tidenhub und Mondstellung

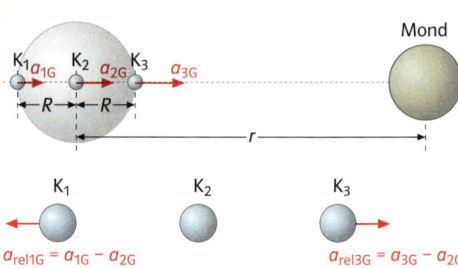

$a_{rel1G} = a_{1G} - a_{2G}$ $a_{rel3G} = a_{3G} - a_{2G}$

B4 Drei gleiche Körper werden entsprechend ihrem Abstand zum Mond unterschiedlich stark beschleunigt, sodass ihr gegenseitiger Abstand größer wird.

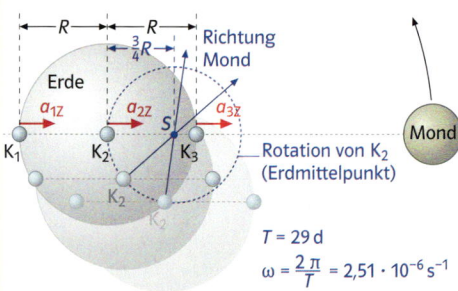

$T = 29\,d$

$\omega = \frac{2\pi}{T} = 2,51 \cdot 10^{-6}\,s^{-1}$

B5 Rotation des Systems Erde – Mond in 29 Tagen um eine Achse durch den gemeinsamen Schwerpunkt

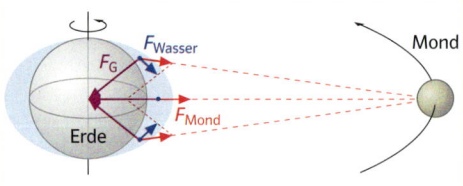

B6 Seitliches Zuströmen des Wassers ruft die Flutberge hervor.

Äquator gelegenen Breiten ruft ihre ständig wirkende tangentiale Komponente eine Ansammlung des Wassers zu Flutbergen hervor (→**B6**).

A1 ⊖ Bei einer Springflut steigt das Wasser besonders hoch, bei einer Nippflut besonders wenig. Zeigen Sie den Zusammenhang mit der Gezeitenwirkung der Sonne auf (→**B2**).

Punktweise Berechnung von Planetenbahnen

Bevor Sie diese Seite durcharbeiten, sollten Sie sich ein handelsübliches Programm zur Tabellenkalkulation besorgen und die Bedienung mit Texteingabe und Formeln sowie die Wiedergabe der Berechnungen in Diagrammen beherrschen.

Physiker versuchen, eine größere Zahl von Erscheinungen dadurch zu beschreiben, dass betrachtet wird, was allen gemeinsam ist. So kommt es zu einfachen Gesetzen, etwa $s(t) = a/2 \cdot t^2$. Soll aber beim freien Fall der Luftwiderstand berücksichtigt werden, so ist $a = g - k \cdot v^2$. Hieraus ist nur schwer ein $s(t)$-Gesetz zu gewinnen.

Kennt man nun zu einem Zeitpunkt die Größen s, v und a, so können schrittweise weitere Werte berechnet werden. Als Beispiel soll die Bahn eines Planeten mit der Masse m um einen ruhend gedachten Zentralkörper mit der Masse M berechnet werden. Das in einem vorangegangenen Kapitel beschriebene Euler-Verfahren soll hier verbessert werden.

Zweckmäßigerweise legt man die (ruhende) Sonne in den Ursprung des Koordinatensystems. Abbildung **B1** lässt erkennen, dass eine höhere Genauigkeit der schrittweise

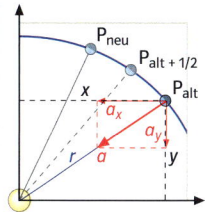

B1 Bewegung im Gravitationsfeld

berechneten Koordinaten dann zu erreichen ist, wenn nicht z. B. x, a und v für den jeweils gleichen Zeitpunkt berechnet werden, sondern stattdessen die Geschwindigkeit jeweils zur Zeitmitte zwischen zwei Zeitpunkten ermittelt wird.

Die Durchführung der Rechnungen lässt sich mit einer **Tabellenkalkulation** organisieren. Aus dem Gravitationsgesetz folgt für die Kraft, die auf den Planeten wirkt:

$$F = m \cdot a = -\gamma \cdot \frac{m \cdot M}{r^2}$$

Daraus folgt (→**B2**):

$$a = -\gamma \cdot \frac{M}{r^2} = -\frac{C}{r^2} \text{ mit } C = \gamma \cdot M \text{ und}$$

$$a_x = a \cdot \frac{x}{r} \text{ und } a_y = a \cdot \frac{y}{r}$$

Zum Zeitpunkt t habe der Planet den Ort $P_{alt}(x_{alt} | y_{alt})$, zum Zeitpunkt $t + \Delta t$ den Ort $P_{neu}(x_{neu} | y_{neu})$. Mit den gewählten Bezeichnungen gilt

$$x_{neu} = x_{alt} + v_{x(alt + \Delta t/2)} \cdot \Delta t \text{ und}$$

$$y_{neu} = y_{alt} + v_{y(alt + \Delta t/2)} \cdot \Delta t \text{ sowie}$$

$$r_{neu} = \sqrt{\left(x_{neu}^2 + y_{neu}^2\right)}$$

Daraus folgt:

$$a_{x, neu} = -\frac{C \cdot x_{neu}}{r_{neu}^3} \text{ und } a_{y, neu} = -\frac{C \cdot y_{neu}}{r_{neu}^3}$$

Die Geschwindigkeit in der Mitte des nächsten Zeitintervalles ist

$$v_{x(neu + \Delta t/2)} = v_{x(alt + \Delta t/2)} + a_{x, neu} \cdot \Delta t \text{ und}$$

$$v_{y(neu + \Delta t/2)} = v_{y(alt + \Delta t/2)} + a_{y, neu} \cdot \Delta t.$$

Mit den Anfangswerten $v_{x(0)}$ und $v_{y(0)}$ der beiden Geschwindigkeitskomponenten gewinnt man die entsprechenden Werte für den Zeitpunkt $\Delta t/2$ zu

$$v_{x(0 + \Delta t/2)} = v_{x(0)} + a_{x(0)} \cdot \frac{\Delta t}{2}$$

$$v_{y(0 + \Delta t/2)} = v_{y(0)} + a_{y(0)} \cdot \frac{\Delta t}{2}$$

	A	B	C	D	E	F	G	H
1	Bewegung im Gravitationsfeld							
2	x(0) = 0,5		vx(0) = 0		vx(Δt/2) = −0,04		C = 1	
3	y(0) = 0		vy(0) = 1,63		vy(Δt/2) = 1,63		Δt = 0,02	
4								
5	t	x(t)	y(t)	r(t)	ax(t)	ay(t)	vx(t+Δt/2)	vy(t+Δt/2)
6	0	0,5	0	0,5	−4	0	−0,04	1,63
7	0,02	0,4992	0,0326	0,50026	−3,9873	−0,26039	−0,11975	1,62479
8	0,04	0,49681	0,0651	0,50105	−3,94947	−0,51749	−0,19874	1,61444
9	0,06	0,49283	0,09738	0,50236	−3,88734	−0,76815	−0,27648	1,59908
10	0,08	0,4873	0,12937	0,50418	−3,80224	−1,0094	−0,35253	1,57889
11	0,1	0,48025	0,16094	0,5065	−3,69595	−1,23861	−0,42645	1,55412
12	0,12	0,47172	0,19203	0,50931	−3,57061	−1,45351	−0,49786	1,52505
13	0,14	0,46176	0,22253	0,51259	−3,42862	−1,65228	−0,56643	1,492

B2 Rechenblatt mit Halbschrittverfahren zur Gravitationsbewegung. Die Größen sind relativ, ohne Einheiten und der Einfachheit halber wurde $C = 1$ gesetzt.

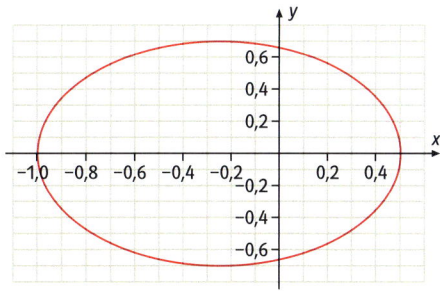

B3 Kepler'sche Ellipsenbahn nach der Tabellenkalkulation

A1 ● Bauen Sie das in Tabelle **B2** gezeigte Rechenblatt nach. Die Anfangswerte finden Sie im Tabellenkopf.

A2 ◐ Weisen Sie nach, dass sich nur dann eine Kreisbahn ergibt, wenn der Anfangswert für v_y durch $\sqrt{2}$ ersetzt wird.

Gravitationsgesetz und Gravitationskräfte

Beispiel ● Die Abbildung **B2** zeigt die Verteilung von Satelliten um die Erde.

B2 Etwa 70 000 Satelliten umkreisen die Erde.

Auffällig ist die Reihe von Satelliten, die die Erde wie ein schmaler Ring umgeben. Es handelt sich dabei um sogenannte geostationäre Satelliten, die die Erde in der Äquatorebene umkreisen und von der Erde aus betrachtet still am Himmel zu stehen scheinen.
a) Ordnen Sie die geostationären Satelliten der entsprechenden Bahn in Diagramm **B3** zu. Nutzen Sie die Informationen aus dem Diagramm und dem einleitenden Text, um Aussagen über die Bahnhöhe sowie die Umlaufdauer und den Umlaufsinn der Satelliten auf ihrer Bahn zu machen.

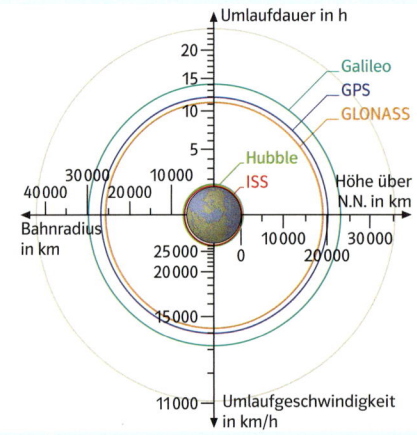

B3 Umlaufbahnen verschiedener Objekte um die Erde

b) Bestätigen Sie die Flughöhe dieser Satelliten durch eine Berechnung.
c) Die Abbildung **B1** zeigt Überholmanöver, an dem zwei Raumschiffe beteiligt sind. Zunächst umrunden die beiden Raumschiffe die Erde, ohne das Antriebssystem zu verwenden, auf derselben Umlaufbahn in etwa 7 000 km Höhe. Beschreiben Sie das Manöver und begründen Sie die dargestellte Vorgehensweise.

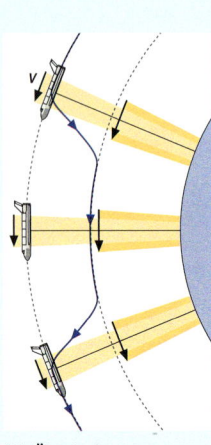

B1 Überholvorgang

Lösung a) Die Bahn der geostationären Satelliten entspricht im Diagramm **B3** der äußeren braun gezeichneten Bahn. Dem Diagramm entnimmt man, dass die Umlaufdauer etwa 24 h beträgt. Damit ist die Umlaufzeit gleich der Zeit für eine Erddrehung. Die Textaussage, dass diese Satelliten am Himmel zu stehen scheinen, bedeutet, dass der Umlaufsinn dieser Satelliten mit dem der Erddrehung übereinstimmt.
b) Zur Berechnung des Bahnradius bzw. der Bahnhöhe betrachtet man die auftretenden Kräfte: Damit der Satellit mit der Masse m_S auf einer Kreisbahn mit dem Radius r_S um die Erde läuft, muss auf ihn ständig eine Zentripetalkraft

$$F_Z = m_S \cdot \omega^2 \cdot r_S = m_S \cdot \frac{v^2}{r_S}$$

wirken. Im Fall der geostationären Bahnen ist diese Kraft gleich der Gravitationskraft, die zwischen Satellit und Erde wirkt:

$$F_G = \gamma \cdot \frac{m_S \cdot m_E}{r_S^2}$$

Durch Gleichsetzen erhält man

$$m_S \cdot \frac{v^2}{r_S} = \gamma \cdot \frac{m_S \cdot m_E}{r_S^2} \quad \text{und daraus}$$

$$v^2 = \gamma \cdot \frac{m_E}{r_S} \cdot \frac{r_E^2}{r_E^2} = g \cdot \frac{r_E^2}{r_S}$$

Für Kreisbahnen gilt:

$$v = \frac{r \cdot 2\pi}{T}, \quad \text{d.h.,}$$

$$\frac{(r_S \cdot 2\pi)^2}{T^2} = g \cdot \frac{r_E^2}{r_S} \quad \Leftrightarrow \quad r_S = \sqrt[3]{\frac{g \cdot r_E^2 \cdot T^2}{4\pi^2}}$$

Durch Einsetzen erhält man für den Radius der Satellitenbahn

$$r_S = 42 \cdot 10^6 \, \text{m}$$

Das entspricht einer Höhe von etwa $r_S - r_E = 36\,000$ km über der Erdoberfläche. Würden die Satelliten nicht in dieser Höhe und nicht in der Äquatorebene um die Erde laufen, so wären sie nicht stationär.
c) Solange sich die Raumschiffe auf derselben Umlaufbahn befinden, haben sie dieselbe Umlaufgeschwindigkeit und somit konstanten Abstand zueinander. Soll sich ein Raumschiff dem anderen annähern, muss es seine Umlaufzeit verringern.
Nach dem 3. Kepler'schen Gesetz ist dies auf einer tieferen Kreisbahn der Fall. Um zu sinken, bremst das Raumschiff mit Hilfe des Antriebssystems kurzzeitig ab. Hat es das andere Raumschiff überholt, so beschleunigt es, um wieder auf die höher liegende Bahn zurückzukehren.

A1 ⊝ Zwei Kugeln liegen auf einem Tisch, **B3** zeigt die entsprechende Anordnung.

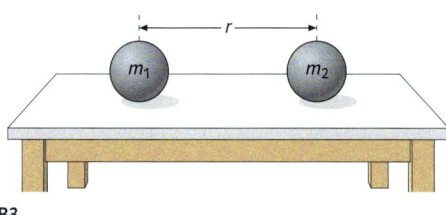

B3

a) Berechnen Sie die Gravitationskraft, die zu Beginn zwischen den Kugeln wirkt.
b) Berechnen Sie die Beschleunigung der beiden Kugeln zu Beginn der Bewegung, wenn keine Reibung besteht.
c) Machen Sie eine Aussage zum Treffpunkt unter der Annahme punktförmiger Massen.
d) Auch zwischen Sonne und Erde wirkt eine anziehende Kraft. Erklären Sie, weshalb sich beide nicht aufeinander zu bewegen.

A2 ⊝ Die Graphen in Diagramm **B1** ergeben sich aus langjährigen Beobachtungen der mittleren Bahnradien und Umlaufzeiten der Monde von Jupiter und Saturn.
a) Leiten Sie für Kreisbahnen eine Beziehung her, mit deren Hilfe Sie begründen können, dass im Diagramm Geraden entstehen.
b) Deuten Sie die unterschiedlichen Steigungen der Geraden.
c) Berechnen Sie die Masse von Jupiter und Saturn ($\gamma = 6{,}7 \cdot 10^{-11}\,\text{N}\,\text{m}^2/\text{kg}^2$).
d) Die Ortsfaktoren des Erdmondes und der Planeten haben unterschiedliche Werte (→**B2**). Geben Sie an, welche Ursachen diese unterschiedlichen Werte haben.

B1

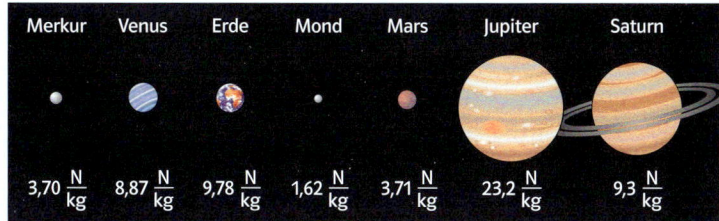

B2 Ortsfaktoren des Erdmondes und verschiedener Planeten

Merkur	Venus	Erde	Mond	Mars	Jupiter	Saturn
$3{,}70\,\frac{\text{N}}{\text{kg}}$	$8{,}87\,\frac{\text{N}}{\text{kg}}$	$9{,}78\,\frac{\text{N}}{\text{kg}}$	$1{,}62\,\frac{\text{N}}{\text{kg}}$	$3{,}71\,\frac{\text{N}}{\text{kg}}$	$23{,}2\,\frac{\text{N}}{\text{kg}}$	$9{,}3\,\frac{\text{N}}{\text{kg}}$

A3 ⊝ Die Erde mit der Masse m_E umläuft die Sonne in $T = 365$ Tagen angenähert auf einer Kreisbahn mit dem Radius $r_\text{E} = 1{,}5 \cdot 10^{11}\,\text{m}$.
a) Stellen Sie unter Berücksichtigung dieser Kenntnis eine Formel zur Berechnung der Sonnenmasse M auf.

b) Schätzen Sie den Druck p im Inneren der Sonne durch eine Berechnung mit folgendem Modell ab: Der Druck sei Folge der Gravitationskraft. Man denkt sich die Sonne (Radius R) in zwei Halbkugeln zerlegt (→**B4**).

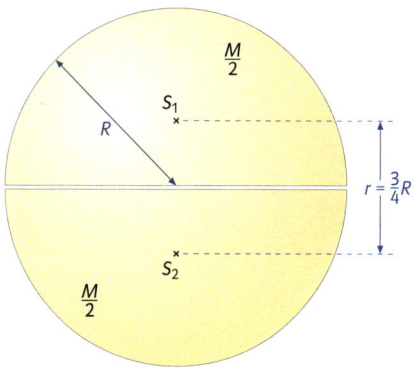

B4

Die Gravitationskraft greift in den Schwerpunkten S_1 bzw. S_2 an, deren Abstand $r = {}^3/_4\,R$ betrage. Die Sonnenmasse ist $M = 2 \cdot 10^{30}\,\text{kg}$.

A4 ⊝ *„Eine der großen Visionen stellt die Besiedlung anderer Planeten dar, für den Mars scheint dies nur eine Frage der Zeit zu sein. Allerdings ist unser Leben an die Gravitation der Erde angepasst: Knochenbau und Muskulatur des Menschen, aber auch die Zusammensetzung der Atmosphäre oder Wettererscheinungen werden durch sie bestimmt …"*

Der obige Text beschäftigt sich mit den veränderten Bedingungen, an die sich die Menschen bei Besiedlung anderer Planeten anpassen müssten. Eine wichtige Einflussgröße ist die Gravitationskraft.
a) Berechnen Sie Gewichtskraft und Sprunghöhe eines Menschen auf dem Mars, der eine Masse von 75 kg hat und auf der Erde eine Hürde von 1,5 m überspringen kann.
b) Stellen Sie sich vor, die Gravitationskonstante der Erde würde plötzlich um eine Zehnerpotenz zu- oder abnehmen. Beschreiben Sie Auswirkungen einer solchen Änderung.

A5 ⊝ Am 4.10.1957 umrundete mit Sputnik I zum ersten Mal ein künstlicher Himmelskörper die Erde. Die sowjetische Nachrichtenagentur TASS meldete dazu, dass der Körper in 950 km Höhe über der Erdoberfläche die Erde in 96,2 min umkreiste. Überprüfen Sie, ob die Daten in dieser Meldung richtig sein können.

Wenn sich die Körper berühren, so wirken Kräfte direkt von einem auf den anderen Körper. Berühren sie sich nicht, so müssten dazwischenliegende Körper die Kräfte weiterleiten. Was aber, wenn es wie z. B. im Weltraum keine dazwischenliegenden Körper gibt?

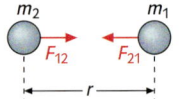

B1 Wechselseitig wirkende Gravitationskraft über beliebige Entfernungen hinweg

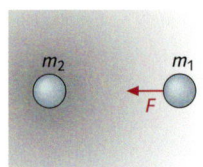

B2 Das Feld um den Körper der Masse m_2 übt die Kraft F auf den Körper der Masse m_1 aus.

Der Feldbegriff

Gäbe es im Weltall nur einen einzigen Körper mit der Masse m_1, so würde er seinen Bewegungszustand nicht ändern, weil es keine Kräfte gäbe. Erst ein zweiter Körper mit der Masse m_2 würde auf den ersten eine Gravitationskraft ausüben, die diesen in seine Richtung beschleunigte.

Jemand, der von der Existenz des zweiten Körpers nichts weiß, würde dennoch am Ort des ersten Körpers eine Kraft auf den Körper mit der Masse m_1 beobachten. Körper können aufgrund ihrer Masse über einen größeren Abstand r hinweg Gravitationskräfte aufeinander ausüben (→**B1**).

Eine von **Michael Faraday** stammende Modellvorstellung gibt eine Erklärung: Mittler von Kräften, die ein erster Körper auf einen von ihm entfernten zweiten Körper ausübt, ist ein **Feld**, das der erste Körper im Raum um sich verursacht (→**B2**). In diesem Feld wird mit den Kräften auch Energie weitergegeben.

Feldbeschreibungen

Ein Körper erfährt im Gravitationsfeld in jedem Punkt des Raumes eine Beschleunigung, die unabhängig von seiner Masse ist. An jedem Ort im Feld sind also beschleunigende Kraft F und Masse m des Körpers proportional zueinander: $F \sim m$ oder anders ausgedrückt:

$$\frac{F}{m} = G = \text{konstant}$$

Da die Kraft ein Vektor ist, ist auch $\vec{F}/m = \vec{G}$ ein Vektor. $\vec{G}$ ist nur vom Ort im Gravitationsfeld abhängig und eignet sich deshalb zu dessen Kennzeichnung, sie heißt daher auch **Gravitationsfeldstärke**.

Für die Gewichtskraft eines Körpers mit der Masse m gilt auf der Erde $\vec{F}_G = m \cdot \vec{g}$. Gravitationsfeldstärke und Fallbeschleunigung stimmen hier überein.

Felder werden mit **Feldlinien** (→**B3**) veranschaulicht. Das sind Linien, deren Richtung in jedem Punkt mit der Richtung der Kraft auf einen Körper übereinstimmt. Würde man zu jedem Punkt des Raumes eine Feldlinie zeichnen, ergäbe sich eine einheitliche Schwärzung. Deshalb werden nur so viele Feldlinien gezeichnet, wie zum Andeuten der Struktur des Feldes nötig ist.
In der Nähe eines Körpers liegen die Linien seines Feldes dichter als in der Ferne. Werden Feldlinien dichter gezeichnet, so veranschaulicht dies einen größeren Betrag der Kraft. Nach dem Gravitationsgesetz nimmt die Kraft mit dem Quadrat der Entfernung ab.

Wenn man sich weiter vom Zentrum eines **Radialfeldes** entfernt, so werden auch die Raumbereiche größer, in denen die Feldlinien annähernd parallel verlaufen (→**B3**, **B4**). Das bedeutet, dass die Feldstärke in allen Punkten des Raumbereichs gleich ist. Solche Felder werden als **homogene Felder** bezeichnet.

Im Raum um einen Körper besteht aufgrund seiner Masse ein Gravitationsfeld.
Das Feld ist durch die Kraft auf einen anderen Körper mit Masse nachweisbar.

Die Kraft auf einen Körper ist im Gravitationsfeld proportional zu dessen Masse m.
Der Quotient $\vec{F}/m$ heißt Gravitationsfeldstärke $\vec{G}$. Sie beschreibt das Feld unabhängig vom Körper.

A1 ◒ Kepler nahm an, dass es eine Anziehungskraft gäbe, die mit $1/r$ abnehmen sollte. Newtons Gravitationsgesetz sagt, dass die Kraft mit $1/r^2$ abnimmt. Geben Sie einfache Argumente an, die diese Annahmen unterstützen oder widerlegen.

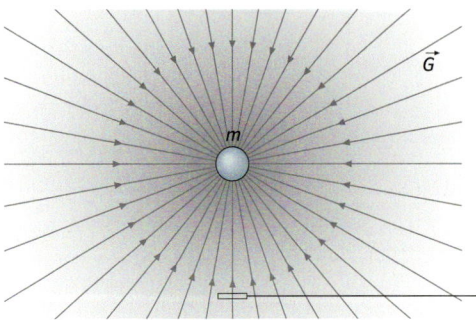

B3 Das radialsymmetrische Feld

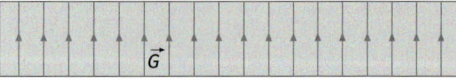

B4 Das homogene Feld

Energie und Arbeit im Gravitationsfeld

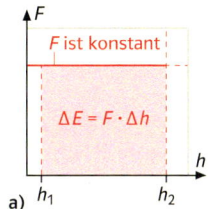

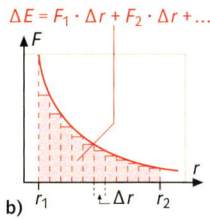

B1 Arbeitsdiagramm bei konstanter Kraft (a), nicht konstanter Kraft (b)

Arbeit im Gravitationsfeld bedeutet eine Übertragung von Höhenenergie: $W = \Delta E_H$.

In der Nähe der Erdoberfläche ist das Gravitationsfeld als homogen anzusehen. Die Änderung der Höhenenergie eines Körpers mit der Masse m lässt sich dann aus dem Unterschied $\Delta h = h_2 - h_1$ zwischen Ausgangshöhe h_1 und Endhöhe h_2 und der konstanten Gewichtskraft $F_G = m \cdot g$ berechnen. Unabhängig vom gewählten Weg ergibt sich

$$W = \Delta E_H = m \cdot g \cdot \Delta h = F_G \cdot \Delta h$$

Die Energieübertragung kann als Fläche in einem Arbeitsdiagramm dargestellt werden (→**B1a**). Aus dem Gravitationsgesetz folgt, dass bei größeren Höhenunterschieden die Gewichtskraft F_G nicht mehr als konstant betrachtet werden kann. Die im Weg-Kraft-Diagramm **B1b** hervorgehobene Fläche ist auch hier ein Maß für die Energieübertragung, um den Körper vom Ort P_1 in der Entfernung r_1 vom Erdmittelpunkt bis zum Ort P_2 in der Entfernung r_2 vom Erdmittelpunkt zu heben. Im Gravitationsfeld der Erde muss dafür die Arbeit W verrichtet werden, für die gilt:

$$W = \Delta E_H = \gamma \cdot m_E \cdot m \cdot \left(\frac{1}{r_1} - \frac{1}{r_2} \right)$$

Die Höhenenergie ändert sich für einen Weg senkrecht zu den Feldlinien nicht, weil Kraft- und Wegrichtung einen Winkel von 90° bilden. Auf einem beliebigen Weg trägt nur der Anteil des Weges zur Arbeit bei, der längs der Feldlinien verläuft (→**B2**).

Bezugshöhen für die Höhenenergie

Bei einem fallenden Körper wird Höhenenergie in Bewegungsenergie umgesetzt. Seine Höhenenergie ist nun gegenüber der Anfangshöhe negativ, bezüglich der Erdoberfläche aber weiterhin positiv. Die Höhenenergie ist also abhängig von der gewählten Bezugshöhe. Soll die Bezugshöhe die Erdoberfläche sein, so ist r_1 der Erdradius $r_E = 6{,}37 \cdot 10^6$ m. Für jeden Körper auf der Erdoberfläche ist dann die Höhenenergie $E_H = 0$.

Im Abstand $r_2 = r$ vom Erdmittelpunkt beträgt nun die Höhenenergie für einen Körper der Masse m:

$$E_H = \gamma \cdot m_E \cdot m \cdot \left(\frac{1}{6{,}37 \cdot 10^6 \, \text{m}} - \frac{1}{r} \right)$$

Als Bezugshöhe für die Höhenenergie wird auch häufig ein Punkt im Unendlichen gewählt (→**B3**). Dann ist der Term $1/r_1$ zu vernachlässigen und man erhält für $r = r_2$:

$$E_H = -\gamma \cdot \frac{m_E \cdot m}{r}$$

Höhenenergie und Potenzial

Der Quotient aus der Höhenenergie E_H und der Masse m eines Körpers ist nur von dessen Ort im Gravitationsfeld abhängig. Er kennzeichnet das Feld und wird als **Potenzial** φ bezeichnet. Mit einem Bezugspunkt im Unendlichen ergibt sich für einen Punkt P im Abstand r:

$$\varphi = \frac{E_H}{m} = -\gamma \cdot \frac{m_E}{r}$$

Um einen Körper der Masse m von einem Punkt P_1 mit dem Potenzial $\varphi(P_1)$ zu einem Punkt P_2 mit dem Potenzial $\varphi(P_2)$ zu bringen, ist die Energie $W = \Delta E_H = m \cdot (\varphi(P_2) - \varphi(P_1))$ zu übertragen.

Die übertragene Energie bzw. die Hubarbeit $W = \Delta E_H$ hängt im Gravitationsfeld nicht davon ab, auf welchem Weg der Körper von P_1 nach P_2 gelangt.

Liegt der Bezugspunkt für die Höhenenergie im Unendlichen, so gilt für die Höhenenergie E_H eines Körpers mit der Masse m im Abstand r vom Erdmittelpunkt:

$$E_H = -\gamma \cdot \frac{m_E \cdot m}{r}$$

A1 ● Legen Sie die Bedingungen dar, die für einen geostationären Satelliten erforderlich sind. Begründen Sie, weshalb die Masse des Satelliten keine Rolle spielt.

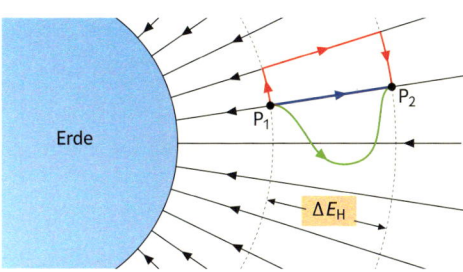

B2 Der Höhenunterschied bestimmt die Arbeit im Feld.

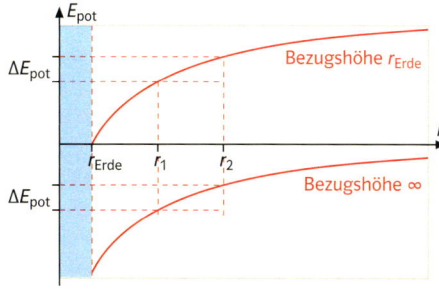

B3 Höhenenergie für zwei verschiedene Bezugshöhen

Gravitationsfeld und Potenzial

Beispiel ⊖ Raketen können eingesetzt werden, um z. B. Satelliten in eine stabile Umlaufbahn um die Erde zu transportieren, Menschen auf andere Himmelskörper zu bringen oder mit Sonden zur Erkundung des Alls unser Sonnensystems zu verlassen.

Unter Vernachlässigung von Reibungseffekten und der Eigenrotation der Erde lassen sich drei sogenannte kosmische Geschwindigkeiten berechnen. Sie stellen die Grenzwerte für die Geschwindigkeiten dar, mit der eine Rakete von der Erdoberfläche abgeschossen werden müsste, um auf die in **B1** gezeigten Bahnen zu gelangen.

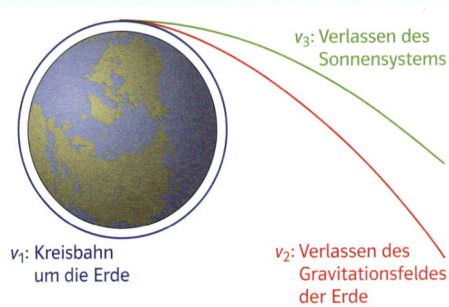

v_3: Verlassen des Sonnensystems

v_1: Kreisbahn um die Erde

v_2: Verlassen des Gravitationsfeldes der Erde

B1

a) „Wenn man einen Pfeil mit ausreichend hoher Geschwindigkeit horizontal abschießt, fällt er einmal um die Erde, bis er seinen Ausgangspunkt wieder erreicht." Bestätigen Sie diese Aussage, indem Sie die erste kosmische Geschwindigkeit für den Pfeil berechnen. Verwenden Sie dazu einen Kraftansatz.

b) Ein Körper, der mit der zweiten kosmischen Geschwindigkeit von der Erdoberfläche abge-

schossen wird, kann ohne weiteren Antrieb das Gravitationsfeld der Erde verlassen. Bestätigen Sie mit Hilfe eines Energieansatzes, dass zwischen der ersten und zweiten kosmischen Geschwindigkeit folgender Zusammenhang besteht: $v_2 = \sqrt{2} \cdot v_1$

Lösung a) Für einen Körper, der die Erde mit der Geschwindigkeit v_1 auf einer Kreisbahn mit Radius r umläuft, ist die Zentripetalkraft F_Z gleich der Gravitationskraft F_G:

$$m_K \cdot \frac{v_1^2}{r} = \gamma \cdot \frac{m_K \cdot m_E}{r^2}$$

Im Fall des Pfeils ist der Radius r gleich dem Erdradius $r_E = 6{,}37 \cdot 10^6$ m. Daraus folgt:

$$v_1^2 = \gamma \cdot \frac{m_E}{r_E} \quad \Rightarrow \quad v_1 = \sqrt{\gamma \cdot \frac{m_E}{r_E}}$$

Einsetzen ergibt die erste kosmische Geschwindigkeit:

$$v_1 = \sqrt{6{,}674 \cdot 10^{-11} \frac{m^3}{kg\,s^2} \cdot \frac{5{,}972 \cdot 10^{24}\,kg}{6{,}37 \cdot 10^6\,m}} = 7{,}91 \cdot 10^3 \frac{m}{s}$$

Ein Pfeil mit dieser Geschwindigkeit kann sich theoretisch auf einer Kreisbahn um die Erde bewegen, ohne herabzufallen. Aufgrund von Reibungseffekten ist eine solche Bewegung innerhalb der Erdatmosphäre aber unmöglich.

b) Ein Körper auf der Erdoberfläche besitzt bezogen auf einen Punkt im Unendlichen die Höhenenergie $E_H = -\gamma \cdot m_K \cdot m_E / r_E$. Diese Energie muss dem Körper als Bewegungsenergie $E_B = 1/2 \cdot m_K \cdot v^2$ zugeführt werden, um ihn aus dem Gravitationsfeld, also in unendlichen Abstand zur Erde zu bringen:

$$\gamma \cdot \frac{m_K \cdot m_E}{r_E} = \frac{1}{2} \cdot m_K \cdot v_2^2 \quad \Rightarrow \quad v_2^2 = 2\gamma \cdot \frac{m_E}{r_E}$$

$$v_2 = \sqrt{2\gamma \cdot \frac{m_E}{r_E}} = \sqrt{2} \cdot v_1$$

A1 ● **a)** Berechnen Sie die Hubarbeit, die an einem Satelliten mit der Masse 800 kg verrichtet werden muss, damit er in 200 km Höhe über dem Äquator kreisen kann.
b) Einen Teil der Energie für diese Kreisbahn liefert die Erddrehung. Erläutern Sie dies.

A2 ● Erde und Mond bilden zusammen ein System mit einem Gravitationsfeld.
a) Erläutern Sie das in **B2a** dargestellte Gravitationsfeld, wobei die Feldlinien grün, und die Kräfte rot eingezeichnet sind.
b) Legen Sie die Bedeutung des Punktes P im Feld dar. Geben Sie an, ob es weitere solcher Punkte im Feld von Erde und Mond gibt.
c) Interpretieren Sie Teilbild b).

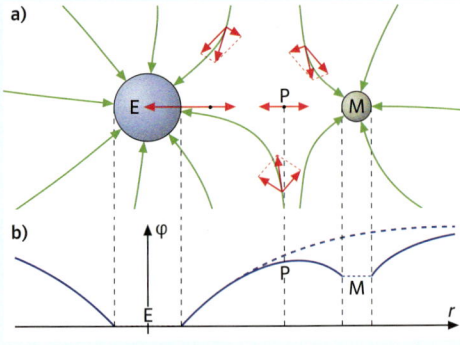

a)

b)

B2

Felder

Wenn man eine physikalische Größe in jedem Punkt des Raumes prinzipiell messen und somit ihre Wirkung erfassen kann, so spricht man von einem Feld.

Umgekehrt kann man also sagen: An jedem Punkt eines Feldes kann man die betrachtete physikalische Größe eindeutig angeben.

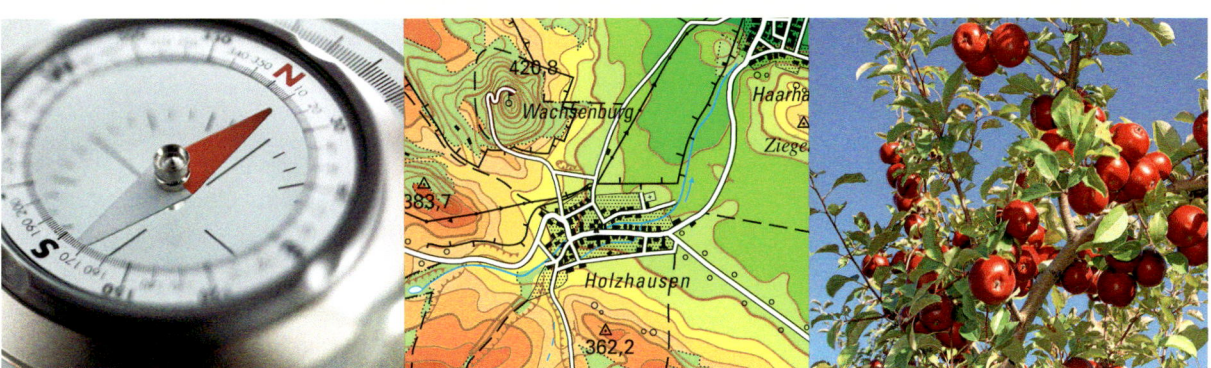

(Quasi-)Stationäres Feld   Ein stationäres Feld verändert sich nicht in Abhängigkeit von der Zeit; ein quasistationäres Feld verändert sich zwar, aber nur so unwesentlich, dass die Veränderung für eine Betrachtung ohne Bedeutung ist.

Beispiel: Das Magnetfeld der Erde ist quasistationär für einen Orientierungsmarsch.

Skalares Feld   Wenn man ein Feld einer physikalischen Größe betrachtet, die keine Richtung hat, so spricht man von einem skalaren Feld.

Beispiel: Die Höhenangaben der Erdoberfläche über dem Meeresspiegel ergeben ein skalares Feld.

Homogenes Feld   Ein Feld heißt (in einem gewissen Bereich) homogen, wenn die zugehörige Größe in Betrag und Richtung an allen Punkten gleich groß ist.

Beispiel: Das Gravitationsfeld der Erde ist in Erdnähe nahezu homogen, es spielt also keine Rolle, von welchem Ast auf dem Apfelbaum die Äpfel zu Boden fallen: Alle Äpfel fallen mit der gleichen Beschleunigung.

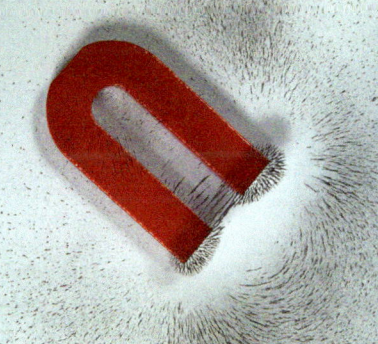

Instationäres Feld   Ein instationäres Feld verändert sich in Abhängigkeit von der Zeit sehr stark, sodass die Veränderung berücksichtigt werden muss.

Beispiel: Wenn man ein Kupferblech in die Flamme eines Bunsenbrenners hält, so ändert sich das Temperaturfeld anfangs sehr schnell. Es besteht selbst am anderen Ende Verbrennungsgefahr!

Vektorfeld   Viele physikalische Größen sind gerichtet, d.h., um sie zu charakterisieren muss man neben dem Betrag auch die Richtung angeben. Zu solchen Größen gehörende Felder nennt man Vektorfelder. Die Veranschaulichungen von Vektorfeldern werden daher oft mit Hilfe von Pfeilen realisiert.

Beispiel: Magnetfeld

Inhomogenes Feld   Wenn die betrachtete Feldgröße innerhalb (eines Teiles) des Raumes unterschiedlich groß ist (in Richtung oder Betrag), so spricht man von einem inhomogenen Feld.

Beispiel: Das Strömungsfeld in offenen Gewässern kann an manchen Stellen stark schwanken. Solche Wasserstrudel sind aber nicht immer von oben sichtbar, dies hat schon oft zu tödlichen Unfällen geführt.

Kepler'sche Gesetze   Diese beschreiben die Bewegungen von Planeten.

1. Kepler'sches Gesetz:
Die Bahnen der Planeten sind Ellipsen. Die Sonne steht in einem der zwei Brennpunkte.

2. Kepler'sches Gesetz:
Die Verbindungsstrecke von der Sonne zum Planeten überstreicht in gleichen Zeitdauern Flächen mit gleichem Flächeninhalt (→B1).

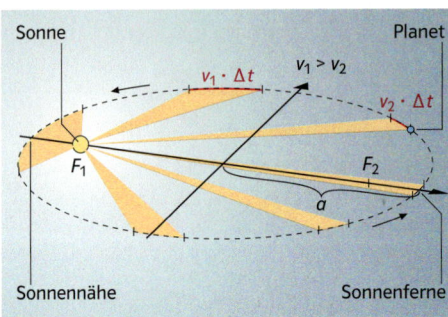

B1 Zum 2. Kepler'schen Gesetz

3. Kepler'sches Gesetz:
Die Quadrate der Umlaufzeiten T zweier Planeten verhalten sich wie die dritten Potenzen der großen Halbachsen a der Planetenbahnen:
$$\frac{T_1^2}{T_2^2} = \frac{a_1^3}{a_2^3}$$

Gravitationsgesetz   Zwei Körper mit den Massen m_1 und m_2 üben im Abstand r dem Betrag nach gleich große anziehende Gravitationskräfte aufeinander aus:
$$F = \gamma \cdot \frac{m_1 \cdot m_2}{r^2}$$

Satellitenbahnen   Die für die Kreisbahn eines Satelliten um die Erde notwendige Zentripetalkraft ist durch die Gravitationskraft gegeben:
$$F_Z = m_{Sat} \cdot \omega^2 \cdot r = \gamma \cdot m_{Sat} \cdot \frac{m_{Erde}}{r^2} = F_{Grav}$$

$$\Leftrightarrow \quad \omega^2 = \gamma \cdot \frac{m_{Erde}}{r^3} \quad \text{bzw.} \quad v^2 = \gamma \cdot \frac{m_{Erde}}{r}$$

Das bedeutet, dass Winkel- und Bahngeschwindigkeit unabhängig von der Masse des Satelliten sind.

Gravitationsfeld   Im Raum um einen Körper besteht aufgrund seiner Masse ein Gravitationsfeld. Es ist durch die Kraft auf einen anderen Körper mit Masse nachweisbar.

Die Kraft auf einen Körper ist im Gravitationsfeld proportional zu dessen Masse m. Der Quotient $\vec{F}/m$ heißt Gravitationsfeldstärke $\vec{G}$. Sie beschreibt das Feld unabhängig vom Körper.

Höhenenergie und Potenzial   Liegt der Bezugspunkt für die Höhenenergie im Unendlichen, so gilt für die Höhenenergie E_H eines Körpers mit der Masse m im Abstand r vom Erdmittelpunkt:
$$E_H = -\gamma \cdot \frac{m_{Erde} \cdot m}{r}$$

Der Quotient aus Höhenenergie E_H mit dem Bezugspunkt $P = \infty$ und der Masse m des Probekörpers heißt Potenzial $\varphi(P)$ des Feldes der Erde mit der Masse m_E:
$$\varphi(P) = \frac{E_H}{m} = -c \cdot \frac{m_E}{r}$$

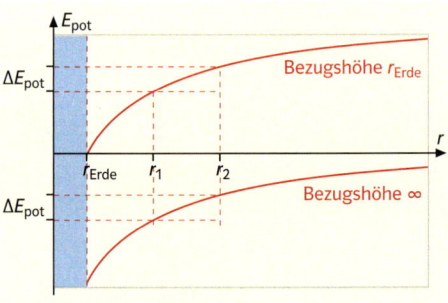

B2 Höhenenergie für zwei verschiedene Bezugshöhen

Hubarbeit W   Die Hubarbeit ist das Produkt aus der Masse m eines Körpers und der Potenzialdifferenz $\varphi_2 - \varphi_1$ bei End- und Anfangshöhe:
$$W = \Delta E_H = m \cdot (\varphi_2 - \varphi_1)$$

Die Hubarbeit hängt nicht davon ab, auf welchem Weg der Körper die Endhöhe erreicht.

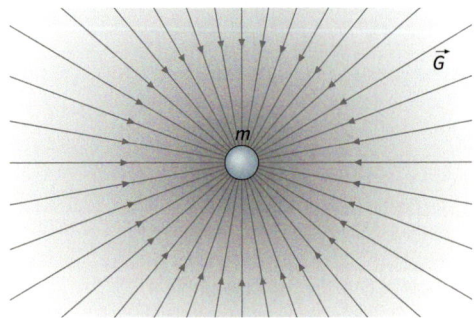

B3 Das Gravitationsfeld eines Körpers der Masse m

5 Schwingungen

Was zeichnet diese Bewegungsform aus?

Schwingung eines Federpendels

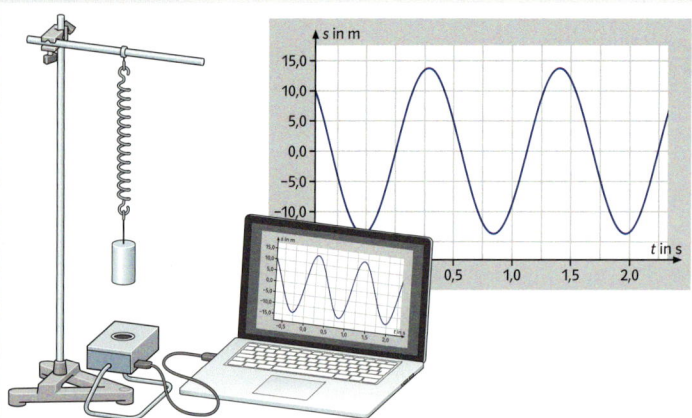

B1 Versuchsaufbau

Für diesen Versuch bietet sich die Aufnahme eines Videos und dessen Auswertung mit einem Videoanalyse-Programm an.

Aufgabe: Untersuchung der Bewegung eines Federpendels

Planung: Bahnkurven und Zeit-Ort-Diagramme liefern Aussagen darüber, wie sich ein Körper bewegt.

Material: Schraubenfeder mit bekannter Federkonstante, Körper mit der Masse m, Ultraschallsensor, Computerinterface mit PC

Durchführung:
a) Gemäß Abbildung **B1** wird der Körper an der Feder aufgehängt. Er befindet sich zunächst in der Ruhelage. Wird der Körper aus dieser Ruhelage ausgelenkt und losgelassen, schwingt er an der Feder auf und ab.
Der Versuch wird wiederholt, mit Hilfe eines Ultraschallsensors und eines Interfaces wird ein Zeit-Ort-Diagramm des Körpers aufgezeichnet (→**B1**).
b) Die Periodendauer T wird mit der Stoppuhr für verschiedene Massen und Federn gemessen.

Beobachtung:
a) Die Bahnkurve des Körpers ist eine Strecke. Diese durchläuft der Körper wiederholt symmetrisch zur Ruhelage.
b) Die Periodendauer T nimmt mit der Masse zu. Eine größere Federkonstante führt zu einer kleineren Periodendauer.

Auswertung: Die Zeit-Ort-Diagramme zeigen die sich wiederholenden Bewegungsabläufe. Es zeigt sich, dass der Körper stets die gleiche Zeitdauer T für eine vollständige Schwingung benötigt. Diese Zeitdauer ist nicht von der anfänglichen Auslenkung abhängig.

Das Diagramm ähnelt einer Sinuskurve. Durch Einbettung in ein Geometrieprogramm ist ein Vergleich möglich (→**B2**). Er zeigt, dass sich das aufgezeichnete Zeit-Ort-Diagramm durch eine Sinusfunktion mit der Gleichung

$$s(t) = A \cdot \sin(b \cdot t)$$

beschreiben lässt. Mit $b = 2\pi/T$ würde sich entsprechend der Beobachtung der Ablauf nach der Zeitdauer T wiederholen.

Beobachtungen über längere Zeit zeigen, dass sich der Bewegungsablauf nie ganz genau wiederholt, die Auslenkung des Körpers nimmt ab, bis die Bewegung schließlich ganz aufhört. Die Sinuskurve beschreibt also den Idealfall. Die Auswertung zeigt aber, dass die reale Situation damit für eine gewisse Zeit gut beschrieben wird. Mit dem Interface-System lassen sich auch das Zeit-Geschwindigkeit-Diagramm sowie das Zeit-Beschleunigung-Diagramm aufzeichnen (→**B3**).

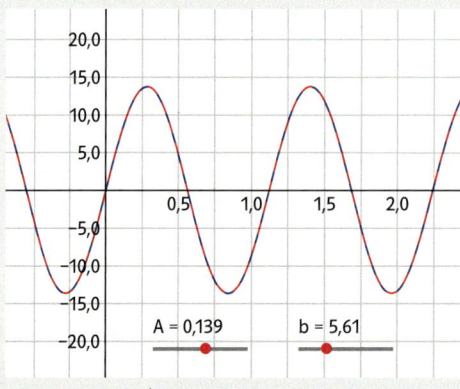

B2 Vergleich mit der Simulation

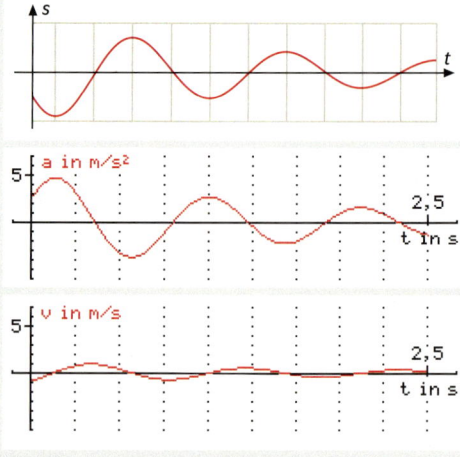

B3 t-s-, t-v- und t-a-Diagramm einer Schwingung

5.1 Merkmale von Schwingungen

In unserer Umwelt beobachten wir häufig Vorgänge, die sich wiederholen, z.B. die Bewegung einer Schaukel oder eines Uhrpendels, eines Bungee-Springers, einer klingenden Gitarrensaite.

Beschreibung von Schwingungen

Gleichartige Bewegungsabläufe, bei denen sich die Richtung immer wieder umkehrt und die sich nach einer bestimmten Zeit wiederholen, heißen **Schwingungen**. Schwingungsfähige Systeme bezeichnet man als **Oszillatoren**.

B2 zeigt die Aufzeichnung einer Federschwingung, die nach längerer Zeit zur Ruhe kommt. Der Ort, an dem sich der Körper dann befindet, heißt **Ruhelage**. Die momentane Entfernung von der Ruhelage heißt **Auslenkung** oder **Elongation s**. Ihr Maximalwert heißt **Amplitude s_M**. Schwingungen mit abnehmender Amplitude nennt man **gedämpfte Schwingungen**. Ist die Amplitude konstant, spricht man von einer **ungedämpften Schwingung**.

Periodische Bewegungen

Im Experiment lassen sich t-s-, t-v- und t-a-Diagramme eines schwingenden Federpendels aufzeichnen. **B3** zeigt das t-s-Diagramm eines solchen Pendels für die ersten 5 Sekunden. Die Amplitude scheint konstant zu sein, man nimmt das auch für den weiteren Verlauf der Bewegung an.
Eine solche idealisierte Schwingung kann man sich als ständige Wiederholung eines Bewegungsabschnittes, einer **Periode**, vorstellen. Die dafür benötigte Zeitdauer nennt man **Periodendauer T**. Der Quotient $f = \frac{1}{T}$ heißt **Frequenz** und gibt die Anzahl der Perioden in einer Sekunde an.

Zu Ehren von **Heinrich Hertz** (1857–1894) heißt die Einheit der Frequenz 1 Hertz (Hz): 1 Hz = 1/s. Bewegungen die sich auf diese Weise beschreiben lassen, nennt man **periodische Bewegungen**.

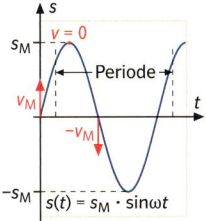

a) Zeit-Ort-Gesetz

$s(t) = s_M \cdot \sin\omega t$

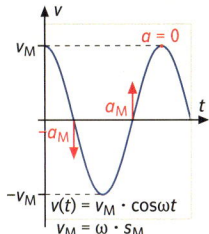

b) Zeit-Geschwindigkeit-Gesetz

$v(t) = v_M \cdot \cos\omega t$
$v_M = \omega \cdot s_M$

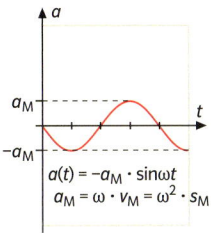

c) Zeit-Beschleunigung-Gesetz

$a(t) = -a_M \cdot \sin\omega t$
$a_M = \omega \cdot v_M = \omega^2 \cdot s_M$

B1 Bewegungsgesetze

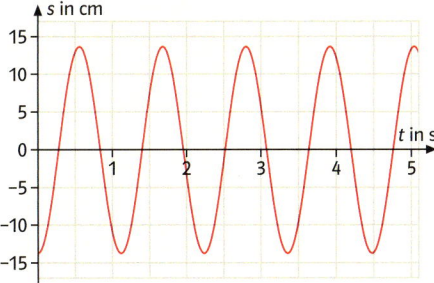

B3 Verlauf einer ungedämpften Schwingung

Die harmonische Schwingung

Das t-s-Diagramm der idealisierten Schwingung eines Federpendels ist eine Sinuskurve, die bei geeigneter Wahl des Koordinatensystems durch den Ursprung verläuft (→**B1a**). Solche Bewegungen heißen **harmonische Schwingungen**. Ihr Graph wird durch die Gleichung

$$s(t) = s_M \cdot \sin(\omega \cdot t)$$

beschrieben. Dabei ist s_M die konstante Amplitude, ω ein Faktor mit der Einheit 1/s, sodass $\omega \cdot t$ ein Zahlenwert ist. Im Bogenmaß kennzeichnet er einen Winkel. Dieser Winkel heißt **Phase** der Schwingung.

Zu Beginn, d.h., für $s(0) = 0$ bewegt sich der Oszillator aufwärts. Nach einer Periode passiert er mit $s(T) = s_M \cdot \sin(\omega \cdot T) = 0$ erneut bei der Aufwärtsbewegung die Ruhelage. Also muss $\omega \cdot T = 2\pi$ sein.
Die Steigung im t-s-Diagramm liefert zu jedem Zeitpunkt die Geschwindigkeit, die Steigung des so gewonnenen t-v-Graphen liefert die Beschleunigung (→**B1b, c**).

Schwingungen, deren t-s-Diagramm durch eine Sinuskurve beschrieben wird, heißen harmonische Schwingungen.
Für harmonische Schwingungen gelten folgende Bewegungsgesetze:

$s(t) = s_M \cdot \sin(\omega \cdot t)$ mit $\omega = 2\pi/T$

$v(t) = v_M \cdot \cos(\omega \cdot t)$ mit $v_M = \omega \cdot s_M$

$a(t) = -a_M \cdot \sin(\omega \cdot t)$ mit $a_M = \omega \cdot v_M = \omega^2 \cdot s_M$

A1 ○ Erklären Sie, was man unter einer harmonischen Schwingung versteht. Geben Sie an, unter welchen Voraussetzungen sie entsteht.

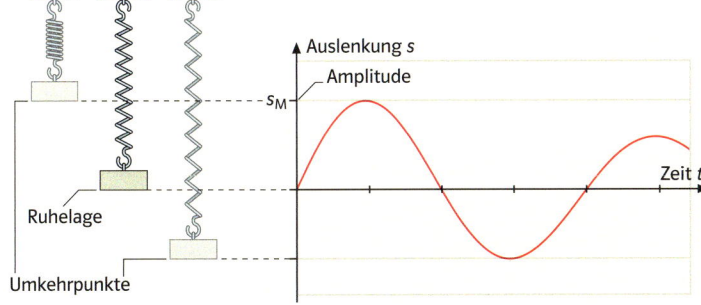

B2 Merkmale einer Schwingung

m in kg	D in N/m	T in s
0,1	9,0	0,7
0,2	9,0	1,0
0,3	9,0	1,2
0,3	6,0	1,4
0,3	3,0	2,0

B1 Dauer T einer Schwingung für verschiedene Massen und Federkonstanten

Kräfte bei der harmonischen Schwingung

Die Beschleunigung ist bei einer Schwingung nicht konstant. Diese Änderung der Beschleunigung wird durch eine sich ändernde Kraft verursacht. Aus der Grundgleichung der Mechanik folgt für einen harmonischen Oszillator:

$$F(t) = m \cdot a(t) = m \cdot a_M \cdot (-\sin(\omega \cdot t))$$

$$F(t) = -m \cdot \omega^2 \cdot s_M \cdot \sin(\omega \cdot t)$$

Mit dem Zeit-Ort-Gesetz ergibt sich

$$F(t) = -m \cdot \omega^2 \cdot s(t) = -D \cdot s(t) \text{ mit } D = m \cdot \omega^2$$

Dieser Zusammenhang zwischen Kraft und Auslenkung heißt **lineares Kraftgesetz**. Das Minuszeichen drückt aus, dass die Auslenkung und die Kraft entgegengesetzt gerichtet sind. Da die Kraft den Oszillator stets zur Ruhelage hin beschleunigt, bezeichnet man sie als **Rückstellkraft**.

Eine harmonische Schwingung zeichnet sich dadurch aus, dass Rückstellkraft und Auslenkung proportional zueinander sind.

Aus $D = m \cdot \omega^2$ und $\omega = 2\pi/T$ ergibt sich für die Periodendauer:

$$T = 2\pi \sqrt{\frac{m}{D}}$$

Beispiel: Ein Federpendel wird ausgelenkt (→**B2**). In der Ruhelage hebt die Federkraft die Gewichtskraft des schwingenden Körpers auf. Wird die Feder weiter gedehnt, dann ändert sich nur die Federkraft nach dem Hooke'schen Gesetz $F(t) = -D \cdot s(t)$.
Bei einem an einer Feder schwingenden Körper entspricht der Proportionalitätsfaktor D im linearen Kraftgesetz der Federkonstanten. Man kann umgekehrt zeigen, dass aus dem linearen Kaftgesetz das Zeit-Ort-Gesetz folgt.

Nicht-harmonische Schwingungen

Harmonische Schwingungen stellen einen Sonderfall dar, viele Schwingungsvorgänge im Alltag sind nicht harmonisch. Der Wagen in **B3** bewegt sich in der Mulde mit den geraden Wänden hin und her. Die Rückstellkraft, die auf ihn wirkt, ist die Komponente der Gewichtskraft parallel zur Bahn:

$$F_H = F_G \cdot \sin \alpha = m \cdot g \cdot \sin \alpha$$

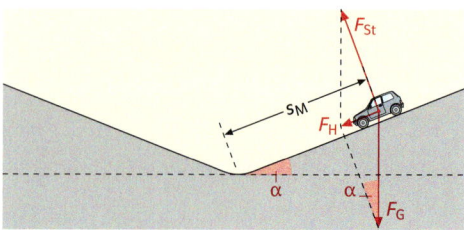

B3 Schwingung eines Wagens in einer Mulde

Der Betrag der Rückstellkraft ist unabhängig von der Elongation s, es liegt also keine harmonische Schwingung vor.
Weil die Kraft für alle Elongationen konstant ist, führt sie zu einer konstanten Beschleunigung des Wagens:

$$a = \frac{F}{m} = g \cdot \sin \alpha$$

Bei einer geradlinigen Bewegung mit konstanter Beschleunigung gilt:

$$s(t) = \frac{1}{2} a \cdot t^2$$

Bei einer Amplitude s_M erhält man für die Periodendauer der Schwingung:

$$4 s_M = \frac{1}{2} a \cdot T^2 \quad \Leftrightarrow \quad T = 2\sqrt{\frac{2 s_M}{a}}$$

Im Gegensatz zur harmonischen Schwingung ist die Periodendauer einer nicht-harmonischen Schwingung von der Anfangsauslenkung abhängig.

Bei einer harmonischen Schwingung gilt das lineare Kraftgesetz: Rückstellkraft F und Auslenkung s sind proportional zueinander: $F = -D \cdot s$

Gilt für einen Oszillator das lineare Kraftgesetz, so ergibt sich eine harmonische Schwingung mit der Periodendauer

$$T = 2\pi \sqrt{\frac{m}{D}}.$$

A1 ⊝ a) Bestätigen Sie die Formel für die Periodendauer mit Hilfe der Messwerte in Tabelle **B1**.
b) Überprüfen Sie das Gesetz für die Periodendauer experimentell.

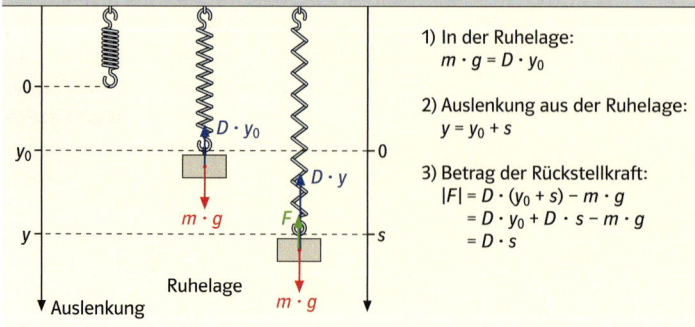

1) In der Ruhelage:
   $m \cdot g = D \cdot y_0$

2) Auslenkung aus der Ruhelage:
   $y = y_0 + s$

3) Betrag der Rückstellkraft:
   $|F| = D \cdot (y_0 + s) - m \cdot g$
   $= D \cdot y_0 + D \cdot s - m \cdot g$
   $= D \cdot s$

B2

Die Ableitung in der Physik

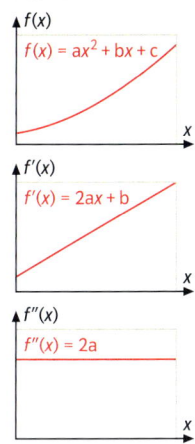

$f(x)$

$f(x) = ax^2 + bx + c$

$f'(x)$

$f'(x) = 2ax + b$

$f''(x)$

$f''(x) = 2a$

B1

Aus dem Mathematik-Unterricht sind der Begriff sowie die grundlegenden Gesetze der Ableitung bekannt. Betrachtet man eine ganzrationale Funktion 2. Grades erhält man mit Hilfe der Potenz- und Summenregel folgende Ableitungen:

$f(x) = ax^2 + bx + c$
$f'(x) = 2ax + b$ (oder $df/dx = 2ax + b$)
$f''(x) = 2a$ (oder $(d^2f)/(dx^2) = 2a$)

In der Physik werden Vorgänge bzw. Funktionen häufig nicht in Abhängigkeit von x, sondern von der Zeit t untersucht. Ein Beispiel ist das Zeit-Ort-Gesetz $s(t)$ einer beliebigen Bewegung: $f(x) \triangleq s(t)$

Auch in der Physik werden Funktionen abgeleitet, um z.B. die zeitliche Änderung einer Größe zu erfassen. Bei der Ableitung einer Funktion nach t wird anstelle der „Strich-Schreibweise" eine „Punkt-Schreibweise" genutzt:

$f(x) \qquad \triangleq \quad s(t)$
$f'(x) = df/dx \quad \triangleq \quad \dot{s}(t) = ds/dt$
$f''(x) = d^2f/dx^2 \quad \triangleq \quad \ddot{s}(t) = d^2s/dt^2$

Beispiel: beschleunigte Bewegung Die Gleichung $s(t)$ für die geradlinige beschleunigte Bewegung mit konstanter Beschleunigung a_0, der Anfangsgeschwindigkeit v_0 und einer zum Zeitpunkt $t = 0$ s zurückgelegten Strecke s_0 lautet: $s(t) = \frac{1}{2}a_0 \cdot t^2 + v_0 \cdot t + s_0$

Leitet man diese Funktion zweimal nach t ab, ergeben sich folgende Gleichungen:
$\dot{s}(t) = a_0 \cdot t + v_0$
$\ddot{s}(t) = a_0$

Ein Vergleich der bisher bekannten Gleichungen für die Geschwindigkeit $v(t)$ und Beschleunigung $a(t)$ der Bewegung zeigt, dass $\dot{s}(t) = v(t)$ und $\ddot{s}(t) = \dot{v}(t) = a(t)$ ist. Dieser Zusammenhang ist allgemein gültig.

Beispiel: harmonischer Oszillator Bei einer harmonischen Schwingung verursacht die Rückstellkraft $F = -D \cdot s$ die Beschleunigung des Oszillators. Nach dem Grundgesetz der Mechanik folgt $F = m \cdot a = -D \cdot s$.

Auslenkung s, Geschwindigkeit v und Beschleunigung a sind Funktionen der Zeit. Für sie gilt:

$v(t) = \dot{s}(t)$ und $a(t) = \dot{v}(t) = \ddot{s}(t)$

Ableitungsregeln für Sinus und Cosinus:

$f(x) = \sin(x)$
$f'(x) = \cos(x)$
$f''(x) = -\sin(x)$
$f'''(x) = -\cos(x)$
$f^{(4)}(x) = \sin(x)$

Ableitungsregel für verkettete Funktionen (Kettenregel):

$f(x) = u(v(x))$

$f'(x) = v'(x) \cdot u'(v(x))$

„innere Ableitung mal äußere Ableitung"

Beispiel:

$f(x) = (5x^2)^4$

$f'(x) = \underbrace{10x}_{\substack{\text{innere} \\ \text{Ableitung}}} \cdot \underbrace{4(5x^2)^3}_{\substack{\text{äußere} \\ \text{Ableitung}}}$

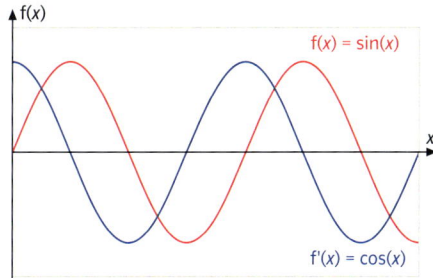

$f(x)$

$f(x) = \sin(x)$

$f'(x) = \cos(x)$

B2

Damit erhält man die Differenzialgleichung:

$m \cdot \ddot{s}(t) = -D \cdot s(t) \iff m \cdot \ddot{s}(t) + D \cdot s(t) = 0$

Gesucht ist eine Funktion, die im Wesentlichen mit ihrer zweiten Ableitung übereinstimmt. Diese Eigenschaft haben die Sinus- bzw. Kosinusfunktionen. Der einfachste Lösungsansatz ist:

$s(t) = s_M \cdot \sin(\omega \cdot t)$

Damit erhält man für $v(t)$ und $a(t)$:

$v(t) = \dot{s}(t) = s_M \cdot \omega \cdot \cos(\omega \cdot t)$ und

$a(t) = \dot{v}(t) = \ddot{s}(t) = -s_M \cdot \omega^2 \cdot \sin(\omega \cdot t)$

Setzt man dies in die Differenzialgleichung ein, so ergibt sich:

$(D - m \cdot \omega^2) \cdot s_M \cdot \sin(\omega \cdot t) = 0$

Damit die Gleichung für alle t erfüllt ist, muss die Differenz in der Klammer null sein. Dies liefert eine Aussage über die Periodendauer T einer harmonischen Schwingung:

$D = m \cdot \omega^2 \iff \omega = \sqrt{\dfrac{D}{m}} \iff T = 2\pi\sqrt{\dfrac{m}{D}}$

Sie kann experimentell überprüft werden.

A1 ○ Folgende Bewegungsgleichung ist bekannt: $s(t) = 12\,\text{m/s}^2 \cdot t^2 + 2{,}5\,\text{m/s} \cdot t + 100\,\text{m}$. Bestimmen Sie $v(t)$ und $a(t)$.
Zeigen Sie mit Hilfe der Ableitung, dass bei einer gleichförmigen Bewegung mit $s(t) = v_0 \cdot t$ die Geschwindigkeit unabhängig von der Zeit und die Beschleunigung null ist.

A2 ◕ Zeigen Sie, dass die Bewegung eines harmonischen Oszillators auch mit Hilfe der Kosinusfunktion gelöst werden kann. Beweisen Sie, dass eine Phasenverschiebung ($\varphi_0 \neq 0$) keinen Einfluss auf die Periodendauer T hat!

Schwingungen in der Zeigerdarstellung

Vergleich von Schwingung und Kreisbewegung
Schwingung und Kreisbewegung sind periodische Bewegungen mit der Periodendauer T. Um sie vergleichen zu können, werden ein Federschwinger und eine vertikal ausgerichtete Kreisscheibe nebeneinander angeordnet. Auf der Kreisscheibe, die mit der Winkelgeschwindigkeit $\omega = 2\pi/T$ rotiert, ist im Abstand r von der Achse ein Korken befestigt.

Nach einer Feinabstimmung beider Anordnungen beobachtet man in den Schattenwürfen des rotierenden Korkens und des Federschwingers eine Übereinstimmung der Bewegungen (→B1).

Ableitung des Zeigermodells   Der Schattenwurf eines gleichförmig auf einem Kreis umlaufenden Körpers führt also ebenfalls eine harmonische Schwingung aus. Dies führt zur Beschreibung der harmonischen Schwingung durch einen rotierenden Zeiger. Tabelle **B3** zeigt, welche Größen sich entsprechen.

In **B2** gilt für die Projektion der Kreisbewegung auf die s-Achse nach der Definition des Sinus

$$s(t) = r \cdot \sin\varphi(t)$$

Schwingung	Kreisbewegung
Federpendel	Zeiger $\vec{r}$
Periodendauer T	Umlaufzeit T
Amplitude s_M	Zeigerlänge r
Phasenwinkel $\omega \cdot t$	Winkel $\varphi(t) = \omega \cdot t$
Auslenkung $s(t)$	Projektion des Zeigers

B3 Entsprechende Größen einer Schwingung und einer Kreisbewegung

Bei einem vollen Umlauf hat die Zeit t um die Umlaufdauer T und der Winkel φ um 2π zugenommen.
Der Quotient $2\pi/T = \omega$ heißt Kreisfrequenz. Wegen der Gleichförmigkeit der Kreisbewegung kann φ durch $(2\pi/T) \cdot t = \omega \cdot t$ ersetzt werden.

Ermittelt man zu verschiedenen Zeitpunkten die Projektion s_p bzw. berechnet sie mit $s_p = r \cdot \sin(\omega \cdot t)$ und trägt die Ergebnisse in das Koordinatensystem ein, so entsteht übereinstimmend das bekannte Schwingungsbild (→B2).

Mit der Auslenkung s für s_p, der Periodendauer T für die Umlaufdauer T und der Amplitude s_M für r ergibt sich das Zeit-Ort-Gesetz der harmonischen Schwingung $s(t) = s_M \cdot \sin(\omega \cdot t)$. Die Komponenten der Bahngeschwindigkeit $v_B = \omega \cdot r$ und der Zentripetalbeschleunigung $a_Z = \omega^2 \cdot r$ senkrecht zur Projektionsrichtung liefern Geschwindigkeit v und Beschleunigung a des Schattens, d.h. der harmonischen Schwingung (→B1).

Darstellung mehrerer Schwingungen   In **B2** beginnt der Zeiger Z_2 nicht mit $\varphi(0) = 0$ zu rotieren, sondern mit $\varphi(0) = \varphi_0$. Entsprechend beginnt die Schwingung 2 mit einer von null verschiedenen Elongation. φ_0 ist die Phasenverschiebung zwischen den Schwingungen. Haben beide Schwingungen die gleiche Periodendauer, dann rotieren die Zeiger mit gleicher Winkelgeschwindigkeit und die Phasenverschiebung ändert sich nicht. Die unterschiedliche Zeigerlänge kennzeichnet verschiedene Amplituden.

A1 ● Erläutern Sie **B1** und leiten Sie das t-v- und das t-a-Gesetz der harmonischen Schwingung her.

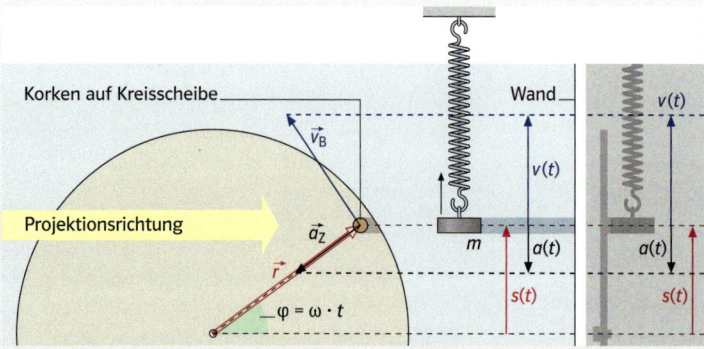

B1 Die Projektion der Kreisbewegung verläuft wie eine Schwingung.

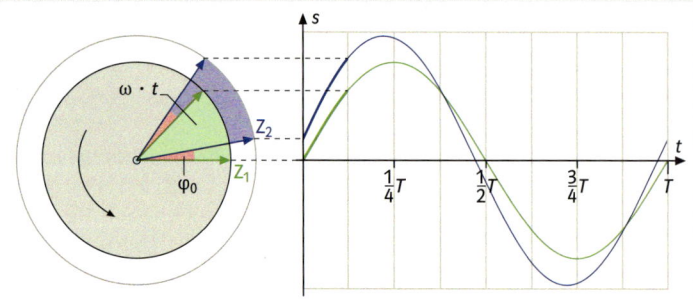

B2 Zeiger für zwei Schwingungen

Ermittlung von Periodendauern

Aufgabe: Die Periodendauer ist ein wichtiges Merkmal einer Schwingung. Am Beispiel des Federpendels soll untersucht werden, wie sie mit anderen Parametern zusammenhängt.

Hinweis: Um genauere Ergebnisse zu erhalten, erfolgt die Messung der Periodendauern jeweils über 10 Perioden.

Durchführung: Die Periodendauer ergibt sich aus dem Zusammenspiel von antreibender Kraft (z. B. bestimmt durch die Federkonstante D) und Trägheit (bestimmt durch die Masse m des schwingenden Körpers). Die Messung von T erfolgt in zwei Schritten.

1. Schritt: D = konstant, m wird variiert

D = 7,7 N/m						
m in kg	0,05	0,10	0,15	0,20	0,25	0,30
$10\,T$ in s	5,2	7,3	8,8	10,1	11,2	12,2
$T/\sqrt{m}$	2,31	2,31	2,27	2,25	2,24	2,23

Die Messpunkte werden in ein m-T-Diagramm eingetragen ($\rightarrow$**B1**). Unter der Annahme, dass auch ein Messpunkt im Ursprung liegt, ähnelt eine geeignete Ausgleichskurve dem Graphen einer Wurzelfunktion mit der Gleichung

$$T = k \cdot \sqrt{m}$$

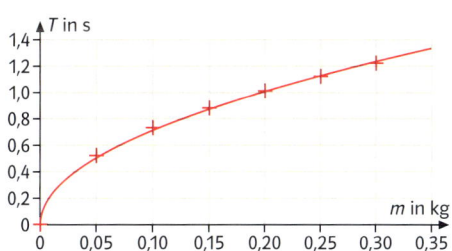

B1 m-T-Diagramm

Eine Kurvenanpassung ergibt $k = 2{,}25$, die Messwerte liefern einen Mittelwert $k = 2{,}27$.

2. Schritt: m = konstant, D wird variiert

m = 0,20 kg			
D in N/m	7,7	3,9	2,6	1,9
$10\,T$ in s	10,1	14,7	16,9	20,1
$T \cdot \sqrt{D}$	2,8	2,9	2,8	2,7

Mit abnehmender Federkonstante D nimmt T zu. Im einfachsten Fall bestünde ein antiproportionaler Zusammenhang, dann müsste T für $D = 1{,}9\,\text{N/m}$ etwa doppelt so groß sein wie für $D = 3{,}9\,\text{N/m}$. Dies trifft aber nicht zu.

Hier hilft eine Einheitenbetrachtung weiter:

$$\frac{\text{Einheit } m}{\text{Einheit } D} = \frac{\text{kg}}{(\text{kg} \cdot \text{m})/(\text{m} \cdot \text{s}^2)} = \text{s}^2$$

Demnach müsste die Wurzel aus m/D die richtige Einheit Sekunde ergeben, $T \cdot \sqrt{D}$ müsste konstant sein. Da sich beides bestätigt, ist also

$$T = c \cdot \sqrt{\frac{m}{D}}$$

Eine Berechnung der Konstanten aus jeweils drei zusammengehörenden Messwerten z. B. $T = 1{,}01\,\text{s}$, $m = 0{,}20\,\text{kg}$ und $D = 7{,}7\,\text{N/m}$ ergibt $c = 6{,}27$. Dieser Wert liegt nahe bei 2π, also dem Wert, der sich aus der Theorie ergibt.

A1 ⊖ Ermitteln Sie zur 2. Messung mit einem Ihnen bekannten Verfahren eine Ausgleichskurve. Beschreiben Sie Ihre Vorgehensweise im Sinne einer Anleitung.

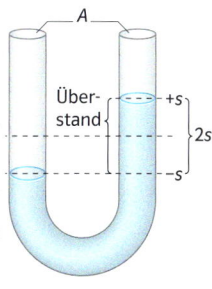

B2 Auslenkung der Wassersäule

Aufgabe: Eine Wassersäule in einem U-Rohr kann eine Schwingung ausführen. Wenn man zeigen kann, dass ein lineares Kraftgesetz gilt, ist T aus der Formel für harmonische Schwingungen zu berechnen. Die Periodendauer dieser Schwingung soll bestimmt werden.

Durchführung: In der Ruhelage stehen die Wassersäulen in den beiden Schenkeln gleich hoch. Die Elongation wird gemäß **B2** gemessen. Es schwingt die gesamte Wassersäule mit der Länge l und der Masse m. Die Rückstellkraft entspricht der Gewichtskraft der in **B2** markierten Wassersäule der Länge $2s$ und der Masse m_s.

Bei konstantem Rohrquerschnitt ist

$$m_s = \frac{m}{l} \cdot 2s \quad \text{und} \quad F_R(s) = m_s \cdot g = 2\frac{m}{l} \cdot g \cdot s.$$

Der Ausdruck $D = 2\,(m \cdot g)/l$ ist konstant, daher gilt für die Schwingung der Wassersäule ein lineares Kraftgesetz. Die Schwingungsdauer berechnet sich entsprechend nach

$$T = 2\pi \cdot \sqrt{\frac{m \cdot l}{2m \cdot g}} = 2\pi \cdot \sqrt{\frac{l}{2g}}$$

A2 ⊖ Vergleichen Sie das Ergebnis für die Wassersäule im U-Rohr mit dem für ein Federpendel.

5.2 Energie von Schwingungen

Harmonische Schwingungen lassen sich mathematisch einfach beschreiben. Viele Schwingungsvorgänge in unserer Umwelt sind aber nicht-harmonisch.

Ungedämpfte Schwingungen

Um eine Schwingung anzuregen, muss dem Oszillator Energie zugeführt werden, z.B. durch die Auslenkung des Oszillators aus seiner Ruhelage. Die zugeführte Energie bleibt bei Vernachlässigung der Reibung erhalten.

Bei dem System in **B1** werden die Spannenergie und die Bewegungsenergie des Oszillators periodisch ineinander überführt. Die Gesamtenergie ändert sich nicht, ihr Graph ist eine Parallele zur s-Achse.
Der Graph für die Spannenergie ist wegen $E_S(s) = \frac{1}{2} D \cdot s^2$ eine Parabel. Dieser Verlauf ergibt sich aus dem linearen Kraftgesetz und ist ein Kennzeichen für eine harmonische Schwingung. Der Graph für die Bewegungsenergie $E_B(s) = \frac{1}{2} m \cdot v^2(s)$ ergibt sich aus der Differenz $E_B = E_{Ges} - E_S$.

In den Umkehrpunkten ist die Geschwindigkeit und damit die Bewegungsenergie null. Die Gesamtenergie ist dann gegeben durch die maximale Spannenergie:

$$E_{Ges} = E_{S,max} = \frac{1}{2} D \cdot s_M^2$$

Die Gesamtenergie ist demnach vom Quadrat der Schwingungsamplitude abhängig.
In der Ruhelage ist die Spannenergie null, die Bewegungsenergie dagegen maximal und entspricht damit der Gesamtenergie:

$$E_{Ges} = E_{B,max} = \frac{1}{2} m \cdot v_M^2$$

Bei vernachlässigbarer Reibung wechselt die Energie auch beim Wagen in der Mulde (→**B2**) ständig zwischen Höhenenergie E_H und Bewegungsenergie E_B. Für die Höhenenergie gilt:

$$E_H = m \cdot g \cdot h = m \cdot g \cdot s \cdot \sin\alpha$$

Bemerkung:
Die Spannenergie hängt nur vom Ort des Oszillators ab, deshalb bezeichnet man sie auch als potenzielle Energie.

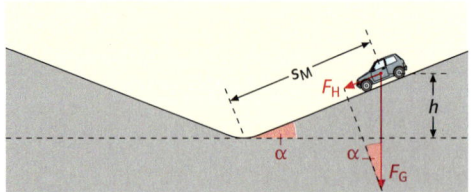

B2 Nicht-harmonische Schwingung eines Wagens

Da m, g und α konstant sind, hängt E_H bei dieser nicht-harmonischen Schwingung linear von der Elongation s ab.

Gedämpfte Schwingungen

Bei jeder realen Schwingung wird die Energie des Systems durch Reibung entwertet und das System kommt langfristig zum Stillstand. Solche Schwingungen mit abnehmender Amplitude nennt man **gedämpfte Schwingungen.**
Dabei wirken oft Reibungskräfte verschiedenen Ursprungs, z.B. Gleitreibung oder Luftreibung. In welcher Zeit die Schwingung abklingt und wie die Amplitude abnimmt, ist von Fall zu Fall verschieden.

Bei Luft- oder Flüssigkeitsreibung ist die Reibungskraft geschwindigkeitsabhängig. Kennzeichnend für diesen Fall ist, dass der Quotient aufeinanderfolgender Amplituden einen konstanten Wert besitzt (→**B3**): $s_{M,n+1}/s_{M,n} = $ konst

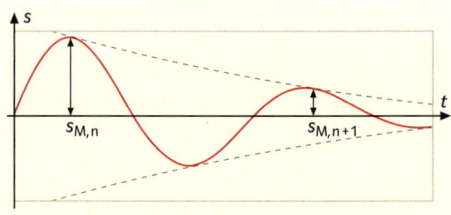

B3 Schwingung mit abnehmender Amplitude

Bei Schwingungen kommt es zu periodischen Energieüberführungen. Die Gesamtenergie einer harmonischen Schwingung ist quadratisch, die einer nicht-harmonischen Schwingungen linear von der Amplitude abhängig.

Bei realen Schwingungen führt Reibung zur Energieentwertung, das System kommt langfristig zum Stillstand.

A1 ⊖ Stellen Sie eine Hypothese auf über den Schwingungsverlauf bei sehr großer Dämpfung.

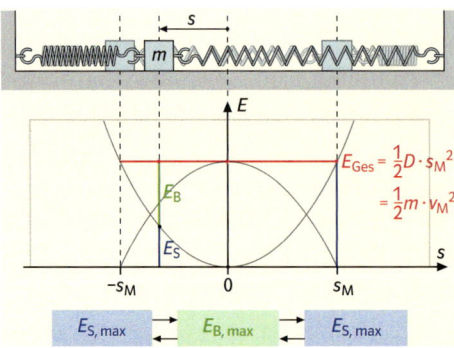

B1 Energieüberführung beim harmonischen Oszillator

Harmonische Schwingungen

Beispiel ◒ Die Schwingung einer Wassersäule in einem U-Rohr wird gefilmt und mit einer Videoanalyse-Software ausgewertet. Dazu wird der rechte Teil der Säule betrachtet und zu jedem Zeitpunkt die Höhe y des Wasserspiegels über der Tischoberfläche gemessen (→**B2**).

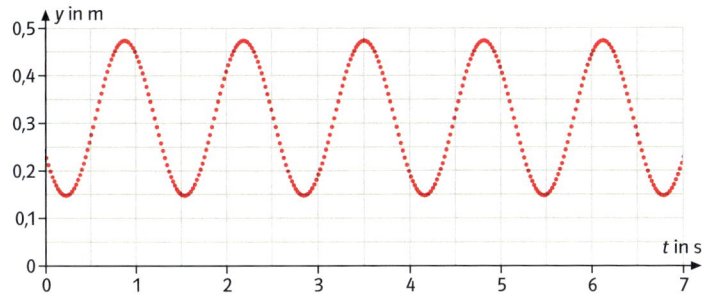

B1

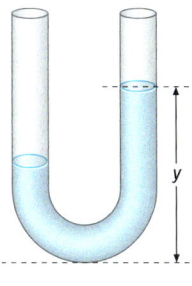

B2

Die grafische Auswertung der Messung ist in einem t-y-Diagramm dargestellt (→**B1**).
a) Bestimmen Sie aus dem Diagramm **B1** die Amplitude, die Schwingungsdauer, die Frequenz und die Kreisfrequenz der Schwingung möglichst genau.
b) Gehen Sie davon aus, dass es sich um eine harmonische Schwingung handelt. Stellen Sie für diese Schwingung die Gleichungen für die Auslenkung $s(t)$, für die Geschwindigkeit $v(t)$ und für die Beschleunigung $a(t)$ auf.
c) Geben Sie $v(t)$ beim Durchgang durch die Ruhelage an.

Lösung a) Die Amplitude lässt sich in dem Diagramm als die Hälfte der Differenz der maximalen und minimalen Höhe der Wassersäule ablesen:

$$s_M = \frac{1}{2} \cdot (0,47\,m - 0,14\,m) = 0,165\,m$$

Zwischen den Zeitpunkten $t_1 = 0,25\,s$ und $t_2 = 6,75\,s$ wiederholt sich die Schwingung 6-mal. Damit ergibt sich die Periodendauer zu

$$T = \frac{1}{6} \cdot (6,75\,s - 0,25\,s) \approx 1,08\,s$$

Als Frequenz ergibt sich:

$$f = \frac{1}{T} \approx 0,92\,\frac{1}{s} = 0,92\,Hz$$

und die Kreisfrequenz beträgt:

$$\omega = 2\pi \cdot f \approx 5,8\,\frac{1}{s}$$

b) Eine harmonische Schwingung wird im t-s-Diagramm durch eine Sinuskurve mit der Funktion $s(t) = s_M \cdot \sin(\omega \cdot t)$ beschrieben. Damit ergibt sich die folgende Gleichung:

$$s(t) = 0,165\,m \cdot \sin(5,8\,s^{-1} \cdot t)$$

Für die Geschwindigkeit und die Beschleunigung gelten die folgenden Bewegungsgesetze:

$$v(t) = s_M \cdot \omega \cdot \cos(\omega \cdot t) = 0,957\,\frac{m}{s} \cdot \cos(5,8\,s^{-1} \cdot t)$$

und

$$a(t) = -s_M \cdot \omega^2 \cdot \sin(\omega \cdot t) = -5,55\,\frac{m}{s^2} \cdot \sin(5,8\,s^{-1} \cdot t)$$

c) Beim Durchgang durch die Ruhelage ist die Geschwindigkeit maximal:
$v_M = 0,957\,m/s$.

A1 ◒ An einer Feder mit der Masse $m_F = 32\,g$ und der Federkonstanten $D = 5,54\,N/m$ schwingt ein Körper mit der Masse m_K vertikal. Für Körper mit verschiedener Masse wird die Dauer der Periode T bestimmt:

m_K in g	100	75	50	40	32	20	10	6
T in s	0,89	0,78	0,66	0,61	0,54	0,48	0,39	0,32

a) Übertragen Sie die Messwerte in ein m_K-T-Diagramm.
b) Berechnen Sie T unter Vernachlässigung von m_F und tragen Sie die Werte in das m_K-T-Diagramm ein. Vergleichen Sie!
c) Berechnen Sie für alle Messwerte den Korrekturfaktor k, der die Masse der Feder in der Formel $T = 2\pi\sqrt{m/D}$ mit $m = m_k + k \cdot m_F$ berücksichtigt.

d) Berechnen Sie die Periodendauer T_{Korr} unter Verwendung der korrigierten Masse m.

A2 ◒ Ein Federpendel schwingt harmonisch mit $s_M = 8\,cm$ und $T = 1,4\,s$. Für $t = 0$ ist $s = 0$ und $v = v_M$.
a) Stellen Sie die Gleichungen für $s(t)$, $v(t)$ und $a(t)$ auf. Skizzieren Sie die entsprechenden Diagramme.
b) Bestimmen Sie anhand der grafischen Darstellung s, v und a für die Zeitpunkte 0,1 s; 0,2 s; 0,3 s; 0,5 s.
c) Berechnen Sie die maximalen Werte für die Geschwindigkeit v_M und die Beschleunigung a_M.

A3 ⊖ Die Graphen in **B1** beschreiben zwei gedämpfte Schwingungen.

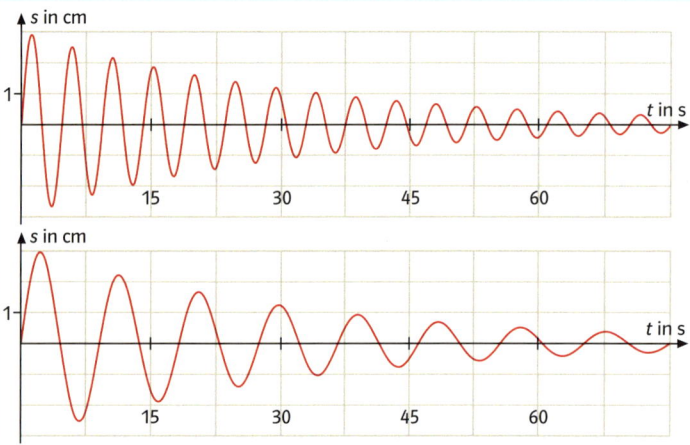

B1

a) Erläutern Sie den Begriff „Dämpfung".
b) Ermitteln Sie aus den Graphen die Periodendauern T.
c) Beschreiben Sie das Abklingen der Amplituden für beide Fälle.
d) Vergleichen Sie das Abklingen der Amplituden, indem Sie entweder die Differenz oder den Quotienten benachbarter Amplituden betrachten.
e) Stellen Sie für beide Fälle eine Hypothese über den langfristigen Verlauf der Schwingungen auf.

A4 ⊖ Ein Trampolin lässt sich im Prinzip durch eine Platte auf vier gleichen Federn darstellen (→**B2**). Steht eine Person (Masse m = 50 kg) in der Mitte der Platte, senkt sich diese um s = 25 cm.
Wird die Platte weiter ausgelenkt und zum Zeitpunkt t = 0 s losgelassen, so führt das System vertikale Schwingungen aus. Das zugehörige t-s-Diagramm zeigt **B3**.

B2

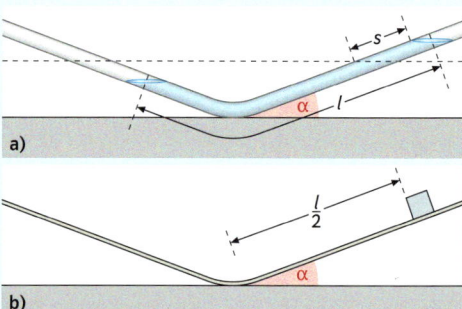

B3

a) Berechnen Sie die Konstante D des Systems. Begründen Sie mit einer Kräftebetrachtung, dass jede Feder die Konstante $D/4$ besitzt.
b) Ermitteln Sie aus dem Diagramm die Periodendauer T. Bestätigen Sie diese Angabe rechnerisch.
c) Bestimmen Sie die Geschwindigkeit, die die Person beim Durchgang durch die Ruhelage nach oben besitzt. Entnehmen Sie dem Diagramm die weiteren dazu nötigen Größen.
d) Zeichnen Sie das t-v-Diagramm dieser Bewegung.

A5 ⊖ Die in **B4** abgebildeten Anordnungen zeigen zwei Schwingungsvorgänge. Die Gesamtmasse des Wassers in a) und die Masse des schwingenden Körpers in b) sollen gleich sein. In beiden Fällen kann Reibung vernachlässigt werden.

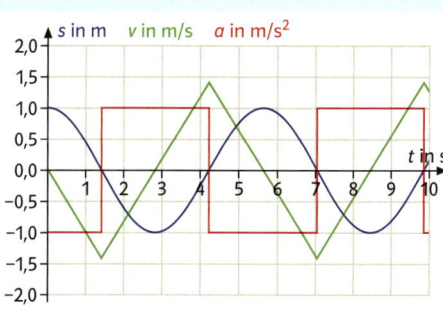

B4 Die Wassersäule schwingt (a), der Körper gleitet (b).

a) Ordnen Sie das Diagramm in Abbildung **B5** einer der beiden Schwingungen zu. Begründen Sie Ihre Zuordnung.

B5

b) Ermitteln Sie für den anderen Schwingungsvorgang Daten, sodass dessen t-s-Diagramm dem vorliegenden möglichst ähnlich ist. Skizzieren Sie dafür auch die $v(t)$- und $a(t)$-Graphen.

5.3 Das Fadenpendel

Der deutsche Physiker **Wilhelm Bessel** untersuchte 1826 die Abhängigkeit der Fallbeschleunigung g von der geografischen Breite mit Hilfe eines Pendels. Er konnte nachweisen, dass g an der Erdoberfläche vom Äquator zu den Polen hin kontinuierlich zunimmt. Hierzu bestimmte er die Periodendauer des Pendels.

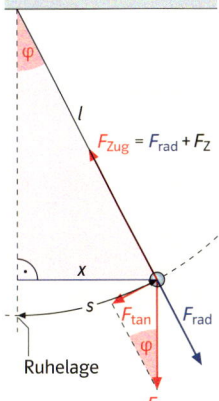

B1 Fadenpendel

Das Fadenpendel

Lenkt man einen an einem Faden hängenden Körper aus seiner Ruhelage aus, so kann er um diese Ruhelage schwingen. Man spricht von einem **Fadenpendel**. Bei der Schwingung tritt ein periodischer Wechsel zwischen der Höhenenergie und der Bewegungsenergie des Pendelkörpers auf, wobei das Prinzip der Energieerhaltung gilt. Zunächst soll geklärt werden, ob es sich bei dieser Bewegung um eine harmonische Schwingung handelt.

Energetische Betrachtung

Der Pendelkörper der Masse m bewegt sich auf einem Kreisbogen. Der Winkel φ kann als Maß für die Auslenkung verwendet werden (→**B1**). Wird φ im Bogenmaß gemessen, so ist $\varphi = s/l$, wenn l die Länge des Pendels und s die Elongation bezeichnet.
Eine harmonische Schwingung liegt dann vor, wenn die Höhenenergie E_H quadratisch von der Elongation s abhängt. Wie **B3** zeigt, gilt:

$$E_H(s) = m \cdot g \cdot h = m \cdot g \cdot l \cdot (1 - \cos\tfrac{s}{l})$$

Die genannte Bedingung ist bei einem Fadenpendel nicht erfüllt, es liegt also keine harmonische Schwingung vor.

Betrachtung der Kräfte

Alternativ kann die Überprüfung durch eine Analyse der Kräfte erfolgen. Auf den Pendelkörper wirkt die Gewichtskraft F_G. Sie besitzt an jedem Punkt der Bahnkurve eine Komponente F_{rad} radial und eine Komponente F_{tan} tangential zur Kreisbahn. Über den Faden wirkt eine Kraft, die F_{rad} aufhebt.

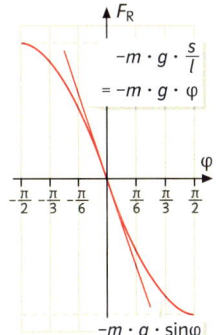

B2 Näherung für kleine Winkel

Während der Schwingung muss der Faden zusätzlich eine Zentripetalkraft F_Z aufbringen, die den Pendelkörper auf der Kreisbahn hält. Die radialen Komponenten haben auf die Bewegung des Pendels keinen Einfluss, da sie senkrecht zur Bewegungsrichtung des Pendelkörpers wirken.
Die Rückstellkraft F_R ergibt sich demnach allein aus der tangentialen Komponente der Gewichtskraft (→**B1**):

$$F_R = F_G \cdot \sin\varphi = m \cdot g \cdot \sin\varphi = m \cdot g \cdot \sin\left(\tfrac{s}{l}\right)$$

Es zeigt sich, dass auch das lineare Kraftgesetz nicht erfüllt ist, also keine harmonische Schwingung vorliegt.

Betrachtet man allerdings kleine Winkel, dann kann die Länge s näherungsweise durch x ersetzt werden (→**B1**). Aus $\sin\varphi = x/l$ wird $\sin\varphi = s/l$ und für die Rückstellkraft gilt nun (→**B2**):

$$F_R = m \cdot g \cdot \left(\tfrac{s}{l}\right) = \tfrac{m \cdot g}{l} \cdot s$$

Für kleine Amplituden ist F_R proportional zu s, und das Fadenpendel schwingt harmonisch. Die Konstante D im Kraftgesetz ergibt sich zu $D = (m \cdot g)/l$. Damit berechnet sich die Periodendauer eines Fadenpendels bei kleinen Amplituden zu

$$T = 2\pi\sqrt{\tfrac{m}{D}} = 2\pi\sqrt{\tfrac{l}{g}}$$

Die Periodendauer ist anders als beim Federpendel unabhängig von der Masse des Pendelkörpers. Das liegt daran, dass sich mit der Masse einerseits die hemmende Trägheit, andererseits aber auch die beschleunigende Gewichtskraft ändert.

Da die Periodendauer von der Fallbeschleunigung g am Messort abhängt, eignet sich das Fadenpendel dazu, diese Größe zu bestimmen.

Ein Fadenpendel schwingt bei kleinen Amplituden harmonisch. Dann gilt für die Periodendauer

$$T = 2\pi\sqrt{\tfrac{l}{g}}$$

A1 ● **a)** Stellen Sie verschiedene Methoden zur Untersuchung von g zusammen.
b) Bestimmen Sie die Fallbeschleunigung g mit Hilfe eines Fadenpendels.

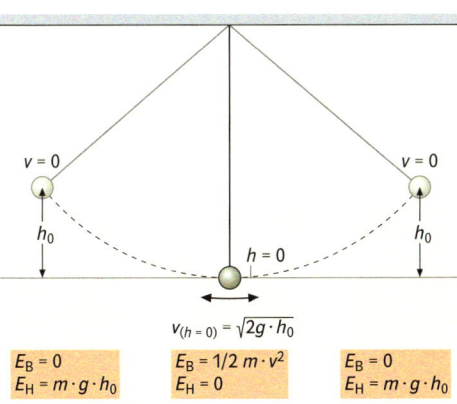

B3 Energieterme beim Fadenpendel

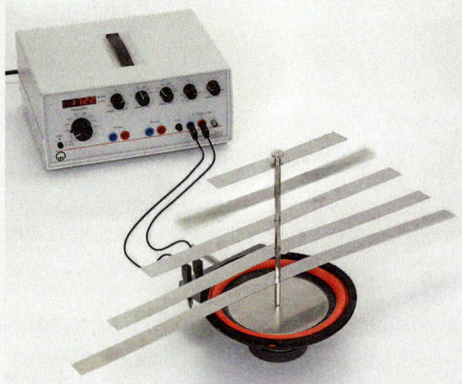

B3 Blattfedern werden zum Schwingen angeregt.

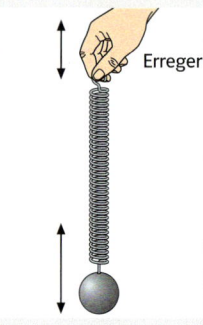

B1

B2

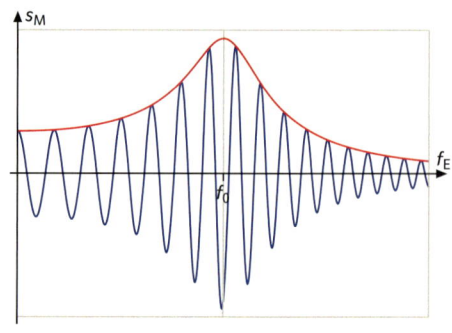

B4 Amplitude bei zunehmender Erregerfrequenz

Aufgabe: Das Resonanzverhalten von Feder-schwingern soll untersucht werden.

Planung: Um Aufschluss über das Resonanz-verhalten eines Oszillators zu erhalten, muss man ihn zu Schwingungen anregen und deren Amplitude beobachten. Dazu koppelt man den Oszillator an einen Erreger mit variabler Frequenz.

Material: Verschiedene Schrauben- oder Blatt-federn, Massestücke, Schwingungserreger

Durchführung:
a) Zunächst wird durch Auf-und-ab-Bewegen der Hand versucht, ein Federpendel zu einer Schwingung mit großer Amplitude anzuregen (→B1).
b) In einem weiteren Versuch werden mehrere Blattfedern gleichzeitig mit Hilfe einer Laut-sprechermembran in Schwingung versetzt (→B3). Die Frequenz der Membran lässt sich über einen Funktionsgenerator variieren.
c) Gemäß Abbildung **B2** wird ein Federpendel mit einem Erreger verbunden, dessen Frequenz in einem gewissen Intervall automatisch vari-iert. Zur Dämpfung lässt man den Körper in einen wassergefüllten Behälter eintauchen. Die Amplitude wird z. B. mit einem Laserentfer-nungsmesser aufgezeichnet.

Beobachtung:
a) Es gelingt nur bei einer bestimmten Fre-quenz, das Federpendel von Hand zu einer Schwingung mit großer Amplitude anzuregen.
b) Jede der Blattfedern schwingt bei einer bestimmten Erregerfrequenz f_0 mit maximaler Amplitude. Bei kurzen Federn ist f_0 größer als bei langen Federn.

Für manche Federn erhält man mehrere Werte für f_0, dazu gehören dann unterschiedliche Schwingungsbilder.
c) Abbildung **B4** zeigt das f_E-s_M-Diagramm in einem Frequenzintervall von 0 bis 10 Hz. Man erkennt in einem gewissen Frequenzbereich große Amplituden. Die rot eingezeichnete einhüllende Kurve hat in diesem Bereich ein Maximum. Dort stimmen die Eigenfrequenz des Federpendels und die Erregerfrequenz überein.

Das Experiment kann auch mit Hilfe eines Smartphones, das über die passende Software verfügt, durchgeführt werden. Abbildung **B5** zeigt eine entsprechend aufgenommene Reso-nanzkurve.

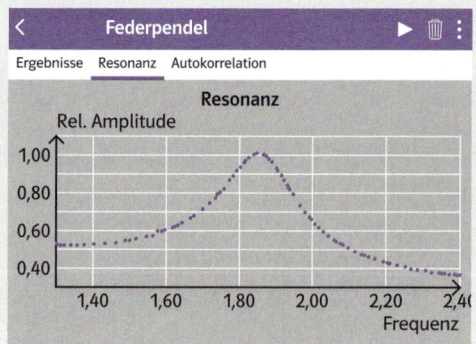

B5 Resonanzkurve, aufgenommen mit einer Smart-phone-App

A1 ⊖ Versuchen Sie von Hand mit einem etwa 1 m langen, dünnen Stock verschiedene Schwingungszustände zu erzeugen.

A2 ⊖ Recherchieren Sie im Internet unter den Stichworten „Schwingungen" und „Apps" nach Experimenten für das Smartphone.

5.4 Erzwungene Schwingungen

„Innerhalb weniger Minuten konnte ich die Stange zittern fühlen. Allmählich nahm das Zittern an Intensität zu und breitete sich im ganzen großen Stahlgerüst aus." Nikola Tesla über einen Versuch

Schwingungsenergie

Ein Oszillator, z.B. ein Fadenpendel schwingt sich selbst überlassen mit einer bestimmten Frequenz, seiner **Eigenfrequenz** f_0. Die Amplitude zeigt die Schwingungsenergie an. Durch Dämpfung nimmt sie bei realen Schwingungen mit der Zeit ab.

Bei einer Uhr wird die Energieumsetzung infolge der Dämpfung z.B. aus einer Batterie kompensiert. Ein an einer rotierenden Kurbel aufgehängter Körper bewegt sich auf und ab, solange sich die Kurbel dreht (→**B1**). Die Frequenz wird von der Kurbel bestimmt, man nennt sie **Erregerfrequenz** f_E. Wenn ein Federpendel an der Kurbel hängt, ist sein Verhalten von der Erregerfrequenz abhängig. Man spricht von **erzwungenen Schwingungen**.

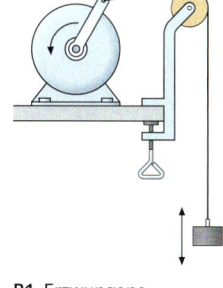

B1 Erzwungene Bewegung

Phasenbeziehung und Amplitude

Wird ein Oszillator mit der Eigenfrequenz f_0 von einem Erreger zum Mitschwingen gezwungen, so stellen sich in Abhängigkeit von der Erregerfrequenz f_E verschiedene Phasenbeziehungen zwischen beiden ein und die Amplitude der Oszillatorschwingung ändert sich mit der Frequenz (→**B3**).

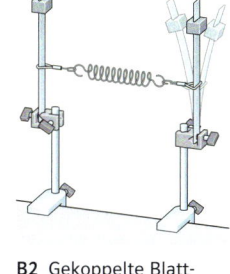

B2 Gekoppelte Blattfedern

$f_E \ll f_0$: Die Amplitude des Oszillators ist gleich der Amplitude des Erregers, beide schwingen ohne Phasenunterschied im Takt. Nimmt die Frequenz des Erregers zu, so vergrößert sich die Amplitude des Oszillators.

$f_E \gg f_0$: Erreger und Oszillator bewegen sich beide im Gegentakt, also mit einem Phasenunterschied von π. Die Amplitude ist klein.

$f_E = f_0$: Der Phasenunterschied ist $\pi/2$. Die Amplitude wird besonders groß. Man spricht von **Resonanz**.

Im Resonanzfall ist die Energieübertragung vom Erreger auf den Oszillator optimal. Ist die Schwingung des Oszillators nur wenig gedämpft, wachsen seine Amplituden über die Maßen bis zur mechanischen Überlastung an. Es kommt zur **Resonanzkatastrophe.**

Gekoppelte Schwingungen

Jeder schwingende Oszillator lässt sich als Energiespeicher auffassen. Die Gesamtenergie wird durch Frequenz und Amplitude bestimmt. Dämpfung, d.h. Energieabgabe, zeigt sich im Wesentlichen am Abklingen der Amplitude.

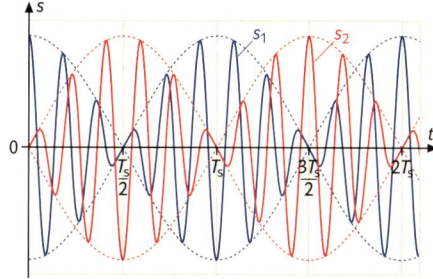

B4 t-s-Diagramme gekoppelter Federn

Wenn man zwei Oszillatoren, z.B. zwei Blattfedern (→**B2**) so aneinander koppelt, dass Energieübertragung möglich ist, kann einer die Rolle des Erregers, der andere die des Oszillators übernehmen.

Abbildung **B4** zeigt die t-s-Diagramme einer solchen Anordnung für zwei Oszillatoren mit gleicher Eigenfrequenz, d.h. für den Resonanzfall. Weil der Energieinhalt des Erregers begrenzt ist, kommt es nicht zur Resonanzkatastrophe. Zugleich wird deutlich, dass beide Oszillatoren ihre Rolle wechseln.

Erzwungene mechanische Schwingungen entstehen unter dem Einfluss einer äußeren zeitlich periodischen Kraft. Dabei wird einem schwingungsfähigen System periodisch Energie zugeführt.

Im Resonanzfall erfolgt maximale Energieübertragung vom Erreger auf den Oszillator. Bei einer erzwungenen Schwingung kann es bei zu geringer Dämpfung im Resonanzfall zu einer Resonanzkatastrophe kommen.

A1 ○ Erklären Sie, warum auch eine relativ schwache Person durch Ziehen am Seil eine schwere Kirchenglocke zum Schwingen bringen kann.

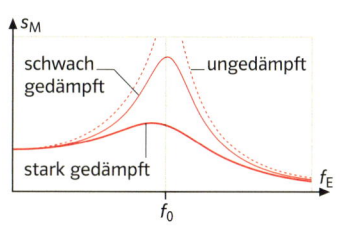

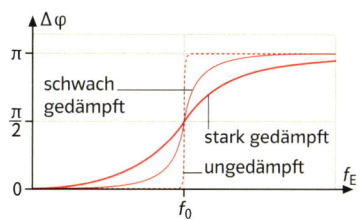

B3 Amplitude und Phase einer erzwungenen Schwingung

Schwingungen von Faden- und Federpendeln

Beispiel ● Ein Körper mit der Masse m hängt an einem Faden der Länge l parallel zu einer Wand. Durch ein Bündel parallelen Lichtes senkrecht zur Wand wird auf der Wand ein Schatten der Anordnung erzeugt. Der Körper vollführt in der Horizontalen eine Kreisbewegung. Der Kreis hat den Radius r.
Der Pendelfaden beschreibt also den Mantel eines Kegels mit dem Öffnungswinkel 2α (→**B1**). Man nennt dieses System Kegelpendel. Es wird angenommen, dass die Bewegung ungedämpft ist.

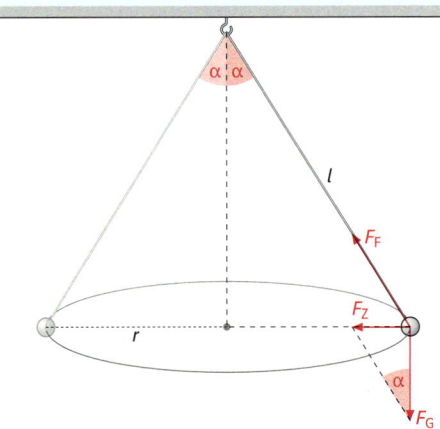

B1 Kegelpendel

a) Leiten Sie die Formel $T = 2\pi \cdot \sqrt{\dfrac{l \cdot \cos \alpha}{g}}$

für die Schwingungsdauer T des Körpers her.
b) Begründen Sie, dass die Bewegung des Schattens eine harmonische Schwingung ist.
c) Vergleichen Sie die Bewegung des Schattens mit der eines Fadenpendels.

Lösung a) Der Körper der Masse m beschreibt einen Kreis. Für die Zentripetalkraft gilt

$$F_Z = \frac{4\pi^2 \cdot m \cdot r}{T^2}$$

Der Grafik entnimmt man $\sin \alpha = r/l$ und

$\tan \alpha = F_Z/F_G$, also $r = l \cdot \sin \alpha$ und

$F_Z = F_G \cdot \tan \alpha = m \cdot g \cdot \tan \alpha$.

Die Formel für die Zentripetalkraft wird nach T aufgelöst. Einsetzen der obigen Ausdrücke und Kürzen liefert

$$T = 2\pi \cdot \sqrt{\frac{l \cdot \cos \alpha}{g}}$$

b) Die Bewegung des Schattens ist die Projektion einer gleichförmigen Kreisbewegung. Das ist eine harmonische Schwingung.
c) Der Schatten des Körpers beim Kegelpendel bewegt sich zwischen den beiden Umkehrpunkten auf einer Strecke, weil die Ebene der Kreisbahn senkrecht zur Projektionsfläche steht. Zum Vergleich betrachtet man ein Fadenpendel, bei dem die Pendelebene parallel zur Projektionsfläche liegt und dessen Faden die gleiche Länge hat wie der des Kegelpendels (→**B2**).

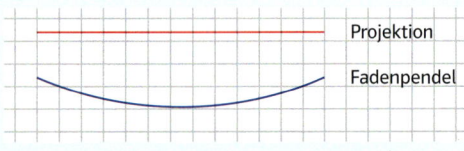

B2

Beim Fadenpendel bewegt sich der Pendelkörper zwischen beiden Umkehrpunkten auf einem Kreisbogen. Es handelt sich also im Allgemeinen um zwei verschiedene Bewegungen.
Wenn der Winkel α klein wird, sind Strecke und Kreisbogen kaum zu unterscheiden. In der Formel für die Schwingungsdauer geht für $\alpha \rightarrow 0$ der $\cos \alpha \rightarrow 1$. Aus

$T = 2\pi \cdot \sqrt{\dfrac{l \cdot \cos \alpha}{g}}$ wird damit $T = 2\pi \cdot \sqrt{\dfrac{l}{g}}$.

Das ist die Formel für die Schwingungsdauer eines Fadenpendels. Diese gilt aber nur für kleine Auslenkungen, entsprechend einem kleinen Winkel α.
Der Vergleich zeigt: Für kleine Winkel stimmen beide Bewegungen überein und für diesen Fall beschreibt das Fadenpendel eine harmonische Schwingung.

A1 ● Auf der internationalen Raumstation ISS muss aus gesundheitlichen Gründen regelmäßig die Masse der Astronauten bestimmt werden. Diese Messung lässt sich nicht mit einer herkömmlichen Waage bewerkstelligen. Um die Körpermasse auf der ISS zu bestimmen, wird ein sogenanntes „Body Mass Measurement Device" (BMMD) genutzt. Die Astronautin, bzw. der Astronaut wird dazu auf einem Gestell festgeschnallt, das sich an einer Feder befindet (→**B2** auf der nächsten Seite). Dieses Gestell wird (reibungsfrei) in Schwingung versetzt.

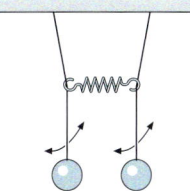

B1 Zu Aufgabe 13

B2

a) Erklären Sie, warum auf der ISS eine herkömmliche Waage nicht genutzt werden kann.
b) Machen Sie sich klar, wie das BMMD funktioniert, und erklären Sie, warum die Orientierung der ISS bezüglich der Erde keinen Einfluss auf die Messung hat.
c) Berechnen Sie die Masse einer Astronautin, bei der die Periodendauer des BMMD einen Wert $T = 0,524\,\text{s}$ hat. Der Sitz hat die Masse $m = 12\,\text{kg}$ und die Federkonstante beträgt $D = 11 \cdot 10^3\,\text{N/m}$.
Erklären Sie, warum die Periodendauer möglichst genau bestimmt werden muss.
d) Stellen Sie eine Überlegung an, ob zur Massenbestimmung auf der ISS anstelle einer Federschwingung auch die Schwingung eines Fadenpendels genutzt werden könnte.

A2 ⊖ Ein Massestück der Masse m wird an einen Faden der Länge l angehängt, um einen kleinen Winkel α ausgelenkt und losgelassen. Das Massestück schwingt daraufhin an dem Faden hin und her. Die Zeit für jeweils 20 Schwingungen wird gemessen und die Länge l des Fadens geändert. Es ergibt sich folgende Messtabelle:

l in m	0,10	0,20	0,50	0,80	1,00	1,20	1,40
t in s	12,7	17,9	28,3	36,0	40,1	43,9	47,5

a) Zeigen Sie durch eine graphische Auswertung des Experiments, dass $T \sim \sqrt{l}$ ist.
b) Um den Ortsfaktor genau zu bestimmen, kann ein Fadenpendel eingesetzt werden. Die folgende Messung zeigt eine dazu geeignete Messreihe eines 1,2 m langen Fadenpendels (N bezeichnet die Anzahl der Schwingungen).

N	20	40	60	80	100	120	140
t in s	108	216	324	433	541	649	757

Bestimmen Sie rechnerisch aus dieser Messreihe den Ortsfaktor. Geben Sie begründet an, wo dieses Experiment wahrscheinlich stattgefunden hat.

A3 ○ Zur Beschreibung bestimmter Schwingungsphänomene lassen sich die Begriffe Eigenschwingung, erzwungene Schwingung und Resonanz verwenden.
a) Erläutern Sie am Beispiel zweier gekoppelter Fadenpendel (→**B1**) die genannten Begriffe.
b) Die Abbildung **B3** zeigt das t-s- sowie das t-E-Diagramm für ein mit der Frequenz f_0 frei schwingendes Pendel.

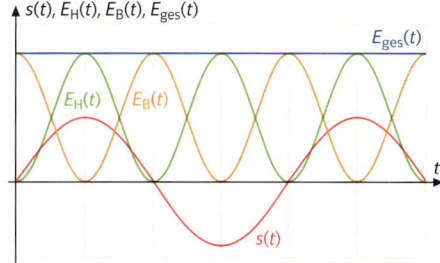

B3

Erläutern Sie qualitativ, wie sich diese Größen verändern, wenn das Pendel nicht mehr frei schwingt, sondern durch einen äußeren Erreger mit der Frequenz f_E angeregt wird. Betrachten Sie die Fälle $f_E = 1/2\,f_0$, $f_E \approx f_0$ sowie $f_E = 2 \cdot f_0$.
c) Auch bei den gekoppelten Pendeln kann eines der Pendel als Erreger aufgefasst werden. Beschreiben und erklären Sie die Unterschiede zwischen gekoppelten Pendeln und einem Pendel, das von einem äußeren Erreger in Schwingung versetzt wird. Nehmen Sie dabei Bezug auf die Größen in **B3**.

A4 ⊖ Ein Körper soll unter dem Einfluss einer Rückstellkraft eine periodische Bewegung ausführen.
a) Erörtern Sie die Aussage „Die Periodendauer ergibt sich aus der Konkurrenz von Rückstellkraft und Trägheit."
b) Vergleichen Sie die Formeln für die Periodendauer bei der Federschwingung und beim Fadenpendel. Begründen Sie den Unterschied hinsichtlich der Masse.

5.5 Überlagerung von Schwingungen

Man kann die Vokale a, e, i, o, u in der von einer Stimmgabel vorgegeben Frequenz singen. Trotz dieser Übereinstimmung kann man die Vokale unterscheiden – warum ist das so?

Schwingungsbilder

Wir nehmen die Umwelt über unsere Sinnesorgane wahr. Sie empfangen Signale und setzen sie in Nervenreize um, die vom Gehirn verarbeitet werden. Das Ohr ist der Empfänger für akustische Signale, diese bewirken Schwingungen des Trommelfells. Das kann sich nur auf eine Weise bewegen.

Mit Mikrofon und Oszilloskop lassen sich akustische Signale sichtbar machen. Bei einer angeschlagenen Stimmgabel erscheint eine Sinuskurve, ein in gleicher Tonhöhe auf einer Klarinette gespieltes „A" erzeugt eine recht komplexe Kurve, die aber eine zeitliche Periodizität aufweist (→**B3**). Die unterschiedlichen Bilder führen dazu, dass die Signale unterschiedlich wahrgenommen werden.

Mit einem Versuch kann die Entstehung der Schwingungsbilder untersucht werden: Ein Pendelkörper, der an einer losen Rolle hängt, wird mit zwei Stativstangen, die als Pendel dienen, zum Schwingen gebracht (→**B1**). Ein Ultraschallsensor unterhalb des Pendelkörpers zeichnet dessen Bewegung auf. Schwingen die Pendel mit gleicher Frequenz, ergeben sich die Diagramme **B2a** und **B2b** bei gleichphasiger bzw. gegenphasiger Schwingung.

Überlagerung bei gleicher Frequenz

Wenn man davon ausgeht, dass die beiden Pendel im Versuch harmonisch schwingen, dann lassen sich ihre Bewegungen durch folgende Gleichungen beschreiben:

$$s_1(t) = s_{1M} \cdot \sin(2\pi \cdot f_1 \cdot t)$$

$$s_2(t) = s_{2M} \cdot \sin(2\pi \cdot f_2 \cdot t + \Delta\varphi)$$

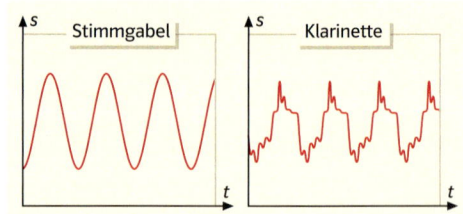

B3 Schwingungsbilder eines Tons, erzeugt von einer Stimmgabel (links) und von einer Klarinette (rechts).

Für die Elongation des roten Pendelkörpers gilt zu jedem Zeitpunkt $s(t) = s_1(t) + s_2(t)$. Man spricht bei diesem Vorgang von der **Überlagerung der Schwingungen** der beiden Pendel. Das t-s-Diagramm erhält man durch eine Addition der Elongationen zu jedem Zeitpunkt.

Die Abbildungen **B4a – c** zeigen das Ergebnis für $f_1 = f_2$. Die Addition führt in allen Fällen zu einer Sinuskurve, deren Amplitude jeweils von der Phasenverschiebung $\Delta\varphi$ abhängt. Bei der Überlagerung harmonischer Schwingungen mit gleicher Frequenz bzw. Periodendauer entsteht eine harmonische Schwingung mit der gleichen Frequenz.

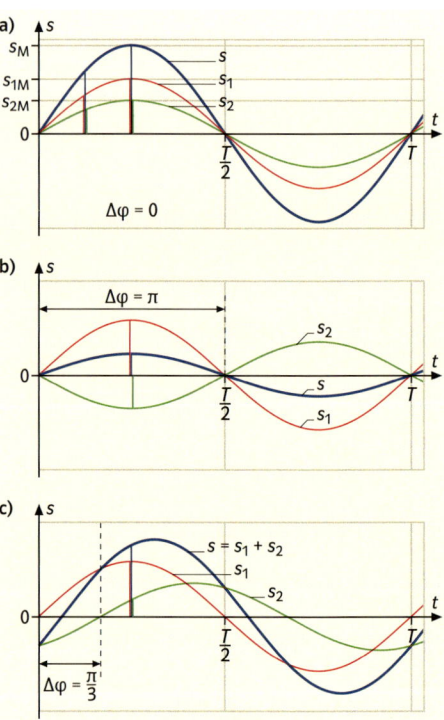

B4 Ergebnis der Überlagerung zweier Schwingungen abhängig von $\Delta\varphi$

B1 Überlagerung von Pendelschwingungen

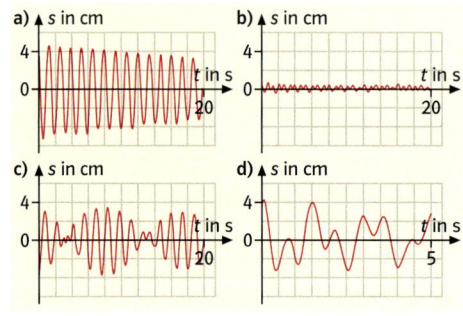

B2 Aufzeichnung der Überlagerung der Pendelschwingungen aus **B1**

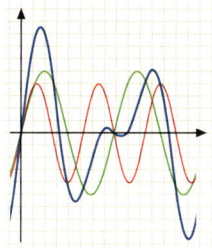

B1 Überlagerung der Schwingungen s_1 (rot) und s_2 (grün)

Überlagerung bei verschiedener Frequenz

Nun betrachtet man Schwingungen, deren Frequenzen f_1 und f_2 sich geringfügig unterscheiden. Bei ihrer Überlagerung entsteht ein Schwingungsbild wie in Abbildung **B4**: Die Amplitude schwankt mit einer Frequenz, die viel kleiner ist als die Frequenz der durch Überlagerung entstandenen Schwingung. Diesen Fall bezeichnet man als **Schwebung**. Die Schwebungsfrequenz beträgt $f_S = |f_1 - f_2|$.

Bei akustischen Signalen äußert sich eine Schwebung durch eine periodisch schwankende Lautstärke des Tones. Sie tritt z.B. beim Stimmen eines Klaviers auf. Nimmt der Klavierstimmer die Schwebung nicht mehr wahr, schwingen Klaviersaite und Stimmgerät mit gleicher Frequenz.

Die Überlagerung von Schwingungen kann zu sehr komplexen Schwingungsbildern führen, die oft trotzdem zeitlich periodisch sind. Dabei spielt das Verhältnis der Frequenzen der beteiligten Schwingungen eine Rolle (→**B5**).

In einem geeigneten Programm kann man die Funktionsgleichungen $s_1(t)$ und $s_2(t)$ sowie $s(t) = s_1(t) + s_2(t)$ eingeben und untersuchen, wie das Ergebnis von den Parametern abhängt (→**B1**). Man kann so ein experimentell gefundenes Ergebnis nachbilden und auf diese Weise analysieren.

Darstellung im Zeigermodell

Grundsätzlich lässt sich eine harmonische Schwingung mit Amplitude s_M und Frequenz f durch einen Zeiger mit der Länge s_M beschreiben, der mit der Winkelgeschwindigkeit $\omega = 2\pi \cdot f$ rotiert. Zwei Schwingungen werden entsprechend durch zwei Zeiger dargestellt,

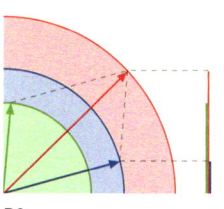

B2

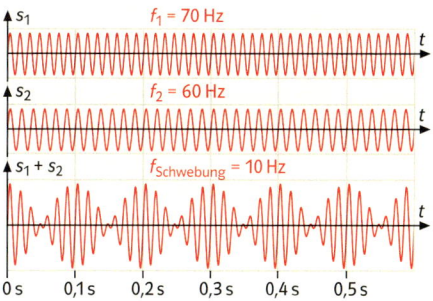

B4 Schwebung durch Überlagerung zweier Schwingungen mit leicht unterschiedlichen Frequenzen

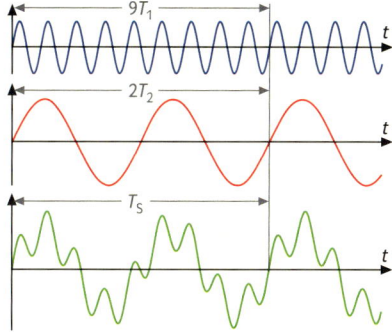

B5 Überlagerung zweier Schwingungen mit deutlich unterschiedlichen Frequenzen

die um einen gemeinsamen Punkt rotieren. Der Pfeil für das Überlagerungsergebnis ist die Vektorsumme der Ausgangspfeile (→**B3**). Er ändert seine Länge, wenn die beiden Ausgangspfeile mit unterschiedlicher Winkelgeschwindigkeit rotieren. **B2** zeigt diese Situation zu zwei verschiedenen Zeitpunkten.

Überlagern sich zwei beliebige harmonische Schwingungen gleicher Frequenz, so ist das Ergebnis eine harmonische Schwingung gleicher Frequenz.
Die Überlagerung zweier harmonischer Schwingungen mit verschiedener Frequenz ergibt eine nicht-harmonische Schwingung.
Bei der Überlagerung zweier harmonischer Schwingungen ist der Zeiger der Überlagerung die Vektorsumme der Einzelzeiger.

A1 ⊝ Zeichnen Sie das t-s-Diagramm einer harmonischen Schwingung mit $f = 0{,}5\,\text{Hz}$ und $s_{1M} = 2\,\text{cm}$ und das einer zweiten Schwingung gleicher Frequenz und $s_{2M} = 1{,}5\,\text{cm}$ die phasengleich zur ersten Schwingung ist. Konstruieren Sie dann das t-s-Diagramm der durch Überlagerung entstandenen Schwingung. Zeichnen Sie für diese Situation auch die Zeigerdarstellung.

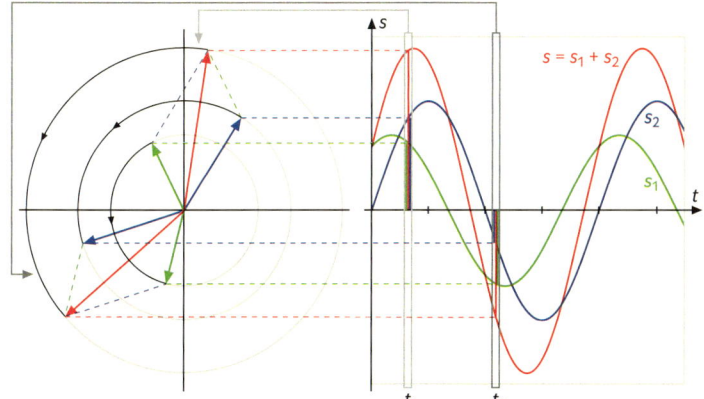

B3 Überlagerung zweier Schwingungen in der Zeigerdarstellung

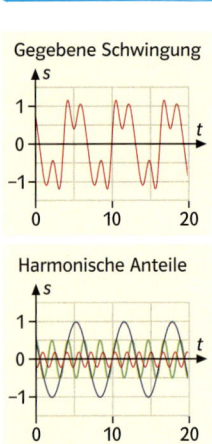

Gegebene Schwingung

Harmonische Anteile

Amplitude/Frequenz der zu überlagernden Schwingungen

B1 Fourier-Analyse

Synthese und Analyse von Schwingungen

Bei vielen praktischen Vorgängen entstehen neben der harmonischen Grundschwingung (Frequenz f_0) auch sogenannte Oberschwingungen (Frequenzen $f_n = (n + 1) \cdot f_0$) mit unterschiedlichen Amplituden $s_{M,n}$, die sich überlagern (→**B2**).

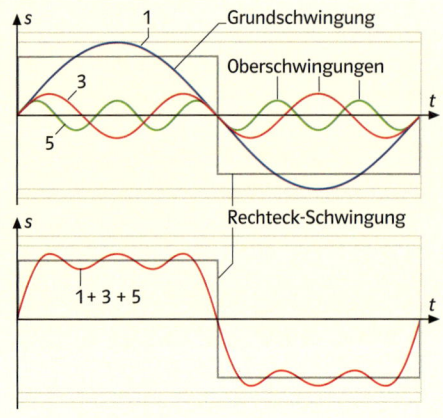

B2 Synthese einer Rechteckschwingung

Von großer praktischer Bedeutung ist auch das umgekehrte Verfahren, bei dem eine gegebene komplexere Schwingung analysiert wird. Die Grundidee geht auf den französischen Mathematiker **Jean Baptiste Fourier** (1768–1830) zurück. Sie bringt die Bedeutung der harmonischen Schwingung als Baustein für beliebige Schwingungsformen zum Ausdruck.

Dabei wird für eine zu untersuchende Schwingung mit der Periode T_0 zunächst eine harmonische Grundschwingung ($f_0 = 1/T_0$) bestimmt. Anschließend werden schrittweise die Amplituden der Oberschwingungen f_n angepasst (→**B1**).
Das Ergebnis dieser Fourier-Analyse stellt man in einem Frequenzspektrum dar, bei dem jeder beteiligten Frequenz die ermittelte Amplitude zugeordnet wird.

A1 ○ Synthese von Schwingungen: Stellen Sie die angegebenen Grund- und Oberschwingungen sowie deren Überlagerung grafisch dar.
a) $s_1(t) = 1{,}2\sin(2\pi \cdot f_0 \cdot t)$,
$\quad s_2(t) = 0{,}8\sin(2\pi \cdot 2f_0 \cdot t)$,
$\quad s_3(t) = 0{,}4\sin(2\pi \cdot 6f_0 \cdot t)$ mit $f_0 = 1\,\text{Hz}$
b) $s_1(t) = 2{,}55\sin(2\pi \cdot f_0 \cdot t)$,
$\quad s_2(t) = 0{,}83\sin(2\pi \cdot 3f_0 \cdot t)$,
$\quad s_3(t) = 0{,}51\sin(2\pi \cdot 5f_0 \cdot t)$ mit $f_0 = 0{,}5\,\text{Hz}$

Analoge und digitale Daten

Analoge Signale Bei vielen Vorgängen ändert sich eine physikalische Größe x mit der Zeit. Dies wird durch einen Graphen in einem t-x-Diagramm beschrieben (→**B3a**). Die Kurve verläuft kontinuierlich, d.h., in einem gewissen Intervall sind alle Werte für die Zeit t und die Größe x möglich. Mit modernen Geräten, z.B. Mikrophon und Oszilloskop, lassen sich die Kurven unmittelbar anzeigen. Ein solches Signal heißt analog.

Übergang zu digitalen Daten Eine Bewegung kann man auch durch Messungen mit Uhr und Maßstab untersuchen, man erhält eine Wertetabelle mit diskreten Werten. Die Ausgleichskurve zeichnet dann den idealisierten kontinuierlichen Verlauf nach (→**B3b**). Ein Computer kann grundsätzlich nur mit endlich vielen Werten arbeiten. Diese Werte müssen in einer vom Computer verarbeitbaren digitalen Form vorliegen. Die folgenden Schritte führen von analogen zu digitalen Daten:

1 Digitalisierung: Aus der analogen Kurve werden in bestimmten zeitlichen Intervallen Werte abgelesen. Die Abtastrate, auch Samplingrate genannt, beträgt bei Audio-CDs z.B. 44,1 kHz (→**B3c**).

2 Digitalisierung: Der Wertebereich wird in z.B. 16 gleiche Abschnitte unterteilt, die man sich mit 0; 1; ... 15 nummeriert denkt. Jeder analoge Wert fällt in einen dieser Abschnitte, es gibt also nur noch die 16 Messwerte 0 bis 15. Diese lassen sich im Dualsystem mit vierstelligen Dualzahlen ausdrücken (z.B. 2 durch 0010 oder 13 durch 1101). Mit solchen Zahlen arbeitet der Computer.
Ausgehend von einem festen Referenzwert, z.B. 5 V wird dem Abschnitt der Spannungswert 5 V/16 = 0,31 V zugeordnet: 1101 bedeutet dann $13 \cdot 0{,}31\,\text{V} = 4{,}03\,\text{V}$. Eine höhere Auflösung ist möglich, wenn man mehr Abschnitte wählt z.B. $2^8 = 256$ statt $2^4 = 16$. Dann benötigt man Dualzahlen mit doppelt so vielen Stellen.

a) wertkontinuierlich zeitkontinuierlich

b) wertdiskret zeitkontinuierlich

c) wertkontinuierlich zeitdiskret

d) wertdiskret zeitdiskret

B3

Überlagerung von Schwingungen

Beispiel ● Für den ungetrübten Musikgenuss trotz großer Umgebungslautstärken, wie sie häufig in Bus und Bahn auftreten, werden Kopfhörer mit aktiver Geräuschunterdrückung (Noise-Cancelling) angeboten.
Bei Noise-Cancelling-Kopfhörern werden die Störgeräusche aktiv durch die Erzeugung von „Gegenschall" unterdrückt.
a) Erklären Sie die Funktionsweise dieser Kopfhörer anhand einer Skizze.

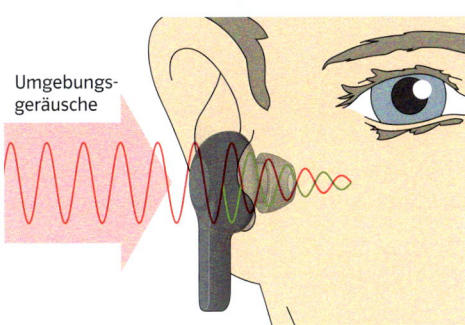

Umgebungs-geräusche

B1 Ankommendes Störsignal (rot) und invertiertes Signal (grün) löschen sich aus.

b) Ein Noise-Cancelling-Kopfhörer erzeugt bei sehr großen Umgebungslautstärken einen lauten „Gegenschall". Stellen Sie eine Überlegung an, ob durch dieses Gegenschall-Signal das Trommelfell geschädigt werden kann.

Lösung a) An der dem Kopf abgewandten Seite der Kopfhörer ist jeweils ein Mikrofon angebracht, das alle Umgebungsgeräusche aufnimmt, die das Ohr erreichen (→**B1**). Diese Geräusche werden umgekehrt (invertiert) und zusammen mit dem eigentlichen Musiksignal des Lautsprechers dem Kopfhörer zugeführt. Die invertierte Phasenlage reduziert das Geräuschsignal erheblich. Das eigentliche Musiksignal bleibt wegen der ungestörten Überlagerung der Schwingungen praktisch unberührt.
b) Da das Noise-Cancelling-Signal genau die entgegengesetzte Phasenlage des Geräusches hat, wird das Trommelfell nicht in Schwingung versetzt und damit auch davon nicht geschädigt. Eine Schädigung durch ein zu lautes Nutzsignal ist natürlich weiterhin möglich.

A1 ○ Zwei harmonische Schwingungen werden überlagert. Das Diagramm in **B2** zeigt die Graphen $s_1(t)$ und $s_2(t)$.

beide in gleicher Phase mit der Auslenkung $s_1 = s_2 = 0$. Das Diagramm **B3** zeigt die resultierende Schwingung.

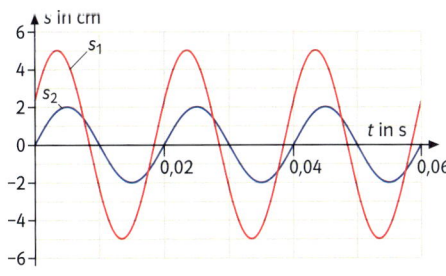

B2

a) Bestimmen Sie aus dem Diagramm die Amplituden, die Frequenzen und den Phasenunterschied der beiden Schwingungen.
b) Übertragen Sie das Diagramm in Ihr Heft. Ermitteln Sie Amplitude und Periode der neuen Schwingung durch eine grafische Addition von s_1 und s_2.
c) Zeichnen ein das zugehörige Zeigerdiagramm.

A2 ● Zwei harmonische Schwingungen mit gleichen Amplituden $s_{M1} = s_{M2} = 2,5\,\text{cm}$ werden überlagert. Zum Zeitpunkt $t = 0$ sind

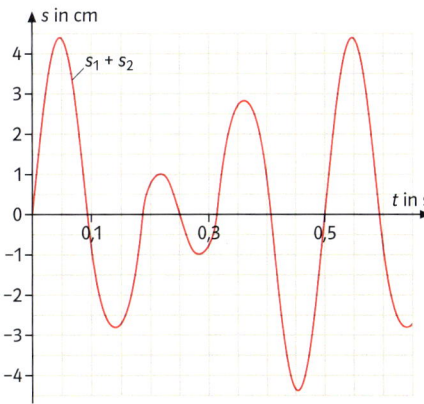

B3

a) Für die Schwingung s_1 ist die Frequenz bekannt, sie beträgt $f_1 = 4\,\text{Hz}$. Übertragen Sie das Diagramm in Ihr Heft. Ergänzen Sie dort den Graphen der Schwingung s_1.
b) Bestimmen Sie daraus zeichnerisch den Graphen und die Frequenz der Schwingung s_2.

Schwingungen Bei einer Schwingung bewegt sich ein Körper von einer Ruhelage ausgehend periodisch zwischen zwei Umkehrpunkten. Die Bewegung lässt sich durch folgende Größen beschreiben:

Auslenkung $s(t)$ ... Abstand zur Ruhelage (auch Elongation)
Amplitude s_M ... maximale Auslenkung
Periodendauer T ... Zeitdauer für eine volle Schwingung
Frequenz f ... Anzahl der Schwingungen pro Sekunde. Es gilt $f = 1/T$, $\omega = 2\pi \cdot f$ heißt Kreisfrequenz.

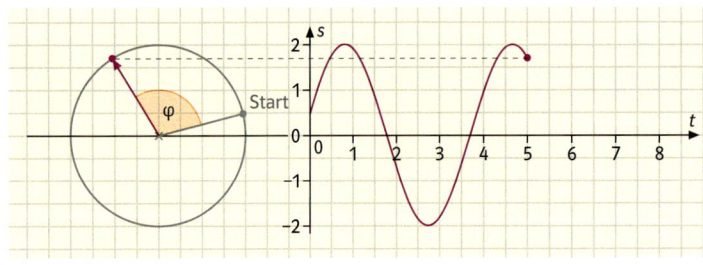

Auf den schwingenden Körper wirkt eine Kraft F, die stets zur Ruhelage zeigt (→B1).
Bei einer Schwingung wechselt die Energie periodisch zwischen zwei Energieformen, im Fall einer ungedämpften Schwingung ist die Gesamtenergie konstant.

Harmonische Schwingungen Die harmonische Schwingung wird durch folgende Bewegungsgesetze beschrieben:
– Zeit-Ort-Gesetz: $s(t) = s_M \cdot \sin(\omega \cdot t)$
   Diese Bewegung lässt sich durch einen mit der Winkelgeschwindigkeit ω rotierenden Zeiger beschreiben (→B2).
– Zeit-Geschwindigkeit-Gesetz:
   $v(t) = v_M \cdot \cos(\omega \cdot t)$ mit $v_M = \omega \cdot s_M$
– Zeit-Beschleunigung-Gesetz:
   $a(t) = -a_M \cdot \sin(\omega \cdot t)$ mit $a_M = \omega \cdot v_M = \omega^2 \cdot s_M$

Kräfte bei der Schwingung Bei der harmonischen Schwingung gilt das lineare Kraftgesetz $F = -D \cdot s$, d.h., die Rückstellkraft ist proportional zur Auslenkung s. Aus der Grundgleichung der Mechanik nach

$$F(t) = m \cdot a(t) = m \cdot a_M \cdot (-\sin(\omega \cdot t))$$

ergibt sich die Periodendauer zu

$$T = 2\pi \sqrt{\frac{m}{D}} \quad \text{beim Federschwinger und}$$

$$T = 2\pi \sqrt{\frac{m}{D}} \quad \text{beim Fadenpendel.}$$

Die Schwingung eines Fadenpendels ist nur bei kleinen Auslenkungen harmonisch. Andernfalls ist die Rückstellkraft nicht proportional zur Auslenkung und es liegt eine nicht-harmonische Schwingung vor.

Energie beim harmonischen Oszillator
Bei jeder harmonischen Schwingung werden Höhenenergie und Bewegungsenergie des Oszillators periodisch ineinander umgewandelt. Die Gesamtenergie des Oszillators ändert sich nicht:

$$E_{ges} = E_H + E_B$$

Energieentwertung durch Reibungseffekte führt mit der Zeit zu einer Abnahme der Amplitude, man spricht von einer gedämpften Schwingung.

Überlagerung von Schwingungen Die Überlagerung zweier Schwingungen wird mathematisch durch die Addition beschrieben:

$$s(t) = s_1(t) + s_2(t) =$$
$$= s_{M1} \cdot \sin(\omega_1 \cdot t) + s_{M2} \cdot \sin(\omega_2 \cdot t)$$

Nur die Überlagerung harmonischer Schwingungen gleicher Frequenz ergibt eine harmonische Schwingung. Diese hat dann dieselbe Frequenz.
Die Überlagerung zweier harmonischer Schwingungen mit verschiedenen Frequenzen ergibt eine nicht-harmonische Schwingung.

Erzwungene Schwingung Eine erzwungene Schwingung entsteht, wenn einem schwingungsfähigen System mit der Eigenfrequenz f_0 periodisch Energie mit der Frequenz f_E zugeführt wird.

Wenn $f_E = f_0$ ist, liegt Resonanz vor. Die Energieübertragung ist dann maximal, die Amplitude kann sehr groß werden und zur Zerstörung führen.

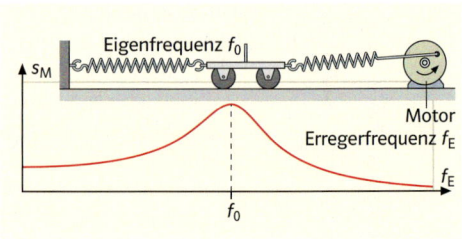

B3 Amplitude einer erzwungenen Schwingung in Abhängigkeit von der Erregerfrequenz

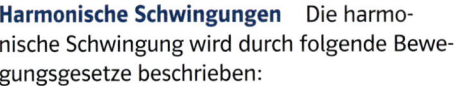
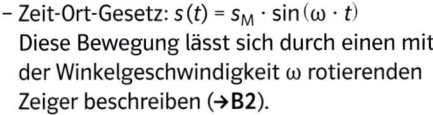

B2 Beschreibung einer Schwingung durch einen rotierenden Zeiger

6 Wellen

Tropfen erzeugen Muster auf der Wasseroberfläche. Was breitet sich hier aus?

6.1 Entstehung von Wellen

Im Jahr 2015 gelang erstmals der experimentelle Nachweis von Gravitationswellen, die Albert Einstein bereits hundert Jahre zuvor im Rahmen seiner allgemeinen Relativitätstheorie vorhergesagt hatte. Diente bisher vor allem die Untersuchung von Lichtsignalen dazu, Informationen über die Vorgänge im Universum zu sammeln, eröffnen sich durch die Neuentdeckung weitere Möglichkeiten in diesem Bereich.

Ausbreitung von Signalen

Die Signale, die die Interferometer des LIGO (Laser Interferometer Gravitational-Wave Observatory) detektiert haben (→B1), besitzen Ähnlichkeit mit den Aufzeichnungen der Seismographen in Erdbebenwarten (→B2). Das Seismogramm zeigt Schwingungen des Erdbodens in alle Richtungen an. Dieselben Signale werden an verschiedenen Stationen zu verschiedenen Zeiten registriert, sie scheinen sich also mit einer gewissen Geschwindigkeit auszubreiten.

Ein Erdbeben stört einen bis dahin bestehenden Zustand der Erdoberfläche. In ähnlicher Weise erfährt der Zustand des Trommelfells eine Störung, wenn wir ein Geräusch hören. Eine solche Störung, die sich mit einer gewissen Geschwindigkeit im Raum ausbreitet, bezeichnet man als **Welle**.

Die Störung, die das Erdbeben erzeugt, breitet sich in Form einer seismischen Welle aus, die an verschiedenen Messstationen registriert werden kann. Die Ausbreitung eines Geräusches lässt sich durch eine Schallwelle beschreiben. Das Gehör kann sie auch in größerer Entfernung von der Quelle wahrnehmen. Die Störung einer ruhigen Wasseroberfläche kann man über den Sehsinn erfassen, in Abbildung **B3** ist zu sehen, wie sich die Störung in Form einer Wasserwelle ausbreitet.

Die beschriebenen Störungen erzeugen Veränderungen an der Materie im Raum wie z. B. der Erdkruste, der Luft und dem Wasser. Unter dem Einfluss sehr großer Massen kann aber auch der Raum selbst eine Störung erfahren, die sich in Form von Gravitationswellen ausbreitet. Ursache dafür sind astrophysikalische Vorgänge z. B. die Verschmelzung extrem massereicher Schwarzer Löcher. Die damit verbundenen Signale sind allerdings nur sehr schwach und schwer nachzuweisen.

Ein auf der Wasseroberfläche schwimmender Gegenstand wird durch eine Welle nur auf und ab bewegt, dabei ändert er ständig seine Höhenenergie (→B3). Wasserwellen transportieren keine Materie, sondern nur Energie. Gleiches gilt für Schallwellen und seismische Wellen, ebenso wie für Gravitationswellen.

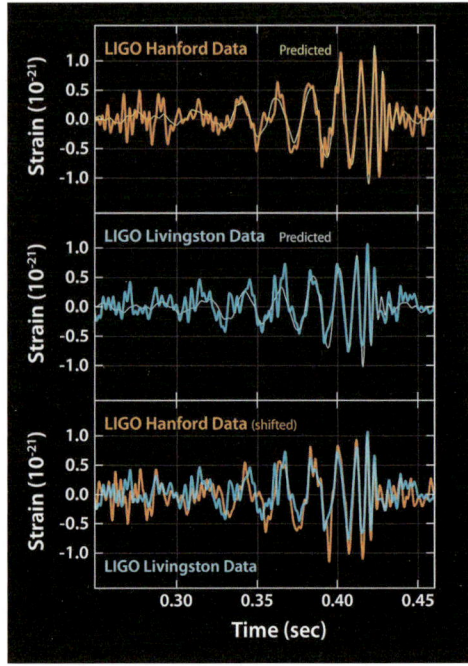

B1 Messdaten von Gravitationswellen

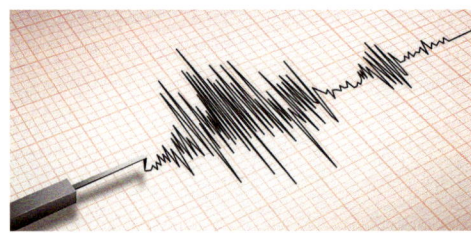

B2 Seismogramm

B3 Ausbreitung einer Wasserwelle

Eine sich im Raum mit einer bestimmten Geschwindigkeit ausbreitende Störung wird als Welle bezeichnet. Wellen transportieren keine Materie, sondern nur Energie.

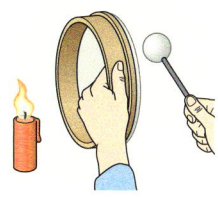

B1

Mechanische Wellen

Wasserwellen, seismische Wellen und Schall-
wellen gehören zu den **mechanischen Wellen**.
Sie zeichnen sich dadurch aus, dass ihre Aus-
breitung ein Medium erfordert.
Mechanische Wellen treten in vielfachen
Formen auf: als räumliche Wellen wie beim
Schall, als Oberflächenwellen z.B. auf dem
Wasser oder als eindimensionale Wellen auf
einer Feder.

An einer langen weichen Feder lassen sich die
Abläufe beobachten (→B2). Durch eine Störung
an einer Stelle der Feder werden einige der
Windungen aus ihrer Ruhelage bewegt. Weil
diese Windungen an die benachbarten gekoppelt sind, werden auch diese ausgelenkt und
die Störung bewegt sich mit einer bestimmten
Geschwindigkeit entlang der Feder. Die beweg-
lichen Teile des Mediums nennt man auch
Oszillatoren.
Die Störung kann so erfolgen, dass sich die
Oszillatoren senkrecht zur Ausbreitungsrichtung der Welle bewegen (→B2a). Solche Wellen
heißen Querwellen oder **Transversalwellen**.
Bei Längswellen oder **Longitudinalwellen** bewegen sich die Oszillatoren infolge der Störung in Ausbreitungsrichtung der Welle (→B2b).

Wellen können sich nur ausbreiten, wenn
zwischen den Oszillatoren eine Kopplung besteht. Deren Stärke bestimmt die **Ausbreitungsgeschwindigkeit c** einer Welle. So beträgt die
Schallgeschwindigkeit in Wasser etwa 1480 m/s,
während sie in Luft bei 340 m/s liegt. Wirkt die
Kopplung auch quer zur Ausbreitungsrichtung,
wie z.B. bei einer Feder, können Querwellen
entstehen. Ist das nicht der Fall, wie z.B. bei
den Teilchen der Luft, können sich nur Längswellen ausbreiten.

Schallwellen

Zur Ausbreitung des Schalls ist ein Medium
erforderlich. Da dieses gasförmig, flüssig oder
fest sein kann, handelt es sich bei Schallwellen
um Längswellen. Eine Kerzenflamme (→B1)
hinter einem Tamburin flackert, wenn das
Instrument angeschlagen wird. Dies zeigt, dass
sich die Luftteilchen bewegen. Die Störung
bewirkt im Medium, in Ausbreitungsrichtung
gesehen, eine Folge von Verdichtungen und
Verdünnungen der Teilchen. Auf diese Weise
entstehen im Vergleich zum ungestörten
Medium Bereiche mit erhöhtem und verringer-
tem Druck (→B3). Diese Druckunterschiede
breiten sich als Längswelle aus. Die Schallgeschwindigkeit nimmt mit steigender Temperatur zu.

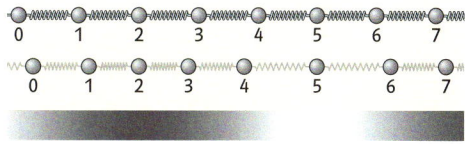

B3 Entstehung einer Schallwelle

Wasserwellen

Unter den mechanischen Wellen bilden die
Wasserwellen einen Sonderfall. Weit vom
Strand entfernt beobachtet man, dass sich ein
Boot auf den Wellen nur auf und ab bewegt. Es
wird kein Wasser transportiert. In hinreichend
tiefem Wasser werden die Wasserteilchen an
der Oberfläche beim Durchgang einer Welle
auf Kreisen bewegt (→B4). Erreichen die Wellen
den flacheren Strand, treten infolge dieser
Kreisbewegung je nach Wassertiefe verschiedene Effekte auf, es können z.B. Wellenbrecher
entstehen oder die einlaufende Welle ändert
ihre Richtung.

Ausbreitungsrichtung der Welle

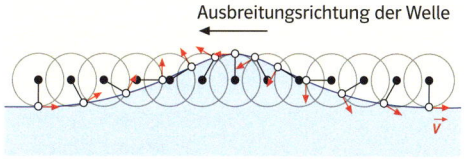

B4

**Mechanische Wellen treten in Form von Trans-
versal- oder Longitudinalwellen auf. Die Ausbreitungsgeschwindigkeit ist vom Medium
abhängig.**

A1 ⊝ Erzeugen Sie auf einer langen Feder
Quer- und Längswellen. Bestimmen Sie deren
Ausbreitungsgeschwindigkeiten.

a)

b)

B2 Transversalwelle (a), Longitudinalwelle (b)

6.2 Harmonische Wellen

In der Vielfalt von Erscheinungen eine gemeinsame Struktur zu entdecken und diese auf möglichst einfache Weise zu beschreiben, ist eine bewährte Vorgehensweise in der Physik.

Ein Modell für Wellen

An einer Pendelkette (→B3) lassen sich die Eigenschaften einer Welle untersuchen. Diese Anordnung aus vielen identischen Pendeln, die durch Federn gekoppelt sind, stellt das Ausbreitungsmedium dar. Alle Oszillatoren führen bei kleiner Auslenkung harmonische Schwingungen mit der Periodendauer T bzw. der Frequenz f aus. Eine Störung, also Auslenkung des ersten Oszillators, breitet sich mit einer konstanten Geschwindigkeit c entlang der Pendelkette in x-Richtung aus. Vernachlässigt man die Dämpfung, schwingt jeder Oszillator mit derselben Amplitude s_M. Erfolgt die Störung in Ausbreitungsrichtung, entsteht eine Longitudinalwelle (→B3c), eine Störung senkrecht zur Ausbreitungsrichtung hat eine Transversalwelle zur Folge (→B3b).

Ein einzelnes Pendel beginnt erst dann zu schwingen, wenn die Störung bei ihm angekommen ist. Zwischen den Schwingungen verschiedener Pendel besteht eine Phasenverschiebung $\Delta\varphi$, sodass sich zu jedem Zeitpunkt eine neue Anordnung der Pendelkörper im Raum ergibt. **B3b** und **c** zeigen Momentaufnahmen aller Oszillatoren zu einem Zeitpunkt t. Wird die Welle durch eine Störung in Form einer harmonischen Schwingung verursacht, entsteht eine **harmonische Welle**.

Zeitliche und räumliche Periodizität

Bei der harmonischen Schwingung, die jeder Oszillator der Pendelkette ausführt, handelt es sich um einen zeitlich periodischen Vorgang. Der Ablauf kann in einem Film betrachtet und in einem t-s-Diagramm dargestellt werden. Diese zeitliche Periodizität der Störung führt bei der Ausbreitung zu einer räumlichen Periodizität (→B1, B2). Das bedeutet, dass der Abstand für je zwei benachbarte Wellenberge gleich ist, wie man gut an den Wasserwellen in **B1** erkennen kann. Diesen Abstand nennt man **Wellenlänge** λ. Die räumliche Periodizität ergibt sich aus der zeitlichen Periodizität der einzelnen Oszillatoren und der konstanten Ausbreitungsgeschwindigkeit c.

Zwei beliebige Oszillatoren schwingen mit einem Phasenunterschied $\Delta\varphi$. Er wird durch die Lage der beiden Oszillatoren zueinander und die Ausbreitungsgeschwindigkeit bestimmt. Alle Oszillatoren, die mit gleicher Phase schwingen, bilden eine Wellenfront, die

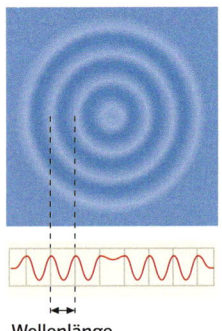

Wellenlänge

B1 Kreiswelle

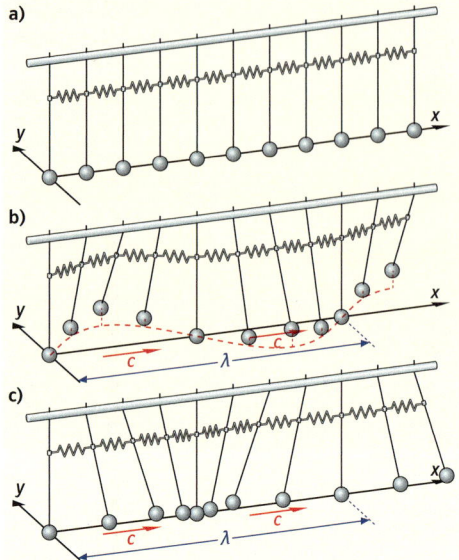

B3 Lineares Modell einer Welle

senkrecht dazu orientierten Wellennormalen zeigen die Ausbreitungsrichtung an. Auf der Wasseroberfläche entstehen so z.B. ebene Wellen (→B2) oder Kreiswellen (→B1).

Geschwindigkeit und Wellenlänge

In **B4** beginnt Oszillator O_1 zum betrachteten Zeitpunkt zu schwingen, O_2 startet um die Zeitdauer $\Delta t = \Delta s/c$ versetzt. Dies führt zu einem Phasenunterschied $\Delta\varphi = 2\pi \cdot \Delta t/T$. Nach $\Delta t = T$ hat der erste Oszillator eine vollständige Schwingung beendet, während der in der Entfernung $n \cdot \Delta s$ liegende Oszillator gerade zu schwingen beginnt. Wegen $\Delta\varphi = 2\pi$ schwingt er synchron zum ersten Oszillator. Es gilt dann $n \cdot \Delta s = c \cdot T$. Diese Entfernung entspricht der Wellenlänge λ, damit gilt:

$$c = \lambda/T \text{ oder mit } f = 1/T: c = \lambda \cdot f$$

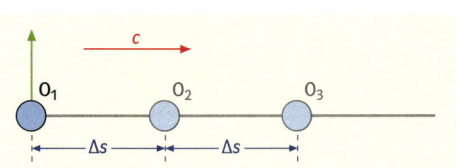

B4

Wellennormale

Wellenfront

B2 Ebene Welle mit Wellenfront und Wellennormale

Eine harmonische Welle ist ein zeitlich und räumlich periodischer Vorgang. Frequenz bzw. Periodendauer kennzeichnen die zeitliche, die Wellenlänge die räumliche Periodizität.

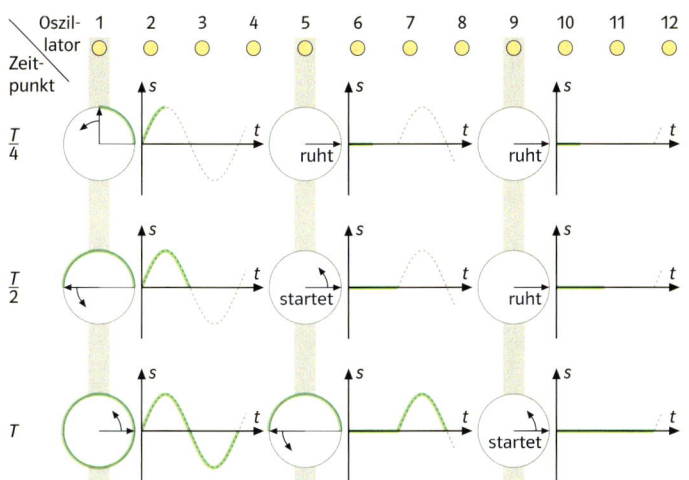

B1 Zeit-Auslenkung-Diagramme einer harmonischen Welle

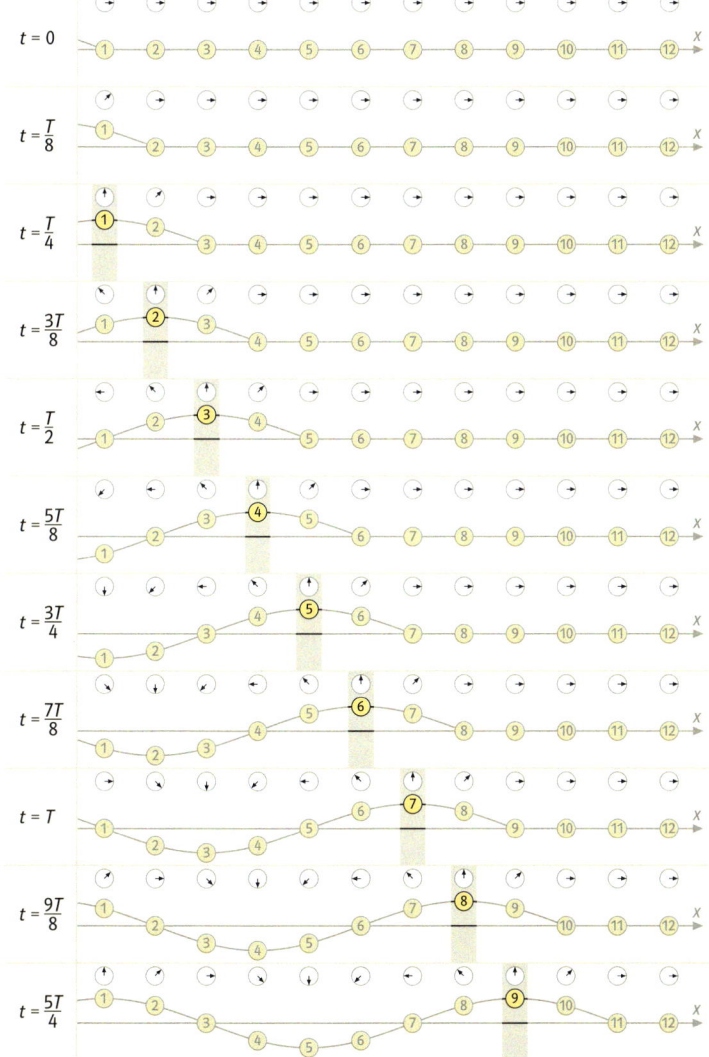

B2 Ort-Auslenkung-Diagramme einer harmonischen Welle

Jeder Oszillator einer harmonischen Welle führt eine harmonische Schwingung aus, die sich durch einen rotierenden Zeiger beschreiben lässt. In **B1** ist den Oszillatoren 1, 5 und 9 ein solcher Zeiger zugeordnet. Der jeweilige Zeiger startet dann, wenn die Störung den Oszillator erreicht. Damit laufen die Zeiger aller Oszillatoren einer Welle zeitlich versetzt (→**B1**).

Die Ausbreitung der harmonischen Welle lässt sich mit einer Reihe von Momentaufnahmen verfolgen. **B2** zeigt die Positionen einiger Oszillatoren zu den Zeiten $t = 0, t = \frac{1}{8}T, \dots$
Zum Zeitpunkt $t = 0$ beginnt zunächst der Oszillator O_1 mit einer harmonischen Schwingung. Der zugehörige Zeiger setzt sich in Bewegung. Zum Zeitpunkt $t = \frac{1}{2}T$ erreicht O_1 erstmals wieder die Ruhelage. Der Oszillator O_4 hat sich bereits in Bewegung gesetzt. Seine Position ist durch die Zeigerstellung $\varphi = \frac{1}{4}\pi$ gegeben. Man erkennt: Der Oszillator O_4 bewegt sich gegenüber O_1 mit $\Delta t = \frac{3}{8}T$ zeitversetzt; dem entspricht eine Phasenverschiebung von $\Delta\varphi = \frac{3}{4}\pi$.
Alle Auslenkungen, die der erste Oszillator nacheinander durchläuft, werden von den nebeneinanderliegenden anderen Oszillatoren nach und nach eingenommen. Ihre Positionen ergeben zu jedem Zeitpunkt eine Sinuskurve.

Nachdem der Oszillator O_1 alle Phasen einer Schwingung durchlaufen hat, also nach Ablauf der Dauer T einer Periode, hat sich die Welle so weit ausgebreitet, dass ein weiterer Oszillator O_9 synchron mit ihm zu schwingen beginnt. D.h., O_1 und O_9 haben voneinander den Abstand einer Wellenlänge λ. Nun setzt O_1 seine Bewegung fort und das räumliche Muster der Bewegungszustände breitet sich auf immer mehr Oszillatoren aus.

Die harmonische Welle breitet sich im Medium innerhalb der Zeitdauer $\Delta t = T$ um die Weglänge $\Delta x = \lambda$ aus. Für die Ausbreitungsgeschwindigkeit c der Welle erhält man damit

$$c = \frac{\lambda}{T} \quad \text{oder mit } f = 1/T : c = \lambda \cdot f$$

A1 a) Zeichnen Sie Oszillatoren im Abstand von 1 cm. Es wird eine harmonische Welle mit $T = 2\,s$ und $\lambda = 8\,cm$ erzeugt.
b) Skizzieren Sie für die Oszillatoren Nummer 1, 3 und 9 das t-s-Diagramm.
c) Skizzieren Sie das x-s-Diagramm zu den Zeitpunkten $t = \frac{1}{2}T, \frac{3}{4}T, T, \frac{3}{2}T$.

Energietransport durch Wellen

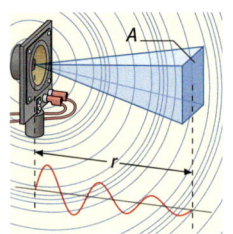

B1 Wellenenergie im Medium

Ein Korken schwimmt auf einer ruhigen Wasser-oberfläche. Eine Störung der Oberfläche führt zur Entstehung einer Welle. Deren Wasser-berge und -täler breiten sich kreisförmig aus. Erreicht ein Wasserberg den Korken, wird dieser angehoben, d.h., seine Höhenenergie ändert sich. Wellen transportieren also Energie. Mit ihrer Ausbreitung werden immer neue Oszilla-toren des Mediums erfasst. Jeder Oszillator nimmt Energie auf und gibt Energie ab (→**B3**).

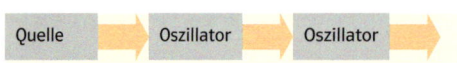

B3 Energietransport durch eine Welle

Bei einer fortlaufenden Wasserwelle bewegt sich ein Korken an einer bestimmten Stelle mit unveränderter Amplitude und Frequenz, d.h., er ändert seine Energie nicht. Er nimmt also in jeder Zeitspanne genauso viel Energie auf, wie er abgibt. Bei einer punktförmigen Störung einer Wasseroberfläche erkennt man, dass in der sich kreisförmig ausbreitenden Welle die Höhe der Wellenberge, also die Amplitude mit der Entfernung von der Quelle abnimmt.

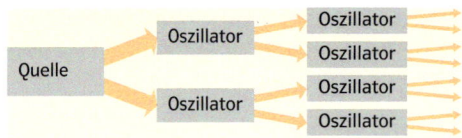

B4 Energie verteilt sich

In Ausbreitungsrichtung gibt jeder Oszillator seine Energie an mehrere Oszillatoren weiter, sodass nach dem Prinzip der Energieerhaltung jeder nur einen entsprechend kleineren Anteil erhält (→**B4**), die Amplitude nimmt daher ab.

Mathematische Beschreibung

In einer harmonischen Welle hat jeder Oszilla-tor die Energie

$$E_{Osz} = E_S + E_B = \tfrac{1}{2} \cdot D \cdot s^2 + \tfrac{1}{2} \cdot m \cdot v^2$$

Im Umkehrpunkt s_M mit $v = 0$ ergibt sich

$$E_{Osz} = \tfrac{1}{2} \cdot D \cdot s_M^2$$

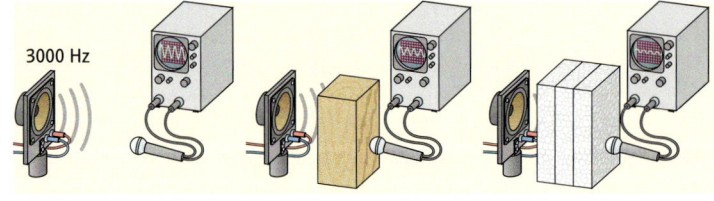

3000 Hz

B2 Energietransport: Prinzip einer Versuchsanordnung

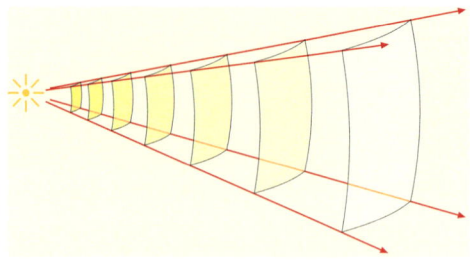

B5 Große Fläche ergibt kleine Intensität.

Mit $\omega^2 = D/m$ und $\omega = 2\pi \cdot f$ folgt

$$E_{Osz} = 2\pi^2 \cdot m \cdot f^2 \cdot s_M^2.$$

Die Gesamtenergie einer Welle ergibt sich als Summe der Energiebeträge aller beteiligten Oszillatoren. Sie ist proportional zum Quadrat von Frequenz und Amplitude.

Eine punktförmige Quelle sendet Wellen in alle Richtungen. Solange Frequenz und Amplitude der Welle konstant bleiben, ändert sich ihre Energie nicht. Dieser Energiebetrag tritt durch eine um die Quelle gedachte Kugeloberfläche hindurch. Die Oberfläche der Kugel nimmt quadratisch mit ihrem Radius r zu ($A = 4\pi \cdot r^2$). Die Energie der Welle, bezogen auf ein Flächen-stück A, sinkt daher mit der Entfernung von der Quelle mit $E/A \sim 1/r^2$. Da die Frequenz kon-stant bleibt, nimmt die Amplitude s_M wegen $E \sim s_M^2$ mit $1/r$ ab (→**B1**).

Bei einer kugelsymmetrischen Welle nimmt die Intensität mit dem Quadrat der Entfernung von der Quelle ab. Für ihre Amplituden in der Entfernung r von der Quelle gilt:

$$\frac{s_{M1}}{s_{M2}} = \frac{r_2}{r_1}$$

A1 ◔ Neben der Verteilung der Energie gibt es einen zweiten Effekt, der sich in einer Ab-nahme der Amplitude zeigt. Bei jeder Energie-übertragung wird ein Teil in thermische Ener-gie überführt.
a) Zeichnen Sie das Energieflussdiagramm aus **B3** für folgende Fälle:
1. Bei jeder Übertragung wird der gleiche Ener-giebetrag in thermische Energie überführt.
2. Bei jeder Übertragung wird ein bestimmter Prozentsatz der übertragenen Energie in ther-mische überführt.
b) Diskutieren Sie die „Reichweite" der Welle in diesen beiden Fällen, z.B. mit Hilfe einer Tabel-lenkalkulation.
c) Untersuchen Sie mit einer geeigneten An-ordnung (→**B2**) die Dämpfungseigenschaften verschiedener Materialien für Schallwellen.

Beschreibung von Wellen

Beschreibung durch Sinuskurven Eine periodische Welle ist ein zeitlich und räumlich periodischer Vorgang. Ihre vollständige Beschreibung im Raum erfordert drei Koordinaten für den Ort eines Oszillators sowie je einen Wert für den Zeitpunkt t und die Elongation s, d.h. ein Koordinatensystem mit fünf Achsen. Das ist in unserem dreidimensionalen Anschauungsraum nicht darstellbar.

Wenn man nur eine lineare Anordnung von Oszillatoren betrachtet, kann ihr Ort jeweils durch eine einzige Koordinate x beschrieben werden. In einem dreidimensionalen Koordinatensystem (→**B1**) kann man dann die Elongation als Funktion $s(x,t)$ mit drei Variablen darstellen. Auf einer Zeichenfläche lässt sich dies nur verzerrt wiedergeben (→**B3**).

In einem $s(t)$-Diagramm wird für einen Oszillator am Ort x das zeitliche Nacheinander in ein räumliches Nebeneinander übersetzt, wie in der Filmaufnahme eines einzelnen Oszillators. Ein $s(x)$-Diagramm beschreibt die Lage aller Oszillatoren zu einem Zeitpunkt t, entsprechend einer Momentaufnahme aller Oszillatoren. Bei einer harmonischen Welle ergeben sich in allen Fällen Sinuskurven, die je nach Wahl von x bzw. t verschoben sind. **B2** zeigt die Kurven für jeweils vier verschiedene Zeitpunkte bzw. Orte.

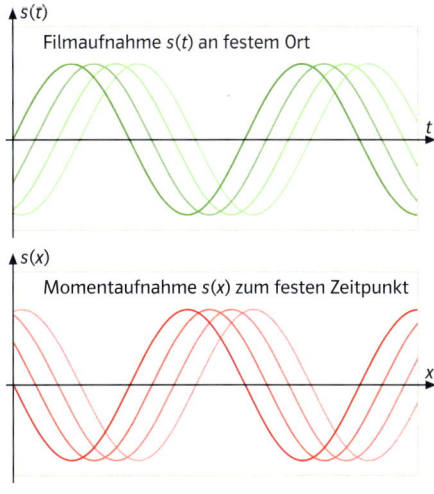

s(t)

Filmaufnahme s(t) an festem Ort

s(x)

Momentaufnahme s(x) zum festen Zeitpunkt

B2

Herleitung der Wellengleichung In einer harmonischen Welle schwingt jeder Oszillator harmonisch. Wenn z.B. die Bewegung des Oszillators 1, der sich am Ort $x = 0$ befindet,

zum Zeitpunkt $t = 0$ mit einer Auslenkung nach oben beginnt, wird der zeitliche Ablauf der Schwingung durch folgende Gleichung beschrieben:

$$s_1(t) = s_M \cdot \sin\left(\frac{2\pi}{T} \cdot t\right)$$

Betrachtet man Oszillator n am Ort x, so wird dieser später von der Schwingung erfasst. Eine ihm zugeordnete Uhr zeigt den Beginn der Bewegung mit $t' = 0$ an, die zugehörige Gleichung lautet:

$$s_5(t) = s_M \cdot \sin\left(\frac{2\pi}{T} \cdot t'\right)$$

Zwischen den Uhren besteht der Zeitunterschied $\Delta t = t - t'$. Durch die endliche Ausbreitungsgeschwindigkeit c der Welle ist Δt umso größer, je größer der Abstand zwischen den Oszillatoren ist. Für eine Strecke x benötigt eine Störung die Zeitdauer

$$\Delta t = \frac{x}{c} = x \cdot \frac{T}{\lambda}$$

An einem beliebigen Ort x ist die Auslenkung zur Zeit $t' = t - \Delta t$

$$s = s_M \cdot \sin\left(\frac{2\pi}{T} \cdot (t - \Delta t)\right)$$

$$= s_M \cdot \sin\left(2\pi \cdot \left(\frac{t}{T} - \frac{\Delta t}{T}\right)\right)$$

$$= s_M \cdot \sin\left(2\pi \cdot \left(\frac{t}{T} - \frac{x}{\lambda}\right)\right)$$

Dies ist die **Wellengleichung der harmonischen Welle**. Sie beschreibt sowohl den zeitlichen Ablauf der Bewegung eines Oszillators am Ort x in der Welle, als auch die räumliche Verteilung aller Auslenkungen für jeden Zeitpunkt t.

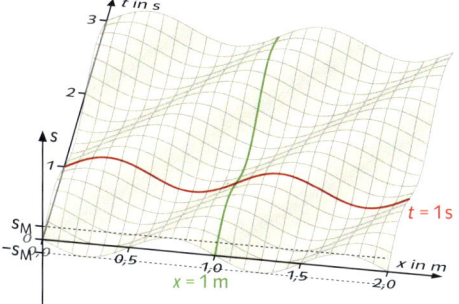

B3

s(t,x)

t

x

B1

Erdbeben und Tsunamis

Die Erdkruste besteht aus mehreren Platten. Sie „schwimmen" auf einer durch die Hitze plastisch gewordenen Schicht des Erdmantels. Konvektionsströme nehmen die Platten bis zu 16 cm pro Jahr mit. In 670 km Tiefe ist der Mantel durch den hohen Druck wieder fest. 70 % der Bebenherde liegen weniger als 70 km tief.

Tsunamis Als Tsunami bezeichnet man Riesenwellen, die in Küstennähe entstehen (→B1). Der Begriff stammt aus dem Japanischen und bedeutet Hafenwelle (tsu = Hafen, nami = Welle). Er wurde von Fischern geprägt, die verwüstete Häfen vorfanden, obwohl sie auf offener See keine hohen Wellen bemerkt hatten. Verursacht wird ein Tsunami durch eine starke Hebung oder Senkung des Meeresbodens, z. B. infolge eines Meerbebens oder des Abrutschens von Kontinentalhängen im Meer (→B3). Anders als bei normalen Meereswellen, die vom Wind verursacht werden und nicht tief ins Wasser reichen, wird bei einem Tsunami die gesamte Wassersäule vom Meeresboden bis zur -oberfläche bewegt. Die Welle breitet sich aus, d. h., die zugeführte Energie wird in alle Richtungen transportiert, wobei sich kaum Wasser in Ausbreitungsrichtung bewegt.

B3 Entstehung eines Tsunamis

Die Ausbreitungsgeschwindigkeit c einer Tsunami-Welle ist von der Wassertiefe h abhängig: $c = \sqrt{g \cdot h}$; d. h. je tiefer das Wasser, desto höher ist die Ausbreitungsgeschwindigkeit. Auf dem offenen Meer ($h \approx 4500$ m) beträgt sie ca. 750 km/h. In Küstennähe nimmt die Wassertiefe ab, deshalb sinkt die Ausbreitungsgeschwindigkeit. Gleichzeitig wächst die Amplitude. Zugleich wird im flachen Wasser die für die Auf- und Abbewegung verfügbare Wassermenge geringer. Energie wird zunehmend in Translationsenergie des Wassers umgesetzt.

Die Ausbreitung von seismischen Wellen

Ein Erdbeben ist die Folge heftiger Störungen in der festen Erdkruste. Dabei entstehen gleichzeitig Längs- und Querwellen, die sich dann durch das stellenweise feste oder flüssige Erdinnere ausbreiten. Da die Elastizität dieser Medien für Stauchung (Längswellen), für Hebung und Senkung (Querwellen) bzw. für eine Kombination mit Drehungen (Scherwellen) unterschiedlich ist, unterscheiden sich die Ausbreitungsgeschwindigkeiten der Wellen in diesen Medien und sie erreichen die Erdoberfläche zu verschiedenen Zeitpunkten. Sie werden nach einem Beben als **Seismogramm** (→B2) aufgezeichnet: Zuerst werden Längswellen (Primärwellen) registriert, gefolgt von Querwellen (Sekundärwellen) und von sogenannten Rayleigh-Wellen, die sich – vergleichbar mit den Wellen an der Wasseroberfläche – auf der Erdoberfläche ausbreiten.

Aus Labormessungen mit verschiedenen Wellenformen an entsprechend unter Druck gesetzten Gesteinen kennt man den Zusammenhang mit der Ausbreitungsgeschwindigkeit. Damit kann umgekehrt aus dem Seismogramm auf den Zustand des Erdinneren geschlossen werden. So deutet z. B. das Abbrechen der Sekundärwellen aus einer Tiefe von mehr als 2900 km darauf hin, dass das Erdinnere in diesem Bereich flüssig wird, da Querwellen sich nur in festen Medien ausbreiten können.

B1

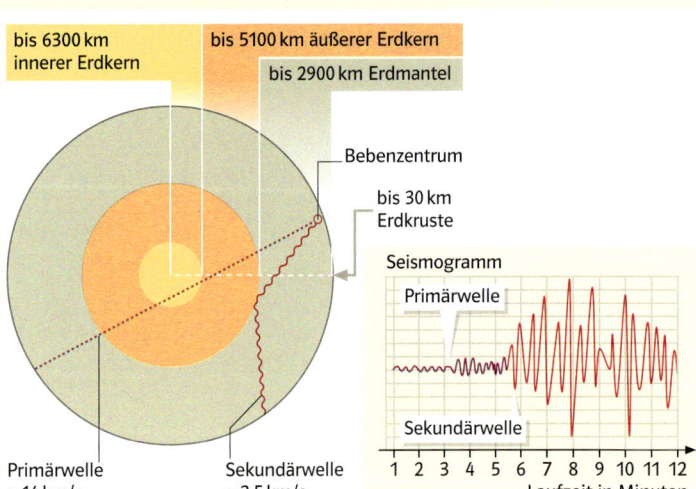

bis 6300 km innerer Erdkern

bis 5100 km äußerer Erdkern

bis 2900 km Erdmantel

Bebenzentrum

bis 30 km Erdkruste

Seismogramm

Primärwelle

Sekundärwelle

Primärwelle ≈ 14 km/s

Sekundärwelle ≈ 3,5 km/s

1 2 3 4 5 6 7 8 9 10 11 12
Laufzeit in Minuten

B2 Erdbebenwellen verraten den inneren Aufbau der Erde.

6.3 Der Dopplereffekt

An einem Ort lassen sich herannahende und sich entfernende Fahrzeuge an der Tonhöhe ihrer Fahrgeräusche unterscheiden. Christian Doppler untersuchte 1842 als Erster diesen Effekt.

Bewegte Sender oder Empfänger von Wellen

Nähert sich ein Polizeiauto mit eingeschalteter Sirene einem Beobachter, so nimmt dieser einen höheren Ton wahr, als im Fall eines ruhenden bzw. sich entfernenden Polizeiautos. Diese Alltagsbeobachtung lässt sich physikalisch erklären.

Dazu wird auf einem kleinen Wagen ein tönender Lautsprecher befestigt. Der Wagen bewegt sich zunächst auf ein Mikrofon zu, dann von ihm weg. Bei konstanter Frequenz des vom Lautsprecher erzeugten Tones mit $f = 10\,000$ Hz wird über das Mikrofon im ersten Fall eine Frequenz von $f' = 10\,006$ Hz, im zweiten Fall von $f'' = 9\,994$ Hz registriert. Da die Schallquelle mit unveränderter Frequenz sendet, muss ihre Bewegung die beobachtete Frequenzänderung verursachen.

Zur Erklärung wird angenommen, dass sich ein Sender S mit der Geschwindigkeit v zwischen zwei ruhenden Beobachtern B_1 und B_2 bewegt (→**B1a**). Den Beobachter B_1, auf den sich der Sender zubewegt, erreichen aufeinander folgende Wellenfronten in kürzeren Abständen als bei ruhendem Sender.

In jeder Periode bewegt sich S um die Strecke $v \cdot T = v/f$ in Richtung B_1 (mit T: Periodendauer; f: Frequenz). Die nächste Periode beginnt näher an Beobachter B_1. Er nimmt eine gegenüber der ursprünglichen Wellenlänge $\lambda = c/f$ um v/f verkürzte Wellenlänge λ' wahr:

$$\lambda' = \lambda - \frac{v}{f}$$

Da die Ausbreitungsgeschwindigkeit c konstant bleibt, steigt die Frequenz von f auf f':

$$f' = \frac{c}{\lambda'} = f \cdot \frac{c}{c - v}$$

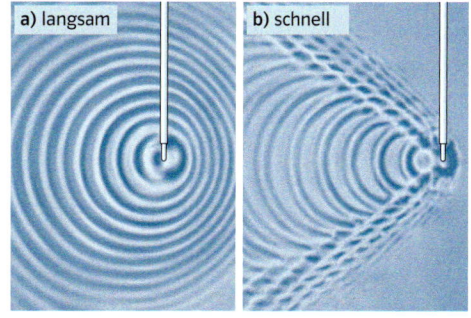

B2 Verschieden schnell bewegte Erreger

Für den Fall, dass sich der Sender vom Beobachter entfernt, erhöht sich die Wellenlänge λ'' um die Strecke v/f, also:

$$\lambda'' = \lambda + \frac{v}{f}$$

Daraus ergibt sich eine Frequenzabnahme:

$$f'' = \frac{c}{\lambda''} = f \cdot \frac{c}{c + v}$$

Bei ruhendem Sender und bewegtem Beobachter ergeben ähnliche Überlegungen

für Annähern: $f' = f \cdot \dfrac{c + v}{c}$

für Entfernen: $f'' = f \cdot \dfrac{c - v}{c}$

Der in **B2a** gezeigte Versuch bestätigt und veranschaulicht die Ergebnisse nochmals. Hier wird ein periodisch ins Wasser tauchender Stift mit unterschiedlicher Geschwindigkeit nach rechts bewegt. Man bezeichnet die damit verbundene Frequenz- bzw. Wellenlängenänderung als **Doppler-Effekt**.

Bewegung mit Überschallgeschwindigkeit

In einem weiteren Versuch (→**B2b**) betrachtet man den Fall, dass sich der Sender mit einer Geschwindigkeit v bewegt, die größer als die Ausbreitungsgeschwindigkeit c der Wellen ist. Es kommt zu einer Überlagerung der Wellenfronten, deren Einhüllende bezeichnet man als **Mach'schen Kegel** (→**B1b**, **B2b**). Er tritt als Bugwelle von Schiffen oder als Überschallknall von Flugzeugen auf.

Frequenzänderungen, die bei bewegten Sendern oder Empfängern von Wellen zu beobachten sind, werden als Dopplereffekt bezeichnet.

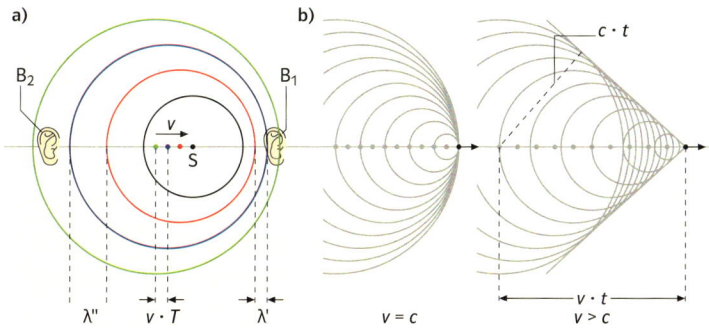

B1 Wellenfronten bewegter Sender

Beschreibung und Ausbreitung von Wellen

Beispiel ⊝ An einer Reihe gleichartiger gekoppelter Oszillatoren kann eine Welle entstehen (→**B1**).

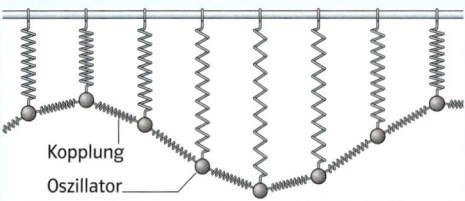

Kopplung

Oszillator

B1 Gekoppelte Oszillatoren

Zum Zeitpunkt $t = 0$ wird das Gleichgewicht mit einer Auslenkung des ersten Oszillators um $s_M = 20\,cm$ nach unten gestört. Die Störung breitet sich mit der Geschwindigkeit v nach rechts auf die anderen Oszillatoren aus (→**B2**).

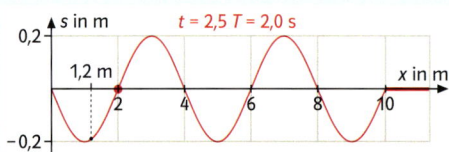

B2 Ausbreitung einer Störung

a) Ermitteln Sie aus **B2** die Ausbreitungsgeschwindigkeit und die Wellenlänge λ der durch die Störung hervorgerufenen Welle.
b) Bestimmen Sie die Periodendauer eines einzelnen Oszillators. Zeichnen Sie den t-s-Graphen der harmonischen Schwingung des Oszillators bei $x = 2\,m$ für $0 \leq t \leq 2,4\,s$.
c) Die Wellengleichung lautet hier:

$$s(x, t) = (-0,2\,m) \cdot \sin\left[2\pi \cdot \left(\frac{t}{T} - \frac{x}{\lambda}\right)\right]$$

Begründen Sie das Minuszeichen.

Berechnen Sie $s(1,2\,m \mid 2,0\,s)$. Vergleichen Sie das Ergebnis mit Ihrer Zeichnung.

Lösung a) In 2 s hat sich die Störung 10 m nach rechts ausgebreitet. Die Ausbreitungsgeschwindigkeit beträgt demnach $v = 5\,m/s$. Der Oszillator bei $x = 10\,m$ beginnt bei $t = 2\,s$ gerade mit der Auslenkung nach unten, in 2 s sind 2,5 Schwingungen des ersten Oszillators vergangen, auf die Strecke 10 m entfallen also 2,5 Perioden, d.h., die Wellenlänge ist $\lambda = 4\,m$.
b) Da in 2 s gerade 2,5 Schwingungen des ersten Oszillators erfolgt sind, beträgt seine Periodendauer demnach $T = 2\,s/2,5 = 0,8\,s$. Nach dem Start der Störung bei $t = 0\,s$ vergehen 0,4 s, bis der Oszillator bei $x = 2\,m$ mit einer Auslenkung nach unten zu schwingen beginnt. Bis zum Zeitpunkt $t = 2,4\,s$ führt er dann 2,5 volle Schwingungen mit der Amplitude $s_M = 20\,cm$ aus. **B3** zeigt das t-s-Diagramm der Schwingung in diesem Zeitraum.

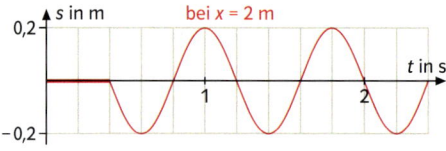

B3

c) Das Minuszeichen ergibt sich wegen der anfangs negativen Auslenkung.
Für $s(1,2\,m \mid 2,0\,s)$ erhält man:

$$s = (-0,2\,m) \cdot \sin\left[2\pi \cdot \left(\frac{2,0}{0,8} - \frac{1,2}{4}\right)\right] = -0,19\,m$$

Das x-s-Diagramm für a) bestätigt diesen Wert, da es gerade für $t = 2,5\,T = 2\,s$ gilt.

A1 ⊝ Eine Infobroschüre stellt eine Anwendung des Doppler-Effektes in der Medizin vor (→**B4**).
a) Die Geschwindigkeit v des Blutflusses bei der Dopplersonographie ergibt sich aus einer Frequenzverschiebung $\Delta f = f_e - f_s$ zwischen der ausgesandten und der empfangenen Welle (→**B4**). Erklären Sie, wie diese Frequenzverschiebung zustande kommt. Bestätigen Sie die Gleichung für die Frequenz f_e der empfangenen Welle:

$$f_e = f_s \cdot \frac{c - v}{c + v}$$

b) Leiten Sie die Gleichung für die Geschwindigkeit v in Abhängigkeit von Δf und f_s her.

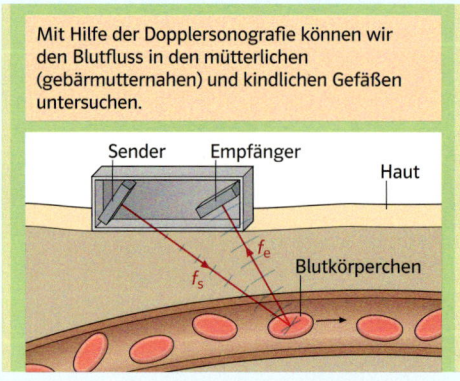

Mit Hilfe der Dopplersonografie können wir den Blutfluss in den mütterlichen (gebärmutternahen) und kindlichen Gefäßen untersuchen.

Sender   Empfänger

Haut

f_e

f_s Blutkörperchen

B4 Aus einer Infobroschüre eines Krankenhauses

6.4 Überlagerung von Wellen

Lärm ist Schall, der lästig ist und deshalb vermieden werden sollte. Lärm kann auch durch Gegenschall beseitigt werden. Dabei wird von einem kleinen Lautsprecher im Hörschutz zusätzlich Schall erzeugt. Wie kann „Schall plus Schall" Ruhe ergeben?

Ungestörte Überlagerung

Regentropfen erzeugen auf einer Wasseroberfläche ein Muster aus Kreisen, die sich gegenseitig durchdringen (→**B1**). Durch die Störung der Wasseroberfläche entstehen Wellen, die sich kreisförmig ausbreiten. Passieren verschiedene Wellen nacheinander einen bestimmten Ort, registriert man dort jeweils eine Auslenkung der Wasserteilchen aus ihrer Ruhelage. Treffen zwei Wellen gleichzeitig am selben Ort ein, ergibt sich eine andere Auslenkung, als von einer einzelnen Welle erzeugt. **B3** verdeutlicht dies an einer Folge von Momentaufnahmen zweier Störungen, die sich auf einem Seil aufeinander zu bewegen. Am Ort x, an dem die Störungen aufeinandertreffen, ergibt sich eine Störung mit größerer Amplitude.

B1

Die Überlagerung zweier Wellen entspricht der Vektoraddition von Einzelbewegungen. Man spricht deshalb auch vom Prinzip der ungestörten Überlagerung.

Haben beide Störungen den Ort x passiert, entfernen sie sich mit ursprünglicher Amplitude und Geschwindigkeit voneinander. Die Störungen breiten sich nach der Überlagerung also unverändert weiter aus. Auch Wasserwellen, die einander durchdrungen haben, nehmen wieder die ursprüngliche Gestalt an.

Interferenz

Wie Störungen können sich zwei fortlaufende Wellen überlagern. Im Überlagerungsbereich

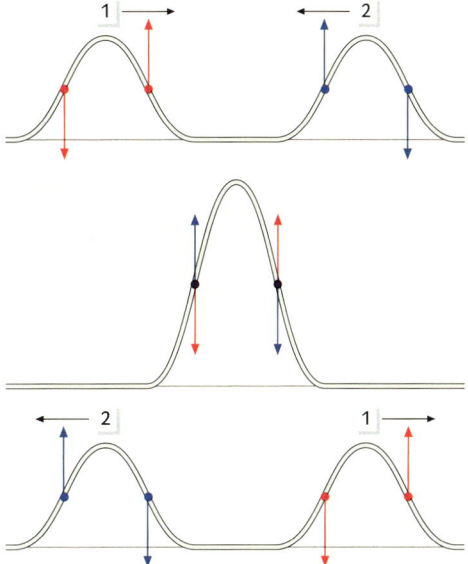

B3 Überlagerung von zwei Störungen auf dem Seil

wird jeder Punkt von beiden Wellen erfasst. Die Auslenkung ergibt sich als Summe der Einzelauslenkungen beider Wellen. Die Überlagerung mehrerer Wellen bezeichnet man als **Interferenz**.

In Abbildung **B2** ist zu erkennen: Im Punkt P des Überlagerungsbereiches lassen sich beide Schwingungen durch Sinusfunktionen oder zugehörige rotierende Zeiger beschreiben. Hat der Punkt P zu beiden Erregern unterschiedliche Entfernungen, dann beginnen für ihn die Schwingungen zu unterschiedlichen Zeitpunkten. Entsprechend rotieren die Zeiger mit einer festen Phasenverschiebung zueinander, die Sinuskurven sind gegeneinander verschoben.

Das Interferenzergebnis an einem Ort hängt davon ab, wie stark die Phasen der beiden interferierenden Wellen gegeneinander verschoben sind. Die Verschiebung hängt von der Differenz der Entfernungen zwischen Punkt P und den beiden Erregern ab. Diese Differenz Δl heißt **Gangunterschied**.

Die Überlagerung von Wellen bezeichnet man als Interferenz. Im Überlagerungsbereich addieren sich die Auslenkungen der beteiligten Wellen. Die resultierende Amplitude hängt von der Phasenbeziehung zwischen den Wellen ab.

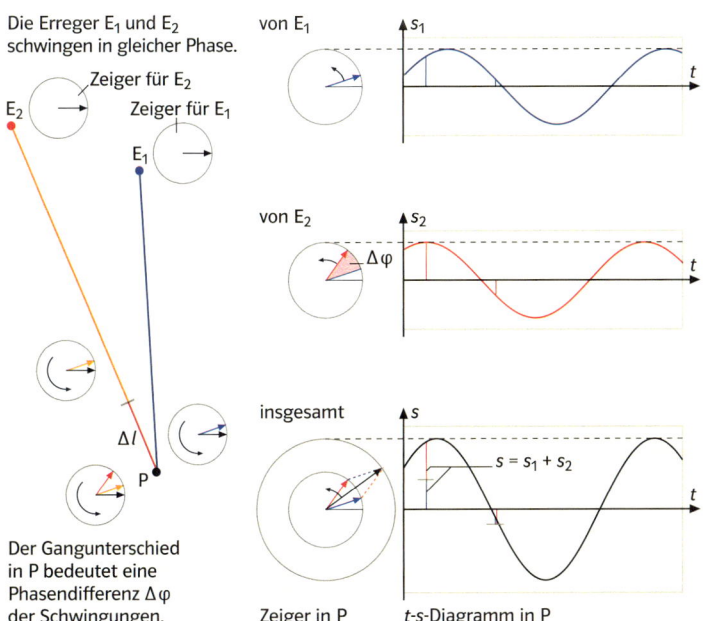

Die Erreger E_1 und E_2 schwingen in gleicher Phase.

Der Gangunterschied in P bedeutet eine Phasendifferenz $\Delta\varphi$ der Schwingungen.

B2 Die Folge von Gangunterschieden der Erreger E_1 und E_2

Allgemein spricht man von

- **Verstärkung** oder **konstruktiver Interferenz**, wenn an einem Ort die Auslenkungen zweier Wellen bei gleichem Vorzeichen zu addieren sind. Bei gleicher Amplitude führt die Interferenz maximal zum doppelten Wert der Amplitude. Als Bedingung hierfür gilt:

$$\Delta l = k \cdot \lambda \quad (\text{mit } k = 0, 1, 2, \dots)$$

- **Schwächung** oder **destruktiver Interferenz**, wenn an einem Ort die Auslenkungen zweier Wellen bei verschiedenem Vorzeichen zu addieren sind. Bei gleicher Amplitude ergibt sich vollständige **Auslöschung**. Es gilt die Bedingung:

$$\Delta l = (2k + 1) \cdot \lambda/2 \quad (\text{mit } k = 0, 1, 2, \dots)$$

Im Fall zweier interferierender Kreiswellen liegen die Punkte mit gleichen Gangunterschieden auf Hyperbeln. Dies lässt sich in der Wellenwanne nachstellen: Zwei Stifte stellen synchron arbeitende Erreger dar. Sie erzeugen Kreiswellen, die sich überlagern. Auf der Wasseroberfläche entsteht ein Muster, das sich zeitlich nicht verändert (→**B2**). Es verfügt über feste Gebiete ständiger Ruhe, deren Lage und Zahl vom Abstand der beiden Stifte und der Frequenz abhängen.

Bestimmung einer Wellenlänge

Verstärkungen kann man beispielsweise auch in der Umgebung zweier Lautsprecher beobachten, die identische Schallwellen aussenden: Es gibt Orte mit besonders großer Lautstärke. In einem Versuch lässt sich aus dem Abstand dieser Orte die Wellenlänge des ausgesandten Schallsignals bestimmen.

Dazu werden zwei Lautsprecher hintereinander angeordnet, die gleiche Schallwellen aussenden (d.h. Wellen gleicher Frequenz und Amplitude, die in Phase sind). Diese werden von einem Mikrofon empfangen, das mit den Lautsprechern auf nahezu derselben Geraden liegt (→**B1**). Beim Verschieben eines Lautsprechers auf der Geraden werden vom Mikrofon abwechselnd Maxima und Minima der Lautstärke registriert. Dabei kommt es nicht darauf an, welcher Lautsprecher verschoben wird, entscheidend ist nur die Differenz Δl ihrer Entfernungen zueinander.
Δl ist der Gangunterschied der sich am Ort des Mikrofons überlagernden Wellen. Bei einem

B2 Kreiswellen überlagern sich.

Maximum muss er ein ganzzahliges Vielfaches der Wellenlänge betragen. Beim Übergang zum nächsten Maximum ändert sich Δl um eine Wellenlänge. Bei einer Frequenz von $f = 1000\,\text{Hz}$ wird für den Gangunterschied $\Delta l = 34\,\text{cm}$ gemessen. Entsprechend beträgt die Wellenlänge der ausgesandten Schallwellen $\lambda = 34\,\text{cm}$.

Erzeugen zwei Erreger phasengleich zwei Kreiswellen, beobachtet man maximale Verstärkung bei einem Gangunterschied $\Delta l = k \cdot \lambda$ (mit $k = 0, 1, 2, \dots$), maximale Schwächung bei einem Gangunterschied $\Delta l = (2k + 1) \cdot \lambda/2$ (mit $k = 0, 1, 2, \dots$)

A1 ⊝ Zeichnen Sie zum Zeitpunkt $t = 10\,T$ eine Momentaufnahme von Kreiswellen, die von zwei Erregern ausgehen. Markieren Sie Wellenberge und Wellentäler unterschiedlich. Ermitteln Sie Bereiche mit Verstärkung bzw. Auslöschung und vergleichen Sie mit Abbildung **B2**.
Begründen Sie den Satz: „Punkte mit gleichem Gangunterschied liegen auf Hyperbeln."

A2 ⊝ Zwei direkt nebeneinander angeordnete Lautsprecher senden phasengleich Schallwellen gleicher Frequenz aus. In einer Entfernung von 1,5 m befindet sich ein Mikrofon (→**B1**, graue Lautsprecher).
a) Nun verschiebt man den linken Lautsprecher senkrecht zur Verbindungslinie zum Mikrofon nach links. Bei einer Entfernung von 0,75 m registriert das Mikrofon zum ersten Mal ein Minimum in der Lautstärke.
Skizzieren Sie die Anordnung und berechnen Sie die Schallfrequenz (die Schallgeschwindigkeit beträgt 340 m/s).
b) Bei diesem Abstand von 0,75 m wird nun die Frequenz der Schallwellen auf 2 000 Hz erhöht. Das Mikrofon wird entlang der Verbindungslinie zum rechten Lautsprecher hin verschoben. Beschreiben Sie die Beobachtungen.

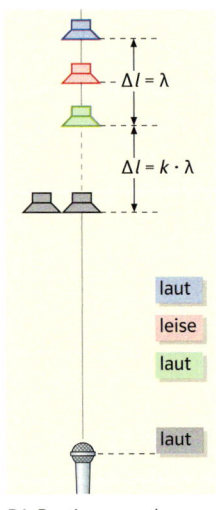

B1 Bestimmung der Wellenlänge von Schallwellen

Erzeugung stehender Wellen an einem Gummiband

Aufgabe: Es soll untersucht werden, wie sich ein beidseitig eingespanntes Gummiband verhält, das zum Schwingen angeregt wird.

Material: Gummiband, Stativmaterial, Klemmen, Exzentermotor, Experimentiertisch

Durchführung und Beobachtung: Das Gummiband wird auf beiden Seiten zwischen den Klemmen befestigt. Auf einer Seite, in geringem Abstand zum Bandende, wird der Exzentermotor angebracht (→**B1**). Wird der Motor in Betrieb gesetzt, bewegt er das Ende des Gummibandes mit kleiner Auslenkung auf und ab. Zunächst wird die Drehfrequenz des Motors klein gewählt und dann langsam erhöht. Man beobachtet, dass sich auf dem Band bei bestimmten Frequenzen Stellen bilden, die

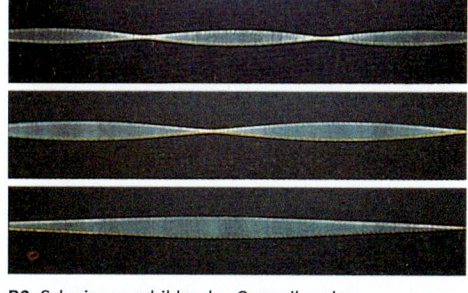

B2 Schwingungsbilder des Gummibandes

nahezu in Ruhe bleiben. Dazwischen erkennt man Bereiche, in denen die Auslenkung des Bandes besonders groß ist (→**B2**).

Auswertung und Deutung: Der Exzenter erzeugt eine harmonische Störung, die Welle läuft durch das Band und wird am anderen, fest eingespannten Ende reflektiert. Einfallende und reflektierte Welle überlagern sich und bilden unter bestimmten Bedingungen sogenannte stehende Wellen aus. Dies ist immer dann der Fall, wenn sich eine ganzzahlige Anzahl von Schwingungsbäuchen zwischen zwei Schwingungsknoten ausbilden kann. Die Länge L des Bandes muss also einem ganzzahligen Vielfachen der halben Wellenlänge entsprechen: $L = k \cdot \lambda/2$ (k = 1, 2, …)

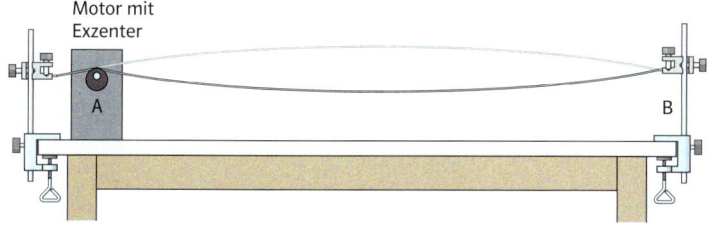

Motor mit Exzenter

A

B

B1 Versuchsaufbau

Erzeugung stehender Wellen im Resonanzrohr

B3 Resonanzrohr

s

$\frac{1}{4}\lambda$

L_1

L

B4 Stehende Welle

Aufgabe: In einem zweiten Versuch soll die Ausbildung stehender Schallwellen in einem Resonanzrohr untersucht werden.

Material: Resonanzrohr, mit Wasser gefüllter Behälter, Stimmgabel

Durchführung: Bei einem Resonanzrohr handelt es sich um ein an beiden Enden offenes Glasrohr. Zunächst taucht man das Rohr tief in einen wassergefüllten Behälter, sodass die verbleibende Luftsäule nur klein ist. Nun schlägt man die Stimmgabel an und hält sie an die obere Öffnung des Glasrohrs. Glasrohr und Stimmgabel werden langsam angehoben, sodass sich die Länge der Luftsäule vergrößert.

Beobachtung und Auswertung: In gewissen Positionen des Glasrohrs wird der Ton der Stimmgabel deutlich lauter. Auf dem Rohr wird dann die Lage des Wasserspiegels markiert bzw. die Höhe L der Luftsäule bestimmt.

Deutung: Mit Hilfe der Stimmgabel wird die Luft im Glasrohr zum Schwingen angeregt. Schwingt die Luftsäule in Resonanz, wird die ursprüngliche Schwingung verstärkt, was sich in einer größeren Lautstärke äußert.

Anders als im Fall des eingespannten Gummibandes, das zwischen zwei festen Enden schwingt, bildet die Wasseroberfläche für die schwingende Luftsäule ein festes Ende, die obere Öffnung des Glasrohrs dagegen ein loses Ende.
Eine stehende Welle kann sich in diesem Fall dann ausbilden, wenn die Länge der Luftsäule einem ungeradzahligen Vielfachen von $\lambda/4$ entspricht (→**B4**).
$L = (2k - 1) \cdot \lambda/4$ mit $k = 1, 2, …$

A1 ⊖ Erläutern Sie die Unterschiede zwischen den stehenden Wellen, die in den beiden Versuchen auf dieser Seite untersucht werden.

6.5 Stehende Wellen

Bei vielen Musikinstrumenten spielt die Länge der Tonerzeuger eine wesentliche Rolle: Die Länge der Saite bestimmt bei Klavier, Gitarre oder Streichinstrument die Tonhöhe ebenso wie bei der Orgel die Länge der Pfeife.

Überlagerung gegenläufiger Wellen

Schall- und Seilwellen überlagern sich auch, wenn sie entgegengesetzte Ausbreitungsrichtungen haben. Unter bestimmten Bedingungen kann dann Interferenz auftreten: Im Fall der Schallwellen lässt sich z.B. mit einem Mikrofon und zwei Lautsprechern die entstehende Interferenz nachweisen. Dazu stellt man die Lautsprecher, die mit dem gleichen Generator betrieben werden, einander gegenüber. Mit einem Mikrofon registriert man längs der Verbindungslinie abwechselnd Stellen mit niedriger und hoher Lautstärke.

Abbildung **B1** beschreibt das Prinzip der Überlagerung an zwei gegenläufigen Wellen gleicher Amplitude und Frequenz mit einigen Momentaufnahmen:

- Die Amplituden (maximalen Auslenkungen) sind an jedem Ort zeitlich konstant.
- Es gibt Stellen, an denen die Amplitude stets null ist, sie heißen **Knoten**.
- Es gibt Stellen mit stets maximaler Amplitude, sie heißen **Bäuche**.
- Die Entfernung zwischen benachbarten Knoten oder Bäuchen beträgt λ/2.
- Zwischen zwei benachbarten Knoten schwingen alle Oszillatoren im Gleichtakt. Vor und nach einem Knoten schwingen die Oszillatoren im Gegentakt.

Dieses Interferenzergebnis wird als **stehende Welle** bezeichnet.

Eingesperrte Wellen

Durch die Reflexion einer Welle können zwei gegenläufige Wellen entstehen, die sich überlagern und interferieren. Besonders gut lässt sich dies an Seilwellen beobachten.

Die Abbildung **B2** zeigt die Reflexion einer solchen Seilwelle. Es wird deutlich, dass man dabei unterscheiden muss, ob das reflektierende Ende frei beweglich oder fest eingespannt ist: Bei einem festen Ende wird ein Berg als Tal und ein Tal als Berg reflektiert, es kann sich dort nur ein Knoten ausbilden.
Bei einem losen Ende wird ein Berg als Berg und ein Tal als Tal reflektiert, d.h., dort bildet sich ein Bauch aus.

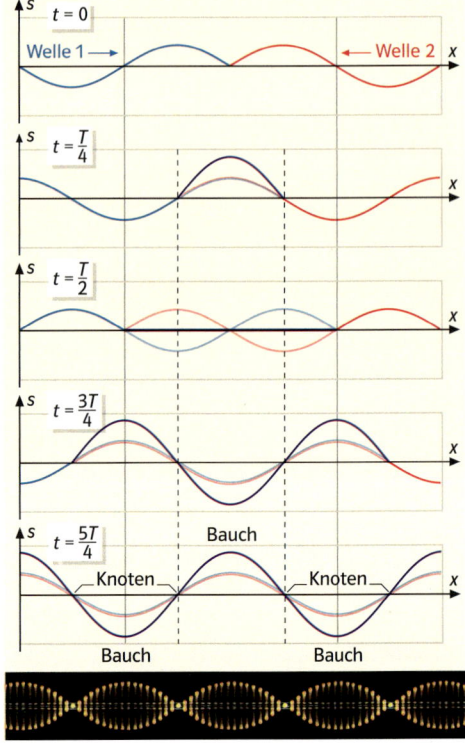

B1 Momentdarstellungen zur Ausbildung stehender Wellen

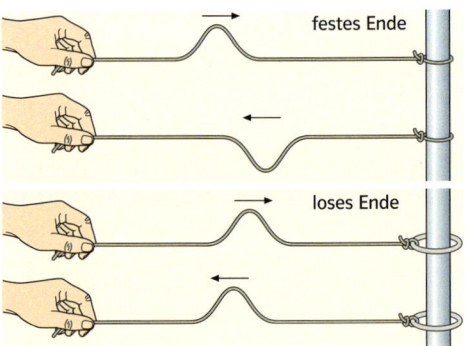

B2 Zur Reflexion von Seilwellen

Bei der Überlagerung gleicher gegenläufiger Wellen ergeben sich stehende Wellen mit Schwingungsknoten und Schwingungsbäuchen.

A1 ○ Ergänzen Sie zur Abbildung **B1** die x-s-Diagramme für die Zeitpunkte $t = T/8$ sowie $t = T$.

a) zwei feste Enden

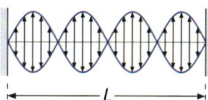

b) zwei lose Enden

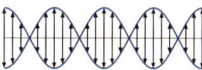

c) verschiedene Enden

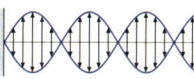

B1 Stehende Wellen durch Reflexion

E_S maximal; $E_B = 0$

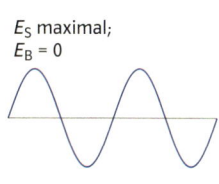

E_S nimmt ab; F_B nimmt zu

$E_S = 0$; E_B maximal

E_S nimmt zu; E_B nimmt ab

E_S maximal $E_B = 0$

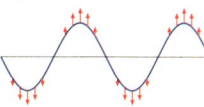

E_S nimmt ab E_B nimmt zu

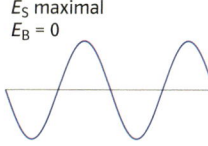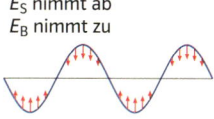

B2 Energie der stehenden Welle

B3 Auf einem eingespannten Gummiband wandern die Auslenkungen nicht mehr.

Ein an beiden Enden eingespanntes Gummiband wird an einem Ende periodisch so ausgelenkt, dass eine harmonische Welle entsteht. Sie wird am anderen Ende reflektiert. Auf dem Gummiband breiten sich zwei gegenläufige Wellen gleicher Frequenz und annähernd gleicher Amplitude aus. Es bildet sich eine stehende Welle, allerdings nur bei ganz bestimmten Frequenzen bzw. Wellenlängen. Abbildung **B3** zeigt eine stehende Welle. Der Abstand zwischen zwei benachbarten Knoten bzw. Bäuchen beträgt $\lambda/2$.

Auf einem Gummiband der Länge L mit zwei festen Enden kann sich eine stehende Welle nur ausbilden, wenn die Länge L ein ganzzahliges Vielfaches der halben Wellenlänge beträgt, also muss $L = k \cdot \lambda/2$ mit $k = 1, 2, 3 \ldots$ sein. Bei zwei losen Enden entstehen an den Enden Bäuche, Knoten und Bäuche vertauschen also gegenüber festen Enden ihre Positionen. Entsprechend erhält man für zwei verschiedene Enden: $L = (2k - 1) \cdot \lambda/4$.
Damit ergeben sich für die Ausbildung stehender Wellen folgende Bedingungen:
Im Fall gleichartiger Reflexionen am Rand gilt

$$\lambda = \frac{2L}{k} \text{ mit } k = 1, 2, 3 \ldots,$$

bei verschiedenartigen Reflexionen gilt

$$\lambda = \frac{4L}{(2k - 1)} \text{ mit } k = 1, 2, 3 \ldots$$

Die stehende Welle mit der größtmöglichen Wellenlänge ($k = 1$) nennt man **Grundwelle**, die anderen **Oberwellen**. Die Ausbreitungsgeschwindigkeit einer Welle hängt vom Medium ab. Aus $c = \lambda \cdot f$ ergibt sich zu jeder Wellenlänge eine bestimmte Frequenz. Bezeichnet f_0 die Frequenz der Grundwelle, so gilt:
– bei zwei gleichen Enden
   $f = k \cdot f_0$ mit $k = 1, 2, 3 \ldots$
– bei zwei verschiedenen Enden
   $f = (2k - 1) \cdot f_0$ mit $k = 1, 2, 3 \ldots$

Dies sind die **Eigenfrequenzen** der Anordnung. Ähnliche Überlegungen gelten auch für stehende Wellen, die durch Schall auf einer Metallplatte erzeugt werden. Die Knoten bilden Linien in der Platte. Befindet sich Sand auf den Platten, sammelt sich dieser auf den Knotenlinien und bildet die Chladni'schen Figuren (→B4).

Interferenz und Energie

Eine fortschreitende Welle transportiert Energie. Auch die stehende Welle hat Energie, die zwischen den Knoten als Bewegungsenergie sichtbar wird. Die Gesamtenergie einer stehenden Welle ergibt sich aus der Summe der Bewegungsenergien aller Oszillatoren, wenn diese sich, mit Ausnahme der in den Knotenpunkten ständig ruhenden, gleichzeitig durch die Ruhelage bewegen.

Bei der fortschreitenden Welle tragen Bewegungsenergie und Spannenergie in jedem Zeitpunkt je zur Hälfte zur Gesamtenergie bei. Im Gegensatz dazu ändern sich bei einer stehenden Welle die Anteile von Bewegungsenergie und Spannenergie an der konstanten Gesamtenergie ständig (→B2). So sind z.B. zum Zeitpunkt maximaler Auslenkung alle Oszillatoren gleichzeitig in Ruhe. Die Gesamtenergie liegt nun als Spannenergie vor. Zum Zeitpunkt, in dem sich alle Oszillatoren durch die Ruhelage bewegen, gibt es nur Bewegungsenergie.

Stehende Wellen entstehen durch Überlagerung zweier gleichartiger gegenläufiger Wellen. Eine stehende Welle transportiert keine Energie.

A1 ● Diskutieren Sie mögliche Zusammenhänge zwischen dem Phänomen Resonanz und den Erkenntnissen über stehende Wellen.

A2 ● Eine Orgelpfeife liefert beim Anblasen einen bestimmten Ton. Der Ton ist höher, wenn anstelle von Luft Erdgas in der Pfeife ist. Erläutern Sie Ihre Schlussfolgerung daraus.

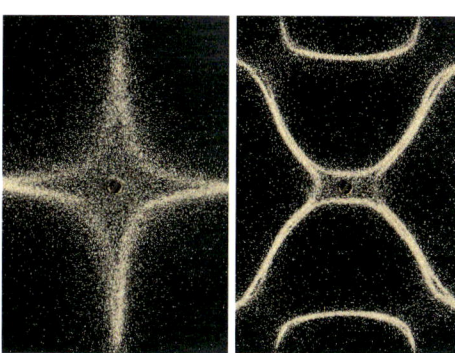

B4 Chladni'sche Figuren für zwei Frequenzen

Überlagerung von Wellen

Beispiel ⊝ Abbildung **B2** zeigt zwei Rohrbögen, die verschiebbar zusammengesteckt sind. Über einen Lautsprecher wird ein Schallsignal konstanter Frequenz zugeführt. Dieses wird von einem Mikrofon aufgenommen und auf einem Oszilloskop angezeigt (→**B1**).

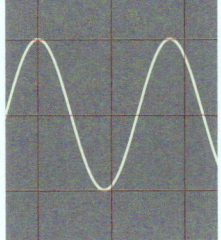

Timebase 0,1 ms/cm

B1

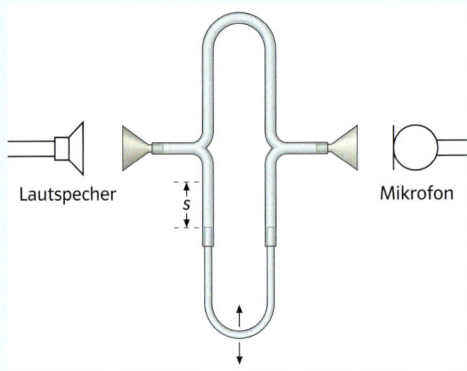

Lautspecher s Mikrofon

B2 Anordnung zweier Rohrbögen

Der untere Bogen wird nun langsam verschoben. Man beobachtet, dass die Amplitude bei der Verschiebung zwischen minimalen und maximalen Werten schwankt. Zwischen zwei Minima muss der untere Rohrbogen um die Strecke s = 3 cm verschoben werden.
a) Begründen Sie das Auftreten der Minima und Maxima in der Lautstärke des gemessenen Signals.

b) Bestimmen Sie aus den Messdaten die Wellenlänge und die Geschwindigkeit, mit der sich das Schallsignal ausbreitet.

Lösung a) Die zu beobachtenden Maxima und Minima sind die Folge von Interferenz zwischen zwei Schallwellen. Die Schallwellen erreichen das Mikrofon auf zwei verschiedenen Wegen. Die Änderung der Länge eines der Wege führt zu einer kontinuierlichen Änderung des Gangunterschiedes Δl am Beobachtungsort. Beträgt dieser ein ungeradzahliges Vielfaches von λ/2 ergibt sich ein Minimum, beträgt Δl ein geradzahliges Vielfaches, tritt ein Maximum auf.
b) Der Gangunterschied Δl ändert sich um 2 · 3 cm = 6 cm. Weil man von einem Minimum ausgehend den Gangunterschied soweit geändert hat, dass ein benachbartes Minimum registriert wird, muss die Änderung gerade eine Wellenlänge betragen. Also gilt:

λ = 6 cm = 0,06 m.

Aus dem Oszillogramm ergibt sich als Periodendauer:

T = 1,8 cm · 0,1 $\frac{ms}{cm}$ = 0,18 ms = $0,18 \cdot 10^{-3}$ s.

Daraus berechnet sich die Schallgeschwindigkeit zu

$c = \frac{\lambda}{T} = \frac{0,06\,m}{0,18 \cdot 10^{-3}\,s} = 333\,m/s$

A1 ⊝ Abbildung **B3** zeigt zwei Wellen, die sich gegenläufig in einer Luftsäule mit einer Länge von 40 cm ausbreiten.

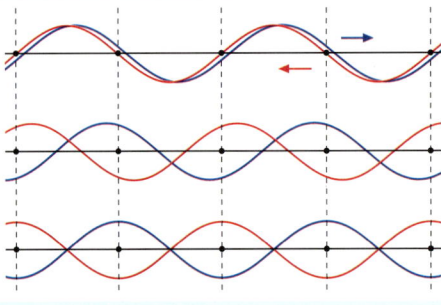

B3

a) Erklären Sie anhand dieser Abbildung die Entstehung stehender Wellen.
b) Zeichnen Sie für die drei oben gezeigten Zeitpunkte die resultierende stehende Welle in ein Ort-Auslenkung-Diagramm.

c) Zeichnen Sie die ersten drei möglichen stehenden Wellen für diese Luftsäule mit zwei gleichen Enden. Erläutern Sie die Unterschiede zu der stehenden Welle aus Teil b).
d) Zeichnen Sie die ersten drei möglichen stehenden Wellen für den Fall zweier unterschiedlicher Enden.
e) Berechnen Sie jeweils die Frequenzen der Schallwellen aus den Aufgabenteilen b) bis d). Die Schallgeschwindigkeit betrage 340 m/s.

A2 ⊝ Auf einem Seil ergeben sich bei den aufeinanderfolgenden Frequenzen 75 Hz, 125 Hz, 175 Hz stehende Wellen.
a) Untersuchen Sie mit Hilfe der Frequenzverhältnisse, ob das Seil an einem oder an beiden Enden fest eingespannt ist.
b) Berechnen Sie die Grundfrequenz und die größte Wellenlänge für eine stehende Welle auf dem Seil.

B1 Zu Aufgabe 3

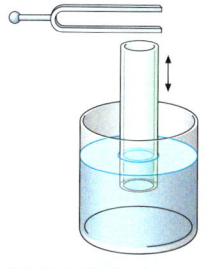

B2 Zu Aufgabe 4

A3 ◔ Eine Schraubenfeder ist senkrecht gespannt und wird am unteren Ende periodisch gestört. Bei einer bestimmten Frequenz entsteht ein Bild wie in **B1** gezeigt.
a) Beschreiben Sie das Bild.
b) Begründen Sie physikalisch das Entstehen dieser Erscheinung.
c) Erläutern Sie Ihre Erwartungen, wenn die Frequenz der Störung erhöht bzw. verringert wird.

A4 ◔ Eine Glasröhre taucht in Wasser (→**B2**). Durch Heben und Senken kann die Länge der Luftsäule verändert werden.
Über dem offenen Ende befindet sich eine Stimmgabel, die mit der Frequenz $f = 440\,Hz$ schwingt. Bei einer bestimmten Länge l_0 der Luftsäule wird die Lautstärke deutlich erhöht. Dieselbe Beobachtung kann man erneut bei der Länge $l_1 = 3\,l_0$ machen.
a) Erklären Sie diese Erscheinung.
b) Aus diesem Versuch soll die Schallgeschwindigkeit bestimmt werden. Erläutern Sie die notwendigen Messungen.
b) Berechnen Sie l_0 und l_1 bei der Schallgeschwindigkeit 340 m/s.

A5 ● Von zwei 4 cm voneinander entfernten Zentren E_1 und E_2 breiten sich phasengleich Wellen kreisförmig aus. Die Amplituden beider Wellen sind gleich. **B3** zeigt ein Momentbild beider Wellen 0,2 s nach dem Start aus den Zentren.
a) Übertragen Sie das Bild in der richtigen Größe in Ihr Heft und markieren Sie darin die Punkte mit Auslöschung und die, an denen maximale Verstärkung stattfindet.

b) Verbinden Sie durch Linien Punkte mit dem Gangunterschied $\Delta l = 0$, $\lambda/2$, λ, $3\lambda/2$, 2λ. Geben Sie die Bedeutung dieser Linien an.
c) Ermitteln Sie bei diesem Versuch die Anzahl der Linien mit Auslöschung bzw. maximaler Verstärkung. Erläutern Sie Möglichkeiten zur Änderung dieser Zahl.
d) Im Abstand $x = 5\,cm$ von den Zentren wird senkrecht zu deren Mittelsenkrechten eine Gerade g gezogen.
Bestimmen Sie den Bereich beiderseits der Mittelsenkrechten, in dem man auf der Geraden g Auslöschung bzw. Verstärkung beobachten kann.
e) Ein Punkt P auf g hat 1 cm Abstand zur Mittelsenkrechten. Ermitteln Sie im Punkt P den Gangunterschied der von E_1 und E_2 ausgehenden Wellen. Bestimmen Sie dazu aus **B3** zunächst die Ausbreitungsgeschwindigkeit v und die Wellenlänge λ der Kreiswellen. Zeichnen Sie die t-s-Diagramme für beide harmonische Schwingungen im Punkt P. Bestimmen Sie daraus die Amplitude der resultierenden Schwingung.

A6 ◔ Von zwei Schwingungszentren E_1 und E_2 gehen phasengleich kreisförmige Wellen mit gleicher Frequenz und Amplitude aus (→**B4**).

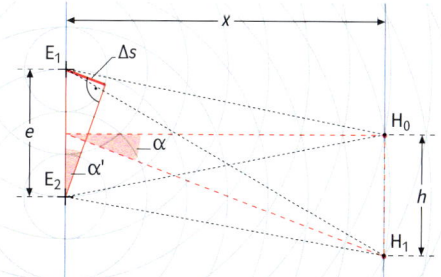

B4

a) In den Punkten H_0 und H_1 werden benachbarte Maxima beobachtet. Begründen Sie diese Erscheinung.
b) Beschreiben Sie mit Hilfe der in der Abbildung angegebenen Größen e, h und x eine Möglichkeit zur Bestimmung der Wellenlänge.
c) Die kreisförmigen Wellen sollen nun gegenphasig von den beiden Zentren ausgehen. Geben Sie an, ob bzw. wie sich die Beobachtung in den Punkten H_0 und H_1 ändert. Begründen Sie Ihre Angabe.

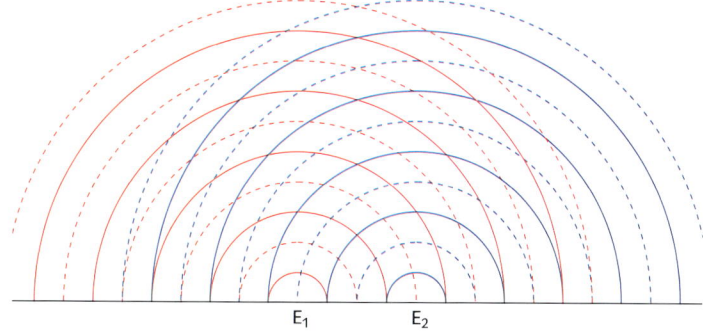

B3

Von einer Brücke aus lassen sich die „heranrollenden" Wellen auf einem See gut beobachten. Mit gleichen Abständen wechseln sich „Berge" und „Täler" ab. Auch die Pfeiler der Brücke scheinen die Ausbreitung der Wellen nicht aufzuhalten. Erst in der Nähe des Ufers verändern sich die Abstände zwischen den Bergen und Tälern.

Wellenphänomene

Bei Wasserwellen sieht man, wie aufeinanderfolgende Wellenberge und Wellentäler sich fortbewegen. Punkte des gleichen Wellenberges befinden sich alle jederzeit im gleichen Schwingungszustand, gekennzeichnet durch die Phase. Punkte mit gleicher Phase bilden eine Wellenfront.

Bei Wasserwellen mit geraden oder kreisförmigen Wellenfronten ist die Ausbreitungsrichtung stets senkrecht zu den Wellenfronten. Dies erfasst man durch die Wellennormale, eine Senkrechte zur Wellenfront bzw. zu ihrer Tangente.

B1 Wellen auf einem See

Gestörte Wellenausbreitung

Treffen gerade Wasserwellen auf eine breite Öffnung, so werden sie lediglich in ihrer Ausdehnung reduziert. Ausbreitungsrichtung und Wellenlänge bleiben unverändert. Allerdings beobachtet man, dass die Welle auch in den Raum gelangt, der vom Hindernis begrenzt wird. Dort entstehen schwache Wellen mit gebogenen Wellenfronten (→**B4**).

Die beschriebene Erscheinung bezeichnet man als **Beugung**. Sie ist umso ausgeprägter, je kleiner die Öffnung ist. Hinter einer Öffnung in Größenordnung der Wellenlänge ist stets eine Kreiswelle zu beobachten (→**B2**). Bei vielen kleinen, gleichartigen und nebeneinanderliegenden Öffnungen überlagern sich alle kreisförmigen Wellen wieder zu der ursprünglichen Welle (→**B3**).

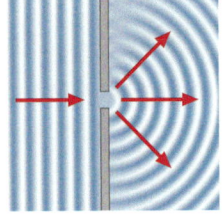

B2 Kreiswelle

An einem für sie undurchdringbaren Hindernis werden Wellen **reflektiert**. Die Wellennormalen verhalten sich dabei so wie Lichtstrahlen in der Optik. Eine Wasserwelle ändert ihre Richtung, wenn sie von tiefem in flaches Wasser übergeht, sie wird **gebrochen.**

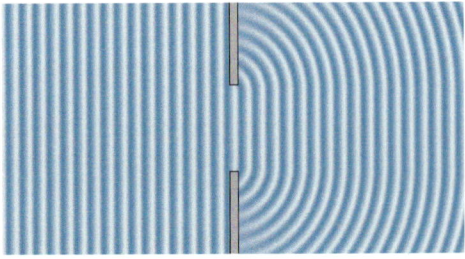

B4 Beugungseffekte bei einer geraden Welle an einer breiten Öffnung

Elementarwellen

Das Zustandekommen der Beugung von Wellen, wie das Entstehen von Wellenfronten überhaupt, kann mit einer Vorstellung erklärt bzw. vorausgesagt werden, die **Christiaan Huygens** (1629 – 1695) formulierte.

Man betrachtet zunächst eine gerade Welle, die auf eine kleine Öffnung trifft (→**B2**). Dahinter entsteht eine kreisförmige Welle mit gleicher Wellenlänge. Eine hinreichend kleine Öffnung ist Ausgangspunkt einer kreisförmigen Welle. Die Ausbreitung erfolgt radial vom Erregerzentrum weg, d.h., die Wellennormale ist jeweils die Senkrechte zur Tangente an der Wellenfront.

Diese kreisförmigen Wellen werden als **Elementarwellen** bezeichnet, bei räumlicher Ausbreitung sind sie kugelförmig. Elementarwellen sind als Modell zu verstehen. Auf diesen Vorstellungen beruht das **Huygens'sche Prinzip:**

Jeder Punkt einer Wellenfront lässt sich als Ausgangspunkt einer Elementarwelle betrachten. Wellenfronten lassen sich als Einhüllende dieser Elementarwellen darstellen (→B5).
Die Elementarwellen haben immer gleiche Frequenz und Wellenlänge wie die Welle, aus der sie entstanden sind oder die sie erzeugen.

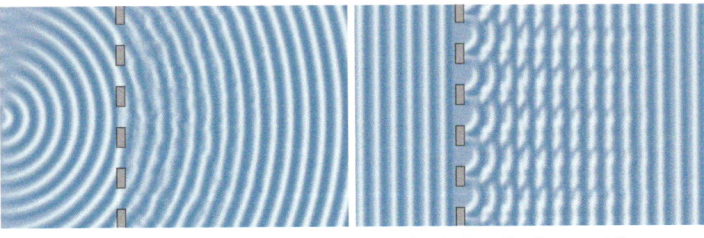

B3 Wellen mit kreisförmigen (links) und geraden (rechts) Wellenfronten dringen durch mehrere kleine Öffnungen hindurch.

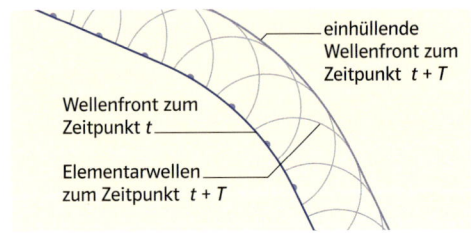

einhüllende Wellenfront zum Zeitpunkt $t + T$

Wellenfront zum Zeitpunkt t

Elementarwellen zum Zeitpunkt $t + T$

B5

Reflexion von Wasserwellen

Wellen, die auf ein Hindernis treffen, ändern ihre Ausbreitungsrichtung, jedoch nicht ihre Wellenlänge. Besonders gut lässt sich das bei geraden Wellenfronten an einer geraden Grenzfläche darstellen (→B1a).

Werden die Wellennormalen vor und nach der Reflexion betrachtet, so werden gleiche Winkel zum Lot auf die Grenzfläche gemessen, d.h., es gilt das Reflexionsgesetz: $\alpha = \alpha'$

Abbildung **B2** zeigt die auf das Hindernis zulaufenden Wellenfronten zu verschiedenen Zeiten: Zunächst laufen die Wellenfronten 1, 2 und 3 auf das Hindernis zu. Zum Zeitpunkt $t = T$ gelangt die erste Wellenfront an den Punkt A und erzeugt dort eine Elementarwelle. In der Zeit von T bis $2T$ läuft die Wellenfront 1 weiter bis zum Punkt B und erzeugt zwischen A und B Elementarwellen, die sich unterschiedlich weit ausbreiten. Deren Einhüllende ergibt die Wellenfront 1'.

In der Zeit $2T$ bis $4T$ erzeugen auch die nachfolgenden Wellenfronten zwischen A und B und weiter über C und D Elementarwellen, deren Einhüllende sich jeweils durch die Wellenfronten 2' und 3' beschreiben lassen. Die Abstände zwischen den Wellenfronten sind konstant geblieben.

Brechung von Wasserwellen

Wellen, die auf flaches Wasser treffen, breiten sich nicht mehr ungestört aus. Treffen gerade Wellenfronten auf den Bereich der geringeren Wassertiefe, so wird ihre Wellennormale abgeknickt, sie werden gebrochen. Dabei ist der Abstand zwischen zwei benachbarten Wellenfronten, die Wellenlänge, kleiner geworden (→**B1b**). Allgemein gilt: Wellen werden an der Grenzfläche zwischen zwei Medien gebrochen, wenn diese unterschiedliche Ausbreitungsgeschwindigkeiten für die Wellen besitzen und der Einfallswinkel $\alpha \neq 0$ ist.

Abbildung **B3** zeigt die auf das flachere Wasser zulaufenden Wellenfronten zu verschiedenen Zeiten: Zunächst laufen die Wellenfronten 1, 2 und 3 auf das Hindernis zu. Zum Zeitpunkt $t = T$ gelangt die Wellenfront 1 an den Punkt A und erzeugt dort eine Elementarwelle, die sich im flacheren Wasser langsamer ausbreitet. Daher hat die Kreiswelle eine kleinere Wellenlänge als bei der Reflexion.

In der Zeit von T bis $2T$ gelangt die Wellenfront 1 bis zum Punkt B und erzeugt zwischen A und B Elementarwellen, die sich unterschiedlich weit ausbreiten. Deren Einhüllende ergibt die Wellenfront 1''.

In der Zeit $2T$ bis $4T$ erzeugen auch die nachfolgenden Wellenfronten zwischen A und B und weiter über C und D Elementarwellen, deren Einhüllende sich jeweils durch die Wellenfronten 2'' und 3'' beschreiben lassen. Die Abstände zwischen den Wellenfronten sind konstant, aber kleiner als vor der Störung.

Die Reflexion und die Brechung von Wellen lassen sich mit dem Huygens'schen Prinzip beschreiben. Dabei entsprechen die Wellennormalen den Strahlen beim Reflexionsgesetz bzw. Brechungsgesetz in der Strahlenoptik.

A1 ◗ Konstruieren Sie unter Anwendung des Huygens'schen Prinzips die Reflexion einer Kreiswelle ($\lambda = 1\,cm$) an einer ebenen Wand.

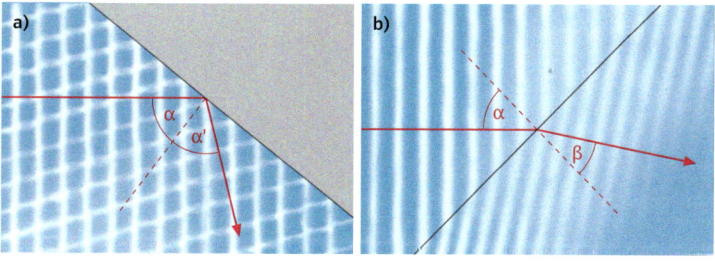

B1 Reflexion von Wellen (a), Brechung von Wellen (b)

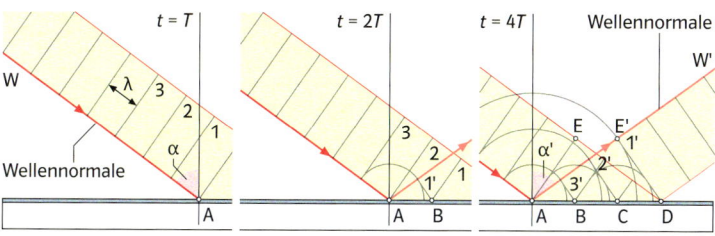

B2 Reflexion von Wellen

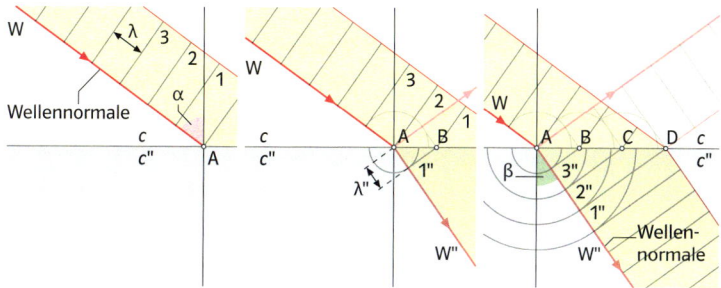

B3 Brechung von Wellen

Wellen Eine Störung, die sich mit einer gewissen Geschwindigkeit im Raum ausbreitet, bezeichnet man als Welle.

Erfolgt die Störung senkrecht zur Ausbreitungsrichtung der Welle, spricht man von Quer- oder Transversalwellen, erfolgt sie in Ausbreitungsrichtung, entstehen Längs- oder Longitudinalwellen.

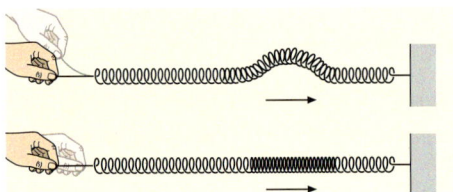

B2 Ausbreitung einer Transversalwelle (oben) und einer Longitudinalwelle (unten)

Harmonische Wellen Eine harmonische Welle entsteht durch eine Störung in Form einer harmonischen Schwingung. Sie ist ein zeitlich (→B3) und räumlich (→B4) periodischer Vorgang, beschrieben durch die Periodendauer T und die Wellenlänge λ.

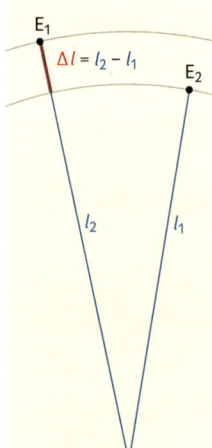

B1 Gangunterschied zweier Wellen

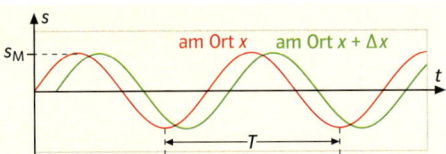

B3 t-s-Diagramm einer harmonischen Welle

B4 x-s-Diagramm einer harmonischen Welle

Ihre Ausbreitungsgeschwindigkeit beträgt:

$$c = \frac{\lambda}{T} = \lambda \cdot f$$

Harmonische Wellen sind als Anordnung harmonisch schwingender Oszillatoren aufzufassen. Die Wellengleichung lautet:

$$s(x, t) = s_M \cdot \sin\left(2\pi \cdot \left(\frac{t}{T} - \frac{x}{\lambda}\right)\right)$$

Die Schwingung der Oszillatoren kann durch rotierende Zeiger beschrieben werden.

Doppler-Effekt Bewegt sich ein Sender mit der Geschwindigkeit v auf einen ruhenden Beobachter zu, so vergrößert sich die Frequenz von f auf f':

$$f' = \frac{c}{\lambda'} = f \cdot \frac{c}{c - v}$$

Bewegt sich der Sender mit der Geschwindigkeit v vom ruhenden Beobachter weg, so verringert sich die Frequenz von f auf f'':

$$f'' = \frac{c}{\lambda''} = f \cdot \frac{c}{c + v}$$

Bei ruhendem Sender und bewegtem Beobachter ergeben ähnliche Überlegungen

für Annähern: $f' = f \cdot \frac{c + v}{c}$;

für Entfernen: $f'' = f \cdot \frac{c - v}{c}$

Interferenz von Wellen Bei Interferenz addieren sich die Auslenkungen der Einzelwellen.

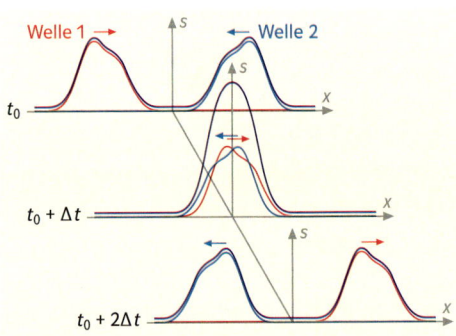

B5 Ergebnis der Überlagerung zweier Wellen

Das Interferenzergebnis am Ort P hängt vom Phasenunterschied $\Delta\varphi$ der Wellen ab.
Maximale Verstärkung: $\Delta\varphi = k \cdot 2\pi$
Maximale Abschwächung: $\Delta\varphi = (2k + 1) \cdot \pi$

Der Phasenunterschied $\Delta\varphi$ ergibt sich aus dem Gangunterschied Δl: $\Delta\varphi = 2\pi \cdot \Delta l/\lambda$
Maximale Verstärkung: $\Delta l = k \cdot \lambda$
Maximale Abschwächung: $\Delta l = (2k + 1) \cdot \lambda/2$

Stehende Wellen Bei der Überlagerung gleicher, gegenläufiger Wellen ergeben sich stehende Wellen mit Knoten und Bäuchen. Bei stehenden Wellen infolge gleichartiger Reflexion am Rand gilt:

$$\lambda = \frac{2L}{k} \text{ mit } k = 1, 2, 3, \ldots$$

Huygens'sches Prinzip Jeder Punkt einer Welle lässt sich als Ausgangspunkt einer Elementarwelle betrachten. Wellenfronten entstehen durch Überlagerung vieler Elementarwellen.

7 Wellenmodell des Lichtes

Licht zeigt manchmal ein Verhalten, das mit dem Strahlenmodell nicht zu erklären ist.

B1 Versuchsaufbau

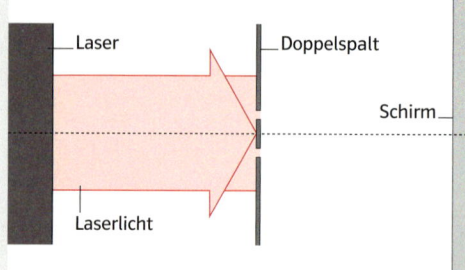

B2 Schematische Darstellung

Aufgabe: Mit diesem Versuch soll nachgewiesen werden, dass Licht Welleneigenschaften besitzt.

Material: Optische Bank mit Reitern, monochromatische Lichtquelle (He-Ne-Laser, Laserpointer mit grüner Laserdiode), Halter mit Doppelspalt oder Doppelspaltdia, Leinwand (z. B. Wand des Physikraums)

Durchführung: Der Halter mit dem Doppelspalt wird auf der optischen Bank befestigt. Der Laser und die optische Bank werden so angeordnet, dass das Laserlicht senkrecht auf die beiden schmalen Spalte, die den Abstand g zueinander haben, fällt. Auf einer Leinwand, deren Entfernung l vom Doppelspalt groß im Vergleich zum Spaltabstand g ist, werden die Erscheinungen des Doppelspaltes beobachtet.

Das Experiment wird ein zweites Mal durchgeführt, dabei wird ein Laser anderer Lichtfarbe verwendet.

Beobachtung: Auf der Leinwand erkennt man helle und dunkle Bereiche, die symmetrisch um einen zentralen Fleck angeordnet sind (→B3a).

Führt man den Versuch mit Laserlicht anderer Farbe durch, ergibt sich dasselbe Muster. Allerdings verändern sich die Abstände zwischen den hellen und den dunklen Bereichen (→B3b).

Deutung: Nach dem Strahlenmodell für die Ausbreitung des Lichtes wäre zu erwarten, dass auf dem Schirm zwei scharf begrenzte Striche erscheinen. Das Muster, das sich im Experiment ergibt, weist dagegen Ähnlichkeit mit dem Interferenzbild zweier sich ausbreitender kreisförmiger Wasserwellen auf: Dort, wo die beiden Wellen gleichphasig sind, treten Maxima auf. Wo sie gegenphasig stehen, beobachtet man Minima.

Übertragen auf das hier durchgeführte Experiment könnten die hellen Bereiche durch eine Verstärkung von einfallenden Lichtwellen entstehen, die dunklen Bereiche durch gegenseitige Auslöschung.

Das Experiment liefert also Hinweise darauf, dass Licht ein Phänomen mit Welleneigenschaften ist, dem eine Wellenlänge und eine Frequenz zugeordnet werden können. Die unterschiedlichen Abbildungen für rotes und grünes Licht lassen vermuten, dass diese Kenngrößen mit der Farbe zusammenhängen.

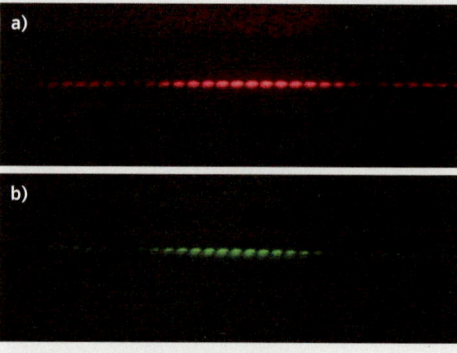

B3 Abbildung des Doppelspaltes bei Beleuchtung mit rotem (a) und mit grünem Laserlicht (b)

7.1 Interferenzen am Doppelspalt

Der Engländer **Thomas Young** beobachtete 1801 als Erster eine Interferenz von Licht an einem Doppelspalt. Diese Erscheinung stützte das Wellenmodell des Lichtes, das im Jahre 1678 von **Christiaan Huygens** zur Erklärung der Lichtausbreitung vorgeschlagen worden war.

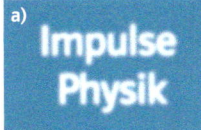

Lochdurchmesser 0,6 mm

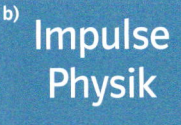

Lochdurchmesser 0,35 mm

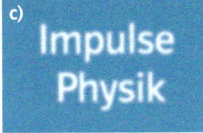

Lochdurchmesser 0,15 mm

B1 Lochkamerabilder

Das Strahlenmodell des Lichtes zeigt Grenzen

Eine kleine Lichtquelle erzeugt von Gegenständen scharf begrenzte Schattenbilder. Mit Hilfe der Vorstellung, die Ausbreitung von Licht könne mit Strahlen beschrieben werden, lässt sich das begründen und es gelingt z.B., aus ihr gesetzmäßige Zusammenhänge zwischen Bildgrößen und Bildentfernungen abzuleiten. Auch die Beobachtung, dass mit der Lochkamera Bilder erzeugt werden, lässt sich erklären und man gewinnt die Aussage, dass für ein klares Bild ein möglichst kleines Loch günstig ist. Die Bildfolge **B1** scheint dem zu widersprechen. Die Vorstellung, Licht breite sich analog zu Wasser wie eine Welle aus, lässt eine Erklärung zu.

Diese Wellentheorie des Lichtes erklärt, weshalb sich das Licht hinter feinen Öffnungen wie in **B1c** nicht nur geradlinig ausbreitet, sondern auch in Bereiche eindringt, die nach der Vorstellung von Lichtstrahlen im Schattenraum liegen. Diese Erscheinung, die man bereits bei Versuchen mit Wasserwellen beobachtet hat, heißt **Beugung**.

Auch die am Doppelspalt entstehenden hellen und dunklen Bereiche lassen sich analog zum Verhalten von Wasserwellen erklären. Nach der Vorstellung von Christiaan Huygens kann jeder Punkt einer Wellenfront als Ausgangspunkt einer neuen Welle mit gleicher Frequenz und gleicher Phase betrachtet werden. Diese Wellen heißen **Huygens'sche Elementarwellen**. Bei ebenen Wellen (z.B. Wasserwellen) sind ihre Wellenfronten Halbkreise, im Raum Halbkugeln.

Entstehung des Musters am Doppelspalt

Kleine Öffnungen kann man sich als Ausgangspunkte von Elementarwellen vorstellen, die sich am Beobachtungsschirm überlagern. Die Elementarwellen, die von derselben Wellenfront stammen, haben bei der Entstehung gleiche Phase.

Von zwei Öffnungen aus ergeben sich zu allen Punkten, die außerhalb der Mittelsenkrechten zwischen den Öffnungen liegen, verschiedene Entfernungen. Der Unterschied, gemessen in Wellenlängen, heißt **Gangunterschied** Δl. Gangunterschiede führen zu Phasenunterschieden. Beträgt der Gangunterschied im Punkt P zum Beispiel eine halbe Wellenlänge, so sind in diesem Punkt beide Wellen ständig gegenphasig und schwächen sich gegenseitig. Beträgt der Gangunterschied dagegen eine Wellenlänge, verstärken sich die Wellen zu jedem Zeitpunkt. Nach dieser Vorstellung lassen sich Beobachtungen bei Licht, das durch feine Öffnungen gelangt, mit Welleneigenschaften erklären. Durch Verstärkung entstehen helle Bereiche, durch Abschwächung dunkle.
Da sich die geometrische Anordnung mit der Zeit nicht ändert, ergibt sich eine zeitlich stabile Verteilung heller und dunkler Bereiche, das **Interferenzmuster** (→B2b). Licht zeigt Interferenz. Licht kann daher als Phänomen mit Welleneigenschaften beschrieben werden, das sich durch eine bestimmte Wellenlänge λ bzw. Frequenz f auszeichnet.

Bedingungen für Verstärkung und Auslöschung

Für Licht sind die Öffnungen eines Doppelspaltes Ausgangspunkte von Elementarwellen. Analog zur Interferenz von Wasserwellen gelten folgende Bedingungen: Ist ihr Gangunterschied zum Punkt P auf dem Schirm null oder ein Vielfaches der Wellenlänge, also $\Delta l = 0$ oder $\Delta l = \lambda, 2\lambda, 3\lambda \ldots$, dann verstärken sich die Lichtwellen. Ist dagegen der Gangunterschied ein ungeradzahliges Vielfaches von $\lambda/2$, also $\Delta l = \lambda/2, 3\lambda/2, 5\lambda/2 \ldots$, dann löschen sich die Wellen aus.

Licht, das auf kleine Öffnungen trifft, kann Interferenz zeigen.

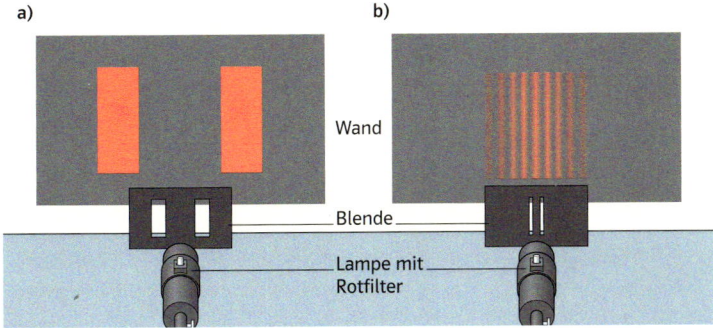

B2 Beleuchtung eines Doppelspalts mit einfarbigem Licht: Große Öffnungen ergeben ein scharfes Schattenbild (a). Kleine Öffnungen führen zu hellen Streifen (b).

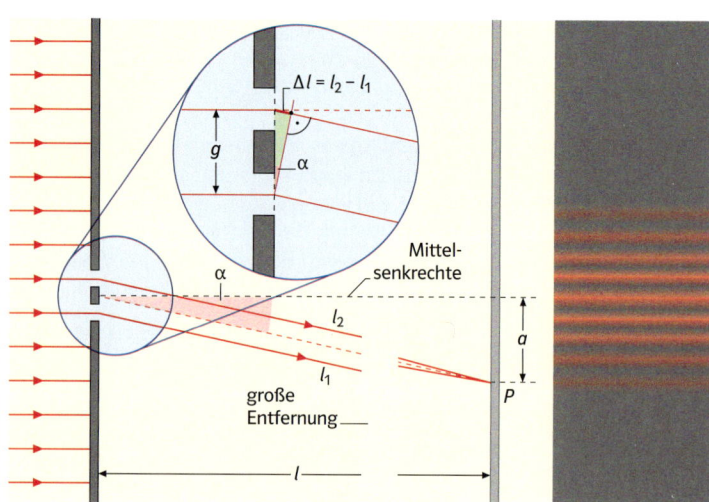

B1 Interferenz von Lichtwellen am Doppelspalt

An welchen Punkten welche Bedingung erfüllt ist, hängt von der Geometrie ab (→**B1**). Der Winkel α beschreibt die Richtung zum Punkt P. Ist der Abstand l zwischen Blende und Schirm groß gegenüber den Abständen a auf dem Schirm und sind die Abstände a groß gegenüber dem Abstand g der Spalte, so hat das gefärbte Dreieck in der Vergrößerung in Grafik **B1** näherungsweise einen rechten Winkel. Sein spitzer Winkel ist näherungsweise gleich dem Winkel α. Es gilt:

$$\sin \alpha = \frac{\Delta l}{g}$$

Maximale Verstärkung ergibt sich für einen Gangunterschied $\Delta l = k \cdot \lambda$, sodass die Bedingung für **Helligkeitsmaxima** lautet:

$$k \cdot \lambda = g \cdot \sin \alpha \quad \text{mit} \quad k = 0, 1, 2, 3, \ldots$$

Das Maximum für $k = 0$ erscheint unter dem Winkel $\alpha = 0$, es ist etwas heller und wird daher **Hauptmaximum** genannt.

Interferenz lässt sich nur bei Wellenvorgängen beobachten und auch nur, wenn sich Wellen gleicher Frequenz und fester Phasenbeziehung überlagern. Solche Wellen heißen **kohärent**. Diese Bedingung lässt sich erfüllen, wenn man Licht der gleichen Quelle auf verschiedene Pfade lenkt und dann wieder zusammenführt.

Bestimmung der Lichtwellenlänge
Mit obiger Gleichung lässt sich die Wellenlänge λ bestimmen. Da sich der Winkel α nicht messen lässt, muss er aus messbaren und bekannten Größen bestimmt werden. Wegen der Ähnlichkeit der Dreiecke in **B1** gilt sowohl

$$\sin \alpha_k = \frac{\Delta l}{g}, \text{ als auch } \tan \alpha_k = \frac{a_k}{l}.$$

Auch Δl kann nicht direkt bestimmt werden. Allerdings lassen sich der Abstand eines Maximums zum Hauptmaximum (a_k) und der Abstand des Doppelspalts von der Leinwand (l) gut messen. Der Spaltabstand g ist bekannt. Damit ergibt sich für den Winkel:

$$\alpha_k = \arctan\left(\frac{a_k}{l}\right)$$

und für die gesuchte Wellenlänge λ:

$$\lambda = g \cdot \frac{\sin \alpha_k}{k} \quad \text{bzw.} \quad \lambda = \frac{g \cdot \sin\left(\arctan\frac{a_k}{l}\right)}{k}$$

Für kleine Winkel ($\alpha < 5°$) unterscheiden sich Sinus und Tangens nur im Promillebereich, d.h., $\sin \alpha \approx \tan \alpha$. Aus

$$\sin \alpha_k = \frac{k \cdot \lambda}{g} \quad \text{und}$$

$$\tan \alpha_k = \frac{a_k}{l} \quad \text{folgt:}$$

$$\frac{k \cdot \lambda}{g} = \frac{a_k}{l}$$

Damit kann man die Wellenlänge berechnen zu:

$$\lambda = \frac{g}{k} \cdot \frac{a_k}{l}$$

Das Doppelspaltexperiment mit einem Helium-Neon-Laser habe folgende Messwerte ergeben:
- Spaltabstand: $g = 0,5\,\text{mm} = 0,5 \cdot 10^{-3}\,\text{m}$
- Abstand des Maximums 5. Ordnung zum Hauptmaximum: $a_5 = 2,5\,\text{cm} = 2,5 \cdot 10^{-2}\,\text{m}$
- Abstand des Doppelspalts von der Leinwand: $l = 3,95\,\text{m}$

Daraus ergibt sich die Wellenlänge des Laserlichts zu:

$$\lambda = \frac{0,5 \cdot 10^{-3}\,\text{m}}{3,95\,\text{m}} \cdot \frac{2,5 \cdot 10^{-2}\,\text{m}}{5} \approx 633\,\text{nm}$$

Für die Richtung α_k des k-ten Helligkeitsmaximums bei Interferenz am Doppelspalt gilt

$$\sin \alpha_k = \frac{k \cdot \lambda}{g} \quad \text{und} \quad \tan \alpha_k = \frac{a_k}{l} \quad \text{mit} \quad k = 0, 1, 2, \ldots$$

A1 ○ Bei Verwendung eines grünen Laserpointers ergeben sich folgende Messwerte: $l = 3,95\,\text{m}$; $a_6 = 2,5\,\text{cm}$; $g = 0,5\,\text{mm}$. Berechnen Sie die Wellenlänge des grünen Lichtes.

A2 ◑ Zeigen Sie, dass sich das Ergebnis der Wellenlängenberechnung mit der vereinfachten Gleichung $\lambda = (g/l) \cdot (a_k/k)$ nicht von dem bei Verwendung der vollständigen Gleichung $\lambda = g \cdot \sin \alpha_k / k$ unterscheidet.

7.2 Modelle des Lichtes

Das Modell der Lichtstrahlen wurde mit großem Erfolg bei der Entwicklung von Spiegeln, Brillen, Mikroskopen und Fernrohren eingesetzt. Erscheinungen wie die Interferenz lassen sich damit jedoch nicht verstehen, wohl aber mit dem Modell der Lichtwellen.

Reflexion im Wellenmodell

Licht, das auf eine Glasoberfläche trifft, wird reflektiert und gebrochen (→**B1**).
Die Richtungsänderung kann im Strahlenmodell durch das Reflexionsgesetz

Einfallswinkel α = Reflexionswinkel α'

vorhergesagt werden. Dies lässt sich auch im Wellenmodell erklären (→**B2**).

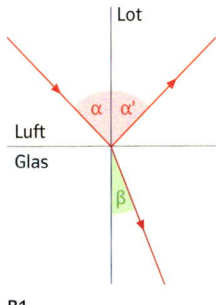

B1

Abbildung **B3** zeigt eine Welle, die schräg auf eine Grenzfläche trifft. Jeder Punkt, der von der Welle erfasst wird, ist als Ausgangspunkt einer Huygens'schen Elementarwelle aufzufassen. Erreicht die Wellenfront W den Punkt A, so erzeugt sie dort eine Elementarwelle.
Im Fortschreiten erfasst die Wellenfront jeden Punkt der Strecke $\overline{AC}$ und löst dort weitere Elementarwellen aus. Diese überlagern sich zu einer neuen Wellenfront W_1.

Wenn W in der Zeitspanne Δt vom Punkt B aus den Punkt C erreicht hat, ist W_1 von Punkt A aus bei D_1 angekommen (→**B3**). Weil sich W und W_1 im gleichen Medium bewegen, sind ihre Geschwindigkeiten gleich, sie schreiten mit c_1 fort. $\overline{BC}$ und $\overline{AD_1}$ sind gleich lang, die rechtwinkligen Dreiecke ACB und ACD$_1$ kongruent. Der Winkel α zwischen Lot und Wellennormale der einlaufenden Welle ist gleich dem Winkel α' zwischen der Wellennormalen der reflektierten Welle und dem Lot. Beide Wellennormalen und das Lot liegen in einer Ebene. Dies ist das Reflexionsgesetz.

Brechung im Wellenmodell

Das Wellenmodell erklärt auch die Brechung des Lichtes. Eine Welle, die unter dem Winkel α auf die Grenzfläche zwischen zwei Stoffen trifft, erreicht mit der Wellenfront W zunächst den Punkt A der Grenzfläche (→**B4**). Weiter bis

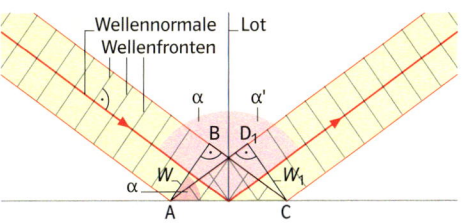

B3 Reflexion im Wellenmodell

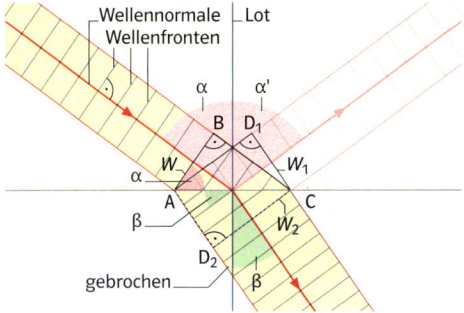

B4 Brechung im Wellenmodell

zum Punkt C benötigt sie die Zeitspanne Δt. Im anderen Stoff werden ebenfalls Elementarwellen ausgelöst. Da angenommen wird, dass dieser Stoff optisch dichter ist, breiten sich die Elementarwellen dort mit kleinerer Geschwindigkeit aus. In derselben Zeitspanne Δt erreicht die Wellenfront W_2 nur den Punkt D_2.
Die Strecke $\overline{AD_2} = c_2 \cdot \Delta t$ ist kürzer als die Strecke $\overline{BC} = c_1 \cdot \Delta t$. Es ändert sich die Richtung der Wellennormalen und damit die Ausbreitungsrichtung der Welle. Die Dreiecke $\overline{ACB}$ und $\overline{ACD_2}$ liefern:

$$\frac{\sin\alpha}{\sin\beta} = \frac{\frac{c_1 \cdot \Delta t}{\overline{AC}}}{\frac{c_2 \cdot \Delta t}{\overline{AC}}} = \frac{c_1}{c_2} = \frac{n_2}{n_1} = n_{1,2}$$

Dies ist das Brechungsgesetz (n_1, n_2 und $n_{1,2}$ sind die **Brechzahlen** der beiden Medien bzw. des Stoffpaares). Beim Übergang aus dem Vakuum mit $c_0 = 299\,792\,458$ m/s erhält man n_2 als Brechzahl des 2. Mediums, da $n_{Vak} = 1$ gesetzt wird.

Die Gesetze zur Reflexion und Brechung von Licht an Grenzflächen lassen sich mit dem Wellenmodell des Lichtes herleiten.

A1 ⊖ Führen Sie analog zu **B4** die Konstruktion der Brechung auch für eine größer werdende Geschwindigkeit aus.

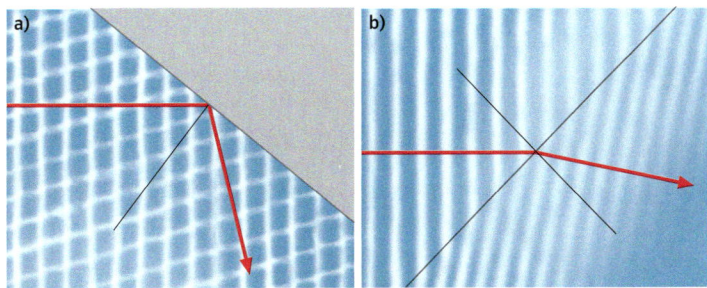

B2 Reflexion (a) und Brechung (b) von Wasserwellen

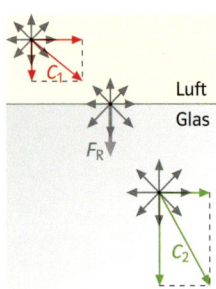

B1 Brechung nach Newton

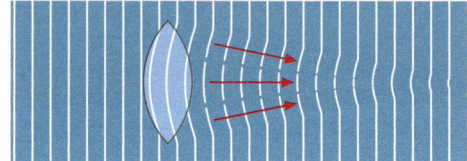

farbloses Licht (weiß)

farbiges Licht

Prisma

B2 Farberscheinungen bei der Lichtbrechung am Prisma

Korpuskeltheorie

Für Newton bestand Licht aus Korpuskeln, die sich in einem Strahl mit großer Geschwindigkeit bewegen. An einem Hindernis werden sie wie Billardkugeln entsprechend dem Gesetz Einfallswinkel = Reflexionswinkel reflektiert. In einem Medium erfahren Korpuskeln Kräfte. In einem einheitlichen Medium sind diese in alle Richtungen gleich groß, die resultierende Kraft ist null, die Korpuskeln bewegen sich gleichförmig mit der Geschwindigkeit c_1. In einem anderen Medium haben die Kräfte einen anderen Betrag. In der Nähe einer Grenzfläche gibt es daher eine von Null verschiedene resultierende Kraft F_R, die eine Beschleunigung senkrecht zur Grenzfläche bewirkt. Eine Richtungsänderung und eine größere Geschwindigkeit c_2 sind die Folgen (→**B1**). Die Korpuskeltheorie begründet also die Brechung ebenso wie die Wellentheorie mit einer Änderung der Ausbreitungsgeschwindigkeit beim Übergang in ein anderes Medium.

Die Bedeutung der Lichtgeschwindigkeit

Beim Übergang von Luft nach Glas beobachtet man eine Brechung zum Lot hin. Damit diese Beobachtung zutreffend erfasst wird, müssen beide Theorien eine Annahme machen:
Wellentheorie: In Glas ist die Ausbreitungsgeschwindigkeit kleiner als in Luft.
Korpuskeltheorie: In Glas ist die Ausbreitungsgeschwindigkeit größer als in Luft.
Messungen zeigen: Die Lichtgeschwindigkeit in Glas ist kleiner als die in Luft. Die Korpuskeltheorie ist daher zu verwerfen.

Bei der Brechung weißen Lichtes beobachtet man Farberscheinungen (→**B2**). Die farbigen Anteile des Spektrums zeigen eine unterschiedliche Brechung. So ist z.B. bei Glas oder Wasser die Brechzahl n für blaues Licht größer als die für rotes, blaues Licht wird stärker gebrochen als rotes. Im Rahmen der Wellenvorstellung müssen die Ausbreitungsgeschwindigkeiten für Lichtwellen unterschiedlicher Farbe im Glas oder im Wasser verschieden groß sein (→**B3**). Diese Erscheinung heißt **Dispersion**.

	Blau	Grün	Rot
c_{Glas} in 10^8 m/s	1,971	1,981	1,989
n_{Glas}	1,521	1,513	1,507
c_{Wasser} in 10^8 m/s	2,236	2,246	2,256
n_{Wasser}	1,341	1,335	1,329

B3 Farbe und Lichtgeschwindigkeit in Glas und Wasser

Optische Linsen

Die Wirkung optischer Linsen beruht auf der im Vergleich zur Luft geringeren Ausbreitungsgeschwindigkeit des Lichtes innerhalb der Linse. Für Wasserwellen lässt sich dies durch Bereiche mit flacherem Wasser nachbilden. Bei **Sammellinsen** (→**B4**) wird die Lichtausbreitung im mittleren Teil länger als am Rand verzögert. Teile einer Wellenfront in der Linsenmitte bleiben hinter denen am Linsenrand zurück; Wellennormalen, die vor der Linse parallel zur optischen Achse gerichtet sind, weisen hinter der Linse auf einen Punkt, den Brennpunkt. Sein Abstand zur Linsenmitte heißt **Brennweite f**.

B4

Erzeugt man an einem geeigneten Ort P auf der einen Seite der Sammellinse Kreiswellen, so kann man auf der anderen Seite Kreiswellen beobachten, die von einem Ort P′ auf dieser Linsenseite kommen. Entsprechend wird Licht, das von P ausgeht, im Bildpunkt P′ konzentriert, bevor es sich von dort im Raum verteilt. Dieser Vorgang der Lichtbündelung auf P′ heißt auch Abbildung von P nach P′. Die meisten Linsenanwendungen beruhen auf dieser Funktion.

Mit dem Wellenmodell lassen sich alle mit dem Strahlenmodell formulierbaren Gesetze herleiten. Es deutet darüber hinaus weitere Phänomene und umfasst somit das Strahlenmodell.
Bedeutsam ist dabei die unterschiedliche Lichtgeschwindigkeit in verschiedenen Medien.

A1 ○ Licht fällt von Luft unter einem Winkel von 60° auf Glas (c_{Glas} = 1,75 · 10^8 m/s). Berechnen Sie den Brechungswinkel β.

A2 ◒ Beim Übergang von Glas nach Luft erfolgt keine Brechung mehr, wenn der Einfallswinkel einen gewissen Wert überschreitet. Begründen Sie dies anhand des Brechungsgesetzes. Berechnen Sie den Grenzwinkel für den Übergang von Glas nach Luft.

A3 ◒ Erklären Sie das Phänomen „Totalreflexion".

Bestimmung der Lichtgeschwindigkeit nach Foucault

Aufgabe: Es soll die Lichtgeschwindigkeit nach dem Verfahren von Foucault und Michelson bestimmt werden.

Material: Lichtquelle, Spalt, Glasplatte, Drehspiegel, Linse, Spiegel, Schirm

Durchführung und Beobachtung: Der Versuch wird entsprechend Abbildung **B2** aufgebaut. Durch Beleuchtung des Spaltes wird ein schmales Lichtbündel erzeugt. Dieses dringt durch die Glasplatte H und trifft auf den Drehspiegel D. Von dort wird das Licht auf den Spiegel R reflektiert, der so eingestellt ist, dass das Licht auf demselben Weg zum Drehspiegel und weiter zur Glasplatte zurück läuft. Eine Linse sorgt für eine klare und ortsfeste Abbildung des Spalts auf dem Schirm. Die Glasplatte H lenkt einen Teil des Lichtbündels zu einem Punkt A auf dem Schirm S (→**B1**, **B2**).

Nun wird der Drehspiegel in schnelle Drehung versetzt. Man bestimmt die Drehfrequenz des Motors, indem man das Motorengeräusch auf die Frequenz einer 440-Hz-Stimmgabel abstimmt. Man beobachtet, dass sich das Bild des Spaltes auf dem Schirm S um die Strecke Δx verschiebt.

Auswertung: Rotiert der Drehspiegel, so trifft das Licht diesen nach der Reflexion am Spiegel R in einer veränderten Position wieder an, da das Licht die Zeitspanne Δt benötigt, um die Strecke zwischen R und D zurückzulegen. Hat sich der Spiegel um den Winkel $\Delta\alpha$ gedreht, so verlässt das Licht den Drehspiegel in

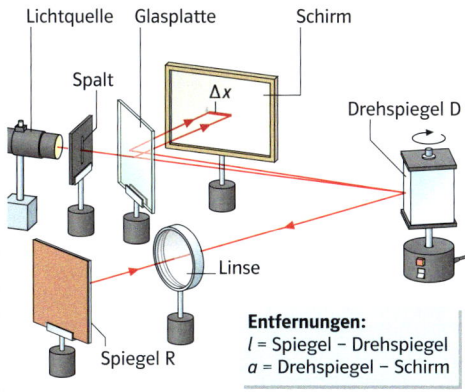

B2

einer Richtung, die sich von der ursprünglichen Richtung des Lichtes um den Winkel $2 \cdot \Delta\alpha$ unterscheidet. Das Licht fällt jetzt auch auf eine andere Stelle der Glasplatte H und erreicht den Schirm S nun im Punkt B.

Dreht sich z. B. der Spiegel D mit der Frequenz $f = 440\frac{1}{s}$ und bewegt sich das Licht auf der Strecke $l = 10\,m$ hin und zurück, so misst man in einer Entfernung $a = 4\,m$ den Abstand $\Delta x = 1{,}5\,mm$ zwischen A und B. Die vom Licht für den Weg $2\,l$ benötigte Zeitspanne Δt kann aus der Geometrie der Anordnung berechnet werden (→**B1**). Es ist:

$$\tan(2\,\Delta\alpha) = \frac{\Delta x}{a}$$

Für kleine Winkel gilt im Bogenmaß:

$$2\,\Delta\alpha \approx \frac{\Delta x}{a}$$

Damit ist $\Delta\alpha \approx \frac{\Delta x}{2a}$ und wegen

$$\frac{\Delta\alpha}{\Delta t} = \omega = 2\pi \cdot f$$

folgt für Δt:

$$\Delta t = \frac{\Delta\alpha}{2\pi \cdot f} \approx \frac{1{,}9 \cdot 10^{-4}}{2\pi \cdot 440\frac{1}{s}} \approx 6{,}8 \cdot 10^{-8}\,s$$

Ergebnis: Die Ausbreitungsgeschwindigkeit des Lichtes ergibt sich daraus zu:

$$c = \frac{2l}{\Delta t} \approx \frac{20\,m}{6{,}8 \cdot 10^{-8}\,s} \approx 2{,}9 \cdot 10^{8}\,\frac{m}{s}$$

Dieser Wert wurde bei einer Ausbreitung in Luft gemessen.

A1 ○ Vergleichen Sie die Laufzeit von Schall und Licht über eine Strecke von 10 km. Begründen Sie damit eine Methode, die Entfernung eines Gewitters abzuschätzen.

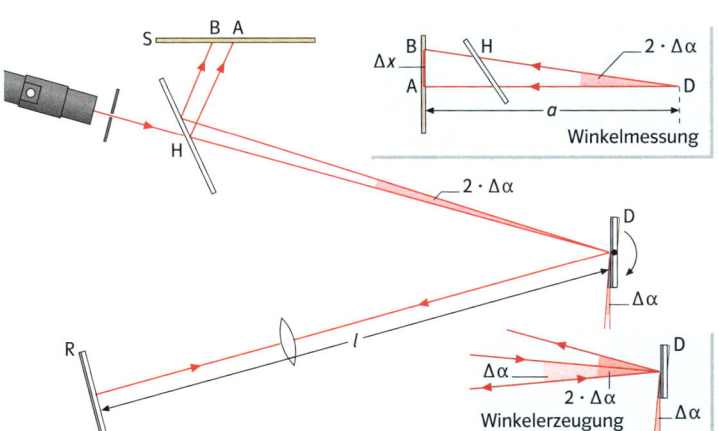

B1 Strahlengang zur Messung der Lichtgeschwindigkeit

7.3 Die Geschwindigkeit des Lichtes

„Das Meter (m) ist die Länge der Strecke, die Licht im Vakuum innerhalb einer 299 792 458stel Sekunde durchläuft." (Festlegung der 17. Generalkonferenz für Maße und Gewichte 1983)

Die Messung der Lichtgeschwindigkeit

Zu den Alltagserfahrungen gehört es, dass es gleichzeitig überall in einem Raum hell wird, wenn man eine Lampe einschaltet. Zugleich gehört es zum Allgemeinwissen, dass Licht eine Geschwindigkeit hat, also für seine Ausbreitung Zeit benötigt. Der scheinbare Widerspruch weist darauf hin, dass die Lichtgeschwindigkeit sehr groß sein muss. Für ihre Messung gemäß $c = \Delta s / \Delta t$ benötigt man also entweder große Strecken oder genaue Uhren.

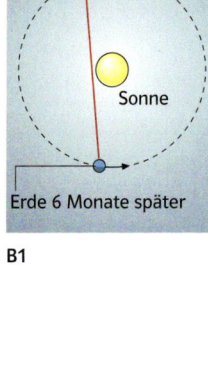

„aufgehende" Io mit Jupiter

Erde

Sonne

Erde 6 Monate später

B1

Bei astronomischen Beobachtungen des Jupiters stellte **Olaf Römer** (1644 – 1710) fest, dass Unterschiede, die im Laufe des Jahres für die Aufgangszeiten des Jupitermondes Io zu beobachten waren, auf den um den Erdbahndurchmesser verlängerten Lichtweg zurückzuführen sind. Aus diesen Daten errechnete Christiaan Huygens die Ausbreitungsgeschwindigkeit von Licht zu $c = 220\,000$ km/s (→**B1**).

Mit modernen Hilfsmitteln lassen sich Zeitspannen im Bereich von Nanosekunden bestimmen. Zur Messung der Lichtgeschwindigkeit genügen dann Messstrecken von wenigen Metern. Für eine Strecke $\Delta s = 15$ m beträgt z.B. die Zeitspanne zwischen dem Aussenden eines Lichtblitzes und dem Empfang durch eine Fotodiode $\Delta t = 50$ ns. Dies ergibt für die **Ausbreitungsgeschwindigkeit des Lichtes** in Luft

$$c = \frac{\Delta s}{\Delta t} = \frac{15\,\text{m}}{5{,}0 \cdot 10^{-8}\,\text{s}} = 3{,}0 \cdot 10^8\,\frac{\text{m}}{\text{s}}$$

Verläuft der Lichtweg in Glas, so ergibt sich mit $\Delta s = 6$ m und $\Delta t = 30$ ns eine kleinere Geschwindigkeit $c = 2{,}0 \cdot 10^8$ m/s.

1859 entwickelte Leon Foucault eine Methode, bei der ein Lichtstrahl von einem rotierenden Drehspiegel abgelenkt wird. Die Ausbreitungsgeschwindigkeit c des Lichtes ergibt sich in diesem Versuch zu:

$$c = \frac{2l}{\Delta t} \approx \frac{20\,\text{m}}{6{,}8 \cdot 10^{-8}\,\text{s}} \approx 2{,}9 \cdot 10^8\,\frac{\text{m}}{\text{s}}$$

Dieser Wert wurde bei einer Ausbreitung in Luft gemessen. Verläuft der Lichtweg in anderen Stoffen wie Glas oder Wasser, so ergibt sich eine deutlich kleinere Geschwindigkeit (→**B2**). Den größten Wert, der sich kaum von dem in Luft unterscheidet, misst man für die **Lichtgeschwindigkeit** c_0 im **Vakuum**:

$$c_0 = 299\,792\,458\,\frac{\text{m}}{\text{s}}$$

Dieselbe Ausbreitungsgeschwindigkeit haben auch die Radiowellen beim Rundfunk, Fernsehen oder Radar.

Lichtgeschwindigkeit, Zeit und Strecke

In seiner 1905 veröffentlichten Arbeit zur speziellen Relativitätstheorie postulierte **Albert Einstein**, dass die Geschwindigkeit eines Lichtsignals die Obergrenze für alle Bewegungen darstellt. Diese Obergrenze ist in den letzten Jahrzehnten wiederholt mit großer Präzision gemessen worden. Jede Veränderung im Messergebnis führte zu Änderungen bei den Festlegungen für die Einheit Länge. Denn „1 Meter" und „1 Sekunde" sind über die Lichtgeschwindigkeit miteinander verknüpft.

1983 legte man daher den Wert der Lichtgeschwindigkeit auf exakt $c_0 = 299\,792\,458$ m/s fest. Gleichzeitig wurde die Zeiteinheit 1s durch eine bestimmte Anzahl von atomaren Schwingungen festgelegt.

1s ist über das 9 192 631 770-ste der Frequenz einer Welle definiert, die das Caesiumisotop $^{133}_{55}\text{Cs}$ bei einer bestimmten Energieänderung in seiner Elektronenhülle aussendet. Damit ergibt sich die Einheit der Länge als Strecke, die das Licht im Vakuum im 299 792 458sten Teil einer Sekunde zurücklegt.

Heute dienen Messungen der Zeiteinheit der Aktualisierung der Länge des Meters.

Stoff	Lichtgeschwindigkeit
Diamant	$c_{\text{Diamant}} = 1{,}2 \cdot 10^8$ m/s
Glas	$c_{\text{Glas}} = 1{,}9 \cdot 10^8$ m/s
Quarz	$c_{\text{Quarz}} = 2{,}0 \cdot 10^8$ m/s
Plexiglas	$c_{\text{Plexiglas}} = 2{,}0 \cdot 10^8$ m/s
Glycerin	$c_{\text{Glycerin}} = 2{,}1 \cdot 10^8$ m/s
Wasser	$c_{\text{Wasser}} = 2{,}2 \cdot 10^8$ m/s
Luft	$c_{\text{Luft}} = 3{,}0 \cdot 10^8$ m/s

B2 Ausbreitungsgeschwindigkeiten von Licht in verschiedenen Medien

Licht und Radiowellen breiten sich im Vakuum mit derselben Geschwindigkeit c_0 aus, sie beträgt rund $3 \cdot 10^8$ m/s.

7.4 Übergang vom Doppelspalt zum optischen Gitter

Durch Bestimmung der Wellenlänge von Licht kann man Rückschlüsse auf die Substanzen ziehen, die dieses Licht aussenden. Für diesen Zweck sind sogenannte optische Gitter besser geeignet als Doppelspalte. Gute Gitter haben auf einem Millimeter etwa 1000 identische Spalte in jeweils gleichem Abstand. Die ersten solcher Gitter wurden von Hand mit Diamanten in Glasplatten geritzt.

B1

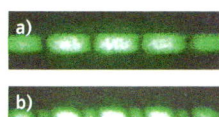

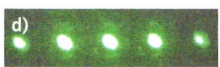

B2 Interferenzbild
a) beim Doppelspalt,
b) beim Dreifachspalt,
c) beim Vierfachspalt und
d) beim optischen Gitter

Einfluss der Spaltzahl

Spezielle Dias, die über verschiedene Spaltanordnungen (Doppel-, Dreifach-, Vierfachspalt sowie Gitter mit 100 Spalten) verfügen (→B1), zeigen, wie sich eine zunehmend große Anzahl von Spalten auswirkt. Wenn man die Spaltanordnungen der Reihe nach mit dem Licht eines Lasers beleuchtet, erhält man auf einem Schirm die in B2 gezeigten Muster.

Man erkennt, dass die Maxima jeweils an den gleichen Stellen liegen. Sie werden mit zunehmender Spaltzahl heller. Die Minima zwischen den Maxima werden breiter, es treten darin Zwischenmaxima auf, die beim Doppelspalt in B2 nicht zu sehen waren.

Lage der Maxima

B2 zeigt, dass die Lage der Maxima bei zunehmender Spaltzahl unverändert bleibt. Wenn das Licht aus zwei benachbarten Spalten am Schirm gleichphasig auftrifft, dann ist auch das Licht aus jedem weiteren Spalt dazu gleichphasig. Es trägt also zu einem Maximum am selben Punkt P bei (→B3).

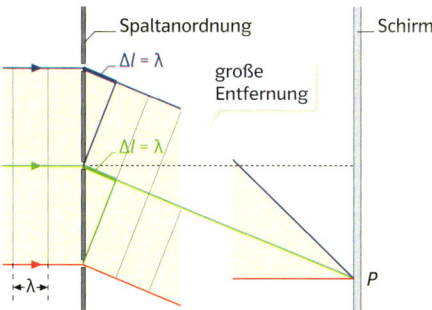

B3 Maximum beim Dreifachspalt: Der Gangunterschied zwischen je zwei Spalten ist gleich groß; alle Beiträge sind gleichphasig.

Für die Richtungen unter denen auf dem Schirm Maxima entstehen, gelten dieselben Gleichungen wie beim Doppelspalt:

$$\sin\alpha_k = \frac{k \cdot \lambda}{g} \text{ mit } k = 0, 1, 2, \dots$$

und

$$\tan\alpha_k = \frac{a_k}{l} \text{ mit } k = 0, 1, 2, \dots$$

Den Abstand zweier Spaltmitten voneinander nennt man **Gitterkonstante** g.

Betrachtung der Minima

Beim Doppelspalt liegt ein Minimum dort, wo die beiden Lichtwege zu Gegenphasigkeit führen. Beleuchtet man mehr als zwei Spaltöffnungen, müssen mehr Lichtwege in die Berechnung einbezogen werden.

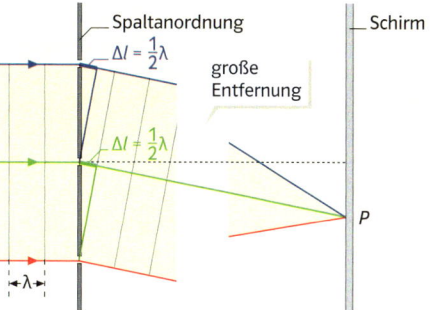

B4 An der Stelle des Doppelspalt-Minimums führt nun ein weiterer Beitrag zu verbleibender Helligkeit.

Dort, wo beim Doppelspalt ein Minimum war, findet man beim Dreifachspalt nun einen hellen Bereich (→B2b). Dieser entsteht durch konstruktive Interferenz von Licht nicht benachbarter Spalte (→B4). Mit zunehmender Anzahl beleuchteter Spalte nimmt die Anzahl dieser Bereiche zwischen den Maxima zu, während gleichzeitig ihre Helligkeit geringer wird.

Die Maxima erscheinen dadurch deutlich schmaler (→B2d). Zusätzlich werden sie extrem viel heller, da die Intensität des Lichtes mit dem Quadrat der Amplitude wächst. Hinter einem Gitter mit 100 anstelle von 2 Spaltöffnungen wäre jedes Maximum $2500 = 50^2$ Mal so hell.

Gitter erzeugen umso hellere und schärfere Interferenzmuster, je mehr Gitterspalte beleuchtet werden.

A1 ⊙ Gitter für die Untersuchung der Spektren von Sternen haben einerseits eine kleine Gitterkonstante, andererseits sind sie sehr breit. Begründen Sie den Sinn der beiden Maßnahmen.

Bestimmung der Wellenlänge von Licht

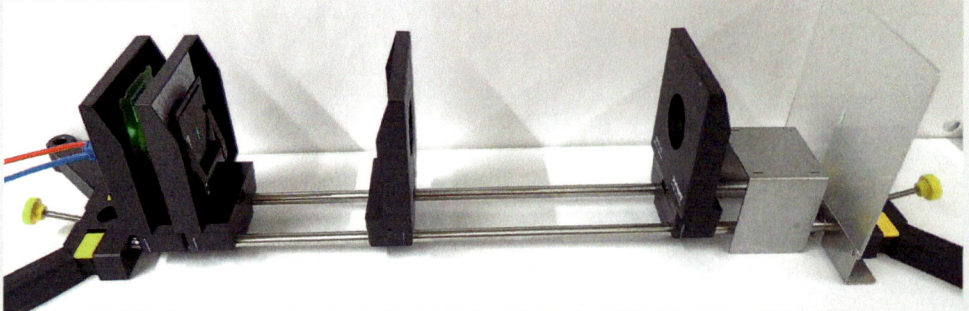

B4

Aufgabe: Bestimmung der Wellenlänge des Lichts einer grünen LED mit Hilfe eines optischen Gitters

Material: Netzgerät, 2 Kabel, optische Bank, 3 Reiter, 3 Blendenhalter, LED grün, Beleuchtungsspalt, 2 Linsen auf Reiter $f = 50$ mm und $f = 100$ mm, Gitter (500 Str./mm, d.h., $g = 0,002$ mm), Schirm, Lineal oder Maßband, Blatt Papier, Klebeband

Aufbau:

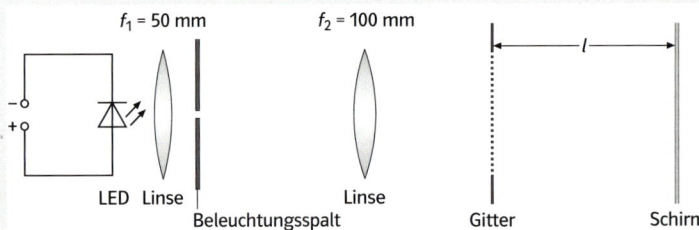

B1 Versuchsanordnung

$l = 10,0$ cm
$2\,a_{grün} = 9,0$ cm
$2\,a_{min} = 7,5$ cm
$2\,a_{max} = 10,1$ cm

B2 Mögliche Messwerte zum Versuch

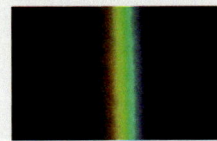

B3 Spektrum der grünen LED

– Der Raum sollte etwas abgedunkelt werden.
– Die LED wird an das Netzgerät angeschlossen (12 V Gleichspannung, Polung beachten).
– Der Spalt wird so aufgestellt, dass er gut ausgeleuchtet ist.
– Mit der Linse ($f = 100$ mm) wird der Spalt scharf auf den Schirm abgebildet. Beginnend mit einem Mindestabstand von 100 mm zum Spalt wird sie dazu passend verschoben.
– Das Gitter wird so zwischen Linse und Schirm aufgestellt, dass mindestens ein Maximum auf jeder Seite des Hauptmaximums zu erkennen ist.

Durchführung:
1 Beschreiben Sie das Aussehen des Interferenzbildes genau.

2 Messen Sie den Abstand l vom Gitter zum Schirm und den Abstand $2\,a$ der beiden grünen Interferenzmaxima erster Ordnung.
3 Falls die Maxima 1. Ordnung ausgedehnt sind, messen Sie auch ihren minimalen und maximalen Abstand ($2\,a_{min}$, $2\,a_{max}$).

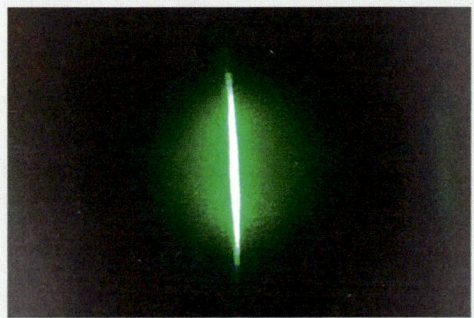

B5 Schirmbild nach dem Justieren

Beobachtung: An den Rändern des Maximums 1. Ordnung sind weitere Farben zu sehen: zur Mitte hin blau und violett (→**B3**), nach außen hin deutlich schwächer gelb, orange und rot. Dies zeigt, dass das Licht der grünen LED nicht monochromatisch ist, also verschiedene Wellenlängen beinhaltet.

Auswertung: Berechnen Sie mit der Formel $\lambda = g \cdot \arctan(a/l)$ die Wellenlänge des Lichts. Mögliche Messwerte sind in Tabelle **B2** angegeben. Für das grüne Maximum ergibt sich $\lambda = 557$ nm.
Die Interferenzmaxima sind ausgedehnt. Man erhält $\lambda_{max} = 620$ nm, $\lambda_{min} = 470$ nm, Mittelwert: $\lambda = 545$ nm. Diese Ergebnisse stimmen mit der Beobachtung überein, denn 620 nm liegt im roten und 470 nm im blauen Bereich des Spektrums.

A1 ⊖ Beurteilen Sie die Messergebnisse. Vergleichen Sie sie dazu mit Literaturwerten.

Lichtgeschwindigkeit und Interferenz an Doppelspalt und Gitter

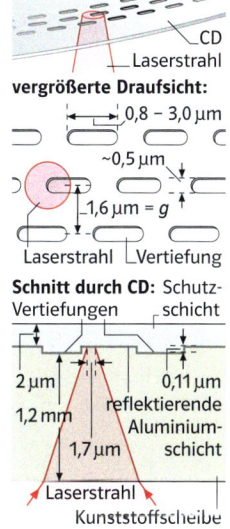

B1 Farben der CD

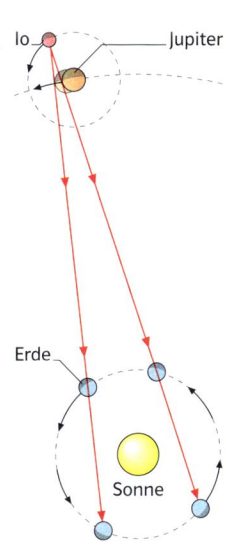

B2 Aufbau einer CD

Beispiel ● a) Begründen Sie die Farberscheinungen einer CD, die man im reflektierten Tageslicht sieht (→B1).

b) Bei Beleuchtung mit einer roten LED sieht man auf dem Schirm scharf ausgeprägte Maxima (→B3). Nutzen Sie diese Beobachtung um den Abstand g der Spuren zu ermitteln (→B2). Geben Sie die in der Anordnung zu messenden Größen und die notwendigen Beziehungen zur Berechnung von g an.

c) Zur Bestimmung von g muss die Wellenlänge des LED-Lichtes bekannt sein. Beschreiben Sie ein Experiment zu ihrer Bestimmung.

B3 Experiment zur Interferenz an einer CD

Lösung a) Die CD ist mit einem optischen Gitter vergleichbar. Der Abstand der Spuren entspricht der Gitterkonstanten g. Sie und die Beobachtungsrichtung α_k bestimmen den Gangunterschied Δl_k. Maxima ergeben sich für $\Delta l_k = k \cdot \lambda$. Für verschiedene Wellenlängen liegen die Maxima an verschiedenen Stellen.

Die Wellenlänge kennzeichnet im einheitlichen Medium die Farbe, sodass die im Tageslicht enthaltenen Spektralfarben an unterschiedlichen Stellen ihre Maxima haben.

b) Das Licht einer LED hat eine bestimmte Wellenlänge (z.B. $\lambda = 650\,\text{nm}$), daher gibt es wie beim Gitter ausgeprägte Maxima. Für das erste gilt: $\Delta l_1 = g \cdot \sin\alpha_1$ und $\Delta l = \lambda$. Zur Bestimmung des Winkels α_1 misst man die Entfernung l zum Schirm und die Entfernung a_1 des 1. Maximums vom zentralen Maximum. Bis auf die gesuchte Größe g sind dann alle Daten bekannt, falls λ gegeben.

c) Zur Bestimmung der Wellenlänge empfiehlt sich ein optisches Gitter mit bekannter Gitterkonstante. Man ersetzt die CD durch das Gitter und bringt Schirm und LED auf verschiedenen Seiten des Gitters an. Abbildung **B4** zeigt eine Anordnung zur subjektiven Beobachtung. Man sieht Interferenzmaxima neben der Quelle. Die Winkel sind die gleichen wie auf der Seite des Schirms.

B4 Beobachtung der Interferenz

A1 ● Beobachtet man den Jupitermond Io von der Erde aus, so sieht man seine Umlaufbewegung um den Jupiter von der Seite, d.h., man sieht ihn abwechselnd vor dem Jupiter vorbeiziehen und dann hinter ihm verschwinden. Von der Erde aus gesehen sieht man ihn im Mittel alle 42,5 h hinter dem Jupiter hervortreten. Im Laufe eines Erdjahres schwankt diese Zeitdauer um wenige Sekunden. Die maximale Verspätung bei zwei aufeinanderfolgenden Umläufen beträgt 15 s.

a) Erklären Sie diese Schwankungen mit Hilfe von Abbildung **B5**.

b) Berechnen Sie die Lichtgeschwindigkeit. **Hinweis:** Die Erde bewegt sich mit $v = 30\,\text{km/s}$ um die Sonne.

B5 Zu Aufgabe 1

A2 ◗ Gelbes Licht der Wellenlänge 580 nm trifft auf einen Doppelspalt. Auf einem 2,00 m entfernten Schirm lassen sich helle und dunkle Streifen beobachten.

a) Erklären Sie die Beobachtung.

b) Begründen Sie, dass der Abstand der Streifen näherungsweise konstant ist.

c) 8 dunkle und 8 helle Streifen nehmen insgesamt eine Breite von 2 cm ein. Ermitteln Sie den Abstand der Spaltmitten.

d) Diskutieren Sie Veränderungen des Schirmbildes, wenn man den Spaltabstand vergrößert.

A3 ◗ Auf ein Gitter mit $g = 4 \cdot 10^{-5}\,\text{m}$ fällt weißes Licht mit Wellenlängen zwischen 400 nm und 780 nm.

a) Berechnen Sie die Winkel für Maxima der 1., 2. und 3. Ordnung. Von welchem Winkel an werden sich Spektren verschiedener Ordnung überlagern?

b) Berechnen Sie den Abstand der Spektren 1. Ordnung gegenüber dem Hauptmaximum auf einem 3 m entfernten Schirm.

A4 ● Licht fällt senkrecht auf einen Doppelspalt (Spaltabstand g = 0,4 mm) und erzeugt auf einem 1,8 m entfernten Schirm ein Interferenzmuster.
Der Doppelspalt wird nun durch ein Gitter (Gitterkonstante g = 0,4 mm) ersetzt und das Interferenzmuster erneut beobachtet.

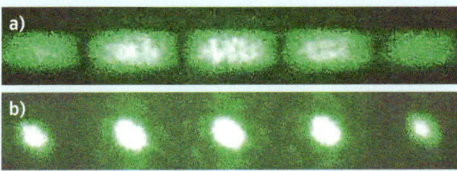

a) Ordnen Sie die gegebenen Interferenzbilder den beiden Experimenten zu. Erläutern Sie die Zuordnung.
b) Zeigen Sie, dass mit der Näherung $\sin\alpha = \tan\alpha$ für kleine Winkel $\lambda = g \cdot a/l$ ist. Berechnen Sie die Wellenlänge des verwendeten Lichtes.

A5 ⊖ Licht eines roten und eines grünen Lasers tritt durch ein Strichgitter. Auf dem Schirm sind jeweils folgende Interferenzbilder zu sehen:

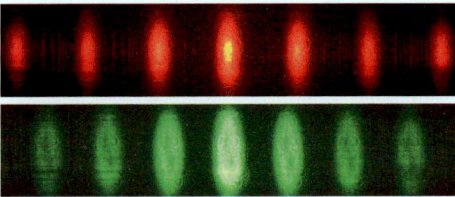

Versuchsdaten:
Abstand zwischen Gitter und Schirm: l = 2,6 m
Wellenlänge des roten Lasers: λ = 635 nm
Das Schirmbild wurde auf 29 % verkleinert.

a) Bestimmen Sie aus den Angaben die Gitterkonstante des Strichgitters und schätzen Sie die Abweichung vom tatsächlichen Wert aufgrund von Messfehlern ab.
b) Ermitteln Sie mit Hilfe der Ergebnisse aus Aufgabenteil a) die Wellenlänge des grünen Laserlichts.
c) Die Gitterkonstante im Experiment betrug g = 0,05 mm, die Wellenlänge des grünen Laserlichts λ = 520 nm.
Diskutieren Sie Abweichungen.

A6 ● Licht einer Quecksilberdampflampe wird mit Gitter und Prisma untersucht.

a) Beschreiben Sie die erforderlichen Versuchsanordnungen und die Ursachen für die Farbentstehung.
b) Worin unterscheiden sich die entstehenden Spektren? Begründen Sie die Unterschiede.
c) Die Abbildung zeigt schematisch einen Ausschnitt des Spektrums einer Quecksilberdampflampe. Ordnen Sie den Spektrallinien Farben zu.

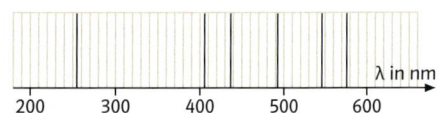

d) Erläutern Sie, warum nicht alle im Frequenzspektrum der Quecksilberdampflampe erhaltenen Wellenlängen beobachtet werden können.
e) Im Gitterspektrum ist eine weitere Linie bei 509 nm nachweisbar, welche jedoch nicht als grüne Linie sichtbar ist. Erklären Sie dies.

A7 ⊖ Abbildung **B1** zeigt das Interferenzmuster von Laserlicht, das auf zwei gekreuzte Gitter trifft.
a) Deuten Sie das Schirmbild.
b) Berechnen Sie die Gitterkonstanten, wenn der Abstand Gitter – Schirm l = 3 m und λ = 632 nm beträgt.
c) Geben Sie Unterschiede zu der Kreuzgitteraufnahme in **B2** an und erläutern sie deren Zustandekommen.
d) Erläutern Sie, wie sich das Muster verändert, wenn der Abstand zwischen Gitter und Schirm vergrößert wird.

A8 ⊖ Die folgende Abbildung zeigt das Interferenzmuster eines rotierenden Kreuzgitters.

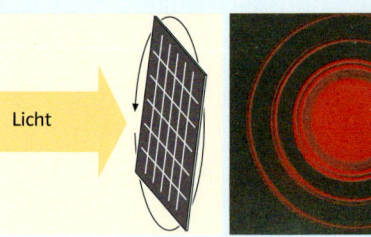

a) Erklären Sie, wie die Rotation zu diesem Interferenzmuster führt.
b) Stellen Sie eine Hypothese darüber auf, welches Muster man erhalten würde, wenn man ein normales Strichgitter rotieren ließe.

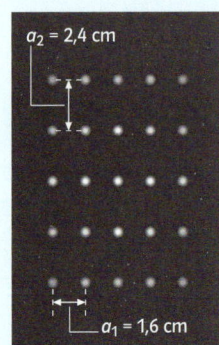

a_2 = 2,4 cm

a_1 = 1,6 cm

B1

B2

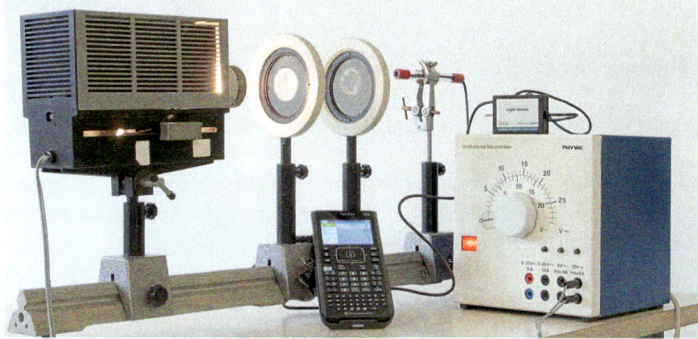

B1 Versuchsaufbau mit Lichtsensor

Aufgabe: Untersuchung der Welleneigenschaften des Lichts

Material: Optische Bank mit Reitern, zwei Polarisatoren, Leinwand, Lichtsensor mit Datenerfassungssystem (z. B. ein GTR mit Messwerterfassungssystem), Quelle für weißes, unpolarisiertes Licht mit Betriebsgerät, die ein paralleles Lichtbündel erzeugt (z. B. Halogen-Lampe)

Durchführung: Die beiden Polarisatoren werden in geringem Abstand hintereinander in den Strahlengang der Lampe gestellt. Sie sind zunächst gleich ausgerichtet, d.h., die aufgedruckten Pfeile stehen parallel zueinander.
a) Nun wird der vordere und anschließend der hintere Polarisator langsam um 360° gedreht (→B2). Man beobachtet die Helligkeit des Lichtflecks auf der Leinwand.
b) Die Leinwand wird gegen einen Lichtsensor mit Datenerfassungssystem ausgetauscht (→B1). Der hintere Polarisator wird in 10°-Schritten um insgesamt 180° gedreht, dabei misst man die Helligkeit des Lichtkreises in Abhängigkeit vom Winkel α zwischen den beiden Polarisatoren.

Beobachtung und Messung: a) Beim Drehen der Polarisatoren ist deutlich eine Helligkeitsänderung des Lichtflecks auf der Leinwand zu erkennen. Wenn die beiden 90° bzw. 270° gegeneinander verdreht sind, ist kein Lichtfleck mehr erkennbar.

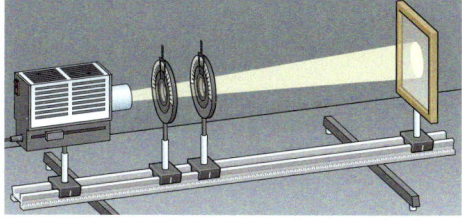

B4 Schematischer Versuchsaufbau mit Leinwand

Beträgt der Winkel zwischen den Polarisatoren 0° bzw. 180°, ist der Lichtfleck am hellsten.
b) Beim Drehen des zweiten Polarisators in 10°-Schritten nimmt die Helligkeit bis zu einem Winkel von 90° immer weiter ab, bis der Fleck komplett verschwindet. Wird der Polarisator weiter gedreht, nimmt die Helligkeit wieder bis auf ein Maximum bei 180° zu (→B3, B5).

Deutung: Man betrachtet zum Vergleich einen Versuch mit Mikrowellen: Ein Sender und ein Empfänger stehen sich in gleicher Ausrichtung gegenüber. Nun wird der Mikrowellen-Empfänger um seine Längsachse gedreht. Bei einem Winkel von 90° ist kein Signal mehr zu empfangen, erst bei einer Drehung um 180° wird wieder die volle Signalstärke registriert. Dies weist darauf hin, dass es sich bei Mikrowellen um Querwellen handelt.

Das Verhalten der Mikrowellen vergleicht man mit dem von Licht, das auf Polarisatoren trifft: Ein erster Polarisator prägt dem Licht eine neue Schwingungsebene auf. Das so veränderte Licht kann einen zweiten, senkrecht dazu orientierten Polarisator nicht mehr passieren. Die Polarisation von Licht kann durch die Annahme erklärt werden, dass sich Licht wie eine Querwelle ausbreitet.

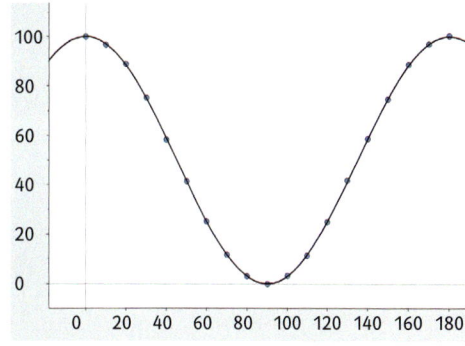

B5 Diagramm der winkelabhängigen Helligkeit

B2 Polarisatoren in unterschiedlichen Orientierungen

Hinweis: Bei der Auswertung der Messung ist davon auszugehen, dass der Wert bei 90° nur von der Umgebungshelligkeit herrührt. Um diesen Wert werden die Messdaten bereinigt, um nur die von Lampe und Filtern erzeugten Helligkeitswerte zu erhalten.

Winkel in °	0	10	20	30	40	50	60	70	80	90
Helligkeit in %	99,6	96,3	88,5	74,9	58	41,1	25	11,7	3	0
Winkel in °	100	110	120	130	140	150	160	170	180	–
Helligkeit in %	3,2	11,4	24,9	41,6	58,4	74,5	88,4	96,6	100	–

B3 Relative Helligkeit bei unterschiedlicher Orientierung der Polarisatoren

Da sich Licht wie eine Welle ausbreitet und die Lichtgeschwindigkeit mit der Ausbreitungsgeschwindigkeit elektromagnetischer Wellen übereinstimmt, ist zu vermuten, dass Licht ebenfalls eine elektromagnetische Welle ist. Es müsste daher auch Eigenschaften einer Querwelle haben.

Die Lichtausbreitung wird durch Querwellen beschrieben

Huygens stellte sich die Elementarwellen des Lichtes als Längswellen vor. Diese Vorstellung konnte 100 Jahre lang experimentell nicht überprüft werden. 1808 beobachtete man erstmals, dass das unter einem Einfallswinkel von 56,5° an einer Glasscheibe reflektierte Licht beim Auftreffen auf eine zweite Glasscheibe unter demselben Einfallswinkel sich je nach Orientierung der zweiten Scheibe zur ersten bis zur völligen Dunkelheit abschwächen lässt (→**B2**). Das von der ersten Scheibe reflektierte Licht zeigt eine besondere Ausrichtung senkrecht zur Ausbreitung. Diese Eigenschaft des Lichtes nennt man **Polarisation**.

einander verdreht, dann wird das durchgelassene Licht schwächer, bis es bei senkrecht orientierten Pfeilen verschwindet (→**B2** auf der vorangehenden Seite). Daraus folgert man, dass die Polarisation von Licht durch die Annahme, dass sich Licht wie eine Querwelle ausbreitet, erklärt werden kann.

Zur Erklärung betrachtet man das analoge Verhalten bei einer Seilwelle (→**B1**): Eine Seilwelle kann eine schmale Öffnung nur passieren, wenn diese parallel zur Schwingungsebene verläuft. Steht die Öffnung in einem anderen Winkel zur Schwingungsebene, so tritt die Welle mit verringerter Amplitude hindurch. Eine zweite Öffnung, die senkrecht zur ersten steht, verhindert die weitere Ausbreitung der Seilwelle vollständig.

Das entspricht dem Verhalten von Licht, das auf Polarisationsfilter trifft: Licht besteht aus vielen Lichtwellen, die in allen möglichen Schwingungsebenen schwingen. Ein Polarisationsfilter lässt nur Lichtwellen einer bestimmten Schwingungsebene hindurch treten. Diese können ein dazu senkrecht orientiertes zweites Polarisationsfilter nicht mehr passieren.

An einer Glasplatte reflektiertes Licht wird immer stärker polarisiert, bis es bei einem Einfallswinkel von 56,5° vollständig polarisiert ist. Dieser Winkel heißt **Polarisationswinkel** α_P. Misst man den Polarisationswinkel und den zugehörigen Brechungswinkel β_P verschiedener durchsichtiger Stoffe, so findet man einen Zusammenhang zwischen den beiden Größen: Von durchsichtigen Stoffen reflektiertes Licht ist vollständig polarisiert, wenn die Ausbreitungsrichtungen von reflektiertem und gebrochenem Licht senkrecht aufeinander stehen:

$$\beta_P = 90° - \alpha_P$$

Aus dem Brechungsgesetz kann der Polarisationswinkel berechnet werden:

$$n = \frac{\sin\alpha_P}{\sin\beta_P} = \frac{\sin\alpha_P}{\sin(90° - \alpha_P)}$$

$$= \frac{\sin\alpha_P}{\cos\alpha_P} = \tan\alpha_P$$

Licht breitet sich wie eine Querwelle aus. Schwingungsrichtung und Ausbreitungsrichtung stehen senkrecht aufeinander.

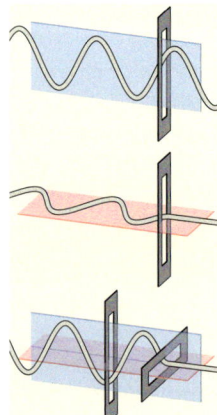

B1 Polarisation von Seilwellen

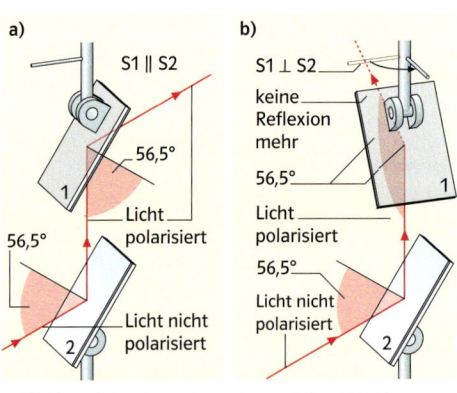

B2 Licht zeigt Polarisation: S1 parallel zu S2 (a); S1 senkrecht zu S2 (b)

Die Polarisation des Lichtes lässt sich mit bestimmten Kunststofffolien, **Polarisationsfiltern**, demonstrieren. Tritt Licht durch zwei solche aufeinanderliegende Folien mit gleicher Richtung der aufgedruckten Pfeile, so nimmt die Helligkeit kaum ab. Werden die Folien gegen-

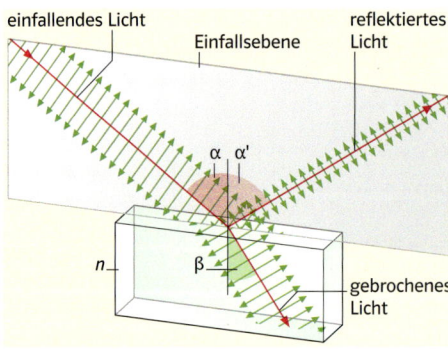

B3 Lichtwelle bei Reflexion und Brechung

7.6 Das Spektrum elektromagnetischer Strahlung

1889 veröffentlichte **Heinrich Hertz** (1857–1894) einen Vortrag unter dem Titel „Über die Beziehungen zwischen Licht und Elektrizität". Es gelang ihm nachzuweisen, dass elektrisch erzeugte elektromagnetische Wellen die gleichen Eigenschaften wie Licht besitzen und sich lediglich in ihrer Wellenlänge unterscheiden.

Thermische Strahlung

Geschmolzenes Eisen strahlt gelblich weiß (→**B2**). Beim Abkühlen wird es zunächst hellrot, dann dunkelrot. Selbst bei nicht leuchtendem Eisen stellt ein Strahlungsmesser weiterhin eine von der Temperatur bestimmte Strahlung fest, die der Mensch als „Wärme" empfindet.

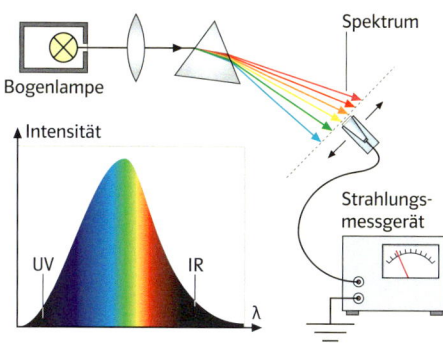

B3 Spektrum einer Bogenlampe

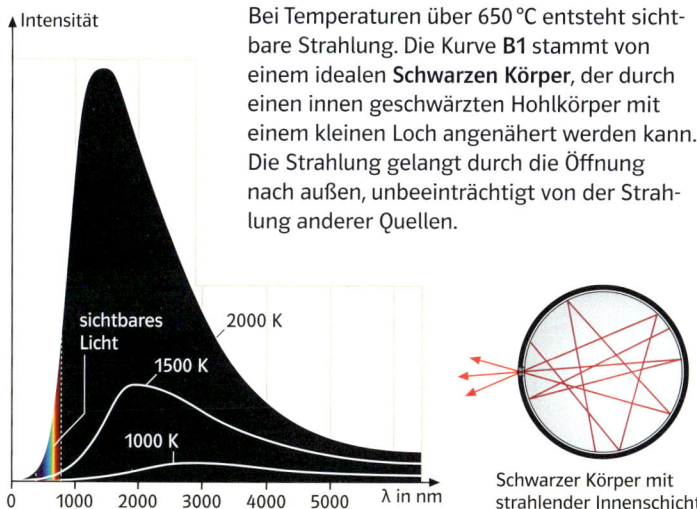

B2 Geschmolzenes Eisen

Bewegt man den Spalt eines Strahlungsmessgerätes über das Spektrum einer Bogenlampe, so kann man die Intensität messen, mit der ein kleiner Wellenlängenbereich zur Erwärmung einer geschwärzten Fläche im Strahlungsmessgerät beiträgt (→**B3**). Hier zeigt sich, dass außerhalb des Bereiches des roten Lichts Strahlungsenergie vorhanden ist. Die Bogenlampe emittiert also auch Strahlung im infraroten Bereich.

Das Diagramm, das Energie abhängig von λ zeigt, heißt Energiespektrum.

Versuche zeigen, dass sich diese thermische Strahlung („Wärmestrahlung") vom sichtbaren Licht nur durch eine größere Wellenlänge unterscheidet. Sie heißt deshalb **infrarote Strahlung** (IR). Infrarotstrahlung wird ständig von allen Körpern ausgesandt. Fast immer besteht sie aus Wellen unterschiedlicher Wellenlängen. Die mittlere Wellenlänge hängt von der Temperatur ab.

Bei Temperaturen über 650 °C entsteht sichtbare Strahlung. Die Kurve **B1** stammt von einem idealen **Schwarzen Körper**, der durch einen innen geschwärzten Hohlkörper mit einem kleinen Loch angenähert werden kann. Die Strahlung gelangt durch die Öffnung nach außen, unbeeinträchtigt von der Strahlung anderer Quellen.

Betrachtet man das Spektrum einer Bogenlampe auf einem Fluoreszenzschirm, zeigen sich neben dem blauen Licht helle Teile, die sonst nicht sichtbar sind. Versuche mit dieser **ultravioletten Strahlung** (UV) zeigen, dass sie sich ebenfalls wie elektromagnetische Wellen ausbreitet. Sie setzt das Spektrum der sichtbaren Strahlung für kürzere Wellenlängen fort.

UV-Strahlung ist ionisierend: Wird die Luft zwischen geladenen Kondensatorplatten dieser Strahlung ausgesetzt, so entladen sie sich. UV-Strahlung erzeugt in der Luft Stickstoffmonooxid und Ozon, beides Schadstoffe für Umwelt und Gesundheit. UV-Strahlung zerstört viele Farben und Bakterien und führt bei längerer Einwirkung zu Hautkrebs, von normalem Glas wird sie absorbiert.

A1 ● Auf Packungen mit Sonnenschutzmitteln wird ein Sonnenschutzfaktor angegeben. Klären Sie seine Bedeutung und genaue Definition. Skizzieren Sie eine Möglichkeit, die Wirkung von Sonnenschutzmitteln physikalisch zu untersuchen.

B1 Energiespektren bei unterschiedlichen Temperaturen

Schwarzer Körper mit strahlender Innenschicht

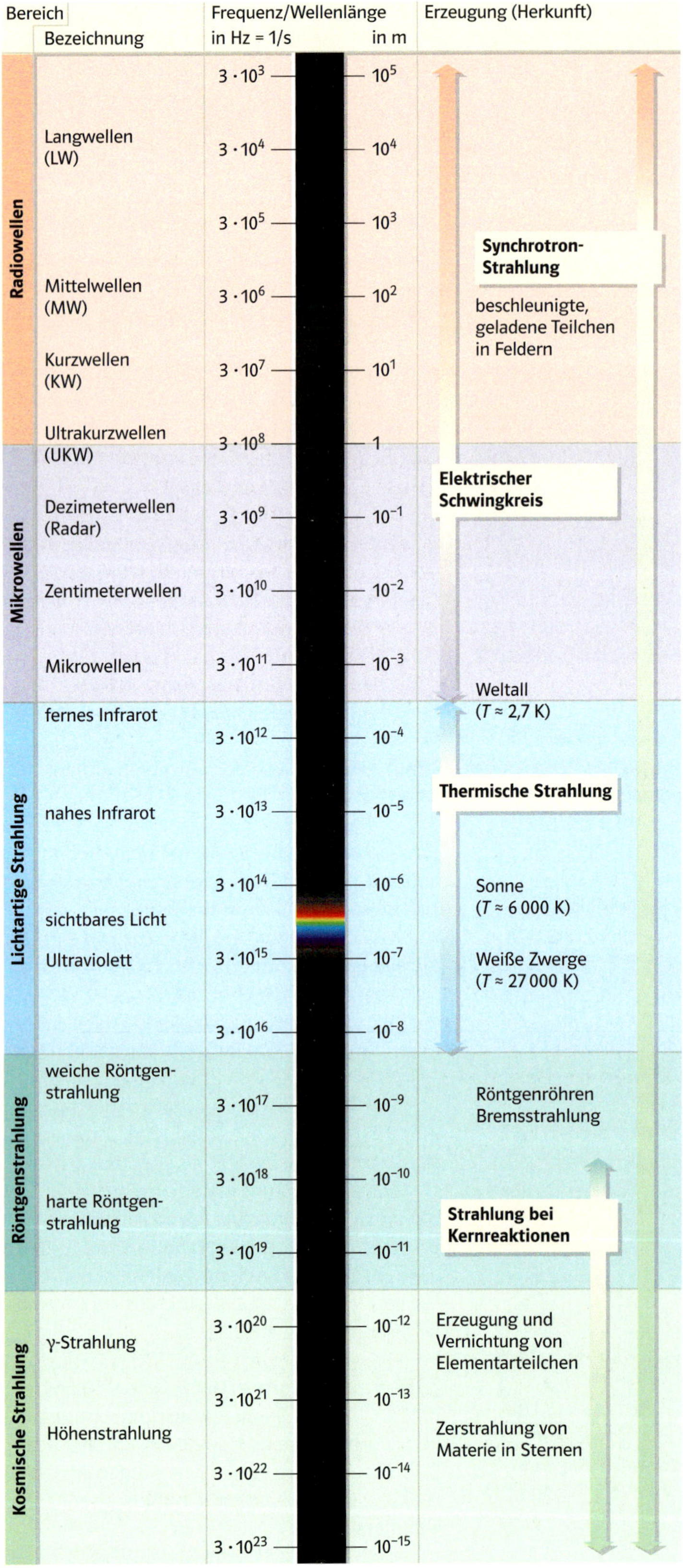

Bereich		Frequenz/Wellenlänge		Erzeugung (Herkunft)
	Bezeichnung	in Hz = 1/s	in m	
Radiowellen	Langwellen (LW)	$3 \cdot 10^3$	10^5	
		$3 \cdot 10^4$	10^4	
		$3 \cdot 10^5$	10^3	**Synchrotron-Strahlung** beschleunigte, geladene Teilchen in Feldern
	Mittelwellen (MW)	$3 \cdot 10^6$	10^2	
	Kurzwellen (KW)	$3 \cdot 10^7$	10^1	
	Ultrakurzwellen (UKW)	$3 \cdot 10^8$	1	
Mikrowellen	Dezimeterwellen (Radar)	$3 \cdot 10^9$	10^{-1}	**Elektrischer Schwingkreis**
	Zentimeterwellen	$3 \cdot 10^{10}$	10^{-2}	
	Mikrowellen	$3 \cdot 10^{11}$	10^{-3}	Weltall ($T \approx 2{,}7$ K)
Lichtartige Strahlung	fernes Infrarot	$3 \cdot 10^{12}$	10^{-4}	**Thermische Strahlung**
	nahes Infrarot	$3 \cdot 10^{13}$	10^{-5}	
		$3 \cdot 10^{14}$	10^{-6}	Sonne ($T \approx 6\,000$ K)
	sichtbares Licht			
	Ultraviolett	$3 \cdot 10^{15}$	10^{-7}	Weiße Zwerge ($T \approx 27\,000$ K)
		$3 \cdot 10^{16}$	10^{-8}	
Röntgenstrahlung	weiche Röntgen-strahlung	$3 \cdot 10^{17}$	10^{-9}	Röntgenröhren Bremsstrahlung
		$3 \cdot 10^{18}$	10^{-10}	
	harte Röntgen-strahlung	$3 \cdot 10^{19}$	10^{-11}	**Strahlung bei Kernreaktionen**
Kosmische Strahlung	γ-Strahlung	$3 \cdot 10^{20}$	10^{-12}	Erzeugung und Vernichtung von Elementarteilchen
		$3 \cdot 10^{21}$	10^{-13}	Zerstrahlung von Materie in Sternen
	Höhenstrahlung	$3 \cdot 10^{22}$	10^{-14}	
		$3 \cdot 10^{23}$	10^{-15}	

B1 Bereiche elektromagnetischer Wellen im Spektrum

Das Spektrum elektromagnetischer Strahlung

Verschiedenartig erzeugte Strahlungen wie Licht, Mikro- und Radiowellen oder Röntgenstrahlung weisen in Experimenten gleichartige Eigenschaften auf: Ihr Verhalten lässt sich mit Querwellen beschreiben, die sich mit Lichtgeschwindigkeit im Vakuum ausbreiten. Unterschiedlich erzeugte Strahlungen mit gleicher Wellenlänge verhalten sich völlig identisch. Damit ergibt sich: Die elektromagnetische Welle ist ein einheitliches Modell zur Beschreibung unterschiedlicher Phänomene. Die so beobachtbaren elektromagnetischen Wellen umfassen einen Bereich von $\lambda = 10^5$ m bis $\lambda = 10^{-15}$ m. Man spricht vom **Spektrum der elektromagnetischen Wellen** (→B1).

Die Sonne ist eine sehr starke Quelle elektromagnetischer Strahlung unterschiedlicher Wellenlängen (→B2). Die Strahlung ihrer Oberfläche entspricht der eines Schwarzen Körpers mit einer Temperatur von 5 600 °C.
Auf die Erde trifft Strahlung mit einer Leistung von $1{,}7 \cdot 10^{17}$ Ws. Der Quotient aus der Strahlungsleistung und der Querschnittsfläche der Erde heißt **Solarkonstante** $S = 1{,}37 \cdot 10^3$ W/m² der Sonnenstrahlung. Wegen der bei bestimmten Wellenlängen absorbierenden Lufthülle stehen am Erdboden bei senkrechtem Lichteinfall nur etwa 10^3 W/m² zur Verfügung.
Zum Vergleich: Die gesamte Menschheit setzt heute pro Sekunde etwa 10^{13} J, also etwa $\frac{1}{10\,000}$ der in dieser Zeit eintreffenden Sonnenenergie um.

A1 ⊝ Das für die Wahrnehmung der Umwelt wichtige sichtbare Spektrum ist nur ein kleiner Ausschnitt aus dem gesamten elektromagnetischen Spektrum. Stellen Sie für andere physikalische Größen, z. B. Länge, Masse, Geschwindigkeit usw. größte und kleinste Werte zusammen und setzen Sie sie in Beziehung zu dem Bereich, der der menschlichen Erfahrung unmittelbar zugänglich ist.

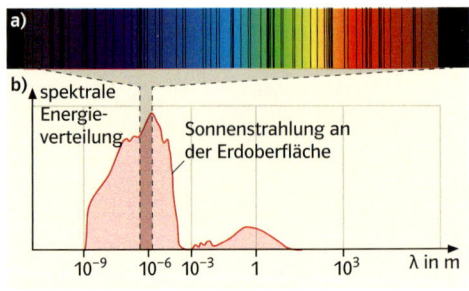

B2 Spektrum und Energieverteilung des Sonnenlichtes

Polarisation des Lichtes und elektromagnetisches Spektrum

Beispiel ⊖ Bei LCD-Anzeigen kann die Polarisationsebene von Segmenten durch eine elektrische Spannung gedreht werden.

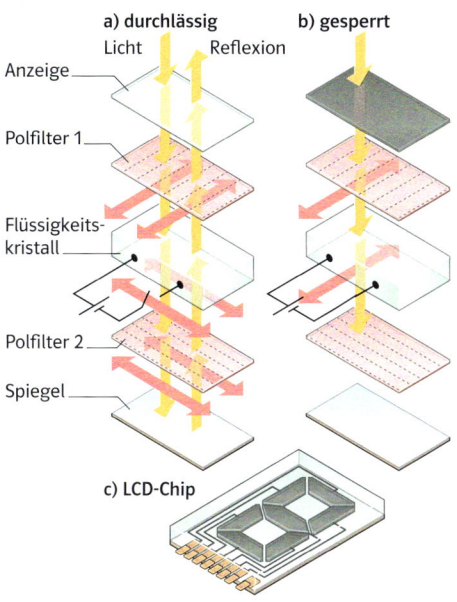

a) durchlässig   b) gesperrt
Licht   Reflexion
Anzeige
Polfilter 1
Flüssigkeits-
kristall
Polfilter 2
Spiegel

c) LCD-Chip

a) Beschreiben Sie den in der Abbildung dargestellten Aufbau und erläutern Sie die Funktionsweise eines LCD.
b) Nennen Sie Einsatzbereiche eines LCD.
c) Bei LCD-Bildschirmen nimmt der Kontrast ab, wenn man das Bild schräg von der Seite betrachtet. Deuten Sie diese Beobachtung.

Lösung a) Ein LCD besteht aus zwei um 90° zueinander verdrehten Polfiltern. Zwischen den Polfiltern befindet sich ein Flüssigkeitskristall, an den eine Spannung angelegt werden kann. Fällt nun unpolarisiertes Licht auf den ersten Polfilter, so wird dieses linear polarisiert. Beim Durchgang durch den Flüssigkeitskristall wird die Polarisationsebene des Lichtes um 90° gedreht. Dadurch kann das Licht anschließend den zweiten Polarisationsfilter passieren. Das LCD ist also durchlässig und erscheint hell.

Wird an den Flüssigkeitskristall nun eine Spannung angelegt, so wird die Polarisationsebene des Lichtes beim Durchgang durch den Flüssigkeitskristall nicht gedreht. Dadurch kann das Licht den zweiten Polfilter nicht passieren, das LCD lässt kein Licht durch und erscheint dunkel. Durch Steuerung der Spannung am Flüssigkeitskristall kann der Lichtdurchgang des LCD stufenlos geregelt werden. Je größer die angelegte Spannung ist, desto weniger Licht kann die Zelle passieren.
b) LCDs werden beispielsweise bei Digitalkameras, Uhren, Taschenrechnern und PC-Monitoren eingesetzt.
c) Betrachtet man das LCD schräg von der Seite, so legt das Licht im LCD einen längeren Weg zurück. Beim Passieren des Flüssigkeitskristalls wird die Polarisationsebene des Lichtes daher etwas mehr gedreht, die Lichtdurchlässigkeit und somit die Helligkeit des LCD ändert sich dadurch etwas.

A1 ⊖ Die Fotos wurden mit einem Polarisationsfilter vor dem Objektiv der Kamera gemacht. Erläutern Sie, wie es zu den unterschiedlichen Reflexionen im Fenster kommt.

A2 ⊖ Beim Beobachten von Sternen lässt sich erkennen, dass Sterne nicht, wie auf den ersten Blick zu vermuten, weiß, sondern in verschiedenen Farben leuchten. So erscheint der Stern Beteigeuze beispielsweise rot und Kapella erstrahlt gelblich. Diese Farben geben

Rückschlüsse auf die Oberflächentemperatur der Sterne.
a) Ordnen Sie anhand der Strahlungskurve den Sternen Beteigueze und Kapella eine Oberflächentemperatur zu.
b) Beschreiben Sie die Strahlungskurve und erläutern Sie anhand derer den Zusammenhang zwischen Sternenfarbe und Oberflächentemperatur der Sterne.

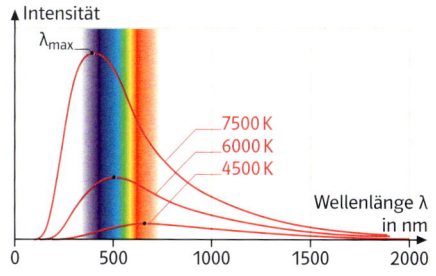

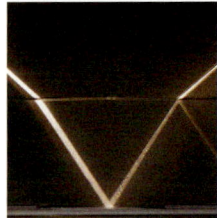

B1 Brechung und Reflexion von Licht

B2 Interferenz von Licht an einem Kreuzgitter

Licht im Strahlenmodell Im Strahlenmodell lassen sich Reflexion und Brechung des Lichtes sowie Schattenbilder und die Abbildung mit Linsen erklären (→B1). Da für die Brechung gilt

$$\frac{\sin\alpha}{\sin\beta} = \frac{n_2}{n_1} = \frac{c_1}{c_2}$$

spielt auch hier die Lichtgeschwindigkeit c eine wichtige Rolle. Im Vakuum beträgt sie

$$c_{\text{Vakuum}} = 299\ 792\ 458\ \tfrac{\text{m}}{\text{s}}.$$

In brechenden Substanzen ist sie bis zu zweimal kleiner.

Licht im Wellenmodell Das Wellenmodell des Lichtes umfasst das Strahlenmodell vollständig und erweitert es.

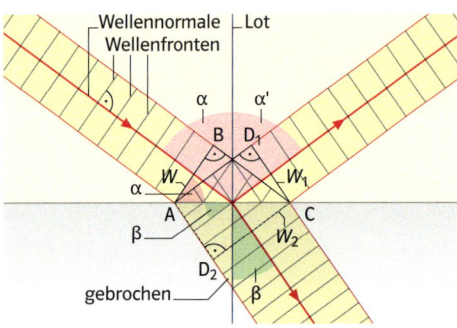

Im Wellenmodell kann man **Interferenzeffekte** erklären, was im Strahlenmodell nicht möglich ist. Hinter einem optischen Gitter, das mit einfarbigem Licht beleuchtet wird, zeigen sich helle und scharf ausgeprägte Maxima.

Für das Maximum k-ter Ordnung gilt

$$\sin\alpha_k = \frac{k \cdot \lambda}{g}\ \text{ für }\ k = 0, 1, 2, \ldots\ \text{ und}$$

$$\tan\alpha_k = \frac{a_k}{l}\ \text{ für }\ k = 0, 1, 2, \ldots$$

g ist die Gitterkonstante

Die Gleichungen gelten analog auch für die Interferenz am Doppelspalt (dort ist g der Abstand zwischen den Spalten).

Diese Gleichung erlaubt die Bestimmung der **Wellenlänge** von Licht. Bei bekannter Wellenlänge ist auch die Ausmessung von Spaltanordnungen möglich.
Voraussetzung für die Gültigkeit der Gleichung ist, dass die Wellenlänge kleiner als die Gitterkonstante g ist.

Interferenz setzt voraus, dass das Licht **kohärent** ist, d.h., am Ort des Gitters zu jeder Zeit die gleiche Phasendifferenz aufweist.

Weißes Licht wird an Gittern nach Farben zerlegt. Je größer die Wellenlänge ist, desto größer ist der Winkel, unter dem die zugehörigen Interferenzmaxima auftreten. Gekreuzte Gitter erzeugen gekreuzte Interferenzmuster (→B2).

Eine wichtige Eigenschaft des Lichtes, die im Wellenmodell gut verstanden werden kann, ist die **Polarisation**. Sie kann durch die Annahme erklärt werden, dass sich Licht wie eine Querwelle ausbreitet.

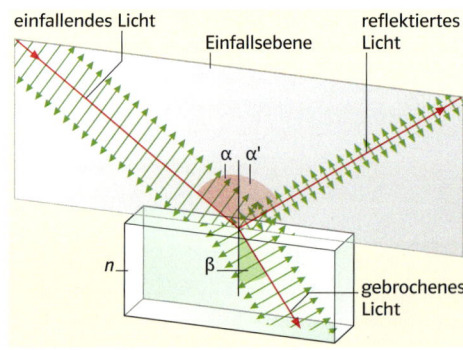

Von durchsichtigen Stoffen reflektiertes Licht ist vollständig polarisiert, wenn die Ausbreitungsrichtungen von reflektiertem und gebrochenem Licht senkrecht aufeinander stehen:

$$\alpha_P = 90° - \beta_P$$

In der Einfallsebene polarisiertes Licht wird nicht reflektiert, wenn die Richtungen für gebrochene und reflektierte Welle aufeinander senkrecht stehen.

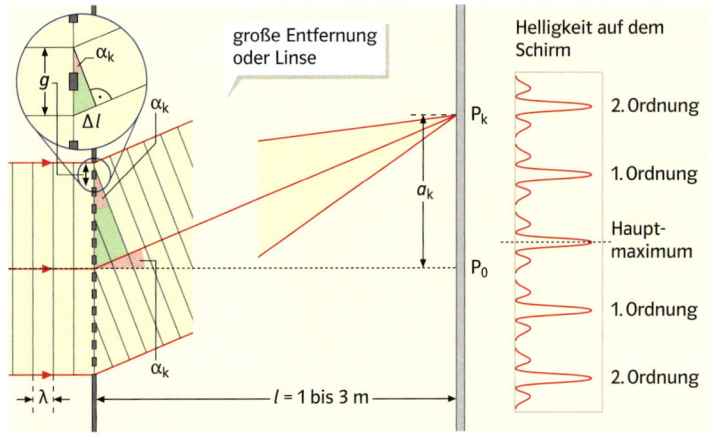

8 Thermodynamik

Stellt man diesen Motor auf eine Tasse mit
heißem Tee, beginnt das Rad sich zu drehen.

Die Gasgesetze

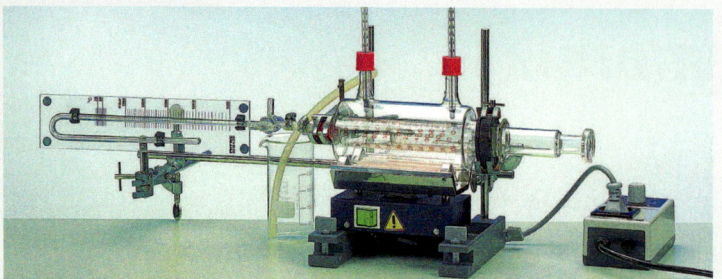

B1 Versuchsanordnung

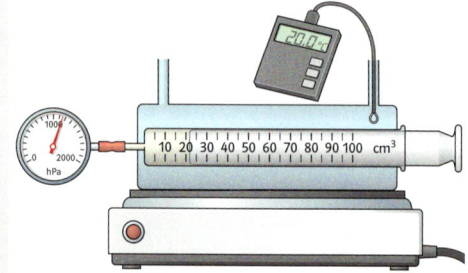

B5 Versuchsaufbau zur Bestimmung der Gasgesetze

Aufgabe: Es soll untersucht werden, wie bei einer abgeschlossenen Gasmenge Volumen-, Temperatur- und Druckänderungen miteinander verknüpft sind.

Material: Anordnung zur Bestimmung der Gasgesetze, Heizgerät, Messgeräte für Gasdruck und Gastemperatur

Versuchsaufbau: In einem Glaszylinder, der mit Wasser gefüllt ist, befindet sich ein Kolbenprober. An diesem ist ein Manometer zur Messung des Gasdrucks angebracht. Das Wasser kann durch ein Heizgerät erwärmt werden, ein Temperaturfühler misst die Temperatur des Wassers bzw. des Gases im Kolbenprober (→ **B5**).

Durchführung und Messung: Mit der beschriebenen Versuchsanordnung lassen sich Volumen V, Druck p und Temperatur ϑ (in °C) der im Kolbenprober eingeschlossenen Gasmenge verändern. Es wird jeweils der Zusammenhang zwischen zwei dieser Größen gemessen, während die dritte konstant bleibt.

a) Zunächst wird das Volumen V in Abhängigkeit vom Druck p bei konstanter Temperatur ϑ gemessen. Bei geöffnetem Ventil stellt man ein Anfangsvolumen von 80 cm³ ein und schließt das Ventil wieder. Durch Verschieben des Kolbens komprimiert man das eingeschlossene Luftvolumen. Als Messwerte erhält man z. B.:

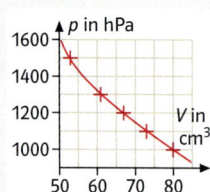

B2 Druck und Volumen

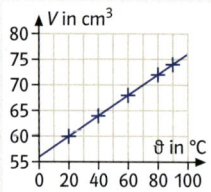

B3 Temperatur und Volumen

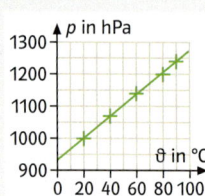

B4 Temperatur und Druck

p in hPa	1000	1100	1200	1300	1500
V in cm³	80	73	67	61	53
$p \cdot V$ in 10^3 hPa cm³	80	80,3	80,4	79,3	79,5

b) Das zweite Experiment untersucht den Zusammenhang zwischen Temperatur ϑ und Volumen V bei konstantem Druck p. Das Luftvolumen im Kolbenprober wird auf 60 cm³

eingestellt. Man füllt Wasser in den Glaszylinder, schaltet das Heizgerät ein und stellt den Thermostaten auf die gewünschte Temperatur. Während des Temperaturanstiegs muss das Volumen mit Hilfe des Kolbens so korrigiert werden, dass der Druck konstant bleibt. Verändert sich das Volumen bei vorgegebenem Druck nicht mehr, hat auch die eingeschlossene Luft die gewünschte Temperatur erreicht. Volumen und Temperatur werden notiert:

ϑ in °C	20	40	60	80	90
V in cm³	60	64	68	72	74

c) Im dritten Versuch misst man bei unverändertem Volumen den Druck und die zugehörige Temperatur ϑ in °C.

ϑ in °C	20	40	60	80	90
p in hPa	1000	1070	1140	1200	1240

Ergebnis: a) Der Versuch ergibt, dass bei konstanter Temperatur das Produkt aus Volumen und Druck in guter Näherung konstant ist (siehe Tabelle links, 3. Zeile). Volumen und Druck sind antiproportional.
b) Bei unverändertem Druck steigt mit der Temperatur das Volumen des Gases. Die Größen sind jedoch nicht proportional. Das Diagramm **B3** zeigt aber einen linearen Zusammenhang.
c) Ist das Volumen konstant, steigt der Druck mit der Temperatur. Das Diagramm **B4** bestätigt auch hier einen linearen Zusammenhang.

A1 ⬤ Ermitteln Sie mit Hilfe der Messwerte die linearen Gleichungen für den Zusammenhang Temperatur-Volumen bzw. Temperatur-Druck. Berechnen Sie für beide Fälle den Schnittpunkt mit der Temperaturachse.

8.1 Das thermische Verhalten von Gasen

Ein ideales Gas zeigt ein sehr einfaches thermodynamisches Verhalten. Schon im 17. Jahrhundert wurden durch Boyle und Mariotte erste Erkenntnisse gewonnen.

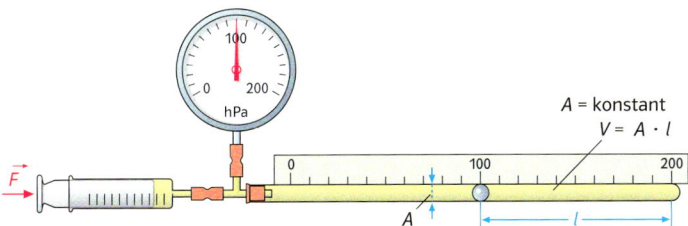

B1 Messung von Druck und Volumen einer Gasmenge bei konstanter Temperatur

Zustandsgrößen eines Gases

Gase nehmen jeden verfügbaren Raum ein. Darin unterscheiden sie sich von Flüssigkeiten und Festkörpern. Im Gegensatz zu ihnen lassen sich Gase durch äußeren Druck stark komprimieren. Dabei steigt die Temperatur des Gases an, was man z. B. beim Aufpumpen eines Reifens an der Luftpumpe fühlen kann.

Diese Beobachtungen legen es nahe, den Zustand eines Gases durch die Größen Volumen, Temperatur und Druck zu beschreiben. Durch Angabe aller drei Größen ist der Zustand eines Gases sogar eindeutig festgelegt. Man nennt solche Größen daher **Zustandsgrößen**. Sie sind unabhängig davon, auf welche Weise das Gas in den vorliegenden Zustand gebracht wurde.

Verhalten bei Zustandsänderungen

Bei einer Zustandsänderung eines Gases verhalten sich die drei Zustandsgrößen nicht unabhängig voneinander.

Wird bei konstanter Temperatur das Volumen einer Gasmenge verändert, so spricht man von einer isothermen Zustandsänderung (→ B1, B2a). Dabei nimmt der Druck des Gases mit abnehmendem Volumen zu. Das Diagramm in Abbildung **B2a** gibt den Zusammenhang wieder.

Dieses Gesetz, das zwei Naturwissenschaftler unabhängig voneinander entdeckten, heißt **Gesetz von Boyle und Mariotte**.

Ein weiteres Experiment zeigt, dass bei konstant gehaltenem Druck, also im Fall einer isobaren Zustandsänderung, das Volumen einer eingeschlossenen Gasmenge linear von ihrer Temperatur abhängt (→ B2b). Diesen Zusammenhang bezeichnet man als **Gesetz von Gay-Lussac**.
Wird der Anfangsdruck verändert, so ändert sich die Steigung der Geraden. Verlängert man diese Geraden in den Bereich negativer Temperaturwerte, so schneiden sich alle in einem Punkt bei $\vartheta = -273,2\,°C$.

Wird in einem Versuch bei konstantem Volumen (also bei isochorer Zustandsänderung) der Druck eines Gases abhängig von der Temperatur gemessen, so ergeben sich ebenfalls Geraden, die sich bei einem Temperaturwert von $\vartheta = -273,2\,°C$ schneiden (→ B2c). Dieser Zusammenhang wird als **Gesetz von Amontons** bezeichnet.

Absolute Temperatur

Bei der Darstellung der Zustandsgrößen wurde die Temperatur ϑ in der Einheit Grad Celsius angegeben. Es fällt auf, dass bei den linearen Zusammenhängen die Geraden unabhängig von Gasmenge und Gasart alle durch den Punkt mit der Temperaturkoordinate $\vartheta = -273,2\,°C$ verlaufen.
Eine Verlegung des Ursprungs des Koordinatensystems hierher würde die Geraden zu Ursprungsgeraden machen. Man erreicht das durch eine neue Temperaturskala. Die Temperatur wird **absolute Temperatur** genannt, mit dem Symbol T bezeichnet und hat die Einheit 1 Kelvin (K).

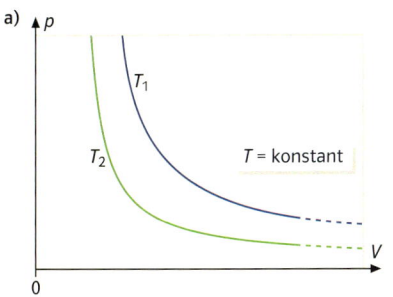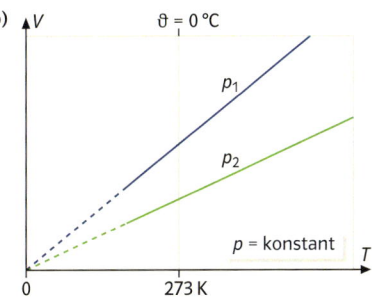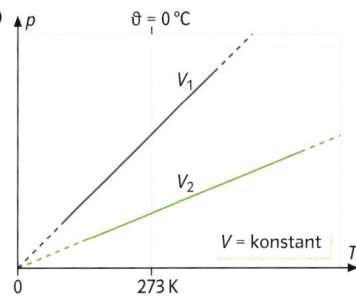

B2 Thermische Änderung von Zustandsgrößen

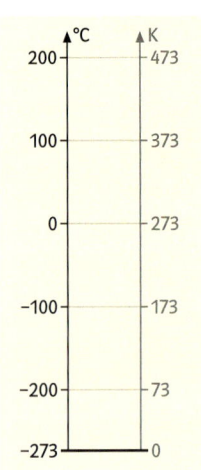

B1 Celsius- und Kelvin-Skala

Es gilt folgender Zusammenhang (→B1):

Der Nullpunkt der absoluten Temperaturskala liegt bei $-273{,}2\,°C$.
Bei Temperaturdifferenzen ist $1\,K = 1\,°C$.
Es ist $T = \left(273{,}2 + \dfrac{\vartheta}{1\,°C}\right) \cdot 1\,K$

Die Gasgesetze erhalten damit folgende Form:

Gesetz von Gay-Lussac (1778–1850)
$V =$ Konstante $\cdot\ T$ (für konstanten Druck p)

Gesetz von Amontons (1663–1705)
$p =$ Konstante $\cdot\ T$ (für konstantes Volumen V)

Gesetz von Boyle (1627–1691) und Mariotte (1620–1684)
$p \cdot V =$ konstant (für konstante Temperatur T)

Die Konstanten hängen vom Wert der jeweils festgehaltenen Größe und von der Stoffmenge des Gases, nicht von der Gasart ab.

Das ideale Gas
Die Verlängerung der Geraden bis zum absoluten Nullpunkt ist nur theoretisch möglich, denn sie setzt ja voraus, dass die Gasteilchen kein eigenes Volumen haben und eine betrachtete Gasmenge am absoluten Nullpunkt „verschwindet". Weiter wird vorausgesetzt, dass keine anziehenden oder abstoßenden Kräfte zwischen den Teilchen wirken, alle Stöße vollkommen verlustfrei („elastisch") sind und die gesamte Energie der Teilchen als Bewegungsenergie vorliegt.
Ein gedachtes Gas mit solchen Eigenschaften heißt **ideales Gas**. Reale Gase verhalten sich bei niedrigem Druck, hinreichend großem Volumen und nicht zu tiefer Temperatur annähernd wie ein ideales Gas.

Die universelle Gasgleichung
Die drei Gasgesetze lassen sich mathematisch zu einer Formel vereinigen:

$p \cdot V = c \cdot T$ mit c als neuer Konstante.

Es zeigt sich, dass die Konstante c proportional zur betrachteten Stoffmenge ist und nicht von der Gasart abhängt.

Seit 1971 ist die **Stoffmenge n** eine eigene physikalische Größe. Ihre Einheit ist $1\,mol$. Die Festlegung dieser Einheit weist auf zwei andere Möglichkeiten hin, **Stoffportionen** quantitativ zu kennzeichnen: die Masse m und die Teilchenzahl N.

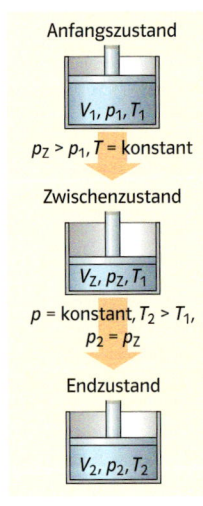

Anfangszustand
V_1, p_1, T_1
$p_Z > p_1, T =$ konstant
Zwischenzustand
V_Z, p_Z, T_1
$p =$ konstant, $T_2 > T_1$,
$p_2 = p_Z$
Endzustand
V_2, p_2, T_2

B2

Letztere setzt die Vorstellung voraus, Materie sei aus Teilchen aufgebaut. Die Festlegung der Einheit mol knüpft ebenfalls an die Teilchenvorstellung an und ihre Realisierung erfordert die möglichst genaue Bestimmung der Teilchenzahl. Das geschieht heute an einem Siliciumkristall, in dem die Atome sehr regelmäßig angeordnet sind. Es gilt:

$1\,mol$ eines Stoffes enthält $6{,}022 \cdot 10^{23}$ Teilchen. $N_A = 6{,}022 \cdot 10^{23}\,mol^{-1}$ heißt Avogadro'sche Konstante.

Ein Messergebnis für die Stoffmenge wird so angegeben: $n = 3{,}6\,mol$. Diese Materiemenge enthält dann $N = n \cdot N_A = 21{,}7 \cdot 10^{23}$ Teilchen. Die Masse dieser Menge hängt von der Stoffart (z.B. Eisen oder Wasserstoff) ab.

Das Volumen hängt bei Gasen von Druck und Temperatur ab. Sind beide konstant, müssen nach den Gasgesetzen Gasportionen mit gleicher Stoffmenge gleiche Volumina haben, unabhängig von der Gasart. Umgekehrt gilt damit:

Gleiche Volumina verschiedener Gase enthalten bei Gleichheit von Druck und Temperatur gleich viele Teilchen.

In der Gleichung für das ideale Gas ist die Stoffmenge in der Konstanten c enthalten. Man nennt diese Gleichung **universelle Gasgleichung** und formuliert:

Für ein ideales Gas gilt:

$p \cdot V = n \cdot R \cdot T$ mit $R = 8{,}31\,\dfrac{J}{K \cdot mol}$

Vielfach wird sie auch in der Form

$p \cdot V = k \cdot N \cdot T$ mit $k = 1{,}38 \cdot 10^{-23}\,\dfrac{J}{K}$

ausgedrückt. Die Konstante k heißt **Boltzmann-Konstante**. Es ist $R = k \cdot N_A$.

Ein Gas, das den Gasgesetzen uneingeschränkt genügt, heißt ideales Gas.
$1\,mol$ eines Stoffes enthält $6{,}022 \cdot 10^{23}$ Teilchen.
Für ein ideales Gas gilt:
$p \cdot V = n \cdot R \cdot T = n \cdot N_A \cdot k \cdot T$

A1 ⊖ In Abbildung **B2** wird eine Änderung aller drei Zustandsgrößen in zwei Schritten erreicht, bei denen jeweils eine Größe konstant bleibt. Leiten Sie anhand dieser Überlegung einen Zusammenhang aller drei Größen her.

8.2 Thermische Energie

Ein Feuer lässt sich auch ohne Streichhölzer entfachen: Durch rasches Drehen eines Holzstabes in einer mit trockenen Holzspänen gefüllten Mulde eines Brettes werden die Späne so heiß, dass sie sich entzünden.

Die thermische Energie der Körper

Reiben wir unsere Hände aneinander, so fühlen wir eine Erhöhung der Temperatur der Haut. Wird eine Wäscheklammer um das Ende eines Thermometers gedreht, so erhöht sich die Temperatur der Thermometerflüssigkeit, was an der Flüssigkeitssäule zu beobachten ist (→**B1**). Beim Drehen muss mechanische Energie übertragen werden. Allgemein gilt: Von außen an einen Körper übertragene mechanische Energie kann eine Erhöhung der Temperatur des Körpers zur Folge haben.

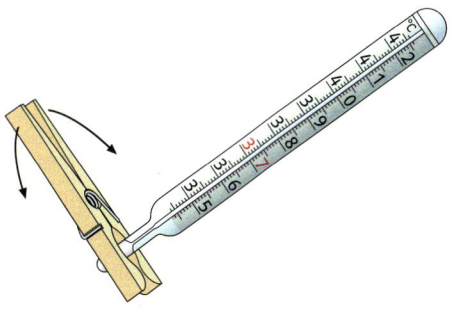

B1 Temperaturerhöhung durch mechanische Arbeit

Eine Veränderung der thermischen Energie wird als ΔE_{therm} angegeben. Bei Zunahme der thermischen Energie ist $\Delta E_{therm} > 0$, bei Abnahme ist $\Delta E_{therm} < 0$.

In der Mechanik wird bei reibungsfreien Vorgängen mechanische Energie immer nur in andere mechanische Energieformen umgewandelt. Beim Drehen der Klammer am Thermometer wird Bewegungsenergie auf das Thermometer übertragen, aber dieses wird weder schneller (größere Bewegungsenergie), noch wird es gedehnt (größere Spannenergie) oder nach oben befördert (größere Höhenenergie). Die mechanische Energie des Thermometers ändert sich nicht.

Der in der Mechanik gefundene Satz von der Erhaltung der Energie kann nur weiter gelten, wenn man die **thermische Energie** des Thermometers als weitere Energieform einbezieht. Wird an einen Körper mechanische Energie übertragen, so kann sich seine thermische Energie erhöhen.

Von außen ist dies durch eine Änderung der Temperatur messbar, d.h., die Erhöhung der Temperatur eines Körpers zeigt eine Zunahme seiner thermischen Energie an.

Thermische Energie kann umgekehrt auch in mechanische Energie überführt werden. Im Versuch nach Abbildung **B2** wird ein mit Luft gefülltes Glasgefäß, auf dem ein Kolben befestigt ist, in heißes Wasser getaucht. Zunächst hält man den Kolben fest. Die Temperatur der Luft erhöht sich und damit auch ihre thermische Energie. Nun nimmt man die Anordnung aus dem Wasserbad und lässt den Kolben los. Dieser schnellt nach oben, wobei die Temperatur der Luft sinkt.
Hier wird also thermische Energie in mechanische Energie überführt und zum Heben und Verschieben des Kolbens gegen die Kraft aufgrund des äußeren Luftdrucks verwendet.

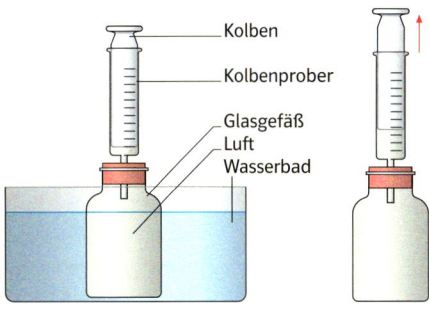

B2 Der Kolben steigt nach oben.

Die übertragene mechanische Energie lässt sich nur durch eine Änderung der thermischen Energie der Luft im Kolbenprober erklären. Die Temperaturabnahme der Luft belegt diese Erklärung. **B3** zeigt den Zusammenhang zwischen thermischer und mechanischer Energie.

Die auf einen Körper oder von einem Körper übertragene mechanische Energie führt zu einer gleich großen Änderung der thermischen Energie, wenn keine Änderung der mechanischen Energie stattfindet.

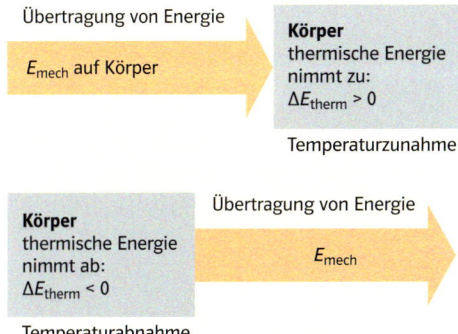

B3 Energieüberführungen mit thermischer Energie

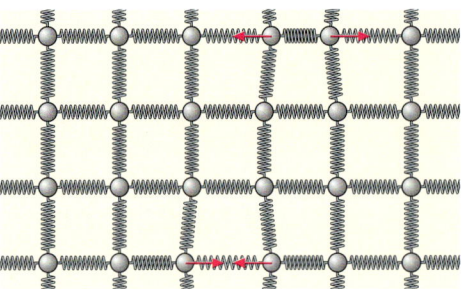

B2 Federmodell

Bemerkung:
Genau genommen
müsste anstelle des
Begriffs thermische
Energie der Begriff
innere Energie ver-
wendet werden.
Die innere Energie
umfasst neben der
thermischen Energie
noch die chemische
Energie und die Kern-
energie.

Für die hier betrachteten
Prozesse, bei denen
weder chemische Re-
aktionen noch Kern-
reaktionen ablaufen,
gilt aber:
$\Delta E_{innere} = \Delta E_{therm}$

Modell zur thermischen Energie

Bei Gasen stellen wir uns vor, dass sich die Teilchen frei bewegen können. Die Gasteilchen besitzen Bewegungsenergie. Die Geschwindig-keit, mit der sich die Teilchen des Gases bewe-gen, nimmt mit steigender Temperatur zu.

In festen Körpern sind die Teilchen durch wech-selseitige Kräfte an einen festen Ort gebunden, um den herum sie sich bewegen können. **B2** zeigt, wie man sich ein Modell dafür vorstellt: Die Kugeln stellen die Teilchen dar, die Federn entsprechen den Kraftwirkungen. Die Spann-energie der Federn entspricht der jeweiligen Energie, die durch die wechselseitigen Kräfte zwischen den Teilchen gespeichert wird. Auch hier wird die Bewegung der Teilchen umso heftiger, je höher die Temperatur steigt. Es wird mehr Energie im Körper gespeichert.
Die Änderung der thermischen Energie eines Körpers entspricht der Änderung der Energie seiner Teilchen.

Erhalten die Teilchen eines festen, flüssigen oder gasförmigen Körpers im Durchschnitt eine größere Bewegungsenergie, so nimmt seine thermische Energie zu und wir können eine höhere Temperatur messen.
Die mittlere Bewegungsenergie der Teilchen eines Körpers ist ein Maß für seine Temperatur und umgekehrt.

Die spezifische Wärmekapazität

Eine durch Reiben zugeführte Energie erhöht die Temperatur T des geriebenen Körpers. Versuche zeigen, dass die Temperaturänderung ΔT des Körpers umgekehrt proportional zu seiner Masse m bei konstanter Energieände-rung und proportional zur zugeführten Energie ΔE bei konstanter Masse ist: $\Delta T \sim \Delta E$ und $\Delta T \sim 1/m$.

Insgesamt gilt: $\Delta E = c \cdot m \cdot \Delta T$

Die Proportionalitätskonstante c heißt **spezi-fische Wärmekapazität**. Sie ist vom Stoff des erwärmten Körpers abhängig und beträgt, z. B. für Aluminium $c = 0,896 \, kJ/(kg \cdot K)$. Bei Körpern aus Aluminium ist zur Temperaturerhöhung um 1 K eine Energiezufuhr von 0,896 J je 1 g Alumi-nium erforderlich.

Die zugeführte Energie ΔE erhöht die Tempera-tur des Körpers (→**B1**). Bei Gasen erfolgt mit der Erhöhung der Temperatur auch eine Zunah-me der Bewegungsenergie der Teilchen. Bei festen und flüssigen Körpern wird ebenfalls die Energie der Teilchen erhöht, und zwar nicht nur ihre Bewegungsenergie, sondern auch ihre potenzielle Energie, die von den Kräften zwi-schen den Teilchen herrührt. Auch diese poten-zielle Energie trägt zur thermischen Energie des Körpers bei.

Schmelzen und Verdampfen

Wird einem festen Körper laufend Energie zugeführt, so erhöht sich seine thermische Energie, sodass die Teilchen stärkere Schwin-gungen um die Ruhelage ausführen. Bei Flüs-sigkeiten können sie auch zusätzlich verstärkt rotieren.
Beim **Schmelzen** erhöht sich die Temperatur nicht. Die zugeführte **Schmelzenergie** dient dazu, den festen Teilchenverband aufzulösen. Die potenzielle Energie der Teilchen wird dadurch erhöht. Bei den meisten Stoffen ver-größert sich dabei das Volumen etwas. Eine Änderung der thermischen Energie ist nicht zwingend mit einer Temperaturerhöhung ver-bunden.
Beim **Verdampfen** werden die Teilchen völlig voneinander gelöst, ihre potenzielle Energie wird stark erhöht, das Volumen nimmt erheblich zu. Zur Volumenvergrößerung muss zusätzlich Arbeit verrichtet werden. Beides zusammen ergibt die **Verdampfungsenergie**.

Die umgekehrten Vorgänge Kondensieren bzw. Verfestigen setzen dieselben Energien frei.

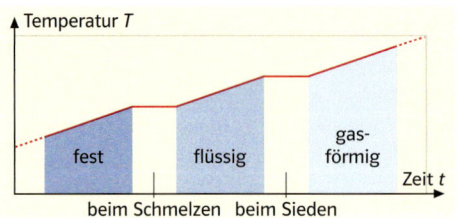

B3 t-T-Diagramm für konstante Energiezufuhr: Während der Änderungen der Aggregatzustände ändert sich die Temperatur nicht.

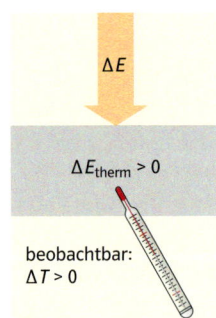

B1

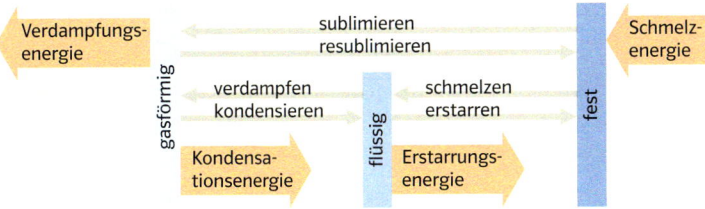

B1 Die Umsetzung beim Schmelzen erfordert denselben Energiebetrag, wie er beim Erstarren frei wird, die zum Verdampfen erfordert denselben Energiebetrag, wie er beim Kondensieren frei wird.

Abbildung **B1** benennt alle möglichen Zustandsänderungen der Stoffe.

Ob sich ein Körper im festen, flüssigen oder gasförmigen Zustand befindet, hängt von der Temperatur und vom Druck ab. Für homogene Stoffe wie Wasser oder Kohlenstoffdioxid lässt sich dies an einem *T-p*-**Diagramm** zeigen (→**B3**). Die Kurven (a), (b), (c) markieren das Gleichgewicht zwischen zwei Aggregatzuständen. Dort verlassen gleich viele Teilchen den einen Zustand, wie vom anderen zurückkommen. Zu allen Kurven gehört der **Tripelpunkt**. Hier existieren stabil alle drei Aggregatzustände zugleich. Die **Dampfdruckkurve** (a) endet am **kritischen Punkt**. Oberhalb des kritischen Punktes unterscheiden sich Dampf und Flüssigkeit nicht mehr voneinander.

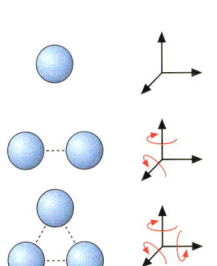

B2 Rotationsfreiheitsgrade der inneren Bewegungsmöglichkeiten, die zur thermischen Energie beitragen.

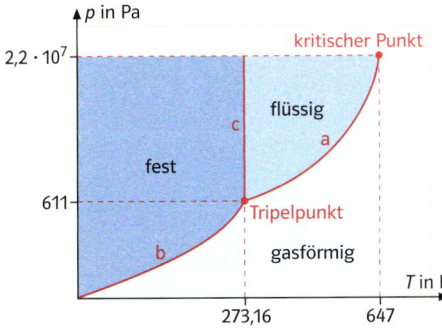

B3 *T-p*-Diagramm für Wasser

Ändert sich die Temperatur eines festen, flüssigen oder gasförmigen Körpers, so ändert sich seine thermische Energie.
Es ist: $\Delta T \sim \Delta E_{\text{therm}}$**, falls keine Änderung des Aggregatzustandes stattfindet.**

A1 ○ Nennen Sie Beispiele, wie sich die thermische Energie eines festen, eines flüssigen oder eines gasförmigen Körpers erhöhen lässt.

Molare Wärmekapazitäten

Die Messwerte der spezifischen Wärmekapazität von Gasen unterscheiden sich, je nachdem, ob sich das Gas bei der Temperaturerhöhung ausdehnen kann oder nicht. Bei konstantem Volumen ist weniger Energie erforderlich, die spezifische Wärmekapazität c_V ist kleiner als die Wärmekapazität c_p, bei der der Druck konstant bleibt. Das liegt daran, dass bei der Vergrößerung des Gasvolumens die Gefäßwand gegen den äußeren Luftdruck verschoben werden muss. Dazu ist die Energie $\Delta E = p \cdot \Delta V$ erforderlich. Um diesen Betrag unterscheiden sich die beiden thermischen Energien, d.h.,

$$\Delta E_{\text{therm, } V = \text{const}} = \Delta E_{\text{therm, } p = \text{const}} - p \cdot \Delta V$$

Bezogen auf die Stoffmenge n des Gases beträgt diese Energiedifferenz:
$p \cdot \Delta V = n \cdot R \cdot \Delta T$.
Betrachtet man anstelle der spezifischen Wärmekapazitäten c_v und c_p die molaren Wärmekapazitäten C_{Vm} und C_{pm}, gilt:

$$\Delta E_{\text{therm, } V = \text{const}} = C_{Vm} \cdot n \cdot \Delta T$$

$$\Delta E_{\text{therm, } p = \text{const}} = C_{pm} \cdot n \cdot \Delta T$$

Somit ist $p \cdot \Delta V = C_{pm} \cdot n \cdot \Delta T - C_{Vm} \cdot n \cdot \Delta T$
$$= n \cdot R \cdot \Delta T \Rightarrow C_{pm} - C_{Vm} = R$$

Die Messwerte in Tabelle **B4** bestätigen dies. Die Tabelle zeigt auch, dass C_{Vm} und C_{pm} für mehratomige Gase größer sind als für einatomige. D.h., bei mehratomigen Gasen ist für eine bestimmte Temperaturerhöhung mehr Energie erforderlich als bei einatomigen Gasen. Mehratomige Gase speichern Energie auch in Rotationsbewegungen der Moleküle (→**B2**).

Gas	C_{Vm}	C_{pm}	$C_{pm} - C_{Vm}$
	in J/(mol · K)		
He	12,6	20,9	8,3
Ne	12,6	20,8	8,2
N_2	20,8	29,2	8,4
O_2	21,1	29,3	8,2
CO_2	28,5	36,8	8,3

B4 Molare Wärmekapazitäten

A2 ◔ Näherungsweise lässt sich C_{Vm} über die Summe der Freiheitsgrade ermitteln.
Die Translation liefert für jede mögliche Richtung einen Freiheitsgrad mit ca. $R/2$ als molare Wärmekapazität C_{Vm}.
Machen Sie Aussagen über die Freiheitsgrade der Stoffe N_2, O_2 und CO_2.

8.3 Entropie

„Die Energie der Welt ist konstant, die Entropie strebt einem Maximum zu." R. J. E. Clausius 1865

Die Richtung von Vorgängen

Eine Tasse heißer Kaffee kühlt in der Umgebung eines Raumes ab, kaltes Mineralwasser erwärmt sich. Beide Vorgänge vollziehen sich eigenständig ohne äußere Einwirkung.

Legt man einen kalten und einen im Wasserbad aufgewärmten Metallklotz aufeinander und misst ihre Temperaturen über eine gewisse Zeit, so stellt man fest, dass sich die Temperaturen einem zwischen beiden liegenden Wert annähern (→B1). Das bedeutet, dass der eine Metallklotz thermische Energie abgibt und der andere Klotz diese thermische Energie aufnimmt. Bei diesem Vorgang wird keine mechanische Arbeit verrichtet. Die so übertragene thermische Energie heißt **Wärme Q**.

Für ein abgeschlossenes System verlangt der Energiesatz nur die Konstanz der Gesamtenergie bzw. $\Delta E = |E_{ab}| - |E_{auf}| = 0$. Hiernach wäre es möglich, dass der Körper mit der niedrigeren Temperatur Energie an den mit der höheren abgibt (→B2), er ließe auch zu, dass sich ein Körper abkühlt und dafür aufsteigt. Dergleichen wurde aber nie beobachtet.

Entropie

Die Physik definiert eine Größe, die Auskunft darüber gibt, unter welchen Bedingungen Energieübergänge selbstständig ablaufen, die **Entropie S**. Für ein System ergibt sich die Entropieänderung aus:

$$\Delta S = \frac{Q}{T}$$

Mit der thermischen Energie ändert sich in der Regel die Temperatur. Im folgenden Beispiel wird dies zunächst nicht beachtet. Es soll nur einen Hinweis liefern, wie die Entropie die Richtung eines Vorgangs beschreibt.

Zwei Körper seien als Gesamtsystem nach außen abgeschlossen und können über eine gemeinsame Grenzfläche ohne Stofftransport thermische Energie austauschen. Körper 1

besitzt zu Beginn die Temperatur T_1, Körper 2 die Temperatur T_2. Nach einiger Zeit stellt sich für beide Körper eine mittlere Temperatur T_M ein, die zwischen T_1 und T_2 liegt. Für die Entropieänderung gilt:

$$\Delta S = \Delta S_1 + \Delta S_2 = \frac{Q_1}{T_1} + \frac{Q_2}{T_2}$$

Da das System abgeschlossen ist, gilt $Q_1 = -Q_2$. Damit ist

$$\Delta S = Q_1 \cdot \left(\frac{1}{T_1} - \frac{1}{T_2} \right) = Q_1 \cdot \frac{T_2 - T_1}{T_1 \cdot T_2}$$

Sei $T_2 - T_1 \geq 0$: Da $T_M \geq T_1$ ist, ist $E_{therm,1}$ gewachsen, also $Q_1 \geq 0$. Damit ist ΔS das Produkt aus zwei positiven Größen, d.h., $\Delta S \geq 0$. Entsprechend ist für $T_2 - T_1 \leq 0$ auch $Q_1 \leq 0$ und als Produkt aus zwei negativen Größen ergibt sich ebenfalls $\Delta S \geq 0$.

Reversible und irreversible Vorgänge

Der Temperaturausgleich zwischen zwei Körpern ist ein nicht umkehrbarer Vorgang, er heißt **irreversibel**. Die Entropie nimmt bei solchen Vorgängen zu. Bei **reversiblen** (d.h. umkehrbaren) Vorgängen bleibt die Entropie konstant.

Der Temperaturausgleich zwischen zwei Körpern kann auch auf der Teilchenebene diskutiert werden. Die Teilchen im Körper mit der höheren Temperatur bewegen sich im Durchschnitt schneller als die bei der niedrigeren Temperatur. An der Grenzfläche stoßen die Teilchen der beiden Körper zusammen. Es kommt zur Energieübertragung, sodass die schnellen Teilchen langsamer werden und die langsamen schneller.

Thermische Energie geht als Wärme von selbst nur von einem Körper mit hoher zu einem Körper mit niedrigerer Temperatur über.

Die Entropie eines abgeschlossenen Systems nimmt nie ab.

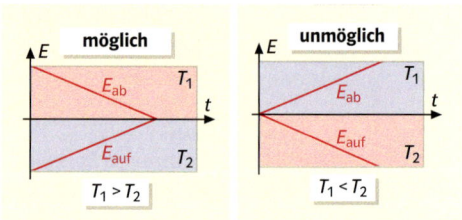

B1 Temperaturunterschiede verschwinden mit der Zeit.

B2 Der Temperaturausgleich kann nur in einer Richtung erfolgen, er ist ein irreversibler Prozess.

Entropie und Wahrscheinlichkeit

Die Abbildung **B4a** beschreibt einen **irreversiblen** Vorgang, d.h., seine zeitliche Umkehrung beschreibt einen unmöglichen Vorgang. Die Verformung eines Autos bei einem Aufprall ist irreversibel, ebenso sind es die Energieumsetzungen bei einem Pendel mit Reibung.

Ein weiteres Beispiel für irreversible Vorgänge ist die Diffusion eines Gases (→**B4b**):
Ein Kasten mit dem Volumen V ist durch einen Schieber in zwei gleiche Volumina $V_1 = \frac{1}{2}V$ und $V_2 = \frac{1}{2}V$ geteilt. V_1 enthält die Gasmenge, V_2 ist leer. Wird der Schieber geöffnet, so füllt das Gas nach kurzer Zeit den ganzen Raum, niemals sammelt es sich von selbst wieder in der linken Hälfte.
Jedes einzelne Teilchen bewegt sich bei gegebener Temperatur regellos und wird sich zu einem bestimmten Zeitpunkt mit gleicher Wahrscheinlichkeit in einer der beiden Hälften befinden. Für jedes Teilchen ergibt sich $w = \frac{1}{2}$ als die Wahrscheinlichkeit, es in der linken Hälfte anzutreffen.

B2 Möglichkeiten bei 2 Teilchen

Bei zwei Teilchen gibt es vier Möglichkeiten der Verteilung (→**B2**). Die Wahrscheinlichkeit dafür, beide Teilchen links anzutreffen, ist $w = \frac{1}{4}$.

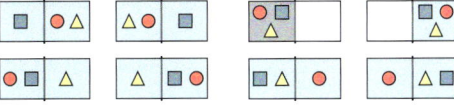

B3 Möglichkeiten bei 3 Teilchen

Bei drei Teilchen gibt es sechs Möglichkeiten dafür, dass in beiden Kammern Teilchen anzutreffen sind, und eine dafür, dass alle Teilchen sich in der linken Kammer befinden (→**B3**):

$$w = \frac{1}{8} = \left(\frac{1}{2}\right)^3$$

Bei vier Teilchen beträgt die Wahrscheinlichkeit alle Teilchen links anzutreffen (→**B1**):

$$w = \frac{1}{16} = \left(\frac{1}{2}\right)^4$$

Bei 100 Teilchen wird $w = (\frac{1}{2})^{100} \approx 10^{-30}$, d.h., bei Beobachtung im Sekundenabstand dürfte man etwa alle 10^{22} Jahre einmal alle Teilchen in der linken Hälfte antreffen. Das Alter des Universums beträgt etwa 10^{10} Jahre.

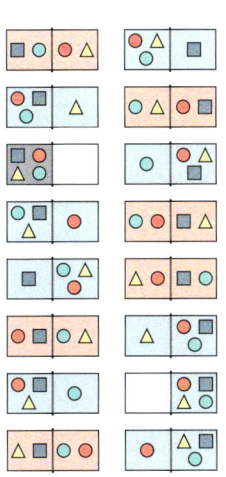

B1 Möglichkeiten bei 4 Teilchen

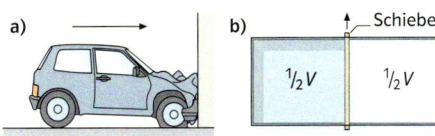

B4 Irreversible Vorgänge

Die Umkehrung irreversibler Vorgänge ist also extrem unwahrscheinlich, sodass sie praktisch nicht vorkommt. Die Verteilung von Teilchen im gesamten verfügbaren Raum ist deutlich wahrscheinlicher als das eigenständige Versammeln aller Teilchen in einem Teilvolumen.

Die Betrachtung der Wahrscheinlichkeiten erlaubt Vorhersagen über den Ablauf möglicher Vorgänge und liefert so eine statistische Interpretation des Entropiebegriffs.
Da ein im Behälter befindliches Gas mit dem Universum weder Materie noch Energie austauscht, geht bei dem Vorgang, dass eine leere Hälfte des Behälters durch Diffusion gefüllt wird, gleichzeitig das ganze Universum in einen wahrscheinlicheren Zustand über.

Wird einem Körper etwa durch Reibung oder elektrischen Strom Energie zugeführt, so wird die Bewegungsenergie einiger Teilchen erhöht. Durch Wechselwirkung mit Nachbarteilchen wird diese Energie auf immer mehr Teilchen verteilt. Die Gleichverteilung ist am wahrscheinlichsten. Diesen Vorgang der Verteilung von Energie auf die regellose Teilchenbewegung nennt man **Dissipation**.

Die sichtbare Bewegung eines Körpers in eine bestimmte Richtung bedeutet eine geordnete Bewegung aller seiner Teilchen. Es ist extrem unwahrscheinlich, dass sich diese ohne äußeren Eingriff aus der regellosen Teilchenbewegung ergibt. Die auf die einzelnen Teilchen verteilte Energie der Bewegung wird nicht als nutzbare Translationsenergie des Körpers zur Verfügung stehen, d.h., durch Dissipation wird Energie entwertet.

Zustandsänderungen eines Systems laufen von selbst stets so ab, dass der neue Zustand wahrscheinlicher als der alte ist.

Die Entropie des Universums nimmt ständig zu oder ändert sich nicht mehr.

A1 ⊖ Entwickeln Sie ein Würfelspiel, um den Gedanken aus den Abbildungen **B1**–**B3** zu simulieren.

Zustände

B1 Wasser wird gefärbt.

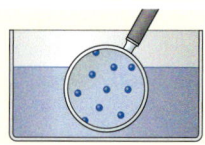

B2 Wasser wird erhitzt.

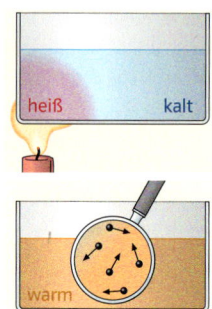

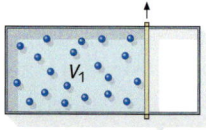

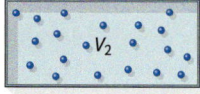

B3 Ein Gas expandiert.

Wasser erscheint blau, wenn es mit einem Tintentropfen gefärbt wird. Das ist eine Aussage über die gesamte Wassermenge, sie beschreibt einen **Makrozustand** (→**B1**). Im Teilchenmodell ist dieser Zustand darauf zurückzuführen, dass sich die Tintenteilchen der größeren Wahrscheinlichkeit folgend gleichmäßig im gesamten Wasser verteilt haben, jedes befindet sich zu einem bestimmten Zeitpunkt an einem bestimmten Ort, man sagt in einem **Mikrozustand**. Irgendwann ist die Situation erreicht, dass Änderungen einzelner Mikrozustände, d.h. Ortswechsel der Tintenteilchen, den Makrozustand nicht ändern. Dann ist das System im **thermodynamischen Gleichgewicht**. Die messbare Größe Temperatur beschreibt einen anderen Makrozustand des Wassers, die Bewegungsenergien der Wassermoleküle sind die Mikrozustände (→**B2**). Auch wenn sich die Energie einzelner Teilchen z.B. bei Zusammenstößen ändert, bleibt die Temperatur konstant.

Für den gleichen Makrozustand gibt es sehr viele gleich wahrscheinliche Mikrozustände, sodass z.B. eine Entmischung von Tinte und Wasser extrem unwahrscheinlich ist, die Verteilung von Tinte in Wasser ist ein **irreversibler Vorgang**.

Statistische Definition der Entropie

Ludwig Boltzmann (1844 – 1906) hat auf der Basis dieser Überlegungen eine statistische Definition der Entropie angegeben. Sie lautet

$$S = k \cdot \ln w$$

Dabei ist w die Wahrscheinlichkeit für einen Makrozustand. Sie ergibt sich aus der Zahl z der zu diesem Zustand gehörenden und der Zahl z_0 aller möglichen Mikrozustände, $w = z/z_0$. Eine Änderung von Zustand 1 mit $S_1 = k \cdot \ln w_1$ erfolgt in Richtung des Zustandes 2 mit $S_2 = k \cdot \ln w_2$, wenn $w_2 > w_1$ und damit $S_2 > S_1$ oder $\Delta S > 0$. Es gilt:

$$\Delta S = S_2 - S_1 = k \cdot \ln w_2 - k \cdot \ln w_1 = k \cdot \ln \left(\frac{w_2}{w_1} \right)$$

Für die Expansion eines Gases vom Volumen V_1 auf V_2 in Grafik **B3** sind Aussagen darüber möglich. Für ein Teilchen gilt $w_1/w_2 = V_1/V_2$, bei N Teilchen $w_1/w_2 = (V_1/V_2)^N$. Das liefert:

$$\Delta S = k \cdot \ln \left(\frac{w_2}{w_1} \right) = N \cdot k \cdot \ln \left(\frac{V_2}{V_1} \right)$$

Die makroskopische Definition der Entropie lautet $\Delta S = Q/T$. Bei der isothermen Expansion oder Kompression eines Gases ist Q die bei der konstanten Temperatur T ab- oder zugeführte Wärme und es gilt:

$$Q = N \cdot k \cdot T \cdot \ln \left(\frac{V_2}{V_1} \right)$$

Mit $\ln \left(\frac{V_2}{V_1} \right) = \frac{Q}{N \cdot k \cdot T}$ folgt $\Delta S = \frac{Q}{T}$

Das Ergebnis zeigt: Wie Temperatur und Bewegungsenergie der Teilchen sind auch die Wahrscheinlichkeitsbetrachtungen auf der Ebene der Mikrozustände mit der makroskopischen Sicht der Entropieänderung verknüpft.

Zustandsgrößen beschreiben den Makrozustand von Systemen mit sehr vielen Teilchen.

Bei einer irreversiblen Zustandsänderung in einem abgeschlossenen System wächst die Zahl der gleich wahrscheinlichen Mikrozustände, bei einer reversiblen bleibt sie konstant.

Methode

Berechnung der Arbeit bei isothermer Expansion

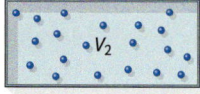

B4

Ein Kolben mit der Fläche A wird um eine Strecke Δs verschoben. Wenn Δs sehr klein ist, kann man konstanten Druck p annehmen. Durch Zufuhr der Wärme Q aus einem Energiereservoir und sehr langsames Ausführen des Prozesses erreicht man konstante Temperatur T, d.h. eine isotherme Expansion.

Bei der Verschiebung verrichtet das Gas Arbeit, diese wird daher negativ gerechnet:

$$W = -F \cdot \Delta s = -p \cdot A \cdot \Delta s = -p \cdot \Delta V$$

W kann im V-p-Diagramm als Rechtecksfläche gedeutet werden. Wenn p nicht konstant ist, ergibt sich W durch Summation schmaler

Rechtecksflächen zwischen V_1 und V_2, letztlich als Inhalt der Fläche unter dem $p(V)$-Graphen. Die Berechnung solcher Flächen ist Aufgabe der Integralrechnung. Es ist

$$W = -\int_{V_1}^{V_2} p(V) \cdot dV = -N \cdot k \cdot T \cdot \int_{V_1}^{V_2} \frac{1}{V} \, dV$$

$$= -N \cdot k \cdot T \cdot \ln \left(\frac{V_2}{V_1} \right)$$

Damit sich die Temperatur nicht ändert, muss dem Gas die Wärme Q zugeführt werden:

$$Q = -W = N \cdot k \cdot T \cdot \ln \left(\frac{V_2}{V_1} \right)$$

8.4 Erster und zweiter Hauptsatz der Thermodynamik

In den Möglichkeiten des Energiesparens sehen viele Menschen einen Beitrag zur Zukunftssicherung. In der Physik wird behauptet, dass Energie erhalten bleibt. Muss daher überhaupt Energie gespart werden?

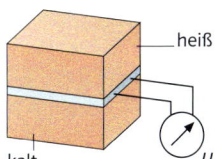

B1 Im Peltier-Element entsteht eine Spannung, wenn zwischen zwei Kontakten ein Temperaturunterschied besteht und umgekehrt.

Energiebilanzen

Wird ein Stück Kupfer auf einer Unterlage gerieben, so wird dabei Arbeit verrichtet. Die Temperatur des Kupferstückes steigt, seine **thermische Energie** nimmt zu.

Eine Änderung der thermischen Energie lässt sich auch durch Erwärmen oder Abkühlen erreichen. Erhitzt man einen Kupferquader auf einer Heizplatte und bringt ihn mit einem zweiten kalten Quader in Kontakt, so zeigen Temperaturfühler an, dass sich der heiße Quader abkühlt und der kalte erwärmt. Es geht Energie von einem auf den anderen Körper über.

Bringt man zwischen die beiden Quader ein Peltier-Element, so zeigt ein daran angeschlossenes Messgerät eine Spannung an. Sie nimmt ab, wenn die Temperaturdifferenz zwischen den Quadern geringer wird (→B1).

Die zwischen den Kupferquadern übertragene Energie bezeichnet man als **Wärme** Q. Insgesamt gilt: Die thermische Energie eines Systems kann durch Wärme und Arbeit von außen geändert werden.

Die Vorzeichen der Arbeit W oder der Wärme Q zeigen an, ob Energie zu- oder abgeführt wird (→B2):
a) W oder Q sind positiv, wenn dabei die Energie des Systems steigt ($\Delta E_{therm} > 0$).
b) W oder Q sind negativ, wenn dabei die Energie des Systems sinkt ($\Delta E_{therm} < 0$).
Mit diesen Festsetzungen lässt sich der Satz zur Energieerhaltung erweitern zum

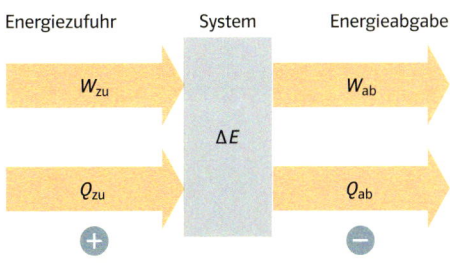

B2 Vorzeichen von Arbeit und Wärme, die die Energie eines Systems ändern.

1. Hauptsatz der Thermodynamik:
Die Änderung der thermischen Energie eines Systems ist gleich der Summe aus der am System verrichteten Arbeit W und der ihm zugeführten Wärme Q: $\Delta E_{therm} = W + Q$

Zustandsänderungen
Isotherme Zustandsänderungen:
Bleibt bei einer Gasmenge die Temperatur konstant, so ändert sich die thermische Energie dieses Systems nicht, d.h., es gilt:

$$\Delta E_{therm} = 0$$

Aus dem 1. Hauptsatz folgt damit: $Q = -W$

Das bedeutet: Wird dem System Wärme zugeführt, muss es sich ausdehnen, damit sich die Temperatur nicht erhöht.
Gibt es Wärme ab, zieht es sich zusammen. Durch die Zufuhr von Wärme wird Arbeit verrichtet. Darin besteht das grundlegende Prinzip von Wärmekraftmaschinen.
Praktisch lassen sich isotherme Prozesse nur schwer realisieren, da der Temperaturausgleich im Gas gewährleistet sein muss. Nur sehr langsam ablaufende Prozesse können die Bedingungen annähernd erfüllen.

Isochore Zustandsänderungen:
Bleibt bei einem Prozess das Volumen konstant, so gilt:

$$\Delta E_{therm} = Q.$$

Das bedeutet: Die Zufuhr von Wärme führt ausschließlich zu einer Änderung der thermischen Energie. Es wird keine Arbeit verrichtet.

Adiabatische Zustandsänderungen:
Sehr schnell ablaufende Prozesse, bei denen keine Wärmeübertragung stattfindet, heißen adiabatische Zustandsänderungen.

Der 1. Hauptsatz liefert dann $\Delta E_{therm} = W$.

Das bedeutet, dass die gesamte verrichtete Arbeit aus der Verringerung der thermischen Energie des Gases erfolgt bzw. beim umgekehrten Vorgang erhöht sich durch die adiabatische Kompression eines Gases dessen thermische Energie, ohne dass Wärme abgegeben wird.

Wärmekraftmaschinen nutzen die von einem heißen Reservoir, wie Dampf oder Verbrennungsgas, abgegebene Wärme teilweise zum Verrichten mechanischer Arbeit.

Die Theorie zeigt Grenzen auf

Bei Reibung wird durch Arbeit die thermische Energie erhöht. Bei einer Wärmekraftmaschine wird umgekehrt dieser aus einem heißen Reservoir Energie als Wärme Q_{zu} zugeführt, ein Teil als Arbeit W_{ab} abgegeben und der Rest als Wärme Q_{ab} an ein kaltes Reservoir abgegeben (→**B1**).

Für deren **Wirkungsgrad** η ergibt sich:

$$\eta = \frac{W_{ab}}{Q_{zu}} = \frac{Q_{zu} - Q_{ab}}{Q_{zu}} = 1 - \frac{Q_{ab}}{Q_{zu}}$$

Er kann auch mit den Temperaturen der Reservoire ausgedrückt werden:

$$\eta = \frac{T_2 - T_1}{T_2} = 1 - \frac{T_1}{T_2}$$

Die Wärmekraftmaschine bleibt stehen, wenn die Kühlung fehlt, und ein Peltier-Element liefert ohne Temperaturdifferenz keine Spannung. Der Idealfall mit dem Wirkungsgrad $\eta = 1$, bei dem thermische Energie aus dem heißen Reservoir vollständig in Arbeit umgesetzt wird, also $Q_{ab} = 0$ ist, ist unmöglich.

Diese Erfahrung, die zuerst von Kelvin formuliert wurde, heißt **2. Hauptsatz der Thermodynamik**: Es gibt keine kontinuierlich laufende Maschine, die thermische Energie ausschließlich in Arbeit umsetzt.

Thermodynamischer Wirkungsgrad

Wenn man eine Wärmekraftmaschine mechanisch antreibt, entsteht eine Temperaturdifferenz. Dem kalten Reservoir wird unter Aufwendung von Arbeit Energie entnommen und einem heißen Reservoir zugeführt.

Im Kühlschrank wird dieser Effekt praktisch genutzt. Bei einer solchen „Wärmepumpe" wird der Energieübertragungsprozess umgekehrt wie bei einer Wärmekraftmaschine durchlaufen.

Ein Vorgang, bei dem beides möglich ist, heißt **reversibel**.

Bei einem reversiblen Vorgang hätten Wärme und Arbeit beider Maschinen gleiche Beträge. Würde mit der Wärmekraftmaschine die Wärmepumpe für eine bestimmte Zeit betrieben, so würde dabei in der Summe keinem der Reservoire Energie entnommen oder zugeführt (→**B2**).
Arbeitet dagegen die Wärmekraftmaschine günstiger als die Wärmepumpe, so würde bei der Kopplung beider entweder Arbeit verrichtet werden, ohne die Energie der Reservoirs zu verändern, oder es würde insgesamt dem kalten Reservoir Energie entzogen und dem heißen zugeführt.

Der erste Fall ist ein Verstoß gegen den 1. Hauptsatz. Im zweiten Fall würde ständig ohne äußere Einwirkung Energie vom kalten zum heißen Reservoir übertragen. Dies ist zwar nach dem 1. Hauptsatz möglich, wurde aber bisher nie beobachtet.

Diese Erfahrung beschrieb **Rudolf Clausius** (1822–1888) so: Es gibt keinen Prozess, bei dem ausschließlich Wärme von einem kalten auf einen heißen Körper übergeht.

Diese Formulierung ist physikalisch mit dem 2. Hauptsatz der Thermodynamik gleichwertig.

Würde man bei der Kopplung beider Maschinen die Wärmepumpe durch eine effektiver arbeitende ersetzen, so könnte sie aus dem kalten Reservoir mehr Energie entnehmen und dem heißen entsprechend mehr zuführen. Der einzige Effekt nach außen wäre eine Übertragung von Energie von einem kalten auf einen heißen Körper. Das würde dem 2. Hauptsatz widersprechen. So folgt (→**B2**): Keine Maschine kann einen größeren Wirkungsgrad haben als eine mit reversiblem Prozess.

Der maximal erreichbare Wirkungsgrad $\eta = 1 - T_1/T_2$ heißt **thermodynamischer Wirkungsgrad**. Er wurde 1824 von **Sadi Carnot** (1796–1832) erstmals formuliert.

**Die thermische Energie eines Systems kann durch Wärme und Arbeit geändert werden. Es gilt stets: $\Delta E_{therm} = W + Q$
Es gibt keinen Prozess, bei dem ausschließlich Wärme von einem kalten auf einen heißen Körper übergeht.**

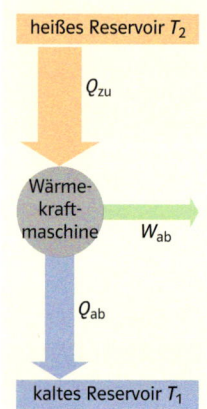

B1 Zum Wirkungsgrad einer Wärmekraftmaschine

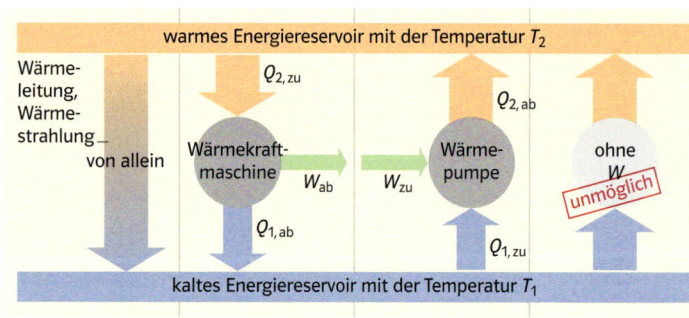

B2 Energieumsetzungen zwischen T_2 und T_1

Kühlschrank und Wärmepumpe

Bis ins 20. Jahrhundert war Kühlen ein Problem. Niedrigere Temperaturen als die Umgebung über längere Zeit zu erreichen, war nur mit Hilfe von Eis möglich. New Yorker Brauereien ließen sich früher Blöcke aus dem Eis der gefrorenen Großen Seen liefern, die man für den Sommer in Höhlen gelagert hatte. Dieser Aufwand ist nicht mehr nötig.

Verdampfen und Kondensieren   Wenn man mit nassem Körper im Freien steht, beginnt man schnell zu frieren. Das Wasser auf der Haut ändert seinen Aggregatzustand, es wird gasförmig. Die dazu notwendige Energie wird der Umgebung, vor allem der Haut entzogen. Dies lässt sich anhand eines Thermometers zeigen, das man mit einem feuchten Tuch umwickelt. Beim Anblasen des Tuches sinkt die angezeigte Temperatur, da dem Thermometer Energie entzogen wurde. Umgekehrt kondensiert warmer Wasserdampf beim Duschen an kalten Gegenständen wie der Duschabtrennung oder den Armaturen. Das Wasser gibt dabei Energie an den Gegenstand ab.

Bei der Wärmepumpe und dem Kühlschrank werden die Vorgänge des Verdampfens und Kondensierens technisch genutzt.

Die Arbeitsweise von Kühlschrank und Wärmepumpe   Im Inneren eines **Kühlschrankes** befindet sich ein Rohrsystem, der Verdampfer, in dem eine Flüssigkeit, das Kühlmittel, verdampft (→**B3a**). Das Kühlmittel hat

bei normalem Luftdruck von 1013 hPa eine niedrige Siedetemperatur. Wird der Druck verringert, sinkt die Siedetemperatur auf noch kleinere Werte (→**B2**). Die Folgen zeigt ein Versuch: In einen Glaskolben wird Ether mit einer Siedetemperatur von ca. 34 °C (bei Normaldruck) gefüllt und mit einer Schicht Wasser bedeckt. Schließt man den Kolben an eine Pumpe an und verringert den Druck im Kolben (→**B1**), siedet der Ether bei Zimmertemperatur. Auf dem Ether entsteht eine Eisschicht, denn durch das Verdampfen entzieht der Ether der Umgebung Energie, wodurch das Wasser gefriert.

Aus demselben Grund sinkt durch Verdampfen des Kühlmittels die Temperatur im Inneren des Kühlschrankes. Das nun gasförmige Kühlmittel wird von einer Pumpe, dem Kompressor, angesaugt und verdichtet. Dadurch wird dem Gas die Energie W zugeführt. Das im Verflüssiger komprimierte Gas hat nun einen so hohen Druck, dass seine Siedetemperatur über die Raumtemperatur steigt. Deshalb verflüssigt es sich dort und gibt seine Kondensationsenergie an die Umgebung ab. Hinter dem Druckminderer fällt der Druck so stark ab, dass die Siedetemperatur wieder absinkt und das Kühlmittel aufs Neue verdampft.

Die Energie, die über den Verflüssiger in die Umgebung abgegeben wird, ist gleich der Summe aus Kompressionsarbeit W und der vom Kühlraum abgegebenen Wärme Q.

Dieses Verfahren nutzen auch **Wärmepumpen** (→**B3b**). Sie entziehen einer kühleren Umgebung Energie und führen sie mit Hilfe einer Flüssigkeit einer wärmeren Umgebung zu. Die Umgebungstemperatur des Verflüssigers muss niedriger sein als die des komprimierten Kühlmittels, weil sonst keine Energie abgegeben werden kann. Die Nutzenergie ist größer als die zum Betrieb des Kompressors aufgewendete Energie. Wärmepumpen werden oft durch folgenden Quotienten charakterisiert:

$$\frac{\text{nutzbringende thermische Energie}}{\text{aufgewendete Arbeit}} > 1$$

A1 ⊝ Markieren Sie in Abbildung **B3** die „von selbst" ablaufenden Prozesse.

A2 ⊝ Informieren Sie sich über die Funktion eines Brennwertkessels und stellen Sie sie in einem Diagramm dar.

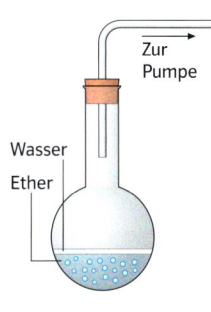

B1

Die Siedetemperatur eines Stoffes hängt stark vom Druck ab, z. B.:

p in hPa	ϑ_{Sieden} in °C	
	Frigen	Butan
1,33	−84	−102
13,3	−59	−78
53,2	−39	−59
133	−23	−44
532	+7	−16
1013	+24	−1
2026	+44	+19
5066	+77	+50

B2

a) Druckminderer
Verflüssiger
ΔE_{therm} $W + Q$
Verdampfer
W
Kompressor

b) Druckminderer
Verflüssiger
ΔE_{therm} $W + Q$
Verdampfer
W
Kompressor

B3 Funktionsweise von Kühlschrank (a) und Wärmepumpe (b)

Die industrielle Revolution begann mit der Erfindung der Dampfmaschine. Mit ihrer Hilfe wird die durch Verbrennung freigesetzte Energie in mechanische Energie umgesetzt. Dadurch ließ sich die körperliche Arbeit von Menschen erleichtern oder ersetzen.

Von der Physik zur Technik

Aus den Gasgesetzen folgt, dass mittels einer Gasmenge thermische Energie in mechanische überführt werden kann (→B1).
Die durch die Expansion des Gases bewirkte Kolbenbewegung hört auf, wenn der Zylinder zu Ende ist oder wenn bei der Expansion des Gases der Druck p_i im Inneren unter den äußeren p_a gesunken ist. Nur wenn der Ausgangszustand wieder hergestellt wird, kann erneut thermische Energie genutzt werden. Solche sogenannten Wärmekraftmaschinen müssen also einen **Kreisprozess** durchlaufen.

B2 zeigt das Prinzip für einen solchen Kreisprozess:
Heizen Die Gasmenge M wird mit einem Bereich hoher Temperatur in Kontakt gebracht. Der Druck steigt, das Gas dehnt sich aus.
Kühlen Das Gas wird mit einem Bereich niedriger Temperatur in Kontakt gebracht, der Druck sinkt, das Gasvolumen wird kleiner.

Dieser Prozess ist nur so lange möglich, wie zwischen den beiden Bereichen ein Temperaturunterschied besteht. Bei dem Prozess wird auch thermische Energie vom heißen in den kalten Bereich überführt.
Dieser Teil kann nicht in eine andere Energieform überführt werden.

Ein Heißluftmotor

An einem Modell wird der Kreislauf technisch realisiert (→B3). Ein Reagenzglas ist drehbar gelagert. Im Glas befinden sich einige Murmeln. Das Glas ist luftdicht verschlossen und über

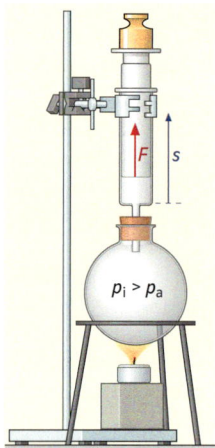

B1 Thermische Energie wird in mechanische überführt.

einen Schlauch mit einem Zylinder verbunden. Ein Kolben kann sich darin auf und ab bewegen und das Reagenzglas kippen:
1. Heizen (→**B4**): Die linke Seite des Reagenzglases und damit die darin befindliche Luft wird im heißen Bereich erhitzt.
2. Expansion: Die Luft im Reagenzglas dehnt sich aus, strömt durch den Schlauch in den Zylinder und drückt den Kolben nach oben. Das Reagenzglas kippt, die Murmeln rollen nach links und verdrängen Luft im Reagenzglas aus dem heißen linken Bereich in den kalten rechten Bereich.

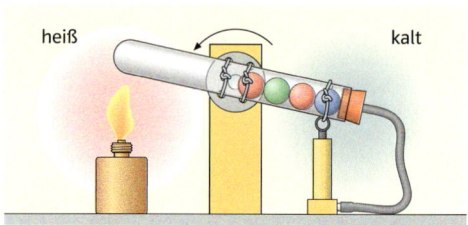

B4 Heizen: Temperaturerhöhung und Expansion

3. Kühlen (→**B5**): Die Luft im rechten Teil des Reagenzglases gibt Wärme an die kalte Umgebung ab. Ihre Temperatur sinkt.
4. Komprimierung: Die Luft zieht sich zusammen, aus dem Zylinder strömt Luft durch den Schlauch ins Reagenzglas und der Kolben bewegt sich nach unten. Das Reagenzglas kippt zurück, die Murmeln rollen nach rechts und verdrängen Luft im Reagenzglas wieder nach links. Der Vorgang wiederholt sich.

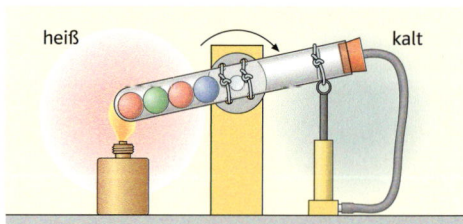

B5 Kühlen: Temperaturerniedrigung und Komprimierung

Wärmekraftmaschinen zur Nutzung thermischer Energie durchlaufen einen Kreisprozess.
Thermische Energie kann nur genutzt werden, wenn ein Temperaturunterschied besteht.
Thermische Energie kann nicht vollständig in andere Energieformen überführt werden.

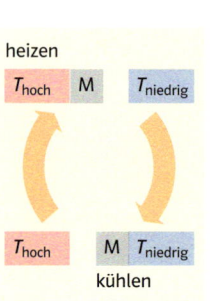

B2 Wechsel zwischen heiß und kalt

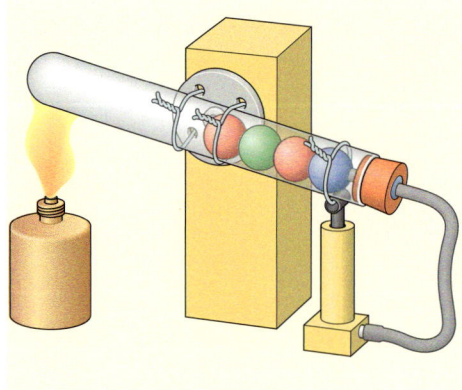

B3 Einfache Wärmekraftmaschine

Arbeitsdiagramm und Wirkungsgrad

Es gibt nichts umsonst In einer Wärmekraftmaschine, z. B. einem Heißluftmotor, wird thermische Energie in mechanische, z. B. die Bewegungsenergie eines Autos, überführt. Grundsätzlich funktioniert eine solche Maschine zwischen zwei Bereichen mit unterschiedlicher Temperatur. Ein **Energietransportdiagramm** (→**B1**) zeigt das Prinzip. Die Energie Q_{zu} wird dem Motor zugeführt. Ein Teil davon steht als W_{ab} zur Verfügung, ein Teil Q_{ab} muss aber an den Bereich mit niedriger Temperatur überführt werden. Wegen des Prinzips von der Erhaltung der Energie gilt:

$$Q_{zu} = W_{ab} + Q_{ab}$$

W_{ab} ist also grundsätzlich kleiner als Q_{zu}. Der Quotient aus Nutzenergie W_{ab} und zugeführter Energie Q_{zu} gibt den Anteil der genutzten Energie an und heißt Wirkungsgrad η:

$$\eta_{gesamt} = \frac{W_{ab}}{Q_{zu}}$$

Die Theorie zeigt Grenzen auf Im Jahre 1816 meldete der britische Pastor und Ingenieur **Robert Stirling** (1790 – 1878) eine „Heißluftmaschine" zum Patent an. Der Kreisprozess zu diesem Stirling-Motor kann in einem **V-p-Diagramm** dargestellt werden (→**B2**). Folgende Schritte laufen ab:

1. Energie Q_1 wird zugeführt:
$V = V_1$ konstant, T steigt von T_1 auf T_2.
Das Gas verrichtet keine Arbeit.

2. Energie Q_2 wird zugeführt:
$T = T_2$ konstant. V steigt von V_1 auf V_2.
Das Gas verrichtet Arbeit: $|W_2| = Q_2$

3. Energie Q_3 wird abgegeben:
$V = V_2$ konstant, T fällt von T_2 auf T_1.
Das Gas verrichtet keine Arbeit.

4. Energie Q_4 wird abgegeben:
$T = T_1$ konstant, V fällt von V_2 auf V_1.
Am Gas wird Arbeit verrichtet: $|W_4| = Q_4$

Der Wirkungsgrad ergibt sich aus einer Energiebilanz: Die nur der Temperaturänderung dienenden Anteile Q_1 und Q_3 sind gleich, weil für beide die Temperaturdifferenzen gleich sind. Sie heben sich in der Gesamtbilanz auf. Es bleibt $Q_{zu} = Q_2$, $Q_{ab} = Q_4$ und $W_{ab} = Q_{zu} - Q_{ab} = Q_2 - Q_4$.
Damit ist $\eta = \frac{Q_2 - Q_4}{Q_2}$

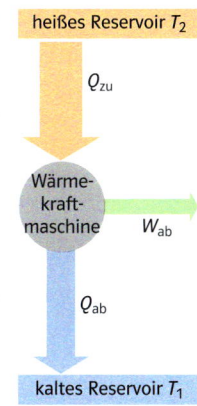

heißes Reservoir T_2

Q_{zu}

Wärme-kraft-maschine

W_{ab}

Q_{ab}

kaltes Reservoir T_1

B1

B2 Kreisprozess

Q_2 und Q_4 dienen zur Verrichtung von Arbeit. W_2 und W_4 können im V-p-Diagramm als Fläche dargestellt werden. Die im Diagramm von den Kurven eingeschlossene Fläche stellt die Nutzenergie dar.
Anschaulich ist klar: Je weiter die blaue und die rote Kurve im Diagramm auseinander liegen, desto größer ist die eingeschlossene Fläche (→**B2**). Die Bedeutung der Temperaturdifferenz wird erkennbar. **Sadi Carnot** hat 1824 durch theoretische Betrachtungen den maximalen Wirkungsgrad für alle Wärmekraftmaschinen gefunden:

$$\eta_{max} = \frac{T_2 - T_1}{T_2}$$

Mathematik Für den Stirlingprozess gilt:
1. Für die Schritte 2 und 4 gilt das Gesetz von Boyle und Mariotte.
2. Die Flächen lassen sich durch Rechtecke abschätzen, indem man den sich während Schritt 2 ändernden Druck durch einen konstanten mittleren Druck $p_{2,mittel}$ ersetzt und entsprechend den sich während Schritt 4 ändernden Druck durch $p_{1,mittel}$:

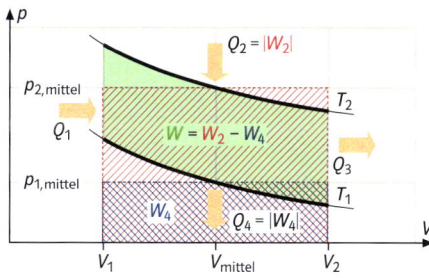

B3

Die Rechnung mit diesen Voraussetzungen liefert folgendes Ergebnis:

$$W_4 = p_{1,mittel} \cdot (V_2 - V_1); \quad W_2 = p_{2,mittel} \cdot (V_2 - V_1)$$

$$p_{1,mittel} = C \cdot \frac{T_1}{V_{mittel}}; \quad p_{2,mittel} = C \cdot \frac{T_2}{V_{mittel}}$$

$$W_4 = \frac{C \cdot T_1}{V_{mittel}} \cdot (V_2 - V_1); \quad W_2 = \frac{C \cdot T_2}{V_{mittel}} \cdot (V_2 - V_1)$$

$$W_{ab} = W_2 - W_4 = \frac{C \cdot (V_2 - V_1)}{V_{mittel}} \cdot (T_2 - T_1)$$

$$\eta = \frac{W_{ab}}{W_2} = \frac{\frac{C \cdot (V_2 - V_1)}{V_{mittel}} \cdot (T_2 - T_1)}{\frac{C \cdot (V_2 - V_1)}{V_{mittel}} \cdot T_2} = \frac{T_2 - T_1}{T_2}$$

Gasgesetze und Kreisprozesse

Beispiel ⊝ Versuchsauswertung zur Bestimmung der Gasgesetze: Mittels eines Kolbenprobers, welcher erwärmt werden kann und mit einem Manometer und einem Temperaturfühler verbunden ist, wird der Zusammenhang zwischen Druck p und Temperatur T untersucht, wobei das Volumen der eingeschlossenen Gasmenge konstant bleibt. Es ergeben sich die in Tabelle aufgeführten Messwerte.

ϑ in °C	23,0	24,0	25,0	26,0	27,0	28,0
p in hPa	998,6	1001,7	1005,5	1008,7	1012,0	1015,3

a) Stellen Sie die Messergebnisse in einem T-p-Diagramm dar.
b) Führen Sie am PC oder mit Hilfe eines grafikfähigen Taschenrechners eine lineare Regression durch und geben Sie die Gleichung der Regressionsgeraden an. Ergänzen Sie diese im Diagramm.
c) Interpretieren Sie den y-Achsenabschnitt der ermittelten Regressionsgerade.
d) Ermitteln Sie anhand der Daten den Nullpunkt der absoluten Temperaturskala. Vergleichen Sie den ermittelten Wert mit dem Literaturwert und begründen Sie mögliche Abweichungen.

Lösung a) Siehe Diagramm

b) $p(T) = 3{,}36\,\frac{\text{hPa}}{\text{°C}} \cdot \vartheta + 921{,}29\,\text{hPa}$

c) Der y-Achsenabschnitt gibt den zu erwartenden Druck der im Kolbenprober enthaltenen Gasmenge bei einer Temperatur von 0 °C an.
d) Der Nullpunkt der absoluten Temperaturskala ϑ_0 lässt sich wie folgt berechnen:

$$0 = 3{,}36\,\frac{\text{hPa}}{\text{°C}} \cdot \vartheta_0 + 921{,}29\,\text{hPa} \quad |-921{,}29\,\text{hPa}$$

$$-921{,}29\,\text{hPa} = 3{,}361\,\frac{\text{hPa}}{\text{°C}} \cdot \vartheta_0 \quad |:3{,}36\,\frac{\text{hPa}}{\text{°C}}$$

$$-274{,}2\,\text{°C} = \vartheta_0$$

Der Literaturwert ist −273,15 °C. Grund für die Abweichung können Ungenauigkeiten beim Bestimmen von Temperatur und Druck sein.

Versuchsdaten:

Volumen des Glaskolbens:
$V = 1{,}0\,l$

Durchmesser des U-Rohrs:
$d = 5{,}4\,\text{mm}$

Anfangstemperatur:
$\vartheta = 20\,\text{°C}$ bzw. $T = 293\,\text{K}$

Höhenunterschied:
$h_V = 8{,}8\,\text{cm}$

Volumenausdehnungskoeffizient von Luft bei 20 °C:
$\gamma_{\text{Luft}} = 3{,}4\,\frac{\text{cm}^3}{\text{dm}^3 \cdot \text{°C}}$

A1 ● Der Versuchsaufbau in Abbildung **B1** zeigt das Prinzip eines Gasthermometers. Im Kolben befindet sich Luft. Zu Beginn des Versuchs werden die Flüssigkeitssäulen im U-förmigen Schlauch durch Druckausgleich auf gleiches Niveau gebracht. Der Flüssigkeitsstand wird auf dem Schlauch markiert. Mit Hilfe eines Gasbrenners wird nun das Wasser erwärmt. Man beobachtet, dass sich der Flüssigkeitsstand in den Schenkeln des U-Rohrs verändert. Nun werden die Wassersäulen wieder auf gleiche Höhe gebracht, indem man den rechten Schenkel nach unten verschiebt. Der Flüssigkeitsstand wird erneut markiert. Der Höhenunterschied h_V zwischen alter und neuer Markierung wird abgelesen.
a) Erläutern Sie die Funktionsweise des Gasthermometers.
b) Berechnen Sie aus den Versuchsdaten, um wie viel Grad sich die Temperatur im Gaskolben erwärmt hat.
c) Bestimmen Sie aus den Versuchsdaten die Höhendifferenz, welche sich ergeben würde,

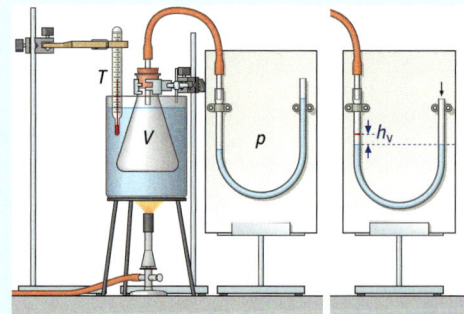

B1 Gasthermometer: Aufbau (links), Druckausgleich (rechts)

wenn das Glasgefäß mit den Händen auf eine Temperatur von 21 °C erwärmt wird.
d) Untersuchen Sie, ob das Anbringen einer linearen Skala am Schlauch zur schnelleren Bestimmung der Temperaturänderung sinnvoll ist.
e) Beurteilen Sie dieses Verfahren zur Temperaturmessung und erläutern Sie mögliche Fehler.

A2 ○ Die Abbildung zeigt das Prinzip einer „Kraft-Wärme-Kopplung". Erläutern Sie es anhand eines geeigneten Energietransport-diagramms. Beurteilen Sie die Maßnahme bez. der Steigerung des Wirkungsgrades von entsprechenden Kraftwerken.

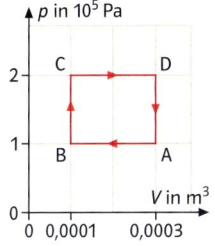

B1 Zu Aufgabe 6

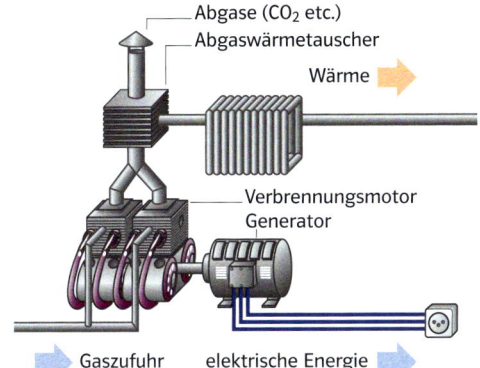

A3 ⊖ Grafik **B2** zeigt thermodynamische Maschinen zwischen Energiereservoirs. Alle arbeiten mit maximal möglichem Wirkungs-grad. Berechnen Sie die auf den beiden Wegen aus 1000 kJ thermischer Energie gewonnene Arbeit. Dabei setzt M_3 nur soviel thermische Energie aus dem mittleren Reservoir um, wie ihm durch M_2 zugeführt wird. Diskutieren Sie Ihr Ergebnis unter dem Gesichtspunkt Energie-entwertung.

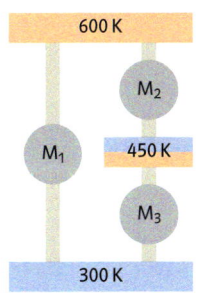

B2 Zu Aufgabe 3

A4 ⊖ Das V-p-Diagramm gibt die Zustände für 1 mol eines idealen Gases bei verschie-denen, konstanten Temperaturen wieder.
a) Bestimmen Sie aus mindestens vier Punkten die Gaskonstante R.

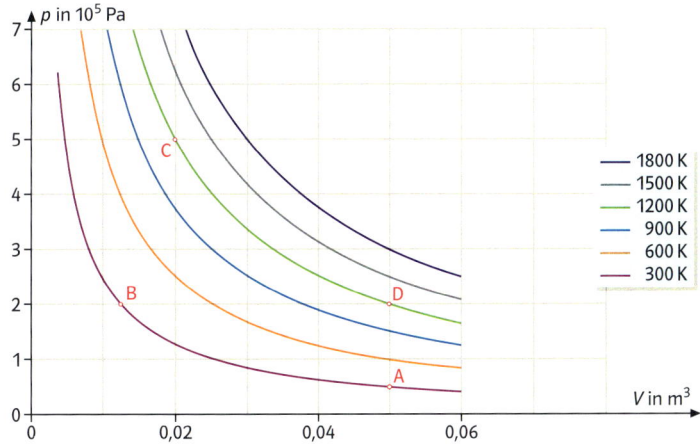

b) Nennen Sie die Gasgesetze, die bei den Zustandsänderungen $C \to D$, $D \to A$ bzw. $A \to B$, $D \to B$ gelten.
c) Schätzen Sie die Arbeit ab, die das Gas beim Übergang $C \to D$ verrichtet.

A5 ⊖ Das Diagramm zeigt einen Kreis-prozess.

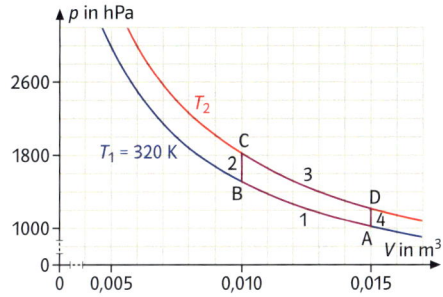

a) Definieren Sie den Begriff Kreisprozess.
b) Berechnen Sie die fehlenden Größen im dargestellten Prozess.
c) Bestimmen Sie, wie sich die Temperatur des kälteren Reservoirs ändern muss, damit sich der Wirkungsgrad des Kreisprozesses verdop-pelt.

A6 ⊖ Ein ideales Gas durchläuft den in **B1** angegebenen Kreisprozess: $A \to B \to C \to D$.
a) Erläutern Sie die einzelnen Phasen des Kreisprozesses.
b) Vervollständigen Sie die nachfolgende Tabelle (Vorzeichen bedenken!) und bestim-men Sie den Wirkungsgrad.

	Zunahme der ther-mischen Energie des Gases in J	dem Gas zugeführte Wärme in J	vom Gas verrichtete Arbeit in J
$A \to B$	– 50	...	...
$B \to C$	25	...	...
$C \to D$	...	140	...
$D \to A$	...	...	...

c) Reflektieren Sie mögliche Idealisierungen.

Zusammenfassung

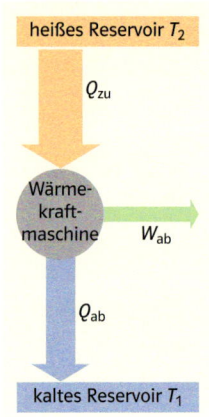

heißes Reservoir T_2

Q_{zu}

Wärme-kraft-maschine W_{ab}

Q_{ab}

kaltes Reservoir T_1

B1

Zustandsgrößen   Der Zustand einer Gasmenge kann durch die makroskopisch messbaren Größen Druck p, Temperatur T und Volumen V beschrieben werden.

Zustandsänderungen   Hält man jeweils eine der drei Zustandsgrößen konstant, so gelten folgende Beziehungen zwischen den beiden anderen Größen (→**B2**):

1. Isobare Zustandsänderung (p = konstant):

V = Konstante $\cdot$ T (Gesetz von Gay-Lussac)

2. Isochore Zustandsänderung (V = konstant):

p = Konstante $\cdot$ T (Gesetz von Amontons)

3. Isotherme Zustandsänderung (T = konstant):

$p \cdot V$ = konstant   (Gesetz von Boyle und Mariotte)

Die universelle Gasgleichung erfasst für ein ideales Gas den Zusammenhang aller drei Zustandsgrößen:

$$p \cdot V = n \cdot R \cdot T = n \cdot N_A \cdot k \cdot T$$

(n: Stoffmenge in mol, R = 8,31 J/(mol $\cdot$ K), N_A = 6,022 $\cdot$ 10^{23} 1/mol: Avogadro'sche Konstante, k = 1,38 $\cdot$ 10^{-23} J/K: Boltzmann-Konstante)

Hauptsätze der Thermodynamik
1. Die thermische Energie eines Systems kann durch Wärme und Arbeit geändert werden. Es gilt stets: $\Delta E_{therm} = W + Q$

2. Es gibt keine kontinuierlich laufende Maschine, die thermische Energie ausschließlich in Arbeit umsetzt (→**B1**).

Kreisprozess   Wärmekraftmaschinen sind Maschinen, die die Zufuhr von Wärme teilweise zum Verrichten von Arbeit nutzen. Ihre Funktionsweise wird durch einen thermodynamischen Kreisprozess beschrieben.

Ein thermodynamischer Kreisprozess ist eine periodische Folge von Zustandsänderungen bei dem der Anfangszustand, beschrieben durch die Zustandsgrößen Druck, Volumen und Temperatur, immer wieder erreicht wird (→**B3**).

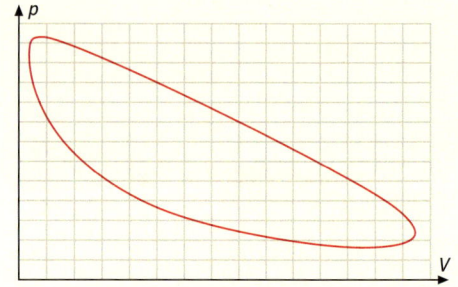

B3 Beispiel für einen Kreisprozess

Der maximal mögliche Wirkungsgrad einer Wärmekraftmaschine beträgt

$$\eta = \frac{W_{ab}}{Q_{zu}} = 1 - \frac{T_1}{T_2}$$

(Thermodynamischer Wirkungsgrad)

Entropie   Es sind Vorgänge denkbar, die dem Energieerhaltungssatz nicht widersprechen, aber in der Natur noch nie beobachtet wurden. Denn es gilt: Von selbst laufen nur Vorgänge ab, bei denen die Gesamtentropie S des Systems zunimmt.

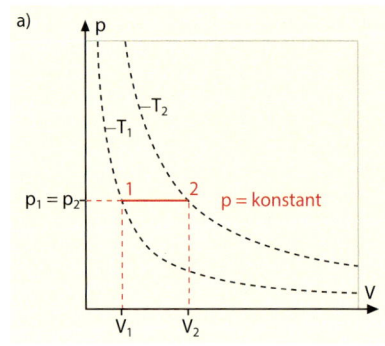

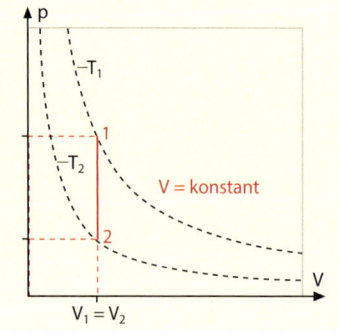

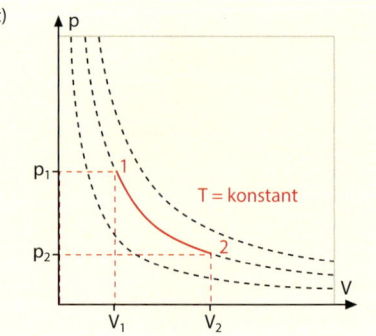

B2 Isobare Zustandsänderung (a); isochore Zustandsänderung (b); isotherme Zustandsänderung (c)

Übungsaufgaben

Die Lösungen finden sich online unter dem unten angegebenen Code.

Bewegungen, Erhaltungsgrößen, Gravitation

A1 ● Eine Straßenbahn der Länge $l_1 = 26\,\text{m}$ fährt mit $v_1 = 18\,\text{km/h}$, eine zweite Bahn der Länge $l_2 = 39\,\text{m}$ hat die Geschwindigkeit $v_2 = 36\,\text{km/h}$.

a) Die beiden Bahnen passieren einander in entgegengesetzter Richtung. Berechnen Sie, wie lange es dauert, bis die Bahnen vollständig aneinander vorbeigefahren sind.

b) Berechnen Sie, wie lange einem Fahrgast in Bahn 1 bzw. in Bahn 2 die Sicht durch die jeweils andere Bahn versperrt wird.

c) Die beiden Straßenbahnen fahren nun auf parallelen Gleisen in gleicher Richtung. Zum Zeitpunkt $t = 0\,\text{s}$ hat die schnellere Bahn 2 das Ende der langsameren Bahn 1 erreicht. Berechnen Sie die Fahrstrecken s_1 bzw. s_2, nach denen sich die Spitzen der beiden Bahnen auf gleicher Höhe befinden.

d) Lösen Sie Teil **c)** grafisch und interpretieren Sie das Diagramm (als Bezugspunkte der für die zurückgelegten Strecken werden die Spitzen der Bahnen angenommen).

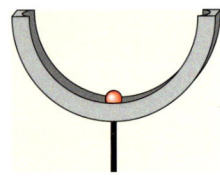

B1 Zu Aufgabe 5

A2 ● Ein Stein fällt aus der Ruhe in einen 100 m tiefen Brunnen.

a) Berechnen Sie, nach welcher Zeit er am Boden ankommt und welche Geschwindigkeit er unmittelbar vor dem Aufschlag hat.

b) Geben Sie an, nach welcher Zeit man den Stein auf dem Boden auftreffen hört (Schallgeschwindigkeit $c = 330\,\text{m/s}$).

c) Berechnen Sie die Geschwindigkeit mit der der Stein auf dem Boden auftrifft, wenn man ihn mit 15 m/s nach unten abwirft.

A3 ● Auf einer schiefen Ebene mit einem Neigungswinkel von 30° befindet sich ein Körper der Masse $m_2 = 5\,\text{kg}$. Durch einen Faden, der über eine Rolle geführt wird, ist er mit einem zweiten Körper der Masse $m_1 = 3\,\text{kg}$ verbunden. Zunächst befinden sich beide Körper in Ruhe.

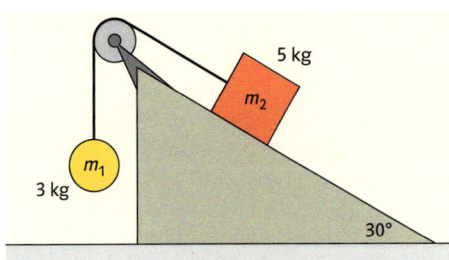

a) Zeichnen Sie für jeden Körper die wirkenden Kräfte in ein Kräfteparallelogramm.

b) Geben Sie an, in welche Richtung sich die beiden Körper bewegen, wenn man von Reibungskräften absieht.

c) Beschreiben Sie, wie sich die Bewegung der beiden Körper verändert, wenn man Reibungskräfte mit einbezieht. Die Haftreibungszahl sei 0,1.

A4 ○ Ein Elektron ($m_e = 9 \cdot 10^{-31}\,\text{kg}$) wird $5 \cdot 10^{-9}\,\text{s}$ lang durch die konstante Kraft $F = 1,6 \cdot 10^{-15}\,\text{N}$ beschleunigt.

a) Bestimmen Sie die erreichte Geschwindigkeit und den zurückgelegten Weg.

b) Das Elektron wird nach Erreichen der Geschwindigkeit auf eine Kreisbahn mit dem Radius $r = 4,8\,\text{cm}$ gezwungen. Berechnen Sie die erforderliche Zentripetalkraft.

A5 ● Bei einer Kugelschwebe handelt es sich um eine halbkreisförmige Rinne mit einem Radius von 15 cm. In ihr befindet sich eine Holz- oder Metallkugel (→**B1**).

Dreht man die Rinne langsam um ihre eigene Achse, so bleibt die Kugel am tiefsten Punkt liegen. Versetzt man sie dagegen in schnelle Rotation, so steigt die Kugel in der Rinne empor und bleibt an der Wand in einer Höhe liegen.

a) Geben Sie an, welche Kräfte auf die Kugel wirken.

b) Erklären Sie, warum die Kugel bei schneller Rotation auf einer Höhe h liegen bleibt.

c) Geben Sie an, von welchen Größen die Steighöhe abhängt. Leiten Sie eine Beziehung her.

A6 ● Auch Satelliten bewegen sich auf elliptischen Bahnen um die Erde, wobei die Erde in einem Brennpunkt der Ellipse steht.

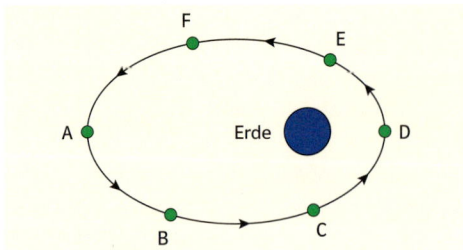

a) Zeichnen Sie für die verschiedenen Bahnpositionen die Gravitationskraft ein.

b) Geben Sie an, welche Kraftkomponente für die Änderung des Betrages und welche für die Änderung der Richtung der Geschwindigkeit des Satelliten verantwortlich ist. Auf welcher Strecke wird der Satellit schneller, auf welcher langsamer?

A7 ◐ Eine Radfahrerin fährt auf ebener Strecke mit der Geschwindigkeit $v_0 = 25\,\text{km/h}$. Als die Straße ein Gefälle bekommt, lässt sie ihr Rad rollen und erhöht so ihre Geschwindigkeit. Nachdem sie einen Höhenunterschied von 5 m durchfahren hat, kann sie gerade noch einem parkenden Auto ausweichen.
a) Mit welcher Geschwindigkeit wäre die Radfahrerin auf das Auto aufgefahren?
b) Berechnen Sie, aus welcher Höhe h ein frei fallender Körper mit derselben Geschwindigkeit auftreffen würde.
c) Beurteilen Sie die beschriebene Situation für einen Radfahrer, der eine um 10 kg größere Masse besitzt als die Radfahrerin.

A8 ○ Die Abbildung zeigt die Achterbahnfahrt eines Waggons der Masse $m = 400\,\text{kg}$. Im Punkt A startet die Fahrt, dort hat der Waggon die Geschwindigkeit $v = 0$. Im Punkt C endet die Fahrt.

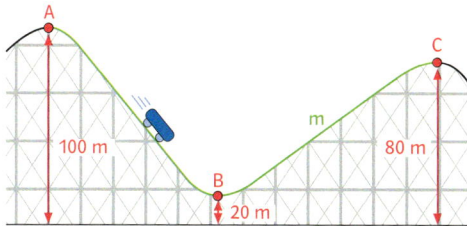

a) Nennen Sie die bei dieser Fahrt auftretenden mechanischen Energieformen. Beschreiben Sie die Umsetzung der Energieformen ineinander, wenn man annimmt, dass der Waggon reibungsfrei fährt.
b) Berechnen Sie die Geschwindigkeit des Waggons in den Punkten B und C

A9 ◐ Ein Güterwaggon ($m = 30\,\text{t}$) rollt einen Ablaufberg hinab und kuppelt unten an einen zweiten Waggon mit gleicher Masse an. Beide rollen gemeinsam weiter.

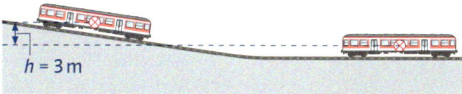

a) Bestimmen Sie die Geschwindigkeiten unmittelbar vor und nach dem Ankuppeln.
b) Vergleichen Sie die jeweiligen Bewegungsenergien (Reibung soll vernachlässigt werden) und diskutieren Sie das Ergebnis.
c) Diskutieren Sie den Fall, dass zwei Waggons

der Massen $m_1 = 30\,\text{t}$ und $m_2 = 20\,\text{t}$ nach einer automatischen Kopplung die Geschwindigkeit null haben. Welche Aussage kann man über ihre Geschwindigkeiten vor der Kopplung treffen?

A10 ● Ein Geschoss mit der Masse m_1 wird auf einen Pendelkörper der Masse m_2 geschossen und bleibt darin stecken. Das Pendel wird ausgelenkt und der Körper um die Höhe h angehoben.

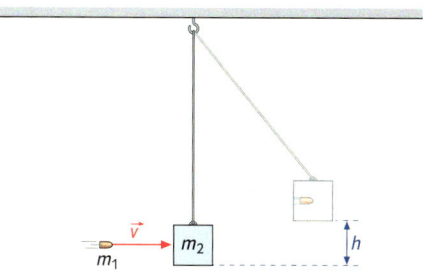

a) Leiten Sie eine Gleichung zur Berechnung der Geschossgeschwindigkeit her.
b) Beschreiben Sie, wie man mit einer solchen Anordnung die Geschwindigkeit eines Geschosses experimentell bestimmen kann.

A11 ◐ Die Gewichtskraft eines Körpers in Erdnähe kann als die Kraft angesehen werden, mit der dieser Körper von der Erde angezogen wird.
a) Erstellen Sie ein Diagramm, das die Abhängigkeit der Gewichtskraft eines Körpers mit der Masse $m = 1\,\text{kg}$ von der Höhe h über der Erdoberfläche darstellt. Hinweis: Der Erdradius beträgt $r_E = 6371\,\text{km}$, die Masse der Erde $m_E = 5,97 \cdot 10^{24}\,\text{kg}$.
b) Die Fallbeschleunigung g ist abhängig vom Abstand zur Erdoberfläche. Geben Sie an, ob die Veränderung der Gewichtskraft eines Menschen beim Besteigen eines 4 000 m hohen Berges eine Rolle spielt. Begründen Sie Ihre Aussage.
c) Bestimmen Sie die Arbeit, die erforderlich ist, um einen Satelliten mit einer Masse von 2,5 t von der Erdoberfläche aus in eine Höhe von 1000 km zu bringen (Erdradius $r_E = 6371\,\text{km}$, Masse der Erde $m_E = 5,97 \cdot 10^{24}\,\text{kg}$). Finden Sie ein geeignetes Verfahren zur Bestimmung dieser Arbeit.

Mechanische Schwingungen

A12 ○ Lenkt man einen Körper, der an einem Faden aufgehängt ist, um einen bestimmten Winkel aus, so erhält man ein Fadenpendel.

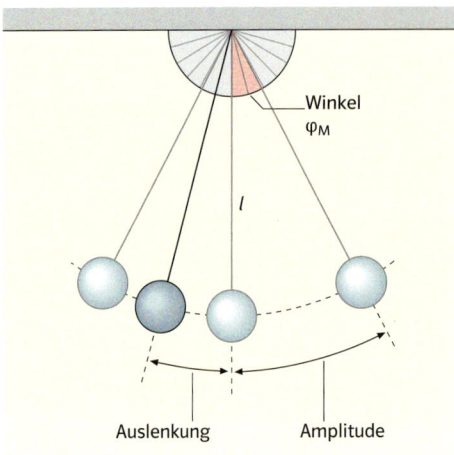

a) An einem Fadenpendel können wir die Auslenkung, die Länge des Fadens und das Gewicht des Körpers verändern. Geben Sie an, welche dieser Größen zu einer Veränderung der Periodendauer führt.
b) Zeigen Sie, warum ein Fadenpendel nur bei kleinen Auslenkungen harmonisch schwingt.
c) Geben Sie an, wie man bei kleinen Auslenkungen die Periodendauer des Fadenpendels berechnet. Diese Formel kann man zur Bestimmung einer weiteren Größe verwenden. Nennen Sie diese Größe.

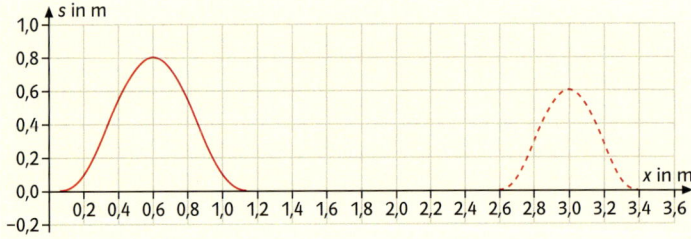

B1 Wellen 1 und 2 zum Zeitpunkt $t_1 = 0,3\,\text{s}$

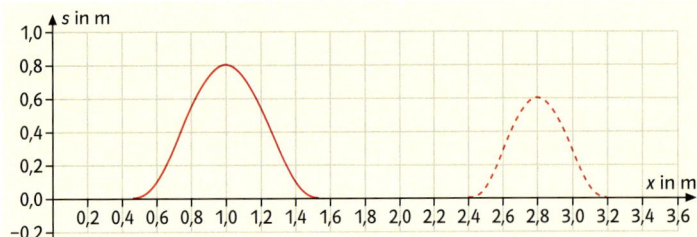

B2 Wellen 1 und 2 zum Zeitpunkt $t_2 = 0,5\,\text{s}$

A13 ⊖ Ein zylinderförmiger Körper der Dichte ϱ_K, der Höhe h und der Querschnittsfläche A ist unten beschwert und schwimmt dadurch stabil in einer Flüssigkeit mit der Dichte ϱ_{Fl}.

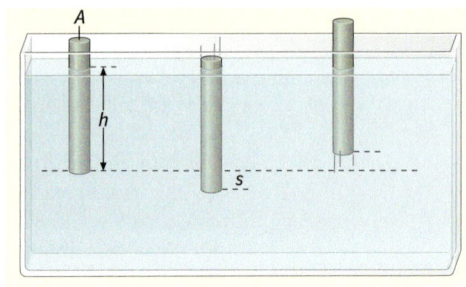

a) Der Körper wird um die Strecke s weiter ins Wasser gedrückt. Bestimmen Sie die rücktreibende Kraft, die auf den Körper wirkt.
b) Weisen Sie nach, dass der Körper nach dem Loslassen eine harmonische Schwingung ausführt, wenn man alle Reibungs- und Dämpfungseffekte vernachlässigt.

Wellen

A14 ⊖ Das Bild zeigt die Überlagerung zweier Kreiswellen gleicher Frequenz.

a) Erklären Sie, was man beobachten kann.
b) Erläutern Sie einen Versuch aus der Akustik, der diese Beobachtungen auch zeigt.

A15 ⊖ In einem Versuch überlagern sich zwei gegenläufige Wellen.
a) Erklären Sie, was man unter destruktiver und konstruktiver Interferenz versteht.
b) Bestimmen sie die Ausbreitungsgeschwindigkeiten der beiden gegenläufigen Wellen in **B1** und **B2**. Geben Sie außerdem die maximale Elongation der Wellen an.
c) Zeichnen Sie das Wellenbild der ersten Welle, der zweiten Welle und das aus der Interferenz resultierende Wellenbild nach 1,1 s.
d) Beschreiben und begründen Sie, wie das aus der Interferenz resultierende Wellenbild nach 1,7 s aussehen wird.

A16 ⊖ Überlagern sich zwei gegenläufige gleichfrequente Wellen so entsteht eine stehende Welle. Auf einer Wellenmaschine erzeugt man stehende Wellen durch Reflexion.

a) Geben Sie an, wie sich die Reflexion am festen Ende von der am losen unterscheidet.
b) Stellen Sie fortschreitende und stehende Welle einander gegenüber.

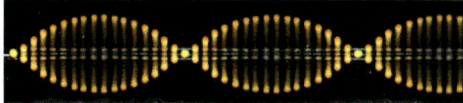

Wellenmodell des Lichtes

A17 ○ Licht fällt unter einem Winkel von 40° auf eine 3 cm dicke Glasplatte (n = 1,61).
a) Zeichnen Sie den Strahlenverlauf mit Hilfe des folgenden Diagramms.

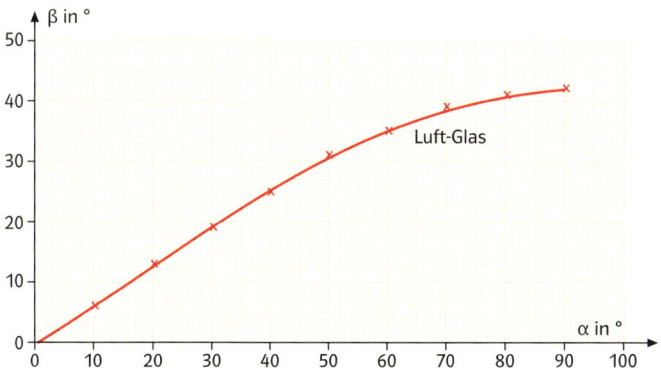

Entnehmen Sie dem Diagramm die Ablenkung des Lichtes aus seiner ursprünglichen Richtung.
b) Berechnen Sie mittels des Brechungsgesetzes die Ablenkung des Lichtes aus seiner ursprünglichen Richtung.

A18 ◒ Ein Zweifachspalt wird mit parallelem monochromatischen Licht (λ = 546 nm) beleuchtet. Die Spaltöffnungen sind so eng, dass man sie als Zentren von Elementarwellen ansehen kann. Auf einem 2 m entfernten Schirm zeigt sich ein Interferenzbild. Die Minima 4. Ordnung sind 2 cm voneinander entfernt.
a) Berechnen Sie den Abstand der beiden Spaltmitten.
b) Beschreiben Sie, wie sich der Abstand der Minima verändert, wenn man den Abstand der Spaltmitten verkleinert oder vergrößert.
c) Berechnen Sie die Anzahl der Maxima, die man auf einem 30 cm breiten Schirm beobachten kann.

A19 ● Die Polarimetrie ist ein Verfahren, mit dem man die Konzentration gelöster Stoffe unter Ausnutzung ihres optisch aktiven Verhaltens bestimmen kann. Eine Substanz ist optisch aktiv, wenn die Polarisationsebene des Lichtes gedreht wird. Aus der Größe der Drehung kann man die Konzentration der Substanz, die gelöst wurde, bestimmen. Dabei ist der Drehwinkel proportional zur durchstrahlten Schichtdicke und zur Konzentration der Lösung. Beschreiben Sie einen Versuch, mit dem untersucht werden kann, ob eine Lösung optisch aktiv ist.

Thermodynamik

A20 ○ **a)** In einem Becherglas befinden sich Wasser und Eis bei einer Temperatur von 0 °C. Dem System wird gleichmäßig Wärme zugeführt, bis das Wasser vollständig verdampft ist. Skizzieren Sie für diese Zustandsänderung den prinzipiellen Verlauf des T-t-Diagramms und begründen Sie den Verlauf des Graphen.
b) Zur schnellen Erwärmung von Wasser oder anderen Flüssigkeiten wird heißer Wasserdampf in sie eingeleitet. Begründen Sie, warum man mit einer relativ kleinen Menge heißen Wasserdampfes eine andere Flüssigkeit schnell erwärmen kann.

A21 ◒ Ein Gas, das als ideales Gas betrachtet werden kann, durchläuft verschiedene Zustandsänderungen.
a) Stellen Sie unter Verwendung des 1. Hauptsatzes der Thermodynamik Energiebilanzen für solche Zustandsänderungen eines idealen Gases auf, bei denen das Gas Volumenarbeit verrichtet. Interpretieren Sie die erhaltenen Gleichungen.
b) Eine abgeschlossene Gasmenge wird isotherm vom Volumen V_1 = 16 dm³ auf das Volumen V_2 = 4 dm³ komprimiert. Der Anfangsdruck beträgt p_1 = 1000 hPa.
Zeichnen Sie für diese Zustandsänderung das V-p-Diagramm. Ermitteln Sie die zur Kompression des Gases erforderliche Arbeit.

Tabellen

Universelle physikalische Konstanten

Lichtgeschwindigkeit im Vakuum	$c_0 = 2{,}99792458 \cdot 10^8 \frac{m}{s}$
Gravitationskonstante	$\gamma = 6{,}67259 \cdot 10^{-11} \frac{m^3}{kg \cdot s^2}$
Elementarladung	$e = 1{,}60217663 \cdot 10^{-19}\,C$
elektrische Feldkonstante	$\varepsilon_0 = 8{,}854188 \cdot 10^{-12} \frac{C}{V \cdot m}$
magnetische Feldkonstante	$\mu_0 = 1{,}256637 \cdot 10^{-6} \frac{V \cdot s}{A \cdot m}$
Planck'sches Wirkungsquantum	$h = 6{,}6260755 \cdot 10^{-34}\,Js$ $h = 4{,}1356692 \cdot 10^{-15}\,eVs$
Avogadro'sche Konstante	$N_A = 6{,}0221367 \cdot 10^{23} \frac{1}{mol}$
Boltzmann-Konstante	$k = 1{,}380649 \cdot 10^{-23} \frac{J}{K}$
Faraday'sche Konstante	$F = 9{,}6485309 \cdot 10^4 \frac{C}{mol}$
Stefan-Boltzmann'sche Konstante	$\sigma = 5{,}67051 \cdot 10^{-8} \frac{W}{m^2 \cdot K^4}$
Allgemeine Gaskonstante	$R = 8{,}314510 \frac{J}{K \cdot mol}$
Absoluter Nullpunkt (0 K)	$\vartheta = -273{,}15\,°C$
Molvolumen idealer Gase (bei 273,15 K, 1013,25 hPa)	$V_{m_0} = 22{,}4140 \frac{dm^3}{mol}$

Astronomische Konstanten

Sonne	Masse	$m_S = 1{,}989 \cdot 10^{30}\,kg$
	Radius	$r_S = 6{,}96 \cdot 10^8\,m$
Mond	Masse	$m_M = 7{,}349 \cdot 10^{22}\,kg$
	Radius	$r_M = 1{,}738 \cdot 10^6\,m$
	Abstand zur Erde (mittlerer)	$= 3{,}844 \cdot 10^8\,m$
	Umlaufzeit um Erde (synodisch[1])	1 Monat = 29,53051 d
Erde	Masse	$m_E = 5{,}974 \cdot 10^{24}\,kg$
	Radius	$r_E = 6{,}378 \cdot 10^6\,m$
	Abstand zur Sonne (mittlerer)	1 AE = $1{,}4959787 \cdot 10^{11}\,m$
	Umlaufzeit um Sonne (siderisch[2])	1 Jahr = 1a = 365,2564 d
	Normfallbeschleunigung	$g_n = 9{,}80665\,m/s^2$
	Solarkonstante (über der Lufthülle)	$S = 1{,}368 \cdot 10^3\,W/m^2$

Astronomische Einheit
    1 AE = $1{,}4959787 \cdot 10^{11}\,m$
Lichtjahr 1 LJ = 63 275 AE $\approx 9{,}46 \cdot 10^{15}\,m$
Parsec   1 parsec = 1pc = 3,26 LJ $\approx 3{,}09 \cdot 10^{16}\,m$

[1] synodisch: von Neumond zu Neumond
[2] siderisch: 360°-Umrundung der Sonne

Atomare Konstanten

	Zeichen	Ladung	Ruhemasse
Elektron	$_{-1}^{0}e$	$-1{,}6022 \cdot 10^{-19}\,C$	$9{,}1093897 \cdot 10^{-31}\,kg$
Neutron	$_{0}^{1}n$	0	$1{,}6749286 \cdot 10^{-27}\,kg$
Proton	$_{1}^{1}p$	$+1{,}6022 \cdot 10^{-19}\,C$	$1{,}6726231 \cdot 10^{-27}\,kg$
Deuteron	$_{1}^{2}d$	$+1{,}6022 \cdot 10^{-19}\,C$	$3{,}3444877 \cdot 10^{-27}\,kg$
α-Strahlung	$_{2}^{4}He$	$+3{,}2044 \cdot 10^{-19}\,C$	$6{,}6446622 \cdot 10^{-27}\,kg$

Elektronvolt $1\,eV = 1{,}60217733 \cdot 10^{-19}\,J$
Atomare Masseneinheit $1\,u = 1/12\,m\,(^{12}C) = 1{,}6605402 \cdot 10^{-27}\,kg$
Energie-Masse-Äquivalent $1\,u = 931{,}49433\,MeV/c^2$

Vorsilben für Vielfache von Einheiten

Exa (E) 10^{18}	Peta (P) 10^{15}	Tera (T) 10^{12}	Giga (G) 10^9
Mega (M) 10^6	Kilo (k) 10^3	Hekto (h) 10^2	Deka (D) 10^1
Dezi (d) 10^{-1}	Zenti (c) 10^{-2}	Milli (m) 10^{-3}	Mikro (μ) 10^{-6}
Nano (n) 10^{-9}	Piko (p) 10^{-12}	Femto (f) 10^{-15}	Atto (a) 10^{-18}

Grundeinheiten

1 Meter (1 m) ist die Strecke, die Licht im Vakuum in 1/299 792 458 s durchläuft.

1 Kilogramm (1 kg) wird auf die Planck'sche Konstante zurückgeführt und ist damit künftig von der Definition der Einheiten Meter und Sekunde abhängig. Die Festlegung über einen Normkörper entfällt.

1 Sekunde (1 s) ist das 9 192 631 770-fache der Dauer einer Periode der Strahlung, die das Caesiumisotop $_{55}^{133}Cs$ beim Wechsel zwischen zwei gewissen Energieniveaus aussendet.

1 Ampere (1 A) ist das $6{,}241509074 \cdot 10^{18}$-fache der elektrischen Stromstärke, die eine Elementarladung pro Sekunde in einem Leiter erzeugt.

1 Kelvin (1 K) wird auf die Boltzmann-Konstante k_B zurückgeführt:

$$1\,K = \frac{1{,}380649 \cdot 10^{-23}\,kg \cdot \frac{m}{s^2}}{k_B}$$

Wichtige Größen, Einheiten, Formeln und Gesetze

Größe	Zeichen	Einheit	Zeichen	Festlegung
Länge, Strecke	s, l	Meter	$1\,m$	Lichtgeschwindigkeit c_0 mal Zeit
Winkel	φ, α	Radiant	$1\,rad$	$1\,rad = 1\frac{m}{m}$; Bogenlänge durch Radius
Masse	m	Kilogramm	$1\,kg$	Grundeinheit
Dichte	ϱ		$1\frac{kg}{m^3}$	Masse durch Volumen
Zeit	t	Sekunde	$1\,s$	Grundeinheit
Geschwindigkeit	v		$1\frac{m}{s}$; $1\frac{km}{h}$	Weglänge durch Zeit
Beschleunigung	a		$1\frac{m}{s^2}$	Änderung der Geschwindigkeit durch Zeit
Wellenlänge	λ	Meter	$1\,m$	Weglänge für 1 Periode
Frequenz	f	Hertz	$1\,Hz$	$1\,Hz = 1\frac{1}{s}$; Anzahl der Perioden durch Zeit
Winkelgeschwindigkeit	ω		$1\frac{rad}{s}$	Winkeländerung durch Zeit
Kraft	F	Newton	$1\,N$	$1\,N = 1\frac{kg \cdot m}{s^2}$; Masse mal Beschleunigung
Druck	p	Pascal	$1\,Pa$	$1\,Pa = 1\frac{N}{m^2}$; Kraft durch Fläche
Impuls	p		$1\,Ns$	$1\,Ns = 1\frac{kg \cdot m}{s}$; Masse mal Geschwindigkeit
Arbeit	W	{ Joule	$1\,J$	$1\,J = 1\,Nm$ } Kraft mal Weglänge in Kraftrichtung
Energie	E	Wattsekunde	$1\,Ws$	$1\,J = 1\,Ws$ } Arbeit ≙ Prozess, Energie ≙ Zustand
Leistung	P	Watt	$1\,W$	$1\,W = 1\frac{J}{s}$; Arbeit durch Zeit
Temperatur	ϑ	{ Grad Celsius	$1\,°C$	festgelegte Skala } für Temperaturunterschiede:
	T	Kelvin	$1\,K$	festgelegte Skala } $1\,°C ≙ 1\,K$
elektrische Stromstärke	I	Ampere	$1\,A$	Grundeinheit
elektrische Spannung	U	Volt	$1\,V$	$1\,V = 1\frac{W}{A}$; Leistung durch Stromstärke
elektrischer Widerstand	R	Ohm	$1\,\Omega$	$1\,\Omega = 1\frac{V}{A}$; Spannung durch Stromstärke
elektrische Ladung	Q	Coulomb	$1\,C$	$1\,C = 1\,A \cdot 1\,s$; Stromstärke mal Zeit
Kapazität	C	Farad	$1\,F$	$1\,F = 1\frac{C}{V}$; Ladung durch Spannung
elektrische Feldstärke	E		$1\frac{V}{m}$	Spannung durch Abstand
magnetische Flussdichte	B	Tesla	$1\,T$	$1\,T = 1\frac{N}{A \cdot m}$; Kraft durch Stromstärke und Länge
Induktivität	L	Henry	$1\,H$	$1\,H = 1\frac{V \cdot s}{A}$
Lichtstärke	I_v	Candela	cd	Grundeinheit
Stoffmenge	n	Mol	$1\,mol$	Grundeinheit
Aktivität	A	Becquerel	$1\,Bq$	$1\,Bq = 1\frac{1}{s}$; Anzahl der Kernzerfälle durch Zeit
Äquivalentdosis	D_q	Sievert	$1\,Sv$	$1\,Sv = 1\frac{J}{kg}$; Energie durch Masse

Geradlinige Bewegung mit konstanter Beschleunigung

$$s = \tfrac{1}{2} \cdot a \cdot t^2 + v_0 \cdot t + s_0$$

s = Ort zum Zeitpunkt t, a = Beschleunigung,
v_0 = Geschwindigkeit bei $t = 0$, s_0 = Ort zum Zeitpunkt $t = 0$

Kreisbewegung mit konstanter Zentripetalbeschleunigung

$$F_Z = m \cdot a_Z = m \cdot r \cdot \omega^2 = m \cdot v^2/r$$

F_Z = Zentripetalkraft, a_Z = Zentripetalbeschleunigung, r = Radius der Kreisbahn, m = Masse des Körpers, $\omega = 2\pi/T$ = Winkelgeschwindigkeit bzw. Kreisfrequenz, $v = r \cdot \omega$ = Bahngeschwindigkeit

Kraft, Beschleunigung, Impulsänderung

$$F = m \cdot a = \lim_{\Delta t \to 0} \Delta p/\Delta t$$

F = Kraft, m = Masse des Körpers, a = Beschleunigung,
Δp = Impulsänderung in der Zeit Δt

Mechanische Arbeit

$$W = F \cdot s \cdot \cos\alpha$$

W = Arbeit am Körper, F = konstante Kraft auf den Körper,
s = bei der Arbeit zurückgelegte Weglänge,
α = Winkel zwischen Kraftrichtung und Wegrichtung

Arbeit im elektrischen Feld

$$W = Q \cdot U = F \cdot U/E$$

W = Arbeit am Körper, Q = Ladung des Körpers, U = elektrische Spannung zwischen Anfangs- und Endpunkt des Weges,
E = elektrische Feldstärke, F = Kraft auf Körper mit der Ladung Q

Energie der Bewegung

$$E_B = \tfrac{1}{2} m \cdot v^2$$

E_B = Energie der Bewegung,
m = Masse des bewegten Körpers, v = Geschwindigkeit

Energie der Lage

$$E_H = m \cdot g \cdot h$$

E_H = Höhenenergie (Energie der Lage), m = Masse des Körpers,
g = Erdbeschleunigung, h = Höhe über dem Bezugsniveau

Energie einer gespannten Feder

$$E_s = \tfrac{1}{2} D \cdot s^2$$

E_s = Spannenergie, D = Federkonstante,
s = Länge der Verformung der Feder

Gravitationsgesetz

$$F = \gamma \cdot \frac{m_1 \cdot m_2}{r^2}$$

F = Anziehungskraft zwischen zwei Körpern mit den Massen m_1 bzw. m_2, r = Abstand der Schwerpunkte beider Körper,
γ = Gravitationskonstante

Coulomb'sches Gesetz

$$F = \frac{1}{4\pi \cdot \varepsilon_0} \cdot \frac{Q_1 \cdot Q_2}{r^2}$$

F = Kraft zwischen zwei Körpern mit den Ladungen Q_1 bzw. Q_2,
r = Abstand der Schwerpunkte der Ladungen, ε_0 = elektrische Feldkonstante

Feldstärke und Kapazität, Plattenkondensator

$$E = \frac{F}{Q}; \quad C = \frac{Q}{U}; \quad C = \varepsilon_0 \cdot \frac{A}{d}$$

E = elektrische Feldstärke, F = Kraft auf Körper mit der Ladung Q,
U = elektrische Spannung am Kondensator,
C = Kapazität des Kondensators, A = Fläche einer Platte,
d = Plattenabstand, ε_0 = elektrische Feldkonstante

Magnetische Flussdichte

$$B = F/(I \cdot s); \quad B = \mu_0 \cdot I \cdot n/l$$

B = magnetische Flussdichte, I = Stromstärke im Leiter, F = Kraft auf Leiterstück der Länge s im Feld, μ_0 = magnetische Feldkonstante, n = Anzahl der Windungen einer langen Spule der Länge l

Lorentzkraft

$$F_L = Q \cdot v \cdot B$$

F_L = Lorentzkraft auf eine mit der Geschwindigkeit v senkrecht zum Magnetfeld der Flussdichte B bewegte Ladung Q

Induktionsspannung

$$U_{ind} = B \cdot l \cdot v = -n \cdot \left| \frac{\Delta\Phi}{\Delta t} \right|$$

U_{ind} = induzierte Spannung, B = magnetische Flussdichte,
l = Länge des mit v im Magnetfeld bewegten Leiters,
$\Delta\Phi$ = Änderung des magnetischen Flusses $\Phi = A \cdot B \cdot \cos\varphi$ in der Zeitspanne Δt für eine Spule mit der Querschnittsfläche A und n Windungen (φ Winkel zwischen Feldrichtung und Flächennormale)

Periodendauer von

Federpendel	Fadenpendel	Schwingkreis
$T = 2\pi \cdot \sqrt{m/D}$	$T = 2\pi \cdot \sqrt{l/g}$	$T = 2\pi \cdot \sqrt{L \cdot C}$

T = Dauer der Schwingung für eine Periode, m = Masse des schwingenden Körpers, D = Federkonstante, l = Länge des Fadens,
g = Erdbeschleunigung, L = Induktivität und C = Kapazität des Schwingkreises

Wellengleichung

$$s = s_M \cdot \sin\left[2\pi\left(\frac{t}{T} - \frac{x}{\lambda}\right)\right]$$

s = Auslenkung des mit der Amplitude s_M und der Frequenz f schwingenden Oszillators zum Zeitpunkt t am Ort x,
$T = 1/f$ Periodendauer, $\lambda = c/f$ = Wellenlänge bei der Ausbreitungsgeschwindigkeit c

Interferenzbedingungen

$$g \cdot \sin\alpha_k = k \cdot \lambda$$

g = Abstand benachbarter Spalte (Gitterkonstante) bzw. Spaltbreite beim Einzelspalt, λ = Wellenlänge, α_k = Winkel für ein Intensitätsmaximum k-ter Ordnung beim Gitter (Minimum beim Spalt)

Bragg-Bedingung

$$2a \cdot \sin\vartheta_k = k \cdot \lambda$$

a = Netzebenenabstand, λ = Wellenlänge, ϑ_k = Winkel für ein Intensitätsmaximum k-ter Ordnung

deBroglie-Bedingung für Mikroobjekte

$$\lambda = h/p$$

λ = dem Mikroobjekt zuordenbare Wellenlänge,
h = Planck'sche Konstante, p = Impuls des Mikroobjektes

Energie des Photons

$$E = h \cdot f$$

E = Energie des Photons, f = Frequenz des Lichtes,
h = Planck'sche Konstante

Heisenberg'sche Unbestimmtheitsrelationen

Ort-Impuls $\overline{\Delta x} \cdot \overline{\Delta p} \geq h/4\pi$; Energie-Zeit $\overline{\Delta E} \cdot \overline{\Delta t} \geq h/4\pi$

Mittlere Unbestimmtheiten für den Ort = $\overline{\Delta x}$, den Impuls = $\overline{\Delta p}$, die Energie = $\overline{\Delta E}$, die Zeit = $\overline{\Delta t}$, h = Planck'sche Konstante

Energie-Masse-Beziehung

$$E = m \cdot c^2 = m_0 \cdot c^2 + E_B$$

E = Gesamtenergie des mit der Geschwindigkeit v bewegten Körpers der Masse $m = m_0/\sqrt{1 - (v/c)^2}$, c = Lichtgeschwindigkeit,
m_0 = Ruhemasse

Zerfallsgesetz

$$N(t) = N(0) \cdot e^{-\lambda \cdot t}; \quad \ln 2 = \lambda \cdot T_{1/2}$$

$N(t)$ = Anzahl der zum Zeitpunkt t vorhandenen zerfallsfähigen Kerne, $N(0)$ = Anzahl dieser Kerne zum Zeitpunkt $t = 0$,
λ = Zerfallskonstante, $T_{1/2}$ = Halbwertszeit

Universelle Gasgleichung

$$p \cdot V = n \cdot k \cdot T$$

p = Druck in einer abgeschlossenen Gasmenge, V = Volumen der Gasmenge beim Druck p, n = Stoffmenge der Gasmenge,
k = Boltzmann'sche Konstante, T = absolute Temperatur

Energie der Teilchen im idealen Gas

$$\overline{E}_B = \frac{3}{2} \cdot k \cdot T$$

$\overline{E}_B$ = mittlere Bewegungsenergie der Teilchen,
k = Boltzmann'sche Konstante, T = Temperatur in K

Dichte von Gebrauchsstoffen (bei 20 °C) in g/cm^3

Benzin	0,7	Glas	2,23	Plexiglas	1,16
Beton	2,2–2,5	Keramik	2,0	Polystyrol (Styropor)	0,03
Braunkohle	1,3	Kerzenwachs	0,9	Polyvinylchlorid (PVC)	1,3
Erde	1,3–2,0	Koks	0,9–1,2	Polyethylen (PE)	0,95
Erdgas L	0,00083	Kork	0,22–0,29	Porzellan	2,3
Gummi	0,9–1,1	Marmor	2,5–2,8	Sand (trocken)	1,6–1,8
Heizöl EL	0,86	Mauerwerk	2,1–2,5	Stahl	7,6–7,8
Holz (Buche, Eiche)	0,7	Mehl	0,6	Steinkohle	1,4
Holz (Kiefer, Tanne)	0,5	Papier	0,8–1,1	Zement	3,1
Holz (Balsa)	0,1–0,3	Messing (MS 7,2)	8,6	Ziegel	1,4–1,8

Dichte und Wärmeleitzahl von Baustoffen

Baustoff	Dichte	Wärmeleitzahl	Baustoff	Dichte	Wärmeleitzahl
Ziegel	1400 kg/m^3	0,58 W/mK	Mineralfaser	110 kg/m^3	0,041 W/mK
Kalksandstein	1600 kg/m^3	0,79 W/mK	Hartschaum	30 kg/m^3	0,041 W/mK
Beton	2400 kg/m^3	2,10 W/mK	Kork	160 kg/m^3	0,044 W/mK
Gasbeton	600 kg/m^3	0,19 W/mK	Fichte	800 kg/m^3	0,20 W/mK

Heizwert von Brennstoffen (Endprodukte gasförmig bei 1013 hPa, 20 °C)

Brennstoff	Heizwert in MJ/kg	Brennstoff	Heizwert in MJ/kg	Brennstoff	Heizwert in MJ/kg
Braunkohle	21,0	Benzin	44,0	Acetylen	45,2
Holz frisch/trocken	8,0/19,0	Benzol	40,4	Butan	45,7
Hüttenkoks	29,0	Brennspiritus	23,8	Erdgas	38,2
Ruß	34	Ethanol	26,7	Kohlenstoffmonooxid	10,0
Torf	16,0	Heizöl	40,6	Propan	46,5
Trockenspiritus	19,0	Methanol	22,7	Stadtgas	29,0
Steinkohle	35,5	Petroleum	42,0	Wasserstoff	120,0

Spezifischer Widerstand elektrischer Werkstoffe in $\Omega\,mm^2/m = 10^{-4}\,\Omega\,m$ (bei 18 °C)

Eisen, Stahl	0,1–0,5	Kupfer,	0,017	Messing	0,08	Porzellan	10^{19}–10^{20}
Aluminium	0,027	Silber	0,016	Glas	10^{16}–10^{19}	Glimmer	10^{19}–10^{21}
Gold	0,020	Konstanten	0,49	Paraffin	10^{20}–10^{22}	Polystyrol	$5 \cdot 10^{18}$

Fraunhofer'sche Linien

Linie	A (rot)	B (rot)	C (orange)	D (gelb)	E (grün)	F (blau)	G (blau)	H (violett)
λ in nm	761	687	656	589	527	486	431	397
Herkunft	O	O	Hα	Na	Fe	Hβ	Fe	Ca

Wellenlänge von Hauptspektrallinien in nm

Natrium			590	589								
Wasserstoff		656			486		434	410				
Helium	707	668	588	502	492	471	447					
Cadmium		644		509	468	466						
Quecksilber			578	546	492		435	408	405	365	334	313

Transurane (Beispiel mit einem Isotop; Z = Kernladungszahl, A = Atommassenzahl, $T_{1/2}$ = Halbwertszeit)

Name		Z	A	$T_{1/2}$	Name		Z	A	$T_{1/2}$	Name		Z	A	$T_{1/2}$
Neptunium	Np	93	237	$2,1 \cdot 10^6$ a	Einsteinium	Es	99	254	276 d	Dubnium	Db	105	262	40 s
Plutonium	Pu	94	244	$8 \cdot 10^7$ a	Fermium	Fm	100	257	100 d	Seaborgium	Sg	106	263	0,9 s
Americium	Am	95	243	$7,4 \cdot 10^3$ a	Mendelivium	Md	101	258	55 d	Bohrium	Bh	107	262	102 ms
Curium	Cm	96	247	$1,6 \cdot 10^7$ a	Nobelium	No	102	259	59 min	Hassium	Hs	108	269	1,8 ms
Berkelium	Bk	97	247	1400 a	Lawrencium	Lr	103	260	3 min	Meitnerium	Mt	109	268	3,4 ms
Californium	Cf	98	251	≈ 800 a	Rutherfordium	Rf	104	261	65 s	Nuklide mit $Z = 110$ bis $Z = 118$ bereits entdeckt				

Stichwort- und Personenverzeichnis

infrarote Strahlung 159
Interferenz 135 ff., 139 ff.,
    153 ff., 162

J

Joule, 1 J 64

K

Kausalitätsprinzip 51
Kepler, Johannes 90 f.
Kepler'sche Gesetze 90 ff., 104
Kernenergie 168
Kohärenz 148
Kondensationsenergie 169
kondensieren 169, 175
Koordinatentransformation 16 f.
Kopernikus, Nikolaus 89
Korpuskeltheorie 150
kosmische Geschwindigkeiten 102
Kraft 44, 47 ff., 62, 80, 108
Kräfteaddition 44
Kräftegleichgewicht 45, 62
Kraftgesetz, lineares 108, 111
Kraftmesser 44
Kraftstoß 80 f., 84
Kraft-Wärme-Kopplung 179
Kraftzerlegung 44
Kreisbewegung 38 ff., 54 ff., 61 f.
Kreisprozess 176 f., 179 f.
Kreiswelle 142
Kreuzgitter 156
kritischer Punkt 169
Kühlschrank 175
Kurvenfahrt 57

L

Längenkalibrierung 32
Längswellen 127, 144
Laser 146
LCD 161
Leistung 74 f., 86
Lichtgeschwindigkeit 150 ff.,
    155, 162
lineares Kraftgesetz 108, 124
Longitudinalwellen 127, 144
Luftwiderstand 29

M

Mach'scher Kegel 133
Makrozustand 172
Masse 46 ff., 52, 93
Massenanziehung 93

Massenpunkt 10, 59
mechanische Arbeit 72, 86
Messunsicherheit 12 f., 19
Michelson, Albert Abraham 151
Mikrozustand 172
Mittelwert 12, 19

N

Newton, 1 N 44, 48
Newton, Isaac 46, 51, 90, 93, 150
Newton'sche Axiome 51, 62
Nippflut 96
numerische Rechenmethode 30

O

Oberwelle 139
optische Linse 150
Ortsfaktor 44, 119
Oszillator, harmonischer 109, 127

P

Peltier-Element 173
Periode 107
Periodendauer 107 f., 111
Phase 107
Phasenverschiebung 117, 128 f.
Planeten 89
Planetenbahnen 90 ff., 97
Polarisation 157 f., 161 f.
Polarisationsfilter 158, 161
Polarisator 157
Polarisationswinkel 158
Potenzial 101 f., 104
Primärwellen 132
Prisma 150, 156
Ptolemäus 89

Q

Querwelle 127, 144, 160

R

Radialfeld 100
Reflexion 138 f., 149
Reflexionsgesetz 143, 149
Reflexionswinkel 149
Regression 24, 32
Reibungskraft 45, 57, 61, 112
Resonanz 116
Resonanzkatastrophe 117
Resonanzrohr 137
Römer, Olaf 152

Rotation 59, 82
Rotationsenergie 83
Rückstellkraft 108, 124
Ruhelage 107

S

Sammellinse 150
Satellitenbahnen 104
Schallgeschwindigkeit 40
Schallwellen 126 f.
Scheinkraft 58, 62
Schmelzen 168 f.
Schmelzenergie 168 f.
Schrittverfahren 30, 97
Schwarzer Körper 159 f.
Schwebung 121
Schwingung 107, 110 ff., 124
–, gedämpfte 107, 112
–, erzwungene 117, 124
–, gekoppelte 117
–, nicht-harmonische 108, 114
Schwingungsenergie 112, 115, 124
Seismogramm 132
Sinuskurve 106, 129
SI-System 7
skalare Größe 33
Solarkonstante 160
Sonnensystem 92
Spannenergie 64, 67
Spektrum 150, 154, 156, 159 ff.
Sphärenmodell 88
Springflut 96
starrer Körper 59 f.
Stirling, Robert 177
Stoffmenge 166
Stoßvorgang 78
Strahlenmodell 162
Strahlungskurve, Planck'sche
    159, 161
System, abgeschlossenes 170

T

Tabellenkalkulation 30, 32, 97
Temperaturausgleich 170
Temperatur 164
–, absolute 165 f.
thermische Energie 65, 74
Trägheit 46
Trägheitsgesetz 46, 51, 62
Trägheitskraft 58
Trägheitsmoment 60, 82
Translation 59
Transversalwellen 127, 144
Tripelpunkt 169
Tsunami 96, 132

Bildquellen

Bilder

U1 Getty Images RF (Westend61), München; **3.1** iStockphoto (baona), Calgary, Alberta; **3.2** photocase.com (AllzweckJack), Berlin; **4.1** laif, Köln; **4.2** Picture Press (Detlev van Ravenswaay), Hamburg; **5.1** Foto Mario Gaccioli, Kreuzlingen; **5.2** Zuckerfabrik Fotodesign, Stuttgart; **6.1** Can Stock Photo Inc. (nicko), Halifax, NS, B3L 4T6; **6.2** Klett-Archiv (Florian Karsten), Stuttgart; **7.1** Picture-Alliance (dpa), Frankfurt; **7.2** Physikalisch-Technische Bundesanstalt (E. Claus), Braunschweig; **9.1** iStockphoto (baona), Calgary, Alberta; **10.2** BeLa Sportfoto, Großbettlingen; **10.4** Getty Images (Stone/Arnulf Husmo), München; **11.1** DigitalVision (Digital Vision), Maintal-Dörnigheim; **12.1** Harald Köhncke, Hannover; **14.3** Manfred Grote, Lüchow; **16.1** iStockphoto (Eric Bechtold), Calgary, Alberta; **19.1** imago images (Schöning), Berlin; **19.2** ShutterStock.com RF (Maxisport), New York, NY; **19.4** ShutterStock.com RF (Faiz Azizan), New York, NY; **20.1** PHYWE Systeme GmbH & Co. KG, Göttingen; **21.1** iStockphoto (kisgorcs), Calgary, Alberta; **22.1** Klett-Archiv, Stuttgart; **24.1** Klett-Archiv, Stuttgart; **24.1** Klett-Archiv, Stuttgart; **24.2** Harald Köhncke, Hannover; **24.3** Lars Blüggel, Witten; **24.4** Lars Blüggel, Witten; **24.5** Lars Blüggel, Witten; **24.6** Lars Blüggel, Witten; **24.7** Lars Blüggel, Witten; **24.8** Lars Blüggel, Witten; **25.1** Christian Wolf, Untersiemau-Scherneck; **27.2** LEYBOLD®/ LD DIDACTIC GmbH/www.ld-didactic.de, Hürth; **28.1** ShutterStock.com RF (Germanskydiver), New York, NY; **29.3** Zuckerfabrik Fotodesign (Ginger Neumann), Stuttgart; **29.4** Zuckerfabrik Fotodesign, Stuttgart; **31.1** Lars Blüggel, Witten; **31.1** Manfred Grote, Lüchow; **32.1** Lars Blüggel, Witten; **32.1b** Lars Blüggel, Witten; **32.2a** Lars Blüggel, Witten; **33.3** Prof. Erwin Spehr, Tübingen; **35.1** MEV Verlag GmbH, Augsburg; **38.1** imago images, Berlin; **41.2** iStockphoto (4FR), Calgary, Alberta; **41.3** Alamy stock photo (Frank De Luyck), Abingdon; **43.1** photocase. com (AllzweckJack), Berlin; **46.4** dreamstime.com (Forsterforest), Brentwood, TN; **48.1** Image Professionals GmbH/ Science Photo Library (Science Photo Library / EUROPEAN SPACE AGENCY/D. Ducros), München; **50.4** Avenue Images GmbH (Image Source), Hamburg; **50.6** Getty Images Plus (E+/kaisersosa67), München; **50.8** Avenue Images GmbH (IndexStock), Hamburg; **51.1** akg-images, Berlin; **51.2** akg-images (Science Source), Berlin; **53.2** Getty Images (Stockbyte/Thinkstock Images), München; **53.3** ADAC, München; **53.4** ADAC, München; **53.5** ADAC, München; **54.1** https://creativecommons.org/licenses/by-nd/4.0/ (Matthias Sprau), siehe *2; **55.1** Picture-Alliance (dpa/Gero Breloer), Frankfurt; **55.2** Prof. Erwin Spehr, Tübingen; **56.1** Ute Nicklaß, Leonberg; **57.2** Getty Images (Bongarts/Frank Peters), München; **58.3** Daimler AG, Stuttgart; **60.3** ShutterStock.com RF (pryzmat), New York, NY; **63.1** laif, Köln; **64.2** Mauritius Images (Hubatka), Mittenwald; **65.1** H. Geissler/U. Weng, F. H. Darmstadt; **67.1** Manfred Grote, Lüchow; **70.2** Klett-Archiv (Toni Wiedemann), Stuttgart; **72.1a** Klett-Archiv (Fritz Kühn), Stuttgart; **72.2** Klett-Archiv (Fritz Kühn), Stuttgart; **76.3** ullstein bild (AP), Berlin; **77.3** Klett-Archiv (Alexander Mittag), Stuttgart; **77.4** imago images (VIADATA), Berlin; **80.0** ADAC (Stefan Krutsch), München; **81.1** ADAC, München; **81.2** ADAC, München; **81.3** ADAC, München; **82.1** Klett-Archiv, Stuttgart; **82.1** Framepool AG, München; **82.2** Picture-Alliance (Bernd Thissen), Frankfurt; **83.2** Getty Images (Bongarts/ Friedemann Vogel /Staff), München; **87.1** Picture Press (Detlev van Ravenswaay), Hamburg; **88.1** akg-images, Berlin; **90.3** Alamy stock photo (Science History Images), Abingdon; **91.1** stock.adobe.com (Georgios Kollidas), Dublin; **91.2** Getty Images (Historical Picture Archive), München; **93.2** Thinkstock, München; **94.2** PHYWE Systeme GmbH & Co. KG, Göttingen; **96.1** Picture-Alliance (dpa), Frankfurt; **98.1** Image Professionals GmbH/ Science Photo Library (EUROPEAN SPACE AGENCY), München; **103.1** Avenue Images GmbH (Digital Vision), Hamburg; **103.3** iStockphoto (MorganLeFaye), Calgary, Alberta; **103.4** Kaiser, Harald, Alfdorf-Vordersteinenberg; **103.5** Getty Images Plus (Photodisc/ Arthur S. Aubry), München; **103.6** creativ collection Verlag GmbH, Freiburg; **105.1** Foto Mario Gaccioli, Kreuzlingen; **116.1** LEYBOLD®/LD DIDACTIC GmbH/www.ld-didactic.de, Hürth; **118.1** ullstein bild (NMSI / Science Museum), Berlin; **119.2** NASA, Washington , D.C.; **120.3** Manfred Grote, Lüchow; **125.1** Zuckerfabrik Fotodesign, Stuttgart; **126.1** Image Professionals GmbH/ Science Photo Library (LIGO), München; **126.2** Getty Images Plus (iStock/Morrison1977), München; **126.3** ShutterStock.com RF (anyaivanova), New York, NY; **127.3** Alamy stock photo (Dorling Kindersley ltd), Abingdon; **127.5** Alamy stock photo (sciencephotos), Abingdon; **132.2** BigStockPhoto.com (cryssfotos), Davis, CA; **135.2** Zuckerfabrik Fotodesign, Stuttgart; **136.1** Zuckerfabrik Fotodesign, Stuttgart; **139.2** Peter Wessels, Bremen; **139.4** Zuckerfabrik Fotodesign, Stuttgart; **139.5** Zuckerfabrik Fotodesign, Stuttgart; **142.1** 123rf Germany, c/o Inmagine GmbH (Maxim Toporskiy), Nidderau; **145.1** Can Stock Photo Inc. (nicko), Halifax, NS, B3L 4T6; **146.1** Lars Blüggel, Witten; **146.3** Sieben, Joachim, Buseck; **146.4** Sieben, Joachim, Buseck; **153.1** Michael Rode, Lüneburg; **153.2** Michael Rode, Lüneburg; **153.4** Michael Rode, Lüneburg; **153.4** Michael Rode, Lüneburg; **153.5** Michael Rode, Lüneburg; **154.1** Michael Rode, Lüneburg; **154.2** Michael Rode, Lüneburg; **154.4** Harald Köhncke, Hannover; **155.1** Mauritius Images (Phototake), Mittenwald; **155.3** Manfred Grote, Lüchow; **156.1** Michael Rode, Lüneburg; **156.2** Michael Rode, Lüneburg; **156.4** Okapia (GIPhotostock/NAS), Frankfurt; **156.6** Bredthauer, Wilhelm, Wunstorf; **156.7** Gunter Klar - Autor, Könen; **157.1** Lars Blüggel, Witten; **159.2** Getty Images Plus (chinaface), München; **161.3** Michael Wagner, Korntal-Münchingen; **162.1** Zuckerfabrik Fotodesign, Stuttgart; **162.2** Gunter Klar - Autor, Könen; **163.1** Florian Karsten, Ostfildern; **164.1** PHYWE Systeme GmbH & Co. KG, Göttingen; **181.1** Fotosearch Stock Photography (Digital Vision), Waukesha, WI; **184.1** Zuckerfabrik Fotodesign, Stuttgart

*2 Lizenzbestimmungen zu CC-BY-ND-4.0 siehe: http://creativecommons.org/licenses/by-nd/4.0/legalcode

Illustrationen

Klett-Archiv, Stuttgart, **137.1; 167.3;** Lay, Dr. Martin, Breisach a. Rh., **182.1; 182.2; 182.3; 183.2;** Mair, Jörg, München, **70.2;** Marzell, Alfred, Schwäbisch Gmünd, 7.3; 8.1; 10.1; 10.3; 11.2; 12.2; 12.3; 13.1; 13.2; 14.4; 14.5; 15.1; 15.2; 15.3; 16.2; 16.3; 16.4; 17.1; 18.1; 18.2; 18.3; 18.4; 19.2; 19.3; 19.4; 20.2; 20.2; 21.2; 21.4; 21.5; 21.6; 22.2; 22.3; 22.4; 22.5; 23.1; 23.2; 25.2; 25.3; 25.4; 26.1; 26.2; 26.3; 26.4; 27.1; 27.3; 27.4; 28.2; 28.3; 29.1; 29.2; 30.1; 33.1; 33.2; 33.4; 34.1; 34.2; 34.3; 35.2; 35.3; 35.4; 36.1; 36.2; 36.3; 37.1; 37.2; 37.3; 38.2; 38.3; 39.1; 39.2; 39.3; 41.1; 41.4; 42.2; 42.3; 42.4; 44.1; 44.2; 44.3; 44.4; 44.5; 44.6; 44.7; 44.8; 44.9; 45.1; 45.2; 45.3; 45.4; 45.5; 46.1; 46.2; 46.3; 47.1; 47.2; 48.2; 48.3; 49.1; 49.2; 49.3; 50.1; 50.2; 50.3; 50.5; 50.7; 52.1; 52.2; 52.3; 53.1; 54.2; 55.3; 56.2; 56.3; 56.4; 56.5; 57.3; 58.1; 58.2; 59.1; 59.2; 59.3; 59.4; 59.5; 60.1; 60.4; 60.5; 61.1; 61.2; 61.3; 62.1; 62.2; 62.3; 62.4; 64.2; 64.3; 64.4; 65.1; 65.3; 66.1; 66.2; 67.2; 67.3; 68.1; 68.2; 69.1; 69.2; 71.1; 71.2; 71.3; 72.4; 73.1; 73.2; 73.3; 73.4; 74.1; 75.1; 75.2; 75.3; 76.2; 77.2; 78.1; 78.2; 78.3; 78.4; 79.1; 80.2; 80.3; 80.4; 80.5; 81.4; 83.1; 84.1; 84.2; 85.1; 85.2; 85.3; 86.1; 86.2; 88.2; 88.3; 89.1; 89.2; 89.3; 90.1; 90.2; 90.4; 91.3; 92.1; 92.2; 93.1; 94.1; 94.3; 95.1; 96.2; 96.3; 96.4; 96.5; 96.6; 96.7; 97.1; 97.2; 98.2; 98.3; 99.1; 99.2; 99.3; 99.4; 100.1; 100.2; 100.3; 101.1; 101.2; 101.3; 102.1; 102.2; 104.1; 104.2; 104.3; 106.1; 106.2; 106.3; 107.1; 107.2; 107.3; 107.4; 107.5; 108.1; 108.2; 109.1; 109.2; 110.1; 110.2; 111.1; 111.2; 112.1; 112.2; 112.3; 113.1; 113.2; 114.1; 114.2; 114.3; 114.4; 114.5; 114.6; 115.1; 115.2; 115.3; 116.2; 116.3;

116.4; 116.5; 117.1; 117.2; 117.3; 117.4; 118.1; 118.2; 119.1; 119.3; 120.1; 120.2; 120.4; 121.1; 121.2; 121.3; 121.4; 121.5; 121.6; 122.1; 122.2; 122.3; 123.1; 123.2; 123.3; 124.1; 124.2; 124.3; 127.1; 127.2; 127.4; 128.1; 128.2; 128.3; 128.4; 129.1; 129.2; 130.1; 130.2; 130.3; 130.4; 130.5; 131.1; 131.2; 131.3; 132.1; 132.3; 133.1; 133.2; 134.1; 134.2; 134.3; 134.4; 135.1; 135.3; 136.2; 137.4; 137.6; 138.1; 138.2; 139.1; 139.3; 140.1; 140.2; 140.3; 141.1; 141.2; 141.3; 141.4; 142.2; 142.3; 142.4; 142.5; 143.1; 143.2; 143.3; 144.1; 144.2; 144.3; 144.4; 144.5; 146.2; 147.1; 147.2; 148.1; 149.1; 149.2; 149.3; 149.4; 150.1; 150.2; 150.3; 151.1; 151.2; 152.1; 153.5; 153.7; 154.3; 155.2; 155.4; 155.5; 156.3; 156.4; 156.7; 157.2; 157.3; 158.1; 158.3; 159.1; 159.3; 160.1; 160.2; 161.1; 161.4; 162.3; 162.4; 162.5; 164.2; 164.3; 164.4; 164.5; 165.1; 165.4; 166.1; 166.2; 167.1; 167.2; 168.1; 168.2; 168.3; 169.1; 169.2; 169.3; 170.1; 170.3; 171.1; 171.2; 171.3; 171.4; 172.1; 172.2; 172.3; 172.4; 173.1; 173.2; 174.2; 175.1; 175.2; 176.1; 176.2; 176.3; 176.4; 176.5; 177.2; 177.3; 178.1; 178.2; 179.1; 179.2; 179.3; 179.4; 179.5; 180.1; 180.2; 180.3; 183.1; 183.3; 184.1; 184.2; 184.4; 184.5; 185.1; Oehler, Sandra, Remseck, 185.2;

Die Reihenfolge und Nummerierung der Bild- und Textquellen im Quellennachweis erfolgt automatisch und entspricht u. U. nicht der Nummerierung der Bild- und Textquellen im Werk. Die automatische Vergabe der Positionsnummern erfolgt in der Regel von links oben nach rechts unten, ausgehend von der linken oberen Ecke der Abbildung.